砥砺奋进

清华大学全球战略理论与实践

清华大学国际合作与交流处
清华大学港澳台办公室　编

清华大学出版社
北　京

内 容 简 介

在中华民族伟大复兴的时代背景下，清华大学实施全球战略，致力于培养具备全球胜任力的拔尖创新人才，切实开展服务国家和世界的研究，全面提升国际化办学能力与全球影响力，向建设世界顶尖大学的目标迈进。本书记录了清华大学新百年以来在全球战略方面的理论研究与创新实践成果，涉及全球胜任力、全球学程、全球学生、全球师资、全球研究、全球合作、卓越管理、国际化校园、全球声誉等方面的内容，是"双一流"建设工作中的丰富实践经验总结。

图书在版编目(CIP)数据

砥砺奋进：清华大学全球战略理论与实践/清华大学国际合作与交流处，清华大学港澳台办公室编．—北京：清华大学出版社，2019.10
ISBN 978-7-302-51228-8

Ⅰ．①砥… Ⅱ．①清… ②清… Ⅲ．①全球战略—文集 Ⅳ．①E818-53

中国版本图书馆 CIP 数据核字(2018)第 207620 号

责任编辑：杨爱臣
封面设计：何凤霞
责任校对：宋玉莲
责任印制：丛怀宇

出版发行：清华大学出版社
　　　网　　　址：http://www.tup.com.cn，http://www.wqbook.com
　　　地　　　址：北京清华大学学研大厦 A 座　　　　邮　　编：100084
　　　社 总 机：010-62770175　　　　　　　　　　邮　　购：010-62786544
　　　投稿与读者服务：010-62776969，c-service@tup.tsinghua.edu.cn
　　　质量反馈：010-62772015，zhiliang@tup.tsinghua.edu.cn
印 装 者：北京嘉实印刷有限公司
经　　销：全国新华书店
开　　本：185mm×260mm　　　印　张：25　　　字　数：514 千字
版　　次：2019 年 10 月第 1 版　　　　　　　印　次：2019 年 10 月第 1 次印刷
定　　价：88.00 元

产品编号：081033-01

编 委 会

前　言

当今世界,随着知识经济和信息技术的飞速发展,高等教育全球化成为当今大学的主要特征和必然发展趋势。中国近代高等教育经过百余年的发展,取得了辉煌的成绩,也面临着人才、资源、体制、机制诸方面的严峻挑战。突破局限、探索中国高校创新发展之路是当务之急。随着中国经济崛起及综合国力的显著提升,中国在全球政治、经济、教育、科技和文化领域发挥着日益重要的作用。在新时代背景下,中国高等教育也面临着前所未有的发展机遇和挑战,跻身世界一流大学和建设成为世界顶尖大学的需求迫在眉睫。

面对国家"双一流"政策及国家发展战略需求与高等教育的重大变革与机遇,清华大学抓住机遇,主动作为,将建设世界顶尖大学确立为发展目标,2016 年 7 月制订具有里程碑意义的《清华大学全球战略》。该战略目标分三个阶段:2020 年整体进入世界一流大学行列,若干学科进入世界一流学科前列;2030 年进入世界一流大学前列,一批学科进入世界一流学科前列;2050 年前后成为世界顶尖大学,整体进入世界一流大学前列。《清华大学全球战略》所承载的重任是秉持"立足中国、面向世界、传承创新、卓越发展"的原则,统筹布局,拓展优质国际化办学资源,突破樊篱、机制和资源约束,推动高等教育体制创新,吸引全球优秀人才,培养新一代具备全球胜任力的卓越清华人,推动新时代的知识创造,服务中国,贡献世界,促进人类文明发展。

《清华大学全球战略》是清华大学基于学校国际化传统的创新之举,是清华大学整体战略的重要组成部分。全球战略启动实施至今三年的时间里,从顶层设计到深耕细作,全球发展理念渗透到学校改革与发展的方方面面。学校积极拓展优质国际化办学资源,构建科研教育全球伙伴体系和基地,全球范围内的战略布局基本完成,形成了以全球创新学院、中意米兰设计学院、苏世民书院、深圳国际研究生院、东南亚中心、拉美中心、中非领导力发展中心为代表的创新人才培养基地;以世界和平论坛与"一带一路"达沃斯论坛为代表的高水平论坛;以亚洲大学联盟和世界大学气候变化联盟等为代表的多边组织。截至 2019 年,清华大学共与全球 50 个国家的 285 所高校、研究机构及国际组织签署了校级合作协议。在已经到来的全球竞争中,面向新百年清华大学继续整合全校国际合作交流资源,持续切实开展服务国家和世界的研究,全面提升国际化办学能力与全球影响力,培养具备全球胜任力的拔尖创新人才,努力向建设全球顶尖大学的目标奋进。

从 1911 年建校起,清华大学就是一所国际化程度很高的学校,荟中西鸿儒,集四方俊秀,迅速成为驰名中外的学术重镇。新中国成立以后,清华是第一个接收外国留学生的高校。改革开放以来,清华大学积极贯彻邓小平同志"教育要面向现代化,面向世界，面向未来"的号召，确立"综合性、研究型、开放式"的总体办学思路，扎根中国大地，努力办好中国特色的世界一流大学。习近平总书记在 2016 年致清华大学 105 周年校庆的贺信中肯定了清华所开创的中西融汇、古今贯通、文理渗透的办学风格，要求清华大学面向世界、勇于进取，树立自信、保持特色，广育祖国和人民需要的各类人才，深度参与创新驱动发展战略实施，努力在创建世界一流大学方面走在前列，为国家发展、人民幸福、人类文明进步做出新的更大的贡献。

2019 年是新中国成立七十周年，亦是清华大学全面推进全球战略的关键年。七十年春华秋实，七十年砥砺奋进。为纪念新中国成立七十周年，推动清华大学全球战略的实施，推进学校"双一流"大学建设，进一步提升学校国际化办学水平和国际影响力，清华大学从事国际合作与交流的同仁共同编写了本论文集。论文集分为理论研究篇和实践经验篇两部分，内容涵盖了全球学生培养、全球师资、全球合作研究、部处及院系全球战略实践经验等各方面的理论与实践。论文集不仅是对清华前一阶段国际化工作的梳理总结，而且是对后续全面推进学校全球战略的反思和借鉴。回顾过去，立足现在，展望未来，激励全校师生以更开放的姿态，在全球人才与教育科研资源的竞争中取得更大的成绩。同时，本论文集为高等院校广大从事外事工作的同仁提供了一个交流参考平台，促进我们的相互学习和交流。

清华的舞台从建校伊始就是面向世界、放眼全球，推动和引领中国乃至世界的学术进步与社会发展。清华的百余年历程就是一部清华人为国家富强、为人类文明进步而奋斗的历史，立德立言、无问西东，同仁一视、泱泱大风。十九大报告提出"两个一百年"目标，既要全面建成小康社会、实现第一个百年奋斗目标，又要乘势而上开启全面建设社会主义现代化国家新征程，向第二个百年奋斗目标进军。面向新百年，清华将以更加开放的姿态、更加广阔的视野、更加包容的气度走向世界，将为中华民族伟大复兴和推动人类命运共同体建设书写更加灿烂的篇章！

编委会

2019 年 4 月

目 录

理论研究篇

实践经验篇

理论研究篇

在共和国的旗帜下谱写建设世界一流大学的壮丽篇章

陈　旭　邱　勇

新中国的成立,开创了中国历史的新纪元,也开创了中国高等教育的新纪元。70年来,在党的领导下、在共和国的旗帜下,中国高等教育实现了跨越式的发展,形成了世界规模最大的高等教育体系,从精英化迈向大众化、普及化,在培养高素质人才、提高国家科技创新能力、服务经济社会发展、推动文化传承创新、促进国际交流合作等各方面都发挥了重要作用,为党和国家事业发展作出了重大贡献。

清华大学始终自觉把自身发展融入国家与民族发展的宏伟事业之中,全面贯彻党的教育方针,坚持社会主义办学方向,秉承自强不息、厚德载物的校训和爱国奉献、追求卓越的精神,探索具有清华风格的中国特色、世界一流发展道路,深深扎根中国大地建设世界一流大学,着力培育德智体美劳全面发展的社会主义建设者和接班人,努力为国家发展、民族复兴和人类文明进步贡献智慧和力量。

服务国家工业化建设,建设高水平的社会主义大学

每一所大学都有深厚的民族根基,都是在服务自己国家发展中成长起来的。

新中国成立以后,清华大学由一所综合性大学转变为多科性工业大学,致力于培养国家工业化建设急需的工程技术人才。全校师生员工满怀豪情投身新中国的高等教育事业,积极探索符合中国国情的高等教育道路,努力建设高水平的社会主义大学。学校坚持正确办学方向,引导广大学生登上爱国主义、社会主义、共产主义"三层楼",实行教学科研生产三结合,开展"真刀真枪做毕业设计",注重因材施教,创立了"双肩挑"政治辅导员制度,号召学生"争取至少为祖国健康地工作五十年",努力培养又红又专、全面发展的优秀人才,被誉为"红色工程师的摇篮"。学校坚持教师是"高等学校最宝贵的财富",把当时清华的 108 位教授、副教授称为"一百单八将",认为富

有科学知识和教学经验的教师"是清华的稳定因素",并积极做一些著名教授入党的培养和发展工作,引导广大教师在又红又专的方向上实现"两种人会师"。

学校强调"清华大学不仅是一个教学的中心,同时要成为科学思想的中心",创办了原子能、无线电等一批国家急需的新技术专业,积极参与"两弹一星"等重大工程,完成国徽、人民英雄纪念碑等重要设计,成为我国发展先进科学技术的重要基地。1959 年 9 月,毛泽东同志视察由清华师生负责设计的北京密云水库时,充分肯定了清华教育与生产劳动相结合的做法,认为是"高等工程教育的好经验"。

清华大学为新中国的社会主义建设事业培养了一大批优秀人才,涌现出一大批学术大师、兴业英才和治国人才。1999 年国家表彰的 23 位"两弹一星"元勋中有 14 位曾在清华工作或学习。

乘改革开放的春风,吹响建设世界一流大学的号角

一所大学只有坚持改革创新、开放奋进,才能不断迈上新台阶、开辟新境界,成就一流的高度。

改革开放以来,清华大学着眼世界教育科技发展趋势和国家现代化建设需要,逐步明确了新时期创办世界一流大学的目标,完成了由多科性工业大学向综合性、研究型、开放式大学的转变。1978 年 6 月 23 日,邓小平同志在听取清华工作汇报时,作出了重要指示:要扩大派遣留学人员,要大胆地派,要成千上万地派。我国向美国派遣新时期第一批 52 名留学人员中有 9 名清华教师。1985 年,学校在第七次党代会上明确提出:"从现在起的十年,是把清华大学逐步建设成为世界第一流的、具有中国特色的社会主义大学的重要发展阶段。"1993 年,学校结合学习贯彻党的十四大精神,提出到 2011 年即建校 100 周年时,争取把清华大学建成世界一流的有中国特色的社会主义大学。1998 年,党中央提出"为了实现现代化,我国要有若干所具有世界先进水平的一流大学",实施了"985 工程",清华大学首批得到重点支持。清华大学紧密结合国家的战略部署和全面建设小康社会的目标,形成了建设世界一流大学"三个九年,分三步走"的总体发展战略。建设世界一流大学的目标极大地调动了广大师生员工的积极性、主动性、创造性,极大地激发了全校师生员工投身学校改革发展的热情。

清华大学全面推行学分制,调整本科专业学制,开展全校教育思想大讨论,实行大学生研究训练计划,实施"清华学堂人才培养计划",建立了研究型教学、探究式学习、国际化交流为支撑的创新人才培养体系,形成"厚基础、重实践、求创新"的鲜明育人特色,在实践中确立了高素质、高层次、多样化、创造性的人才培养目标。坚持育人为本、德育为先,不断加强和改进思想政治教育,引导学生"拥护党、拥护社会主义,服务祖国、服务人民",积极引导广大学生"立大志、入主流、上大舞台、干大事业"。实施人才强校战略,坚持培养和引进并重,先后设立"学术新人奖""青年教师教学优秀奖"

和"清华大学突出贡献奖"。创新教师队伍建设的体制机制,积极探索建立符合现代大学发展的人事管理制度,营造有利于教师成长发展的良好环境。以学科建设为突破口,坚持"有所为、有所不为",完善综合学科布局,不断优化学科结构,培育新兴学科,促进学科交叉。确立"顶天、立地、树人"的科研宗旨,积极开展国家急需的战略性研究、探索科学技术尖端领域的前瞻性研究、涉及国计民生重大问题的公益性研究。加强国际交流与合作,学习借鉴发达国家教育管理和人才培养的成功经验,积极开展多渠道、高层次、实质性的国际交流与合作,在全球范围内大力延揽海外名师,通过联合培养、学生交换、主办国际会议等多种形式显著地促进了科学研究、队伍建设、人才培养以及国际化校园建设,学校国际声誉和影响力不断提升。

清华大学为改革开放事业培养一大批优秀人才,取得高温气冷堆等一大批先进科技成果和优秀人文社会科学成果,在创建世界一流大学的征程上迈出重大步伐、取得显著成绩。

建功立业新时代,奋力迈向世界一流大学前列

党的十八大以来,中国特色社会主义进入新时代。新时代要有新气象,大学更要坚守为党育人、为国育才的初心使命,不断有新作为、新担当。

新时代的开启之年正是清华大学新百年的开启之年。站在新百年的新起点上,清华大学坚持以开放促改革、以改革促发展、以创新促一流,坚定地扎根中国大地建设世界一流大学。2016年4月22日,习近平总书记向清华大学105周年校庆发来贺信,指出"清华大学是我国高等教育的一面旗帜",殷切希望清华大学"坚持正确方向、坚持立德树人、坚持服务国家、坚持改革创新,面向世界、勇于进取,树立自信、保持特色,广育祖国和人民需要的各类人才,深度参与创新驱动发展战略实施,努力在创建世界一流大学方面走在前列,为国家发展、人民幸福、人类文明进步作出新的更大的贡献"。

坚持正确方向,加强党对学校工作的全面领导。 清华大学党委始终坚持旗帜鲜明讲政治的优良传统,以政治建设为统领,全面加强党的建设,落实党对学校工作的全面领导,牢牢把握社会主义办学方向,努力把清华大学建设成为坚持党的领导的坚强阵地。2017年,学校第十四次党代会提出了与"三个九年,分三步走"紧密衔接的中长期发展目标,即2020年达到世界一流大学水平、2030年迈入世界一流大学前列、2050年前后成为世界顶尖大学。学校不断坚持和完善党委领导下的校长负责制,积极形成落实党的领导纵到底、横到边、全覆盖的工作格局。2018年,学校召开全校党建工作会议,制定《关于新时代全面加强和改进学校党的建设的意见》及配套实施分工方案,确保学校党委履行好把方向、管大局、作决策、抓班子、带队伍、保落实的领导职责。开展"基层党组织建设提升年"活动,实施"强基、先锋、领航、领雁、智慧、保障"

六项工程,有力提升基层党建工作水平。加强干部监督管理,完善"双肩挑"干部制度,建设忠诚、干净、担当的高素质干部队伍。落实全面从严治党责任,持续深化巡视整改,认真开展校内巡察,强化执纪问责力度,营造风清气正的良好环境。2017年,清华大学获评第一届全国文明校园。2018年,清华大学入选首批"全国党建工作示范高校"和首批"三全育人"综合改革试点高校。

坚持立德树人,广育祖国和人民需要的各类人才。清华大学坚持"又红又专、全面发展"的培养特色,深入推动习近平新时代中国特色社会主义思想"进教材、进课堂、进头脑",积极推进思想政治理论课改革创新,建设高质量思政课慕课,提升思政课教学效果。以党建为龙头深化学生思想政治教育,引导青年学生听党话、跟党走。学校确立了价值塑造、能力培养、知识传授"三位一体"的教育理念和人才培养模式,推进大类招生和大类培养,建设以通识教育为基础、通识教育与专业教育相融合的本科教育体系,全面实施博士生招生"申请—审核"制,以提升创新精神和职业胜任力为重点改革专业学位研究生培养,构建高水平的人才培养体系。学校坚持以师德师风为第一标准,努力建设政治素质过硬、业务能力精湛、育人水平高超的高素质教师队伍。明确教书育人作为教师的第一学术责任,建立了以分系列管理、准聘长聘制度为核心的教师队伍管理体系,持续加大对青年教师的支持力度,推动高水平教师上讲台,强化各级党组织在教师队伍建设中把好政治关、师德关。2017年,教育部本科教学工作审核评估专家组评价说:"一所大学和她所培养的人才,在一个大国自强和崛起的过程中发挥了如此重要的作用,放眼全球,也是少有的精彩!清华大学不愧为引领我国高等教育发展的一面旗帜!"

坚持服务国家,深度参与创新驱动发展战略实施。清华大学着力加强原始创新能力,聚焦"卡脖子"问题、"硬骨头"项目精准发力、艰苦攻关。主动请缨建设实体性的航空发动机研究院,致力于解决我国航空发动机技术的关键核心问题。推动学科的交叉融合,出台教师跨院系兼职制度和交叉学科学位授予制度,设立了智能无人系统研究中心、智能网联汽车与交通研究中心、柔性电子技术研究中心、人工智能研究院、大数据研究中心、脑与认知科学研究院、医工交叉研究院等七个跨学科交叉科研机构,以及未来实验室和脑与智能实验室两个实体实验室。学校深化同深圳的全面战略合作,成立清华大学深圳国际研究生院,着力推进高层次的国际合作、高水平的人才培养、高质量的创新实践。成立上海清华国际创新中心,深度参与长三角一体化建设。参与共建北京量子信息科学研究院,与北京市、比尔及梅琳达·盖茨基金会联合创建全球健康药物研发中心,积极服务首都科技创新中心建设和京津冀协同发展。持续深入开展对口支援青海大学、新疆大学工作,对口帮扶云南省大理州南涧彝族自治县工作。大力发展在线教育,学堂在线作为学习者规模全球第二大的慕课平台,成为我国与国际平台慕课输出与引进的主要枢纽。2012年以来,清华大学作为第一单位获得国家三大奖69项,其中国家自然科学奖一等奖2项、国家技术发明奖一等奖3

项、国家科学技术进步奖一等奖4项、国家科技进步奖（创新团队）2项。

坚持改革创新，努力在创建世界一流大学方面走在前列。2014年，清华大学率先在全国高校启动综合改革，旨在建立完善中国特色的现代大学制度和治理体系，探索在高等教育大众化阶段创建世界一流大学的发展模式。学校以教师人事制度改革为突破口，以教育教学改革为攻坚任务，持续推进科研体制机制改革，深入推动党政机构改革、职工人事制度改革、后勤综合改革和资源管理模式改革，坚持走高质量内涵式发展道路。进一步推动2021—2030校园总体规划工作，形成了人文、绿色、开放、智慧的规划理念。加快"双一流"建设，完善学科自我评价和动态调整机制建设，深入实施文科"双高"计划，制定实施工科"双T"计划和理科"双E"计划，不断提升学科建设质量。制定实施学校历史上第一个全球战略，培养具有全球胜任力的创新人才，开展服务中国和世界的高水平研究，深入推动国际交流合作。学校先后在美国西雅图成立全球创新学院，在意大利米兰成立中意设计创新基地，在印度尼西亚巴厘岛成立东南亚中心，在智利圣地亚哥成立拉美中心。创立苏世民书院，致力于培养理解中国的全球未来领导者。连续八年成功举办世界和平论坛，与国家发改委联合举办"一带一路达沃斯论坛"，发起成立亚洲大学联盟，倡议成立世界大学气候变化联盟。中国正日益走近世界舞台中央，清华大学以更开放的姿态积极参与全球高等教育的竞争与合作，培养具有全球视野的优秀人才，努力在全球发出中国高等教育的声音。

70年砥砺奋进，70年春华秋实。站在新中国成立70周年的历史节点上，回顾清华大学70年来的奋斗历程，我们愈发深刻地认识到，大学的改革发展必须坚持党的全面领导、保持正确的办学方向，必须牢记初心使命、立足育人根本任务，必须遵循教育规律、勇于开拓创新，必须扎根中国、面向世界，必须紧紧依靠全体师生员工，调动各方面积极性、主动性、创造性。大学只有在服务国家发展的伟大事业中才能成就一流的高度。面向未来，清华大学将以习近平新时代中国特色社会主义思想为指导，增强"四个意识"，坚定"四个自信"，坚决做到"两个维护"，坚持为人民服务、为中国共产党治国理政服务、为巩固和发展中国特色社会主义制度服务、为改革开放和社会主义现代化建设服务，努力在创建世界一流大学方面走在前列，为国家发展、人民幸福、人类文明进步作出新的更大的贡献，在共和国的旗帜下谱写出更加绚烂的清韵华章！

（作者简介：陈旭，清华大学党委书记。邱勇，清华大学校长，清华大学党委副书记。）

高等教育国际化
——趋势、评价和挑战

杨 斌

2015 年 10 月 20 日,清华-伯克利深圳学院(TBS1)举办了揭牌仪式暨国际教育合作论坛,本文是作者在此次论坛上的主题演讲。主要内容为:首先简要回顾了清华在国际教育合作方面近期的发展;继而阐述了国际教育发展的五大趋势;总结和归纳了国际教育的评价要素;并对 TBSI 及其他国际教育项目的发展面临的挑战进行了思考,提出了一些建议。

一、 清华大学国际教育:基于百年积淀上的新发展

2015 年,清华大学有三个重要国际项目得到了突破性的发展和提升,一是清华大学和华盛顿大学 6 月 18 日在西雅图宣布合作建立了全球创新学院(GIX)。其目标是实现国际合作办学、跨学科交叉与跨界融合,致力于培养具备全球视野和创新精神的人才,致力于解决人类共同面临的全球性问题。9 月 23 日,习近平主席在访美行程中为 GIX 赠送了一棵水杉,祝福学院能够促进中美高等教育的合作①。二是清华大学已经筹备了三年半的"苏世民学者项目"10 月 1 日截止第一届学生的申请报名,有 300 多份来自全球 130 多个国家和地区的申请提交,从初步的统计来看申请者的素质非常之高②。三是今天清华-伯克利深圳学院(TBSI)的揭牌仪式,它意味着中美在顶尖高等教育领域的合作上迈出了重要一步,TBSI 以"面向工程技术、贯通文理工商跨越中

---

① 2015 年 11 月 9 日,GIX 启动首个双学位硕士合作项目——智慧互联(Connected Devices)双学位硕士项目;2016 年 8 月,该项目首批学生正式报到。他们将在清华学习一年,随后赴位于西雅图的全球创新学院进行为期 15 个月的学习。

② 2016 年 1 月,苏世民学者项目公布首批录取结果,来自全球 35 个国家和地区、71 所大学的 111 人录取为首届苏世民学者,其中国际学生 88 人。2016 年 9 月苏世民书院举行了开学典礼,第一届苏世民学者 110 人正式报到,开启在清华的学习生活。

西文化、解决中国的世界级问题,培养全球产业领军人才"为办学理念,面向全球共同面临的社会与经济挑战,结合深圳发展需要,联合高校、政府和企业界开展跨学科学术研究和教育①。这三个项目都是近期清华大学教育国际化发展的代表范例。

此外,清华还跟美国耶鲁大学、哥伦比亚大学、康奈尔大学、约翰·霍普金斯大学等世界一流大学共同开展了若干个双硕士学位项目。深圳研究生院与法国交叉学科研究中心(CRI)在交叉创新方面也开展了涵盖硕士和博士学位教育的合作项目。当前,清华大学近年来的教育国际化进程正在快速而有序地发展,7月初学校还专门成立了国际教育办公室,来更好地协调推进此项工作②。

总的来说,清华大学在教育国际化方面的新进展是学校在百余年历史积淀的基础上发展而来的,并将在新百年发展进程中发挥巨大的推进作用,如提升清华大学的国际知名度和影响力,构建国际化的师资队伍和管理队伍,吸引更加丰富多元的来自全球的学生,促进解决全球面临的共同挑战的重大研究等。

二、 高等教育国际化的发展趋势:从学科分布多元化到全球化校园的构建

在全球化竞争日益激烈的今天,教育的发展程度直接决定和影响着一个国家或地区的发展程度和高度。随着中国的改革开放,特别是加入世贸组织以后,高校的国际化程度在不断提高。高等教育国际化是当代世界高等教育发展的主流特征之一,也是中国大学尤其是研究型大学发展的一个共同目标之一。从目前来看,高等教育国际化呈现出五大发展趋势:

第一个发展趋势是学科分布越来越多元化。在高等教育的国际化发展中,学科分布反映了一个国家学科领域的优势和劣势以及未来前沿及新兴领域的发展趋势。在早期的高等教育国际合作中,比较活跃的学科领域主要是商科,这不仅仅是因为商科较早开始引进海外学者,推进一些教材和教学方法的国际化,更重要的是它比较容易且较早地产生了一些双赢模式。在目前以及未来的时期里,高等教育国际化的学科分布将逐渐从单一走向多元,随着国际科研合作的广泛开展和深入进行,不同高校通过发挥自身的学科优势来"给力",或向其他高校已有的优质学科资源"借力",使学科分布范围和领域不断增加。比如 TBSI 着力发展的工科以及苏世民学者项目涵盖的人文社会学科。

第二个趋势是教育理念由"教"到"育"的转变。国际化的现实正在以不同于以往

---

① 2015年8月,首批录取的清华-伯克利深圳学院30名博士生正式入学。2016年8月,第二批博士生40名和首批硕士生28名入学,后者有机会同时获得清华和伯克利两校的硕士学位,这样的学位项目,在伯克利一个半世纪的历史上也是首次举办。

② 2016年,我校共录取来自全球96个国家和地区的768名留学研究生,录取人数创历史新高。

的速度,更加深刻地影响甚至重构教育。"教育"这两个字"教"比较偏向于知识传授,常常以系统的方法传播正式而规范的知识,我们称之为显性知识的转移;而"育"意味着培育以及从生活体验中学习,我们称之为隐性知识的转移,这种隐性的知识从非传统渠道的学习和生活的经验中获取,是一种置身其境的体验和领会过程。教育国际化使大学成为一个具有整全性、开放性、生成性与引领性的生态系统,学生对校园文化和学科文化等方面的体验需要以嵌入的方式向纵深发展,而不是流于表面形式。

第三个趋势是教育国际化的形式和内涵发生质的转变。目前教育国际化的主要表现形式是大学或科研机构之间的双边或多边合作,而未来高等教育国际化发展的趋势已经从合作转向全球化校园(global campus)或全球化教育(global education)的构建,而不仅仅是国际教育(international education),教育国际化的形式和内涵发生了质的转变。作为关注海外办学的主要机构之一,"无国界高等教育观察组织"最新统计数据显示,近几年大学海外分校数量的年增长幅度 15% 左右,在全球 162 所高校的海外分校中,78 所由美国高校开设,占总数的 48%,其后是澳大利亚 14 所、英国 13 所、法国和印度各 11 所。大学海外办学的输出和输入国目前虽然仍相对集中,但值得注意的是,大学海外办学正在向更大的范围扩展,海外办学国家和目的国都呈现出增加的态势。

第四个趋势是教育对象和教育的层次得到了进一步的扩展。国际学位教育项目正在从以硕士教育为主的合作扩展到了从本科教育到博士教育在内的全方位、多层次的合作。其中部分原因是硕士项目培养周期比较短,项目的推广和运行相对容易。TBSI 是面向博士教育发展的国际教育项目,该项目不是以课程教学为主,更注重科研训练,培养周期较长,因此教师的投入更为重要。从另一方面来说,国际化向本科教育阶段发展则面临诸多困难,传统的本科教育国际合作办学主要通过"2+2"等校际合作方式授予学位,如密歇根大学与上海交大的合作得到了国内很多高校的关注。

第五个趋势是国际教育正在从作为一个附加选项或一种培养方案的特色逐渐转变为一种嵌入式的需要,进入核心组成。这是一个非常重要的变化趋势,也是清华大学国际教育办公室要努力推进的方向,我们希望在清华大学的本科、硕士及博士的学位要求中,国际化学习或全球化学习所占学分数或比重能够作为参与衡量教育质量的评价指标之一。

三、 高等教育国际化的评价标准

随着国际教育合作的持续发展,教育国际化或全球化的评价标准也在不断变化。传统的教育国际化的评价指标是"教师"和"学生"。即看有多少教师具有国外的教育背景以及学生群体来源是否具备多样性。这两项指标并不完全客观,不能充分反映文化背景的多样性程度。比如一些欧洲高校,师生来自外国的比例较高,因此提升了大学的全球排名,但全球化教育的实效究竟如何,对此却有争议。因此,除了以教师和学生作为衡量指标之外,人们开始关注教育的"内容"。

"内容"作为衡量教育国际化程度的重要指标之一,一定程度上加强了对国际化程度的深入理解和把握。该指标旨在评价教育知识体系的国际化涉猎程度,如教材和研究的内容。但在一些国际教育项目中将国际化等同于"北美化",或在科研活动中出现了"不相关(irrelevance)"现象,即国际教育项目与所在地域之间的相关性较差,师生们的研究领域往往并未与当地经济和产业发展相互关联,他们的研究成果常常仅发表于国外期刊,对本土的知识生产没有产生预期的影响,这一点非常值得我们注意。

"教学方式"是常被忽略的国际教育评价的指标。我们都知道,教育方式与教学内容之间是紧密相连的,"How we teach is also what we teach",即我们怎么教本身也是我们教的内容,同样,"How we learn is also what we learn",即学习方式与学习成效之间也是紧密相连的。所以,在教学的过程中,"教学方式"作为一种"文化嵌入",通过采取参与性学习、探究式学习、多中心教育等不同的方式对学生产生影响,成为全球化教育的重要价值来源。

在此基础上,"教育模式"作为国际化的评价指标,既是作为对前几种指标的整合,也是对整个国际化评价过程的审视,它是从整体上以全球体验式学习(Global Experiential Learning)的角度来重新思考与设计"谁来教,谁来学,学什么,如何教与学"等问题。因为不论本土教育还是国际教育,都需要针对不同的发展情境,重新思考和梳理这些问题。须知国际化只是全球经济一体化下的一种发展方向,并不天然具有优势,它既不是标签,也不体现特色,它是教育成效(outcome)的重要内容,也是达成这个成效的必然方式。从事国际教育合作的老师和管理者,千万不要因为做的是国际化教育而放弃了进行整体性创新的努力。

四、 "全球本土化"下的融合与新生

在高等教育国际化的发展趋势下,每所大学都面临办学目标、价值取向和发展路径的选择。教育国际化对于在优质生源的吸引力、学术资源的获取能力和国际影响力等方面较为弱势的大学来说,一味"趋同"与"接轨"不可能在国际竞争中取胜,因为每一所大学都有独特的历史与文化,资源与特色,优长与短板,不可能作划一的定位,走相同的道路。

因此,教育国际化面临的一个至关重要又不可回避的问题是:如何理解提高大学国际性与保持本土性的关系?是单向地向世界先进大学靠拢"接轨",还是同时努力用自己的教育理念丰富世界先进大学的内涵?是一味地遵循国际统一规则,还是同时注重保持和发扬自身的特色？面对这些挑战，高等教育国际化要坚持探索一条新路。

一是走一条 Glocalization（全球本土化）道路。从这个概念的定义来看，它指希望并能够用"全球化的思想，本土化的操作"（"think globally and act locally"）来进行发展，它意在强调当全球化的产品或服务与当地文化相结合时更有可能取得成功。它不仅是一种发展策略，也是一种全球经济日益全球化和一体化背景下出现的一种新的理论和思潮，它意味着普遍化与特殊化趋势的融合，两者共同发挥作用。与所有国际教育项目一样，清华-伯克利深圳学院（TBSI）不是简单地在深圳的名字上冠以清华和伯克利，也就是说，它并不意味着是一个拼盘，学院一方面应该形成很重要的全球化视角，但也需要有本地化的深入，所以 TBSI 在博士生的整个培养过程中，要尽可能地与深圳有更强的结合与互动，一些课程的设计不必拘泥于清华和伯克利本校，否则TBSI 就丧失了一次难得的因为开放而带动改革的机会。可以尝试着眼于当前一些很重要的新趋势，如全球化体验式学习有一些 1 学分或 2 学分的课程，不一定要在常规课堂上用，而是采取实践式学习的方式，让这一项目基于本土，又超越本土，走向国际化是我们的基本理念。正如曾担任哈佛大学校长 40 年之久的查尔斯·艾略特所说的那样，"一所名副其实的大学必须是发源于本土的种子而不能在枝繁叶茂，发育成熟之际从英格兰或德国移植而来。"

二是在高等教育国际化进程中保持耐心。高等教育国际化不是一朝一夕的事情，教育主管部门以及清华和伯克利两校都应清醒地意识到这一点。在未来 10 年甚至更长的时间里，我们都要不断地提醒自己，要有耐心。如果希望日日有变化、月月有进展，就不是一个正常的状态。在这个过程中我们所做的一些探索，在一开始可能比原来用传统的方式所表现出来的绩效还要低，而这时候如果没有耐心，就可能因噎废食，或停滞在尝试和探索的半路上。

三是高等教育国际化发展的生命力在于特色，在于"魂"。该怎样体现它的独一无二性是需要我们去探索和实践的。以 TBSI 为例，经过艰苦的努力与创新，它应该具有超越父辈和母体的特色和优势。我们希望 TBSI 成为一个响当当的品牌，这四个字母名扬天下，不是停留在 T 代表清华、B 代表伯克利这样的表层意义上，而是有朝一日成为与清华、伯克利齐名的一个品牌。

（作者简介：杨斌，清华大学党委常委、副校长，同时兼任清华大学教务长）

国际化的目标、方位与策略

——21 世纪初清华国际化的故事与思考

谢维和

国际化是清华大学建设世界一流大学的基本战略与发展路径,也是学校改革发展的基本格局。缺少国际化的布局与要素,清华大学也就不可能成为世界一流大学。在学校的统一领导与部署下,我从 2005 年起一直到 2015 年,从主管学校的国际化工作,到分别协助袁泗、施一公管理学校国际化方面的工作,先后达 11 年,与国际处的各位同事,以及学校有关职能部门和院系共同做了一些工作,也有一些思考。其中,非常深切地感到对于世界一流大学的国际化工作而言,准确把握目标定位、时代方位、精心策划实施策略,是关系到国际化战略的三个非常关键的因素。在这几个方面,我们不仅要有想法,要有说法,还要有做法。这里呈现的只是这些方面的几个片段和小故事,以及一些初步的思考,作为纪念和参考。

一、 目标定位:环节与标志

究竟国际化在一流大学建设中处在一个什么样的地位?这是清华大学国际化战略实施首先要确定的基本认识。在相当长的一段时间里,人们常常简单地认为大学的国际化工作就是一种所谓"迎来送往"的事情,即安排教师、学生出国学习访问与接待国外客人的工作。以至于在很长时期内学校的国际处叫作"外办",即外事办公室,似乎与学校的人才培养等主要职能没有直接的关系。显然,这种认识与世界一流大学建设的要求是不适应的。在学校建设世界一流大学的"三个九年,分三步走"的战略实施过程中,清华大学的国际化在工作定位上有两个十分关键的基本定位。

第一,国际化的含义不仅是单纯的国际性"迎来送往"或"外事",而且是学校实现其人才培养、科学研究与社会服务等功能的"内在"环节与必要途径。记得在 2009 年清华大学第 23 次教育工作讨论会上,我曾经代表国际处做了一个《深化国际合作交流,提高人才培养质量》的报告,明确提出国际化是学校人才培养的重要环节的观点,即国际化是人才培养的必要环节。当时,经过多年的建设发展,清华大学逐步形成了面向世界的人才培养体系:以培养学生了解世界、精通专业、开拓创新和服务国家的四种能力为目标,实施联合培养、联合学位、交换生、合作研究、海外实习和暑期学校等一系列境外学习环节,形成规范化、规模化和系统化的工作模式。结合国际化人才培养目标,学校策划实施了"拔尖创新人才暑期实验室研修项目"和"优秀新生海外研修计划"等特色项目,使本科生有更多的机会赴海外知名院校和重点实验室学习研修。人才培养的另一方面是外国留学生教育。世界一流大学应该成为各国青年学子向往的学习目的地。近年来,清华大学的外国留学生工作取得了重大突破,保持了良好的发展势头。2009年,我校外国留学生人数达到2740人,学位留学生增加显著,已达1909人,增幅为20%,占留学生总人数的70%;学位生中研究生数量明显增长,达到895人,占学位生总数的47%,其规模和所占比例在国内高校中位列前茅。

第二,国际化是世界一流大学的重要标志之一,是建设世界一流大学的基本战略。随着国家改革开放政策的持续,特别是"985工程"等一系列高等教育改革发展项目的推进,人们对国际化的重要性与价值也逐渐形成共识。但是,对于国际化与世界一流大学的关系,能不能有某种比较具有普遍性的标志,一直是似乎很清楚但实际上却难以形成共识的问题。在我分管国际处工作期间,这也是常常困扰自己的问题。这里,我不能不佩服教育部原副部长,清华大学校友吴启迪教授的睿智。她在参加清华大学的一次国际活动时,非常明确地指出,所谓的"世界一流大学",就是世界上优秀青年向往的地方。这样的认识和表述比较简单,但的确揭示了世界一流大学的一个本质的特征。其实,类似于哈佛、耶鲁、麻省理工学院,以及牛津、剑桥等世界一流大学,虽然它们的办学模式与学校文化等都存在很大的差异,但都是世界上优秀青年向往的大学。自此以后,我自己在分管和参与学校国际化工作时的思路也就更加明确了。实际上,这是一个十分明白的道理。清华之所以被公认为是中国最好的大学之一,原因就在于它是中国优秀青年向往的大学。作为世界一流大学,如果没有学生到学校来,坦率地说,就很难说我们是世界一流大学。所以,世界一流大学一定是世界优秀青年向往的大学。从这个意义来说,清华大学的苏世民学院、全英文硕士项目、奖学金项目等,都是着眼于这样一个目的。而由此也进一步明确了学校国际化战略的基本目标与定位。

二、 时代方位:从"交作业"走向"并跑者"

清华大学的国际化,既是清华大学的办学传统,也是改革开放以来反映学校发展进步的一个侧面,体现了世界一流大学建设的时代方位。而在这四十年,清华大学的国际化也经历了从"交作业"到"并跑者"的过程。

清华大学校长梅贻琦在建校二十五周年纪念日《致全体校友书》中说:"吾人以为将欲提高国家学术水准,端赖罗致世界第一流学者来华讲学。是以年来对于此点,尤特注意。数年之内,外国学者来游中国,本校得以邀聘来校作短期演讲者,如郎哲曼(Langevin)、郎密尔(Langmuir)、何尔康(Holcombe)、杰克生(Jackson),虽每人讲演多者不过二、三次,而本校得以观摩谈论,获益匪浅鲜。"当时清华大学聘请的外国教师中,有众多各领域的世界知名学者。例如,美国 MIT 的数学系教授,美国科学院院士 N. 维纳,他 30 年代就成为美国数学学会会长,40 年代因创立控制论而闻名于世,于 1935 年 8 月—1936 年 6 月来清华大学任数学系和电机工程系客座教授,并指导华罗庚与徐贤修合作完成了《关于傅里叶变换》一文。哈达玛(Jacques Salomon Hadamard)是法国著名数学家,应清华大学和中法教育基金会联合聘请,于 1936 年来华讲学,主要为清华大学师生讲授偏微分方程知识。在抗日战争全面爆发前,华敦德(F. L. Watterendorf,1906—1986)教授为清华航空教育与科研做出了巨大贡献,1936年他经冯·卡门(Theodore von Karman)教授推荐来清华任教,开展航空研究与教学工作。在文科方面,清华也聘请了英国著名学者、"新批评"理论的创始人 I. A. 理查兹从英国的剑桥大学来清华任教,他在中国的教学和学术活动,不但直接培养了诸如钱锺书和吴富恒,间接影响了王佐良和李赋宁,也使朱自清、李安宅、叶公超等中国学者受益匪浅。

改革开放以来,清华大学一直坚持国际化的办学道路。同时,我们对学校国际化办学的历史阶段性与时代方位,始终有一个比较清醒的认识。一方面,清华大学的国际化办学与国家改革开放的进程是一致的;另一方面,它也必须适应高等教育的发展规律与清华大学的实际。认识和把握国际化办学的这种时代方位,对于建设世界一流大学是非常重要的。

我非常清楚地记得,校党委原书记陈希曾经对我说,改革开放以来,中国的海外留学生回国工作的政策经历了三个阶段:第一个阶段叫作"学习归国"。它主要是改革开放初期国家对海外留学生回国的政策特征。那个时期,国家派出的主要是访问学者与进修生等。他们在国外大学学习一段时间后回国,成为国内高等教育和大学办学的重要骨干,许多人成了教授、院士与大学的领导;第二个阶段叫作"学完归国",这主要是 20 世纪 90 年代以后的形势。当时,恢复高考以后的一批毕业生出国学习,并且也逐渐完成学业归国。显然,与过去的访问学者和进修生不同的是,他们经历了比较完整、系统以及先进的学术训练,掌握了前沿知识和技术,也获得了正式的文凭或学位,能够与国际的学术界进行必要的对话与交流。由此,这些归国留学生成了国内高等学校吸引海外人才的主要对象。他们中越来越多的人成为国内学术界的中坚力量;第三个阶段则可以叫作"学成归国",这主要是 21 世纪以来的发展趋势。随着国家改革开放的力度持续加大,越来越多的海外留学生归国参加中国的现代化建设。而高等学校教师队伍的国际化程度也越来越高,重点大学的教师中,大多数都有过出国学习研究的经历,重点大学的国际化程度也越来越高。由此,仅仅在国外毕业拿到学位归国,逐渐没有了过去的竞争优势。这个时候,只有那些不仅在国外著名大学获得学位,而且取得了一定的学术经验和成就的海外留学生,才能够得到国内大学,尤其是重点大学的青睐。

其实,陈希的这个观点实际上也反映了中国高等教育与清华大学国际化办学的发展阶段与历史方位。改革开放以来,中国高等教育的国际化发展也经历了三个阶段:第一个阶段是向外国人学习;第二个阶段是开始要参与到国际事务中;到今天我们已进入了第三个阶段,这是一个共生同行的时代。21世纪初,清华大学的国际化办学仍然处在第二个阶段,并且逐渐向第三个阶段发展。这种国际化办学的阶段性特征与清华大学建设世界一流大学的三个九年的战略部署也是非常契合的。

清华大学在建校一百周年之前各个院系和学科的国际评估,就是反映这种阶段性与历史方位的一个非常典型的例子。记得当时学校正面临着一个非常严峻的挑战:如何能够证明清华大学的世界一流大学建设已经达到了第二个九年的目标:即跻身世界一流大学?显然,按照清华大学的文化,我们不能简单地自说自话地宣布自己已经跻身世界一流大学,而必须以充分客观的事实证明这个进步。由于"跻身"的含义指的是达到了世界一流大学的普遍性标准,学校决定在各个院系开展国际认证与评估。请国际项目方面的一流专家来做认证、访问或评估。目的就是要让大家了解,按照国际的标准与要求,清华大学人才培养与学科建设的成绩与水平究竟怎么样,尤其是我们在国际上达到了一个什么样的水平。客观地说,在这个方面不能不提及的是两个院系。一个是清华大学经济管理学院 MBA 的 AACSB(北美工商管理硕士专业认证机构)专业认证。清华经管学院的 AACSB 认证过程是清华大学学科国际化的一个重要阶段性标志,也是保持和进一步增强学科优势和教育质量位势的重要举措。其相关时间节点如下:2002年10月成为 AACSB 会员;2004年12月提出认证申请;2005年夏,提交认证计划;2006年夏提交自评报告;2007年3月,同行评审组实地考察;2007年4月正式通过 AACSB 管理教育认证。整个认证工作得到清华经管学院前后三任院长赵纯均、何建坤、钱颖一的高度重视,而且始终是院务会工作的重点之一,并由常务副院长陈国青教授分工主管。同时,AACSB 认证工作也得到了清华大学领导的高度重视。时任清华大学校长顾秉林院士亲自听取清华经管学院认证工作进展汇报并参加 AACSB 同行评审组实地考察相关活动安排;时任常务副校长何建坤教授、副校长汪劲松教授和我都分别参加清华经管学院的认证动员和有关活动,包括对整个经管学院的动员大会。记得在一次全院的动员大会上,我在伟伦楼的报告厅里代表学校讲了一个多小时,强调了认证的重要性,也对经管学院的领导、师生与管理人员提出了要求。在整个认证过程中,有一个环节就是对分管学校领导的交流。为此,我做了好几天的"家庭作业",顺利完成了与认证专家的交流。应该说,清华大学经济管理学院的专业认证,不仅对经济管理的国际化和办学水平的提高,产生了十分积极的作用,而且,在全国形成一个非常重要的引领作用。仅仅从 AACSB 认证来说,它对于清华大学管理教育乃至经济管理学院也是意义非凡的。在 2007 年 4 月 AACSB 公布新获认证的院校时,AACSB 高级副总裁、首席认证官 Jerry Trapnell 说道:"获得 AACSB 认证需要大量的投入和决心。这些学院已经达到了卓越性的严格标准,同时做出了持续改进的努力,以保证给学生们提供高质量的教育。"对于获得 AACSB 认证,钱颖一院长这样评价:"AACSB 是公认的全球顶级的商学院认证机构,它的认证是最具权威性的认证。学院通过严格和全面的评估后取得认证资格意味着 AACSB 对我们学院的教学科研质量和发展前景的肯定。取得 AACSB 认证是优秀的管理教育的重要标志,它使得我们学院从此以后同国际上其他通过该认证的优秀商学院站在了同一平台上。"2007 年 5 月 21—22 日,AACSB 世界管理教育实践大会首次在中国举行,陈国青教授在大会上发言,指出获得 AACSB 认证对于清华经管学院来讲意味着"构建了一个整体办学体系上的国际化平台,拥有了一个国际化的办学语言,强化了一个连续发展和持续改进的机制"。清华经管学院以参与 AACSB 认证为契机,将认证过程变为使命驱动的管理相关学科建设和管理教育办学质量持续改进的过程。2002—2007 年,工商管理一级学科和管理科学与工程一级学科在国家教育部的全国学科评估中分别名列第一、二位;应用经济学和理论经济学分别获得一级学科博士授予权;聘请了一批海外特聘教授,涌现了多位教育部长江学者和国家杰出青年科学基金获得者;持续建设高水平的顾问委员会,并深化拓展了与 MIT 斯隆管理学院和哈佛商学院的合作,启动了多个高水平国际合作项目;获得了 AACSB 会计教育认证,并顺利启动和开展了 EQUIS 认证。并且于 2008 年 3 月获得 EQUIS 认证,进而成为当时国内唯一获得北美和欧洲两个认证的经济管理学院。

另一个则是工业工程系的学科评估。当时,国际处首先在工业工程系开展这种学科的国际评估的试点。我非常清楚地记得,时任工业工程系主任的萨文迪教授非常支持这样的国际评估,并且介绍了很多相关的经验。坦率地说,对于中国的大学而言,这样的国际评估并不是一件容易的事情。它不仅需要大量复杂与琐碎的工作,而且需要转变观念。在学校相关部门的支持下,通过充分的准备,工业工程系的学科评估进展非常顺利,按照学科评估的必要程序与要求,工业工程系提供了全英文的材料与文件,而四位美国工程院院士非常客观全面地对工业工程系的人才培养与科研等进行了十分专业的评估。在他们看来,清华大学工业工程系的本科生教育已经能够达到美国同类专业的前 20%;研究生培养的水平科研达到前 25%的地位。同时,他们对该学科的科研成果也给予了充分的肯定。当然,他们也毫不客气地指出,工业工程系的学科建设与人才培养应该加强方法论的工作,而这对工业工程系的改革与建设都是非常有益的。

这样的国际评估对学校许多院系都是一个很大的鼓舞。学校也非常认可这样的国际评估,并且在随后的工作部署中,要求相关的院系与学科开展国际评估。由此,在 2011 年清华大学百年校庆之前,有相当一批优秀和学科进行了真正学科的国际评估,而且都得到了国际同行与专家的高度认可,而且,它也非常有力地证明了清华大学的某些学科已经跻身了世界一流大学的行列。

当然,随着国家的强盛,清华大学的国际化建设也进入了一个新的阶段。在这个新的阶段和新时代,清华大学在一些环太平洋组织、亚太地区教育组织中,正在扮演越来越重要的角色。对于清华大学来说,参加国际化建设,不能仅仅是一种"交作业",即完全以国际标准作为我们自己的参照系与评价指标,单纯让外国专家来评价我们的工作,而必须要超越"交作业"这样一个阶段,从"交作业"进展到"出主意",必须要有我们的主见,要有我们的贡献,要有我们的思想,要有中国特色。正如目前我国在世界舞台上针对某些全球化的共同利益与挑战所提出的"中国智慧""中国方案"一样,这正是今天清华大学国际化建设的一个新的发展阶段与时代方位。

三、 实施策略:指标、转化、项目与伙伴

清华大学的国际化不仅有想法和说法,而且是有做法的。这种"做法"可以概括地表述为"四个一"。这也是清华大学改革开放四十年来国际化建设与发展工作的一个非常重要和成功的经验。

1. 一组可比性的指标

作为世界一流大学的国际化水平,首先体现在一系列具有可比性的具体指标上。这也是大学国际化的具体抓手。这里所谓的"可比性",指的是国际上大家都认可的,能够反映大学办学国际化水平的共性要求,而不是仅仅只有中国自己的某些指标。比如,学位留学生的规模、层次、国别、国际组织的成员、世界知名学生刊物的评审人等。这里,特别重要的是所谓的"可比性"。例如,过去我们在统计留学生的规模时,常常是把长期与短期,学历与语言学生加在一起,好像也有相当的规模。实际上,在国际比较上,通常并不统计非学历的短期交流合作和单纯的语言学生,或者是分开进行统计的。这样才能够真正反映一个大学的国际化水平。所以,在我分管国际处工作时,陈希书记与顾秉林校长就非常明确地要求我,在上报教育部国际学生的规模时,不能报短期交流和语言学生了,而只是学历的国际学生。并且,他们还强调,在国际学生的招生中,清华大学要更加重视研究生层次的学历学生的工作。由此也成为了清华大学加强国际学生教育的一个重点。在教育部的统计里,清华大学读学位的国际学生人数在全国是最多的。在国际学生的可比性指标方面,还有一个是国际学生来源的国别比较。换句话说,评价一个大学的国际化水平,不仅要看你对国际学生的吸引力,而且还要看你对哪些国家的学生,包括哪些大学的学生有吸引力。由于我们设立了全英文硕士项目,现在清华大学的欧美留学生占到 35% 以上,而在过去,我

们大量的学生都来自日韩和东南亚,我们也希望增加欧美如 MIT、哈佛、伯克利、斯坦福、牛津、剑桥这样一些学校的学生。是国际教师的结构。清华大学目前国际教师结构中,中长期的国际教师(即至少在学校半年以上的教授)到现在为止大概有 280 多人。再有,国际合作的科研经费也是一个可比性指标。有几年清华大学的国际合作的科研经费大概有两亿多,合同项目大概是 500 多个,这都是一些具体的抓手。类似的可比性的指标,还有国际的合作项目,包括欧盟、美国、澳大利亚的项目都要有,学生(包括本科生)参加国际交流的规模,以及国际论文的水平、层次、影响因子,等等。缺少这样一系列的可比性指标,很难说明你的国际化水平。在这个方面,必须强调必要的共性。所以说第一个"一",就是要有一组可比性指标。

2. 一系列的转化

大学的国际化建设需要依托学校的基本功能和优势特色,即学校的所谓"内事"必须与"外事"结合起来。由此,将学校的人才培养、科学研究与社会服务方面的优势与特色转化为国际化的优势是非常重要的思路。这种优势对清华而言,主要表现在三个方面:

第一,要把清华大学在国内的优势转化为国际的优势。对于清华大学来说,国家的投资与社会的支持,并不仅仅是希望清华大学能够在国内高等教育系统中独占鳌头,或者是增强清华大学在国内大学中的竞争力,而是希望清华大学能够代表国家参与国际的竞争与合作。这是清华大学国际化的基本背景。所以,能不能将清华大学在国内的优势转化为在国际的优势,是国家给予清华大学的任务,也是清华大学国际化战略十分关键的工作重点。具体而言,必须加强清华大学办学的国际推广与宣传,推广各种不同的机制与媒体,包括各种活动与会议等,加强清华大学在国际上的影响力。为此,学校成立了国际宣传办公室,举办了 *Newsletter* 等宣传材料,这种国际宣传对清华大学是尤为重要的。

第二,要把交流的优势转化为合作的优势。改革开放初期,清华大学与许多大学一样,国际处的主要工作是迎来送往,增进交流和了解。应该承认,这种迎来送往也是必要的,它能增加感情与彼此信任等。但是,随着中国的发展和清华大学的建设,光是这种迎来送往就不够了,如何能够将交流的优势转化为国际合作的优势,是清华大学国际化建设体现新的历史方位和时代任务的现实要求。有相当长的一段时期,清华大学签订合作备忘录的海外大学的数量已经达到数百个之多。然而,真正具有实质性合作的却为数不多。这是一个十分现实的问题。在这种情况下,清华大学逐渐强调并且选择若干非常有基础的学科领域,特别是一些名校、大师和活跃领域,强化国际合作。而近年来海外科研合作经费的不断增加,国际合作的办学机构的发展等,正是这种将国际交流的优势转化为国际合作的优势的国际化战略的体现。其实,这种转化也进一步促进了国际交流,进而形成了一种国际化的良性循环。

第三,把派出去的优势转化成引进来的优势。过去,在中国高等学校国际化的初期,清华大学常常更多的是"派出去",派学生出国学习,派教师出国访问进修等。应该说,这是必要的,也是推进国际化的重要方面。但是,作为世界一流大学的国际化,仅仅"派出去"显然是不够的。除了"派出去"之外,还需要进一步加强"引进来"的工作,即吸引更多国外的著名学者来清华大学任教,吸引更多国外的优秀青年来清华大学学习,这才是世界一流大学的共同特征。关于这种转化的可能性,我有一个十分现实的经验与感触。21世纪初,清华大学与德国亚琛工业大学有一个学生互派的合作协议。起初,只有是清华大学的学生去德国亚琛工业大学学习,而德国亚琛方面来清华大学的非常少。可是,随着协议的持续实施和清华大学办学水平与质量的提高,越来越多的亚琛工业大学的学生来到清华大学学习。而清华方面选择去亚琛工业大学的学生数量则明显减少。这个故事让我看到了清华大学的实力,也增强了对清华大学的国际化发展的自信。在随后的各种国际交往的场合,包括会见海外大学的领导,参加国际会议与活动时,我都极力促进海外著名大学能够多选派他们的学生来清华学习。同时,我也与国际处的同事一起,争取更多的国际学生的奖学金,及优惠政策吸引海外的国际学生。记得在多次与海外著名大学领导的交谈中,特别是他们希望清华多派优秀学生去他们学校学习时,我总是一方面表示感谢和支持;另一方面则非常委婉地表示,希望他们学校也能够派更多的学生来清华学习,向他们介绍清华大学在国际化方面的发展以及能够为他们学生提供的优越条件,等等。

当然,这种一系列的转化,并不会自动地发生,也不能仅仅依靠某种宣传,或者是一种单纯的交换,以及奖学金等物质条件,更重要的是需要一种新的思路与办法,需要一种改革的做法。例如,建设一批高质量、能够吸引海外优秀学生的课程与项目,就是一个非常直接的抓手。在这个方面,特别值得一提的是清华大学英文课程,特别是全英文硕士课程的建设与发展。这里也有一些非常难忘的故事。有一年,在清华大学经管学院国际顾问委员会的会议上,国务院原总理,清华大学经管学院的老院长朱镕基在钓鱼台国宾馆会见所有参会的顾问委员会委员,时任教育部部长的周济与国务院及若干部委的领导也都在场。当时,就在经管学院的院长钱颖一向朱镕基同志汇报学院建设情况的时候,朱镕基同志打断了钱颖一的话,专门问道:目前经管学院的英文课程建设的怎么样啦?有没有达到一半的程度呀?钱颖一告诉朱镕基同志说,英文课程的建设还没有达到50%的程度。朱镕基总理当时就说,国际一流的经管学院必须有全英文的课程,才能够吸引国际上的优秀学生,没有全英文的课程是不行的。当时,我就在现场,听到朱镕基总理如此重视英文课程的建设,我也想,高等教育的国际化,以及建设全英文的课程,不能仅仅是经管学院的事情,而应该是全校人才培养的事情,关系到学校国际化建设的工作。可以这样说,正是在朱镕基总理的激励下,在顾秉林校长的领导下,我们开始了全英文硕士课程项目的建设工作。通过国际处与研究生院的精诚合作,以及相关院系和学科的积极参与与支持,学校一批全英文的硕士课程逐步建设起来了。到 2015 年全校共有 12 个全英文硕士项目,其中文科就有 7 个,占 58.3%,例如,国际工商管理硕士(IMBA)项目、中国法项目(LLM);国际发展硕士项目(MID)、全球财经新闻(GBJ)、国际公共管理硕士(IMPA)项目、国际学生设计硕士项目、国际关系英语硕士项目,以及商务汉语项目。

当然,清华举办全英文的硕士项目是比较早的事情。经济管理学院在国际合作中,已经开办了全英文的国际工商管理硕士的教育,并且取得了一定的经验。但当时的全英文研究生教育项目大多是与境外大学合作举办的,而真正完全由清华的教师作为主体承办全英文的硕士研究生项目,还要从法学院创办面向海外的全英文中国法硕士项目(LLM)说起。时任清华法学院院长的王晨光教授给学校提出了创办LLM 项目的想法,建议以全英文授课的方式,面向全世界招收高水平的硕士研究生。一方面帮助国际上的法学院学生和部分从事法律的专业人员,学习和了解中国的法律制度和相关知识;另一方面也能够扩大清华及其法学院的影响。2004 年秋季,顾秉林校长与法学院教授座谈,探讨法学院发展规划。在这次座谈中,法学院向顾校长反映了设立全英文中国法硕士项目的设想和遇到的问题。顾校长当场表示:这是中国教育国际化的一个好途径,学校支持这个项目的开设;并要求法学院就具体项目开设问题与研究生院等部门具体协商,寻求解决这些问题的方法。他说:"如果这种改革的事情清华不做,其他学校就更难了。"顾校长推动教育国际化的决心和旗帜鲜明的决策给法学院以极大的鼓舞。

实事求是地说,在当时的条件下建设这样全英文的硕士课程,的确是一个非常大的挑战。首先是教师队伍的问题。法学院的领导和老师们在学校的支持下,很快地在院内组织了一支能够运用英文授课的教师队伍,设计了相应的课程体系,给教师配备研究助理,编写相应的课程资料和课件,并在资源配备和行政支持方面给予参与的教师更大的支持。尽管如此,一些老师仍然有不同程度的畏难情绪,不愿意承担"额外"且具有"挑战性"的任务。对此,法学院做了大量的说服引导工作,使得参与的老师达成了为清华法学教育国际化做出贡献的共识。用有些老师的话说:是赶着鸭子上架,走上了国际化的讲台。为此,法学院领导专门成立了 LLM(法律硕士)项目办公室,出台专门的政策,提供非常具体的措施,支持和指导老师们参与这个项目。

其次,还有学费、招生方法、学位名称等一系列问题。比如,此项目是法学院在学校支持下开设的自筹自支的项目,不会有国家和学校的拨款,因此项目的经费来源就需要通过收取学费和其他资助的形式解决。为此,法学院广泛搜集了解国外 LLM 项目的学费信息,结合我校具体情况,制定了较为适当的标准,既不能像美国法学院那么高,也不能完全按照国内专业硕士的标准收学费。而学费问题又与当时禁止高校乱收费的政策和学位的类型有关。由于法学领域有两个硕士类型,一个是传统的学术型的法学硕士学位,一个是实践型的法律硕士学位;前者的学费不允许高于国家设定的标准,而后者则可以自行确定学费。通过与研究生院协商,研究生院又与北京市物价局和教委协商,最终通过了法学院的收费方案。又如招生问题,法学院制作了招生广告,在法学院网页上开设了相应的 LLM 项目招生网页,设计了报名表格,并通过邮寄把广告发给外国尤其是欧美和亚洲地区的法学院。当时美国天普大学法学院院长 Robert Reinstein 教授特意为该项目进行推介,并建议我们把他的推介印在招生手册上。有了美国教授的积极评价和推介,美国学生对项目就有了一份信任。同时,我们还与有学术合作交流关系的美国法学院进行联系,在该项目中为宾州大学法学院、波士顿大学法学院、乔治城大学法学院和天普大学法学院的交流学生保留名额。这些措施对于招生都起到了积极的促进作用。该项目在 2005 年 2 月正式向外界推出,到 9 月份就招收到 14 位首届学生。再如上课时间的安排,我们通过加长每一节课课时的办法,把 18 周一学期的设置压缩为 14 周。这样就充分照顾了外国尤其是美国学生需要在 5 月份落实暑期实习或进入工作的惯例,把 LLM 项目的学期进行了微调。尽管有不少不同意见,我们还是坚持了一个基本观点,即该项目培养的学生应当能够进入高端的就业市场。如果因为学期设置不合理或与外国就业时间节点不一样,而使得我们的学生无法在法律行业入职,这就是最大的浪费和功亏一篑的做法。通过与研究生院和留学生办公室等部门的反复沟通,学期时间的微调得到了学校的支持,破例允许该项目学期的独特安排。这对于扩大项目的国际影响起到了积极作用。

在建设 LLM 这个项目时,其实最大最难的问题是学制如何设立。按照学位法的规定,获得硕士学位的学生应当经过二年至三年的学习。如果我们按照二年制进行设计,许多外国学生就不会报名,因为对法学院学生而言,这将意味着多花费一年的时间和更多的投入,甚至有可能错过就业市场的机会。但是中国的法律规定又是明确的,且不说其是否符合教育的规律,就是如何在现有法律框架下设计该项目,也似乎是一个无法逾越的制度障碍。经过多次讨论,法学院提出了学分制的建议,即学位不基于单一的学习期限,而是基于学生修完的学分数量。当时教育改革所倡导的一项改革措施就是实行学分制,给学生更大的选择余地。按照这一政策,该项目设计了必修课和选修课两类课程。如果学生在一年内修完所要求的学分,就可以申请获得硕士学位。最终研究生院同意了这一方案。在所有招生和培养方案上,该项目都没有学制期限的要求,而是以学分是否修满为授予学位的根据。通过这种法律技术解释,该项目符合有关的法律要求。应该说,这样的处理方式也体现了一种改革的精神。

可以说,这个项目是非常有意义的,也是开创性的。它开创了中国法学教育成建制地招收外国学生学习中国法的先河,开创了全英文教授中国法的新模式,推动了中国法学教育国际化的进程。截至 2016 年年底,该项目已经开设了 11 年,有 166 名各国学生获得了中国法律硕士学位(LLM),在国际上享有较高声誉,也推动清华法学院进入国内一流国际知名法学院的行列。根据王晨光老师的介绍,这个项目的建设成果是非常可观的。通过这个项目的建设和实施,法学院开发了系列英文中国法律课程讲义(13 门);编辑出版首套英文中国法律教材(已经出版 3 本),它们是:YI

Yanyou, *Understanding China's Criminal Procedure*, Tsinghua University Press, 2011；CHEN Weizuo, *Chinese Civil Procedure and the Conflict of Law*, Tsinghua University Press, 2011；ZHANG Mo, *Introduction to Chinese Torts Law*, Tsinghua University Press, 2013；随后将还有若干本出版。计划出版中国法律核心课程讲义15本。另外。由外国学生发起,中外学生自己编辑,于2009年在国外出版的英文中国法律学术刊物——*Tsinghua China Law Review*,现已被 *Heinonline*、*Westlaw*、*LexisNexis* 等知名法律数据库系统收录,产生了积极国际影响。更加重要的是,这个项目培养了一批国际法律界崭露头角的人才,例如,美国 Curt A. Haws 被任命为美国怀俄明州第九司法区巡回法院法官；美国 Matthew Steven Erie 在纽约大学法学院担任助理教授；以色列 Hadas Peled 在从事律师工作同时,在海法大学教授中国法；波兰 Monika Prusinowska 在中国政法大学中欧法学院任助理教授；意大利 Antimo Cappuccio 在 Pirola Pennuto Zei & Associati 律师事务所北京办公室工作；加拿大 Henri Arslanian 在2008年北京奥运会期间成为加拿大政府唯一指定的奥运会加拿大代表队律师,其中非常重要的原因是因为曾经在清华法学院 LLM 攻读中国法并获得硕士学位；爱沙尼亚 Priit Martinson(马鹏)在爱沙尼亚驻上海总领事馆任商务领事,蒙古 Odgerel Tseveen(永亮)在蒙古律师协会担任外国联系合作部负责人；韩国全祐正毕业后攻读牛津大学博士并已毕业,现在首尔 Dae Ho 律所工作,并在首尔律协、明知大学法学院教授中国法；以色列 Amit Ben Yehosua 在上海开办了律师实务培训项目；乌拉圭 Santo R P Nicolas 在广东省佛山市投资促进局担任特邀顾问；瑞士 Christoph Koppel 在中国上海全球律所从事律师工作,等等。

同时作为首家在国内举办、面向国际的中国法法律硕士项目,获得了国内外法学教育界的一致认可,成为法学院对外交流中一个重要的品牌项目。例如,国内其他兄弟院校在参考借鉴的基础上推出了类似的国际项目；此项目还得到美国律师协会的认可：2010年11月29日到12月1日,美国律师协会(ABA)指派一位法官 Jequita Napoli 和乔治城大学法学院的副院长 Adam Kolker 到我院就 LLM 项目进行课程考察和评估,并在2011年6月通过了上述考察,使得 LLM 项目的学分得到美国律师协会和美国法学院的认可。可以认为,在2011年英国知名高等教育评估机构 Quacquarelli Symonds 首次对全球法学院进行国际评估和排名中,清华法学院位居第45名,进入全球50强,成为我国唯一进入全球100强的法学院；2012年名列第26名,打破了世界法学教育长期由西方著名法学院占据的局面；2013年后,仍以第43位和第44位稳居全球排名50强。在聘人单位对毕业生质量评价方面,清华法学院获得90分左右的高分,位居全球前20名。这些成绩都或多或少与这个项目的国际影响不断扩大有关。

3. 一批重大项目

国际化的工作不仅要有想法、说法,还要有做法。更加重要的是,要有一批有显示度、有指标性的、有震撼力的,在国际上能够打动人心的大项目。21世纪初,清华大学的国际化正是通过一批重大项目,得到了有效的推进和提升。这个方面的故事也非常多。例如清华、剑桥和MIT的低碳能源实验室的建设项目,已经初步形成品牌的清华世界和平论坛的项目,又如2014—2015年清华大学美术学院等部门一起共同努力,通过招标把2015年意大利米兰世博会中国馆的设计建设项目拿到,然后跟贸促会去谈判,去招标,跟国际同行去竞争,到米兰去建馆,等等。这里,我仅仅介绍一个小小的故事,即清华大学在联合国大厦举办展览的经历。2013年8月底,由中国常驻联合国代表团和清华大学联合主办的"写在竹简上的中国经典——清华简与中国古代文明"专题展览在纽约联合国总部大楼举行。这是清华简首次走出国门,也是中国首次在海外举办古文献学领域的展览。这件事在国内国外都产生了很大的影响,对我们自己也是一个非常大的鼓舞和激励。当初提出这个设想时,很多人都认为是天方夜谭,包括我自己在内,也并非信心满满。因为,在联合国这样的地方举办一个大学的展览,恐怕很难得到联合国管理机构的同意。另外,"清华简"这样非常复杂高深的学术展览,能否得到一般国际组织官员的青睐,也是一个很难想象的事情。此外,还涉及布展的种种麻烦与手续等。在这件事上,文科处原处长苏竣发挥了非常重要的作用。他充分利用各种社会资源,发挥了他善于斡旋的能力,前前后后与外交部、教育部、中国驻联合国使团,以及相关的方方面面协调,克服了一个又一个的困难,终于达成了协议。学校领导对这个展览也特别重视。我非常清楚地记得,当时,党委原书记胡和平亲自前往纽约联合国大厦参加这个展览的开幕式。由于展览的开幕式是在联合国下午下班以后在进口处的大厅举办,当天一早,胡和平率领我们一行从华盛顿出发,途经费城,于下午赶到中国驻联合国使团的驻地,拜会了刚刚履职中国驻联合国大使的刘结一先生,然后受邀参观联合国大厦及其后院,包括各个国家给联合国的珍贵礼品。紧接着就是"清华简"的开幕式。让我们感到非常高兴的是,尽管开幕式的时间已经是晚上,但是开幕式举办地的联合国大厅却是人头攒动,热闹非凡。各种肤色的参观者摩肩接踵,络绎不绝。虽然清华简的作品只是复制品,但似乎并没有影响人们的兴致。联合国的官员们看到清华简上那形状各异却又充满神奇魅力的文字,提出了各种各样的问题。作为清华简研究的首席专家,著名古文字学者李学勤先生则是忙得不亦乐乎,应接不暇。我非常有幸地主持了展览的开幕式,胡和平书记代表清华大学致辞,刘结一大使代表中国使团致辞,联合国副秘书长代表联合国秘书长致辞。这样的事对于提升清华大学的国际影响力真是太给力了。虽然我们在胡和平的带领下,在开幕式结束之后,匆匆地在附近的小餐馆吃了一点东西,又连夜从纽约赶往波士顿,但大家都感到异常的兴奋。我由衷地感到,清华大学真的是一个可以干大事的学校。

我在策划和参与这些重大项目的实践与反思中,有一个非常强烈的体会,即活跃是反映一个大学国际化水平的重要指标。这种活跃指的是积极参与全球化的各种活动,能够在各种各样的国际化的场合与平台上充分展示自己的工作和实力,同时,通过这种活跃的交往与积极参与,在国际上广交朋友,提升学校的国际影响力。清华大学有许多在国际上非常领先的学科,也有一批非常知名的教授和学者,培养了一批十分优秀的毕业生,等等。这些都是世界一流大学非常基本的条件和基础。同时,一所世界一流大学还表现在积极参与国际学术和社会事务,由此能够与世界各国的大学与学者分享自己的知识与能力贡献。而且,学校本身的优秀研究成果与人才贡献也需要凭借各种平台与活动显示出来。清华大学要成为世界一流大学,应该成为国际上非常活跃的大学。

4. 一群"铁哥们儿"

所谓"一群铁哥们儿",即一个大学的国际化一定要在国际上有几个关系特别好的伙伴,用中国话讲,就是所谓的"铁哥们儿"。2005年,就在我参加教育部组织的在美国耶鲁大学的学习回国的飞机上,顾秉林校长告诉我,学校已经决定,由我接替龚克分管学校的国际交流与合作的工作。坦率地说,这对我的确有点突然,而且我感到非常有难度。因为,我毕竟没有长期在海外学习,外语水平也十分的一般。况且对工科的情况也不太了解。当然,我必须服从学校的工作分配和安排。于是,我在飞机上就向顾秉林校长请教国际化工作的经验,听取他的要求与意见。可以这么说,后期我在国际化方面的许多工作思路,都直接受益于顾秉林校长的指教。而其中最让我牢记于心的便是他告诫我的:大学的国际化工作和发展,一定要有几个国际上的"铁哥们儿",他们能够在关键的时候帮你说话,能够成为你国际化的伙伴,能够在你遇到困难时给予你支持,能够理解你的工作和项目,并且能够与你开展长期与可持续的合作,是一批值得信任的朋友。在我后来分管和参与国际处工作的过程中,我深深地感到,顾秉林校长的这个建议的确是切中要害。

国际交流与合作中,彼此之间并没有非常刚性的约束,在现代交往和合作项目中,相互之间的信任与友谊是非常重要的。这种信任和友谊一方面需要有时间的积累,同时也要有个人之间的缘分。

而经过各种合作项目与时间的积累,并且能够彼此投缘的国际合作伙伴,就是所谓的"铁哥们儿"。在清华大学的国际化过程中,由于大家的努力,已经结交了一批这样的"铁哥们儿",如美国MIT、德国亚琛、比利时鲁汶、日本的东京工业大学及英国的剑桥,等等。而清华大学的国际化也得到了他们多年的支持和帮助。这里,有一个非常典型的故事,即清华大学与比利时鲁汶大学典型的合作。当时,鲁汶大学一位分管国际化的副校长到清华大学访问以后,我与他相谈甚欢,双方都感到十分的投缘。我跟他说,在中国非常要好的朋友常常被叫作"兄弟",而您就是我的好兄弟。他非常愉快地接受了我的称呼,而且他也将我叫作他的"兄弟"。就在他的访问之后,清华大学与鲁汶大学共同签订了一个合作项目,即清华大学在鲁汶大学举办"清华大学周"的活动。在那次活动中,清华大学有百余名教师参与了这个"清华周",涉及理工、人文社会等多个学科领域。而我的"兄弟"也特别支持,还专门拿出一批专项经费支持这个"清华周"。就在"清华周"的开幕式上,我们两个人在致辞中,彼此都是以"兄弟"相称,一时成了美谈。而且,在这次的清华周活动中,鲁汶大学所在地的鲁汶小镇的街道两边挂满了宣传"清华周"和欢迎的旗帜,显得十分的喜庆,充满着节日的氛围。更有甚者,就在我们从酒店到大学会场的路上,鲁汶地方政府还专门安排交通警察,用摩托车为我们的大巴开道,令清华的参会者感动不已。当然,整个的"清华周"也是非常成功的。真诚地说,我非常感谢我的这位"兄弟"。

我认为,这种国际化的"铁哥们儿",不仅要有学校层面的,同时还要有学院层面的。并且由于学院的国际化具有非常直接的学科基础,有许多共同的专业化话语,这种"铁哥们儿"往往更容易结交。例如,公共管理学院与哈佛肯尼迪学院直接的关系,也可以认为是一个非常紧密的合作。他们共同举办中国高级领导干部哈佛班的项目,培养了一大批中国的高级领导干部。

需要指出的是,这种"铁哥们儿"不是抽象的,而是非常具体的,其中一定要有非常特定的朋友。如鲁汶大学的外事副校长,哈佛肯尼迪学院的赛奇教授等。应该说,清华大学是有这个条件的。学校拥有一大批海外归来的高水平学者,他们在海外也都有自己的同学和朋友,在他们中发展一批这样的"铁哥们儿",对清华大学的国际化发展是非常重要和有利的。

总结起来就是"四个一":一组可比性的指标,一系列的转化,一批重大项目,一群"铁哥们儿",以此作为国际化的具体抓手,才能把事情做成。

结束语:特色与话语权

清华大学的国际化已经进入了一个新时代,搭上了国家"双一流"的建设世界一流大学的第一班车,也面临着新的挑战与要求。这种挑战与要求简单地说可以表现在两个方面:

一、国际化中的中国特色

如果说在百年校庆时,清华大学的国际化目标是跻身世界一流大学,即追求世界一流大学的共性标准,那么,在新时代,清华大学国际化的目标与人文则必须是追求在世界一流大学共性基础上的中国特色。这是一个更高的目标,也是世界一流大学前列的具体内涵之一。其实,没有自己的特色,也就根本没有一个国家和民族的世界一流大学。因为,一个国家和民族的大学的特色和民族性,也是它本身独立性的重要体现,是文化自信的基础。一个国家的大学如果没有自己的独立性、价值、特色,怎么能够培养出真正忠于自己国家的人,培养出真正创新人才,具有国际竞争力,成为真正的教育强国呢？一个没有自身特色和独立性的教育体系，一个仅仅依靠外部的教育思想和模式的教育体系，很难能够培养出真正认同自己国家和民族的人才，很难真正得到国际的认可。当然，这种国际化的中国特色并不是否定与排斥其他的文化，也并非故步自封与所谓的民粹主义，它是中华民族优秀传统文化与世界优秀文化相融合的体现，是一种反映世界一流大学共性的民族个性。具体而言，在世界一流大学的建设中，能够贡献可以为其他国家共同分享的中国文化，培养具有中国灵魂与世界眼光，并且能够与兄弟国家的兄弟姐妹们一起为人类大家庭谋福祉的中国人才。

二、国际化中的"话语权"

如果说在争取跻身世界一流大学的过程中，清华大学的奋斗目标是努力扩大自身的国际影响力，那么，在新时代，清华大学国际化的目标与任务则应该在现有基础上，不断提升和加强自身的国际竞争力。这种高等教育的国际竞争力一方面指的是在各种排行榜中名次的竞争力，但更加重要的应该是国家的高等教育和一所大学在国际上相关领域的话语权。这种话语权，并不仅仅是控制舆论的权力，更加重要的是制定规则和标准的权力。话语权掌握在谁手里，既决定了社会舆论的走向，更是获得了影响社会发展方向的能力。正如国家"双一流"建设在国际交流与合作方面所要求的那样，"积极参与国际教育规则制定、国际教育教学评估和认证，切实提高我国高等教育的国际竞争力和话语权，树立中国大学的良好品牌和形象"。具体而言，在世界一流大学建设中，能够应用中国的智慧为认识和解决全人类的共同问题提供有价值的建议与方案，能够为人类社会的发展提供和开拓新的空间。

总之，国际经济治理结构的变化与调整，以及世界经济格局的新变化，对清华大学的办学理念和人才培养都提出新的要求和挑战。我们需要反躬自问的是：清华大学的教育教学能否培养适应全球化新格局和不断变化的拔尖创新人才吗？清华大学教育和管理系统对目前国际化发展的应对是否足够灵敏？我们的管理系统是不是很迅速做出了反应，我们的教师和管理人员是否意识到这些发展和变化？国际上科技社会经济发展与变化能否反映和体现在学校不同学科和专业课程，教学和评价系统中？这些都是值得我们进一步思考的问题，也是我们面临的新的挑战和机遇。

（作者简介：谢维和，清华大学校务委员会副主任、原副校长，教授、博士生导师，教育研究院院长，著名教育社会学家）

《清华大学全球战略》记事

郦金梁

2015 年 4 月 17 日,邱勇校长在国际处调研时指出,学校当前进入新的发展阶段,国际合作与交流工作具有战略意义,国际处要进一步加强对工作的认识,形成切实的思想理念,将思想力量与行动力量相结合,为学校发展作贡献。邱勇校长要求围绕学校综合改革方案和整体发展目标,制定国际战略发展规划,明确方向,聚焦战略意图。

2015 年 5 月 27 日,清华大学国际合作与交流战略规划研讨启动会在主楼接待厅召开,施一公副校长主持。邱勇校长在讲话中分析了现阶段加强国际合作与交流工作的重要性和必要性。他说,大国的崛起一定伴随着科技中心的转移和教育文化事业的崛起,因此清华的国际化与国家战略发展紧密相连。清华需要进一步提升国际影响力,参与全球优质办学资源的竞争。同时,要积极探索世界教育新思想,为世界教育发展作贡献。希望利用此次国际战略规划研讨,明确高等教育国际化战略定位和清华大学的国际化目标,在理念层面达成共识,推动学校及各院系的工作有机衔接,调动教师积极性,建立健全保障机制并有效落实。

启动会拉开了学校研讨制定国际战略发展规划的帷幕。在会后一个多月的时间里,学校和院系层面分别梳理了国际合作与交流的历史与现状、核心优势与竞争力、存在的问题与不足。为了广泛征集意见,科学制定战略,学校陆续组织机关部处和院系负责人、中外专家学者和学生代表等分组进行了十余场研讨。通过时间跨度长达一年的充分酝酿,经过学校务虚会、暑期干部工作会多次研讨修改战略思路与方案,学校于 2016 年 7 月审议批准具有里程碑意义的《清华大学全球战略》。《清华大学全球战略》全文包括序言、总体思路、战略方向与行动方案、组织保障,共三部分三十条。《清华大学全球战略》进一步确立了建设"世界一流大学"的目标,从国际化和开放式办学的视角规划了促进学校内涵发展,提升学校办学水平和国际影响力的路径。

在我校研讨和制定国际战略发展规划期间,世界顶尖大学纷纷发布施行全球战略,致力于整合全球资源,吸引全球优秀人才,参与并主导国际合作与竞争。同期,国家针对教育对外开放和"双一流"大学建设作出战略部署并制定实施方案,旨在全面提升我国高等教育在人才培养、科学研究、社会服务、文化传承创新和国际交流合作中的综合实力。国际交流合作成为大学服务国家的基本职能之一。

党委书记陈旭在审定战略时指出,清华正在深化综合改革、推进世界一流大学建设,其核心是"中国特色、世界一流"。我们要坚持世界一流的标准,培养中国社会主义建设所需要的人才,支撑中国社会经济发展。陈旭书记强调,《清华大学全球战略》在理念和内涵上与国家"双一流"建设的蓝图高度一致。制定实施《清华大学全球战略》,是学校服务国家战略,全面推动"双一流"建设的重要举措。

2017年,国家主席习近平在联合国日内瓦总部发表演讲,号召国际社会共担时代责任,共促全球发展,构建人类命运共同体。"岱宗夫如何,齐鲁青未了。"扎根中国大地,新百年的清华将建设世界高等教育的新高峰,将在构建人类命运共同体的事业中发挥重要作用。

(作者简介:郦金梁,清华大学国际合作与交流处处长)

面向国家人才需求，推动研究生
国际化培养与时俱进

刘丽霞　董　渊

摘　要：大力推动研究生国际化培养是清华大学服务国家战略、推进"双一流"建设、培养具备全球胜任力并致力于人类共同发展的高水平创新人才的内在需求。本文梳理了改革开放以来研究生国际化培养发展，重点阐述了学校"一个支撑平台，多层次、多模式培养体系"的研究生国际化培养探索和实践，并提出应统筹国家、学校、社会各方面力量推动高校研究生国际化培养的建议。

关键词：研究生国际化培养；全球胜任力；战略

自 1978 年恢复招生以来，中国研究生教育伴随着改革开放的步伐不断发展壮大，在为各行各业培养大批高质量人才的同时，逐步形成具有中国特色的学位与研究生教育体系，研究生国际化培养是其中最重要的特色之一。

一、 研究生国际化培养的内涵及其发展历程

作为近现代高等教育的重要组成部分，研究生国际化培养由来已久。国际化是高等教育的本质特征之一，是"高等教育的一项恒常性价值"①。高等教育国际化这一概念的内涵随着时代的演进不断发展和丰富。

20 世纪 80 年代初邓小平同志提出教育的三个"面向"，开创了我国高等教育对外开放的新局面，也为研究生教育定下了国际化主基调。随着改革开放的深入推动，学术界日益关注并研究高等教育国际化问题，对高等教育国际化概念的界定、内涵的探

---

① 王英杰，高益民. 高等教育的国际化——21 世纪中国高等教育发展的重要课题[J]. 清华大学教育研究. 2000(2)：13-21.

讨逐渐成为高等教育研究领域的热点之一。20 世纪 90 年代，蒋凯等人指出，高等教育国际化的内容包括教育观念的国际化、培养目标的国际化、课程的国际化、人员的国际交流（学生与教师）、学术交流与合作研究、教育资源的国际共享六大方面[①]。进入 21 世纪，国际化成为影响和塑造高等教育的重要力量之一，演变为一股强大的变革力量，推动高校不断探索新的人才培养模式。随着高等教育国际化的重要性日益增强、复杂性不断深化，其涉及的范围不断增大。根据活动开展的地点，国际化可以划分为"本土国际化"及"跨境教育"两种形式，两种形式在研究生教育中都获得了充分的发展[②]。前者一般是指活动发生在一个主校园内，包括教学与科研过程中的跨文化和国际维度、课外活动、与地方文化和各种社区团体组织的互动以及校园生活和活动中外国学生学者的参与等，主要有面向国际学生的各类交流交换、合作研究和学位项目等形式。后者一般是指跨越国家或地区的活动，主要包括师生交流交换、双授联授学位项目、海外分校或独立海外机构等内容。本土国际化和跨境教育紧密相连、相互依存，共同支撑研究生教育国际合作实践和探索[③]。

作为高等教育国际化的重要内容与手段，研究生国际化培养是全球化对高层次人才培养提出的新要求，也是增强国家软实力和发展公共外交的重要途径，具有重要战略意义。

二、 开展研究生国际化培养是高校的必然选择

研究生教育担负着培养高层次专业人才的重任。随着我国经济持续快速增长和国际地位不断提高，在国际事务中发挥的作用日益重要，所面临的国际竞争和挑战日趋加剧，对高层次人才的要求更加迫切。2007 年 10 月，党的十七大报告提出"建设创新型国家"和"人力资源强国"的战略目标。2012 年 11 月，十八届中央政治局常委同中外记者见面时的讲话指出当前党的任务"就是要团结带领全党全国各族人民，接过历史的接力棒，继续为实现中华民族伟大复兴而努力奋斗，使中华民族更加坚强有力地自立于世界民族之林，为人类做出新的更大的贡献。"[④]2017 年 10 月，党的十九大报告进一步提出"坚持和平发展道路，推动构建人类命运共同体"。[⑤] 实现中华民族伟大

---

①　蒋凯，马万华，陈学飞. 应对国际化的挑战：大学战略规划与战略管理[J]. 北京大学教育评论. 2007(1)：177-179.

②　KNIGHT J. Cross-border tertiary education：An introduction. In Cross-border tertiary education：A way towards capacity development[M]. Paris：OECD，World Bank，and NUFFIC，2007：21-46.

③　研究生教育的国际合作研究课题组. 研究生教育国际合作：理念、实践与展望[M]. 高等教育出版社，2013.

④　习近平关于实现中华民族伟大复兴的中国梦论述，http：//theory. people. com. cn/n/2013/1205/c40555-23756883. html.

⑤　习近平提出，坚持和平发展道路，推动构建人类命运共同体，http：//cpc. people. com. cn/19th/n1/2017/1018/c414305-29594530. html.

复兴的中国梦和建设人类命运共同体已成为新时代党和国家的主要奋斗目标。"建设社会主义现代化强国,发展是第一要务,创新是第一动力,人才是第一资源。"①为实现上述目标,关键在于高层次人才的培养,而国际视野和全球胜任力已成为未来学者和高层次专业人才不可或缺的素质,研究生国际化培养已成为高校研究生教育的重要维度之一。

随着国际竞争和合作向纵深发展,作为公共外交重要组成部分的研究生国际化培养在国家未来的发展中凸显了其战略价值。拓展研究生国际化培养,培养具有全球意识的战略人才,是增强国家软实力和发展公共外交的重要途径。在全球化背景下,我国高校更加注重国际化办学能力提升以吸引和培养知华友华的国际人士。2010年,教育部推出了"留学中国"计划,拟在2020年之前吸引50万名国际学生,使中国成为对国际学生具有吸引力的留学目的地②。

改革开放以来,随着我国经济快速发展及国际影响力的提升,恢复40年的研究生教育已经取得了长足的发展,我国的科技创新能力和人才培养质量得到全球广泛认可,为我国更加深入地开展研究生国际化培养创造了条件。吸引更多的国际优质生源来华攻读研究生学位,通过研究生国际化培养造就满足国家重大战略需求,具有全球胜任力的拔尖创新人才,是新形势下我国应对全球竞争、促进研究生学术创新及培养模式转变、拓展综合素质以提高研究生培养质量的必然选择,是当前推进"双一流"建设、实现"内涵式"发展的必然选择。

三、 清华研究生国际化培养探索实践

清华大学自建校以来始终秉承"中西融汇,古今贯通,文理渗透"的传统。改革开放以来,清华坚持"本土国际化"与"跨境教育"并重,汇聚全球优质教育资源,不断探索创新国际化培养模式,推动了研究生国际化培养和研究生教育水平的跨越式发展,深化研究生对不同文化的理解,加强在国际化环境中工作和交流的能力,增强为世界和平和发展事业做贡献的意愿和本领。

恢复招生之初,清华将"汲取国内外一切有益的东西"写入研究生教育的基本制度。20世纪80年代中期,学校制定《清华大学与国外合作培养研究生的暂行规定》,以"汲取国外的先进科学技术,提高我校研究生的培养质量"为目标,积极推动基于国际学术交流和科研协作的研究生国际化培养③。1995年,清华大学确立建设综合性、研究型、开放式的世界一流大学的总体目标,明确了21世纪的人才培养重点是提高创

---

① 习近平:在北京大学师生座谈会上的讲话,http://www.xinhuanet.com/politics/2018-05/03/c_1122774230.htm.

② 教育部关于印发《留学中国计划》的通知,http://www.gov.cn/zwgk/2010-09/28/content_1711971.htm.

③ 清华大学.研究生工作手册,1988年12月版.

新能力、国际意识和竞争能力，培养具有国际视野的高层次复合型人才。1996 年启动清华第一个全英文授课研究生培养项目"全球工商管理硕士项目"，并不断推动基于课程学分互认和联授、双授学位的研究生国际化培养。2004 年学校提出具体的研究生国际化培养目标和思路，进一步促进了研究生国际化培养的发展[①]。进入新百年，清华大学加快了国际化办学步伐，推出了全球战略，向着"更创新、更国际、更人文"的目标迈进。2015 年启动全球创新学院，在清华美国西雅图建设第一个海外教育科研基地，步入依托海外校区开展研究生国际化培养的新阶段。随着综合改革和"双一流"建设的深入，学校逐步明确完善和丰富多层次、多模式的研究生国际化培养体系是推进清华大学世界一流大学建设的重要内容，是人才培养体系中不可或缺的重要组成部分，形成了以培养全球胜任力为核心，构筑支撑平台、完善保障机制，着力推进多层次、多模式的研究生国际化培养体系建设，努力将国际化培养资源优势转化为人才培养的优势的工作思路。

1. 构筑支撑平台，完善保障机制

为推动研究生国际化培养顺利开展，学校着力打造以制度机制为保障、国际资源为条件的支撑平台。

学校制定了研究生国际化培养项目建设支持办法，通过研究生教育教学改革项目立项等形式为项目启动和培养模式改革提供全程支持，并将国际化培养项目和全英文课程建设纳入院系绩效指标，从而激励院系开设更多、更好的国际化培养项目。21 世纪初，在不断试点、总结和研究的基础上，学校先后讨论制定了《研究生国际项目管理办法》《国际合作培养博士生并联合授予学位的实施办法》等规章制度，梳理出各种国际化培养项目的模式，明确了各类项目开展的原则和要求，为开展相关项目提供原则指导和实施依据，推动了各类国际化培养项目的规范化管理。高效的管理和服务是保障研究生国际化培养顺利开展的关键。为此，学校高度重视该项工作的统筹管理，推动建立了跨部门协同工作机制，促使教学管理、国际合作、学生事务、后勤保障等相关部门紧密合作，明确各自的分工并共同推进研究生国际化培养的发展。为确保国际化培养项目的质量，学校建立了立项评审、学分互认、专家论证、总结评估等机制，从项目开设、学生遴选、培养方案设置、学位授予要求等各环节进行把关[②]。并特别建立了跨部门流转审核国际合作协议的制度，以保证项目各方面运行顺畅。为优化学生国际化培养体验，学校各部门研讨并推动实施国际化办学能力提升计划，着力完善包含国际化环境、基础设施、后勤服务、安全保障在内的校园支撑机制。

---

① 高虹. 拓宽国际视野 增强国际交流能力——清华大学"研究生教育创新计划"实施情况[J]. 学位与研究生教育，2005(1)：14-16.

② 袁驷，贺克斌，张毅，顾佩，郑力. 推动国际化培养体系建设，促进高水平创新人才，高等教育国家级教学成果奖二等奖成果总结，2014.

此外,学校积极拓展国际化培养资源,与 50 多个国家和地区的 280 余所大学签订了校际协议,建立了长期稳定的合作关系。同时,积极发起并加入亚洲大学联盟等国际或区域性大学联盟或组织,努力探索涵盖与大学、政府、企业、机构广泛的合作渠道,并努力争取国内外各界力量,为开展学生国际化培养提供专项基金支持。

2. 推进多层次、多模式的研究生国际化培养体系建设

学校依托综合学科、国际资源和管理保障等多方办学优势,开展了学术交流和科研协作、校园全英文学位项目、中外联合培养、跨文化交流能力提升、联合学院及海外校园等融合本土国际化和跨境教育的多层次多模式的研究生国际化培养探索和实践,着力推进国际化培养覆盖研究生全学程,致力于培养具有中国情怀和全球视野的高水平创新人才。同时,在推进研究生国际化培养的过程中凝练中国特色和清华风格,注重优质教育资源和先进教育经验的共享,助推研究生国际化培养阶跃提升,大幅提升我国研究生教育整体水平。

(1)基于的研究生国际化培养

研究生的各类跨境交流交换是研究生国际化教育最常见的方式,也是最基本和最活跃的方式。清华历来重视并积极推动基于学术交流和科研协作的研究生国际化培养,特别是博士生层面的工作。

博士教育是学历教育的最高层次,体现出一所大学人才培养的高度[1]。面向博士生,学校重点推动以学术合作研究为基础的联合培养,支持博士生拓宽学术视野、开展创新性学术研究,提升博士生的学术创新能力,努力造就具有国际竞争力的未来学者。2001 年起设立博士生出席国际会议基金支持研究生参加国际会议展示研究成果、开展学术交流,2010 年启动"清华大学博士生短期出国访学基金",支持博士生赴国外一流大学、知名研究机构或者国际组织进行 3～6 个月短期访学研究。近年来加大博士生出席国际会议基金项目和博士生短期出国访学基金项目的支持力度和范围,并在国家公派专项项目支持下进一步推进研究生国际化培养重点模式和重点项目探索,强化对优秀博士学位论文出版等学术发展支持,为博士生走向国际学术舞台构筑通畅的渠道。至 2017 年年底,博士生出席国际会议基金累计资助 4000 多名研究生赴世界 50 多个国家和地区参会交流,博士生短期出国访学基金累计支持 1500 多名博士生开展学术访问,2017 年博士毕业生中超过 66% 的人有海外学术交流经历。

围绕"一带一路"等重大国家战略,学校根据博士生培养需求定制了覆盖人文、社会科学、管理学、法学等多个学科的发展中国家研究博士项目,招收有志于以发展中国家或地区一国或多国研究作为学术事业的博士研究生,培养潜心基础性课题研究、深入了解包括"一带一路"沿线国家在内的对我国长远发展具有战略意义的发展中国

---

① 邱勇.一流博士生教育体现一流大学人才培养的高度.光明日报,2017 年 12 月 5 日.

家或地区的学术型人才。

（2）建设全英文学位项目，营造校园国际化培养氛围

学校本着"高端定位、清华特色、中国视角"的原则，确定了以全英文学位项目开设推动国际合作开展双授、联授学位项目的思路，致力于发挥项目凝聚懂世界、懂中国、懂专业的三通师资的核心作用，抓住目前国际合作的战略机遇期，加大经费支持和激励措施力度，积极探索创新项目招生和推广模式，建立多种形式结合的项目推介平台，通过培养与引进并重的举措进一步提高师资国际化水平，组织英文讲授精品课程评选，推进课程内涵建设，提高课程质量，鼓励教学模式改革与创新，并注重好经验的推广与宣传，协同相关部门加强校园国际化培养基础环境建设，改善提升管理服务水平，打造研究生教育国际化发展支撑平台，先后开设了"先进计算""国际建设项目管理""国际发展""国际公共卫生"等高水平的全英文硕士、博士学位项目 25 项[①]，推动在办全英文研究生学位项目实现了阶跃提升。

2017 年，学校启动"国际研究生项目海外招生宣传计划"，支持院系赴世界顶尖高校和"一带一路"沿线国家一流高校进行招生宣传及合作交流，共录取来自 96 个国家 877 位国际研究生，创历史新高，其中 50% 以上的学生毕业于世界知名高校或所在国一流高校。

全英文学位项目"立足中国、面向世界"，在全球化背景下以中国视角来探究世界发展的共性问题，依靠名师团队，采用创新的教育教学理念和方法，为学生提供全方位的理解世界、探索中国的独特机会。通过搭建多元化的交流环境和交互平台，通过提供广泛而优秀的全球校友平台、导师网络和终身学习社区，通过贯穿始终的行动学习与思维提升，重在强化学生领导力的提升以及批判性思维和跨文化理解力的培养，融学生的成长于学习与生活体验中。

为了满足世界对新型领导者日益增长的人才需求，清华大学依托经济管理、公共管理、人文社科等学科基础，选聘国内外顶尖师资，精心打造了英文"全球领导力"硕士学位项目，从价值、知识、能力、思维与品格等方面提供高质量的课程学习、丰富的专业实践、多方位学术交流和文化体验活动，培养学生宽广的国际视野、优秀的综合素质和卓越的领导能力，提升其跨文化理解力，使学生在全球化背景下了解中国并探究世界发展的共性问题，成为推进人类文明与进步、世界和平与发展的未来领袖。项目课程教学以世界与变化的中国为主线，强调全球视野和中国视角，通过深度考察中国社会，理解全球化背景下中国的变化，探讨世界发展的共性问题和现实挑战。在此基础上，学生按照自己的兴趣进入不同的研究方向选修课程进行深度学习。实地考察与文化探索深入农村、少数民族地区、组织机构和业界单位进行调研。通过观察、采访及与社会各行业人员的讨论，学生可以将课堂所学知识运用于解决实际问题中。

① 研究生国际化培养概况，http：//www.tsinghua.edu.cn/publish/newthu/newthu_cnt/education/edu-2-3.html，2018.

组织学生利用周末进行短途旅行,探索中国文化。

学校把全英文学位建设作为校园国际化建设的重点内容。在推进项目建设的同时,学校重点推进高水平英文课程和国际化培养公共课程建设,在全球财经新闻项目、国际发展项目等项目中推广中外学生同堂上课,共学互融,促进中外学生趋同培养和管理,使学生不出国门即可获得国际化培养经历。截至 2017 年年底,全校 30 余个院系开设的英文讲授研究生课程累计超过 420 门。

(3)开展联授、双授学位联合培养项目

中外联合培养使学生有机会使用优质教育资源,融入并体验中外教育体系。学校高度重视研究生国际合作培养,积极拓展并深化与海外高校的合作,已与亚洲、欧洲、北美洲、大洋洲 30 余所高校签署了合作培养研究生的双授、联授学位项目协议 46 项,通过整合合作院校优势,共同培养高端人才[①]。通过合作培养,促进中外学生共同学习、共同研究。目前的合作院校包括日本东北大学、瑞典皇家理工学院、美国耶鲁大学、澳大利亚墨尔本大学等高校。

面向硕士生,学校重点开展中外联合培养双硕士学位项目,以促进中外学生共同学习和共同研究。在工程、管理、环境能源等优势学科领域进行硕士生联合培养,并在培养环节中与企业紧密合作,提高应用实践能力,促进中外学生同堂上课,共学互融,学分互认,学位联授。双硕士学位项目在培养环节具有鲜明的特色。项目由合作双方共同制定培养方案,双方教师共同授课。课程内容紧密联系生产实践。在学校与日本东京工业大学合作开展的双学位项目中,双方学生共同上课、共同参加课题研究、共同参加双边学术研讨会,对开阔学生的视野,促进共同研究发挥了积极的作用。联合培养双硕士学位项目采取双方导师的共同指导的双导师制。学校与法国巴黎矿校共同开设的中法环境能源高级管理硕士项目由于学生的课题研究工作紧密结合企业实际,在双导师之外还专门指定一名企业导师。在多导师联合指导下,开展创新性科研工作,促进了研究生的学术成长和国际视野的开拓,提高了科研水平、学术论文质量[②]。注重实践环节是双硕士学位项目的另一特色。学校开展的联合培养双硕士学位项目中均结合实际问题设置实践环节,通过亲身实践提高了研究生的动手能力和解决实际问题的能力。如清华-亚琛工业大学双硕士学位项目设置了工厂参观和企业实习两个环节,加强了研究生工程实践能力。

随着"一带一路"倡议的深入以及全球治理对高层次人才需求的不断增长,学校推动建设了一批高水平的中外合作培养双硕士学位项目[③],包括公共管理学院开设的

① 研究生国际化培养概况,http://www.tsinghua.edu.cn/publish/newthu/newthu_cnt/education/edu-2-3.html,2018.
② 刘丽霞,刘惠琴.加强国际化培养 提高研究生教育质量[J].学位与研究生教育,2010(12):21-24.
③ 董渊,刘丽霞,张伟,赵可金.服务"一带一路"建设 提升研究生国际化培养水平[J].学位与研究生教育.2017(7):1-6.

国际发展硕士项目及社科学院与美国约翰·霍普金斯大学合作开设的全球政治与经济双授硕士学位项目。国际发展硕士项目结合世界范围内受到广泛关注的国际发展问题，旨在培养深入了解中国发展实践同时能够从中国经验的角度解决国际发展的实际问题的公共管理领域专业人才。全球政治与经济双授硕士学位项目旨在培养熟谙中美两国政治经济体制及其与其他国家的关系、获取世界各地区的知识并掌握良好的分析技能、成为积极参与全球治理的精英人才。

经过十余年的发展，中外合作培养高校来自欧洲、亚洲和美洲三大洲，合作领域覆盖了理、工、文等大部分学科，合作项目更加凸显学科交叉特征。

（4）开展跨文化交流能力提升证书项目

培养活跃在国际舞台上的全球治理人才在全球化与信息技术革命的背景下已成为当前我国人才培养的重要任务。为提高研究生跨文化交流能力，培养全球视野、中国情怀与人类意识，提高参与国际发展与全球治理的素养与能力，为我国参与全球治理提供有力人才支撑，学校积极推动公共管理学院和社科学院整合校内资源开设了"全球治理能力提升""跨文化交流与国际发展"证书项目。

证书项目面向全校在读研究生开放，在学期间完成10学分专业课程，并完成三个月以上全球实习的研究生将获得项目结业证书。项目实现了跨院系和学科强强联合，开设了经济、政治、外教、环境、法律、媒体、城市与社会发展、公共健康等课程，建立复合型和实战性的国际发展与全球治理人才培养体系，使研究生充分了解国际政治、国际发展与全球治理的历史、现状与未来走向，并能够专业地从事国际与区域问题分析与跨文化交流。项目致力于分析全球范围内政治、经济与社会文化因素的互动，统筹考虑国际组织的决策、选举、管制、公共政策过程等多重因素，以回应全球经济、政治、安全、生态、文明等多领域的挑战。作为对学位学历教育的有益补充，证书项目这一培养模式在近年来获得了较快发展，是对复合型人才培养理念的具体践行，凸显了跨学科整合资源、生源全校覆盖、学程安排灵活的特点。

（5）探索异地办学与海外校园建设

全球化推动了海外校园和高等教育国际化的大发展。海外校园作为新兴的国际化培养模式始于20世纪90年代末，是国际高等教育国际化的重要形式之一，通常是由一所高校（或联合合作院校）在海外建立的实体校园，旨在推动高校全球拓展并促进学生交流。目前，国际校园覆盖全球，形式多样。截至2015年，全球已有282所海外校园[①]。

在百年教育文化积淀的基础上，清华大学于2015年创立了全球创新学院，并在美国西雅图地区建立了海外校园，与华盛顿大学合作建立了创新的教育和科研平台，推动优质教育资源共享，在国际化办学方面迈出了重要步伐。清华大学基于这一平台

---

① International Branch Campus，https：//en. wikipedia. org/wiki/International_branch_campus.

与华盛顿大学共同精心设计推出了"智慧互联"联合培养双硕士学位项目,采取基于项目实践的培养模式,以学生为中心,以创新项目为载体,同时引入业界优质资源的新型模式。为确保人才培养质量,全球创新学院成立了学术指导委员会、导师组和课程共建组,在多学科交叉的项目实践中,保障学院始终开展高水平的人才培养与学术研究①。

继全球创新学院之后,清华大学于 2017 年联合意大利米兰理工学院建立了中意设计创新基地-米兰艺术设计学院。中意设计创新基地是清华大学全球战略的重要组成部分,也是清华大学在欧洲设立的首个教育科研基地,标志着清华大学继全球创新学院之后,向建设更创新、更国际、更人文的世界顶尖大学又迈出了坚实而重要的一步。基地以人才培养为核心,依托清华美术学院与米兰理工大学设计学科,为中意两国教育、科研和文化交流做出积极贡献,推动我国的设计创新、智能制造走出国门、融入全球②。

国际合作共建联合学院是 21 世纪初新兴的国际化培养模式。这一办学模式能够有效增加办学地的智力资本,吸纳优质国际人才,推进创新型教育探索、促进科技成果转化,同时促进高校结成战略联盟,实现优势互补。2014 年,清华大学基于长期合作与加州大学伯克利分校联合建立了清华-伯克利深圳学院。学院致力于探索培养全球科技领袖和未来企业家的培养模式,整合两校优质科研和教育资源,构建国际化、创新型的人才教育与研究体系,开设三个全英文博士学位项目和三个中外联合培养双硕士学位项目,致力于解决区域和全球性重大工程技术和科学研究课题。学院从建设管理模式、人才培养模式、协同创新模式上具有跨学科和跨文化的鲜明特色,是大学、政府、企业协同创新的全新探索和实践③。

四、 从战略高度推动与时俱进的研究生国际化培养体系建设

研究生国际化培养是创新人才培养的重要模式之一,须统筹国家、学校、社会各方力量方能确保研究生国际化培养不断地发展。

在全球化背景下,国家应结合人才强国、提升国家竞争力、推动公共外交、构建国家软实力的战略推动高校开展研究生国际化培养,明确高校在高等教育中的战略地位,并从战略规划、政策扶持、经费支撑三方面给予支持。

---

① 全球创新学院首栋教研大楼在西雅图落成启用,http://news.tsinghua.edu.cn/publish/thunews/9648/2017/20170915170407004482159/20170915170407004482159_.html.

② 中意设计创新基地启动仪式暨中意设计创新日在京举办,http://news.tsinghua.edu.cn/publish/thunews/9650/2017/20171114170704936151119/20171114170704936151119_.html.

③ 清华大学与伯克利加州大学合办清华-伯克利深圳学院,http://news.tsinghua.edu.cn/publish/thunews/9662/2014/20140909165748551103952/20140909165748551103952_.html.

　　培养具有国际视野、服务创新型国家建设的高水平人才是高等院校的使命。高校应始终面向国家战略，围绕人才培养的根本任务，推动国际化培养理念更新和制度建设，不断开辟多种国际资源，同时推动建立多方位的保障机制，面向不同研究生群体开展不同模式的研究生国际化培养探索与实践，拓展高质量生源，推动中外学生趋同管理，把国际化培养优势转化为创新人才培养优势。

　　同时，在推进研究生国际化培养的过程中，须充分发挥社会各界对人才培养的积极作用，促进高校人才培养与社会用人需求对接，结合提高产业竞争力和企业走向国际的战略，积极参与人才培养政策以及培养方案的制定，并着眼于长远发展，为研究生参与国际化培养提供支持。

五、 致谢

　　感谢全校师生参与研究生国际化培养，大家的需求是我们做好服务工作的动力；感谢校内全英文项目、联授双授学位项目的负责人和相关教师们为项目建设、运行而开展的探索与创新；感谢海外合作院校、国内兄弟院校同行就此开展的交流与讨论；感谢研究生院同事们的奉献，感谢相关部处同事们的支持；感谢教育部留学基金委的资助，感谢清华大学教育基金会的资助，感谢邓锋、蓝春等学长慷慨捐资；感谢所有关心、支持并为学校研究生国际化培养做出贡献的人。感谢清华国际教育办公室同事对文章初稿的修改建议。正是大家的共同努力，才使得研究生国际化培养能够与时俱进地不断发展。

（作者单位：清华大学研究生院）

改革开放以来我国高等教育国际化政策演变分析

——以清华大学为研究视角

李红宇　　杨庆梅

摘　要：本文依据我国高等教育政策颁布及实施发展，以清华大学为研究视角，按照不同发展阶段，分析和梳理了改革开放以来我国高等教育国际化政策及相应国际化人才培养目标的演变，指出当全球化浪潮进入新的全球治理阶段，国际竞争力开始进入争取话语权的阶段，培养学生具有全球胜任力已成为国际化人才培养的新维度。

关键词：教育开放；国际化人才培养；全球胜任力

哈佛大学前校长德雷克·博克在《回归大学之道——对美国大学本科教育的反思与展望》一书中指出："随着全球化浪潮的推进，各国之间的联系日益密切，那么学生应该具备哪些知识、技能和态度可以帮助他们更好地理解世界，还能没有形成一个统一的答案。如何将这些知识、能力和经验有效地组合在一起，形成一个完整的体系，还是一个有待解决的难题。就像做蛋糕一样，尽管我们已经知道了做蛋糕所需要的原料，但并不知道各原料的配比，以及最后出炉的蛋糕会是怎样的。"这里提出的是一个在新的发展阶段如何确定国际化人才培养目标的重要问题。

我们在定义对人才需求以及国际化人才培养目标时最初是要培养具有什么知识的人，培养目标以知识传授为主，后来发展到要重视知识培养的结果，重视实践，重视能力，培养目标也开始关注培养具有什么能力的人才，例如，具有外语能力、沟通能力、创新能力、领导能力以及具有竞争能力、复合能力等等，那么最近几年我们讨论更多的是素质教育和核心素养。就如同清华提出的"知识传授、能力培养、价值塑造"三位一体的培养理念那样，与知识和能力相比，素养所包含的内涵更为广泛。而当全球化浪潮进入新的全球治理阶段，国际竞争力开始进入争取话语权的阶段，高等教育更需要为此做好人才培养和人才储备。培养学生具有"全球胜任力（Global Competence）"成为新的发展阶段的人才培养目标。梳理与分析改革开放以来我国高等教育国际化政策演变历程会有助于我们更好地理解高等教育国际化发展新时期新阶段的特点和脉络。

一、 我国高等教育国际化政策的发展与演变

我国高等教育国际化按照政策颁布以及实施发展等方面大致经历了三个发展阶段：

改革开放以来高等教育国际化及国际化人才培养目标的发展脉络

阶　　段	教育开放的特征	国际化人才培养目标
第一阶段 （1985—1992）	学习借鉴，加大交流	具有国际视野
第二阶段 （1993—2009）	主动参与，自身提升	具有国际视野、国际竞争力
第三阶段 （2010—2020）	建立自信，发出声音	通晓国际规则，参与国际事务，具有全球素养

1) 第一阶段：学习借鉴，加大交流（1985—1992）

在国家政策层面，1985年发布《中共中央关于教育体制决定》[①]指出，"教育体制改革要总结我们自己历史的和现实的经验，同时也要注意借鉴国外发展教育事业的正反两方面的经验。特别是在新技术革命条件下，一系列新的科学技术成果的产生，新的科学技术领域的开辟，以及新的信息传递手段和认识工具的出现，对教育产生了重大的影响，发达国家在这方面的经验尤其值得注意。要通过各种可能的途径，加强对外交流，使我们的教育事业建立在当代世界文明成果的基础之上。"可以看出，这个阶段的教育开放政策主要是借鉴国外教育经验，为我国教育事业发展设置一个可资参考的框架或标准。引入为主，派出为辅。

清华大学也紧密围绕国家发展战略，国际化发展也基本上经历了类似的发展阶段。改革开放初期国际化的主要特点是确定目标和学习借鉴。清华在1985年第七次党代会提出要逐步把清华建设成世界一流的，具有中国特色的社会主义大学，提出了战略目标和办学思路。围绕学校提出的一流大学发展目标，学习借鉴世界一流大学的发展思路和办学理念，加大与这些一流大学的合作与交流。从下面一组清华大学相关数据来看也基本反映了不同发展阶段的特征[②]。

---

① 相关内容摘自教育部网站：http://www.moe.gov.cn/jyb_sjzl/moe_177/tnull_2482.html.

② 相关数据引自清华大学国际合作与交流处年鉴（2015年）。

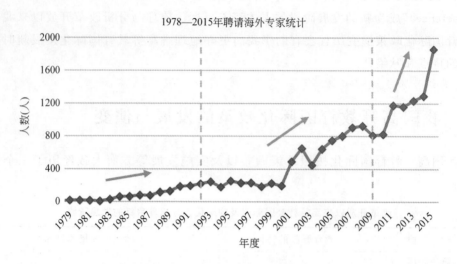

1978—2015年聘请海外专家统计

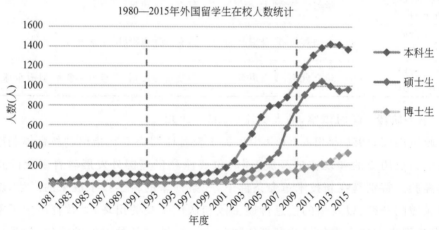

1980—2015年外国留学生在校人数统计

1978—2015年各类因公出国(境)人员统计

2）第二阶段：主动参与，并通过合作内化为自身的提升（1993—2009）

到了 90 年代初期，我国已初步明确了建设有中国特色社会主义教育体系的主要原则。1993 年《中国教育改革与发展纲要》①中指出："进一步扩大教育对外开放，加强国家教育交流与合作。大胆吸收和借鉴世界各国发展和管理教育的成功经验。加强我国高等学校同外国高等学校的交流与合作，开展与国外学校或专家联合培养人才、联合开展科学研究。"这时期的教育开放已经从学习借鉴到全面参与，中外高校开展联合科研、联合培养，建立联合实验室。同时不断通过师生的流动，联合项目的开展，反思自身的教学、研究与管理，通过加大合作来不断促进自身国际化办学能力的提升。

这一阶段清华大学国际化处于快速发展时期，从原来的学习借鉴向主动参与、开展双向合作、并不断通过国际化的合作与交流来提升自身办学能力的发展。

1993 年学校提出建设综合性、研究型、开放式的世界一流大学的总体办学思路。初步拟定了"三个九年，分三步走"的总体办学思路。第一个九年：1994—2002 年，调整结构，奠定基础，初步实现向综合性的研究型大学的过渡。第二个九年：2003—2011 年，重点突破，跨越发展，力争跻身于世界一流大学行列。第三个九年，2012—2020 年，全面提高，协调发展，努力在总体上建成世界一流大学。

1995 年 8 月，清华大学召开了题为"争一流，讲时效，开创我校外事工作新局面"的外事工作研讨会。经管学院的国际化发展道路也是当时学校国际化发展的一个引领与缩影，经管学院的国际化发展经历了由原来的被动交流到目前的以我为主。积极开展对外合作教学与合作研究，从引进单一的、零星的课程发展到现在全面地、系统地引进国外课程。校领导指出要"通过此次外事工作研讨会，全校形成一致的共识，为实现 2011 年创办成世界一流大学的目标，要有广泛的国际交往，着眼于和世界一流水平的学校、研究单位、专家教授之间建立比较密切和稳定的联系，要抓住机遇瞄准对象，把各个部门积极性调动起来，开创外事工作新局面"②。

1998 年 10 月，清华大学召开外事工作研讨会。进一步明确了"以我为主，积极开拓，抓住机遇，主动出击，突出重点，提高水平，增加投入，优化环境"的国际化发展思路。学校启动了"百人计划"引进国内外高水平人才，在几年内实施，具体内容包括"从国内外引进 100 名左右的优秀中青年学术骨干，使他们成为 21 世纪我校的学科带头人。筹措 2 亿元左右经费用于项目实施"。③

进入 2000 年以后，学校进一步明确了一流大学的发展战略和思路，引进和派出人数实现了跨越式增长，到 2008 年还提出要在 2011 年百年校庆时实现 30% 本科生在读期间具有海外学习经历的目标。

---

① 以上内容摘自教育部网站：http://www.moe.gov.cn/jyb_sjzl/moe_177/tnull_2484.html.
② 相关内容见《清华大学简报》(第 17 期)两办编印 1995 年 9 月 27 日。
③ 相关内容见《校务会议公告》第 181 期，1998 年 8 月校长办公室编印。

3) 第三阶段：建立自信，发出声音，提升教育开放治理水平(2010—2020)

2010 年《国家中长期教育改革和发展规划纲要》(2010—2020 年)①指出"借鉴国际上先进的教育理念和教育经验，促进我国教育改革发展，提升我国教育的国际地位、影响力和竞争力。适应国家经济社会对外开放的要求，培养大批具有国际视野、通晓国际规则、能够参与国际事务和国际竞争的国际化人才。加强与联合国教科文组织等国际组织的合作，积极参与双边、多边和全球性、区域性教育合作。积极参与和推动国际组织教育政策、规则、标准的研究和制定。搭建高层次国际教育交流合作与政策对话平台，加强教育研究领域和教育创新实践活动的国际交流与合作。"

2015 年 10 月 24 日，国务院印发《统筹推进世界一流大学和一流学科建设总体方案》，要求按照"四个全面"战略布局和党中央、国务院决策部署，坚持以中国特色、世界一流为核心，以立德树人为根本，以支撑创新驱动发展战略、服务经济社会发展为导向，坚持"以一流为目标、以学科为基础、以绩效为杠杆、以改革为动力"的基本原则，加快建成一批世界一流大学和一流学科。坚持立德树人，突出人才培养的核心地位，着力培养具有历史使命感和社会责任心，富有创新精神和实践能力的各类创新型、应用型、复合型优秀人才。积极参与国际教育规则制定、国际教育教学评估和认证，切实提高我国高等教育的国际竞争力和话语权，树立中国大学的良好品牌和形象。

2016 年，中共中央办公厅、国务院办公厅《关于做好新时期教育外事开放工作的若干意见》指出"要开创更有质量、更高水平的教育对外开放新局面"。"围绕中心、服务大局，以我为主、兼容并蓄，提升水平、内涵发展，平等合作、保障安全"。到 2020 年，参与教育领域国际规则制定能力大幅提升，教育对外开放规范化、法制化水平显著提高。促进教育领域合作共赢，提升教育对外开放治理水平。这一阶段的教育开放更多强调的是发出中国声音，以我为主，形成自己的特色。

在当前的形势下，我国高等教育已经进入了新的发展阶段，面临着更严峻的挑战和全球化的竞争。从全球化发展趋势以及我国高等教育国际化的演变脉络来看，中国高等教育应该为新一轮的全球化竞争培养大批具有国际视野、通晓国际规则、能够参与国际事务和国际竞争的具有全球素养的人才，建立人才优势，在全球治理中占据主动。

清华大学在新的百年提出了更创新、更国际、更人文的发展战略，基于对当前国际国内形势及学校自身发展阶段的认识，学校于 2015 年 5 月召开了国际化战略规划启动会，邱勇校长出席并发表重要讲话，指出在新的发展阶段制订国际化发展战略规划显得非常迫切和必要。经过大半年全校范围内 10 场不同群体的专题研讨，征求各方意见，战略起草小组于年底前顺利完成战略文本初稿。文本第一次明确提出了学

---

① 以上内容摘自教育部网站：http://www.moe.gov.cn/srcsite/A01/s7048/201007/t20100729_171904.html.

校新百年发展的使命、愿景、目标和优选途径,清华大学发展历史上第一个全球战略在 2016 年正式启动。

此战略旨在推进与国际接轨的现代大学治理体系,改革制约学校国际化发展的体制机制,完善国际高层次人才招聘及保障体系,建立符合国际标准的学科发展评估体系,推进校园国际化行政管理与服务支撑体系,建设多元文化和谐共生的校园环境,塑造清华大学的国际品牌,扩大教育文化资源战略输出,加强清华的海外存在与全球关联。每项战略配有详细的行动方案,联结沟通教学、科研、管理服务、校园环境等多个专项发展计划,力求统筹推动学校长期与短期、整体与个体、中心与外围的跨学科、跨院系、跨部门的发展。此战略将为清华新百年国际化办学绘制蓝图和明晰路径。

二、 高等教育国际化的新时期特征以及对人才的新需求

从以上梳理的我国高等教育国际化的发展阶段来看,当全球化进入到全球治理的阶段,我国高等教育的国际化也呈现出以下新的特征:

1. 教育开放进入到提高质量水平的发展阶段

《关于做好新时期教育外事开放工作的若干意见》(以下简称《意见》)指出,在新的历史时期,要继续推进教育领域的有序开放,坚持围绕中心,服务大局,提高质量水平,助力做好中国教育。提升我国教育的国际地位、竞争力和影响力。与第二发展阶段以提升规模和数量,设计新的合作项目和形式,主要以增加新的规模、项目形式和功能为主的增量改革相比,新的阶段更多强调的是质量和水平的发展,不断优化教育开放的质量和服务水平,满足社会的需求。

2. 在教育开放中要坚持中国特色

可以看出,改革开放 38 年来,教育开放从一开始的学习借鉴,到全面参与,而新的时期则把讲好中国故事,传播好中国声音作为教育开放的重要内容。在学习借鉴世界文明成果与办学经验中,要坚持取长补短,坚持中国特色,保持我们对自身文化的自信和定力,在新时期的教育开放中要建立中华民族的文化认同。

3. 在教育开放中要积极参与全球教育治理

《意见》提出,要大力提升教育开放治理水平,完善教育对外开放布局,健全质量保障。在教育开放中积极承担国际责任,加强与国际组织合作,主动参与国际教育规则和标准制定,在全球教育发展议题上提出新主张和新倡议。与第二阶段相比,在新的阶段强调教育外事要从全面参与到以我为主,形成特色,讲好中国故事。

在教育开放进入新阶段之际,对人才培养也提出了新的需求:1. 首先是要加强国际理解教育。《意见》指出要积极开展国际理解教育,要参与全球教育治理,首先人才培养的需求是要加强国际理解教育,增进学生对不同文化的认识和理解,促进中外语言互通,促进对各类文化与知识的认知和理解,促进跨文化交流。2. 树立世界眼光,在合作共处过程中发挥影响力和引领作用。与第二阶段主要是培养学生的国际视野和竞争力相比,新的阶段需要培养大批能参与全球教育治理的人才,在这一阶段对于人才的新需求大致有三个新的层次:1)要有跨文化理解能力,对于自身与其他文化能够在了解的基础上形成理解,这需要有体系化的国际理解方面的知识和一定其他文化环境浸润等多环节的培养;2)在跨文化理解的基础上能与其他文化的人共处并解决问题:当全球化使得国际社会面临越来越多的共性问题而成为命运共同体时,很多共性问题需要有不同学科、不同文化背景、不同领域的人来一起共同解决,这时跨文化共处并能一起合作解决问题的能力就显得尤为重要,多元文化相处,共同面对世界共性问题已成为新时期对人才需求的重要方面。3)在跨文化共处的过程中能通过自身能力和影响力的不断提升,建立教育自信,形成自身特色,从而对周围环境和人员形成影响,在全球教育治理中能施加影响力,发出属于中国的声音。

三、 人才培养目标的新维度——全球胜任力

当全球化浪潮进入新的全球治理阶段,国际竞争力开始进入争取话语权的阶段,中国高校更需要为此做好人才培养和人才储备。那么这样的人才应该具有怎样的知识、能力和态度呢?怎么确定培养目标和整体的培养方案?

目前的研究进展表明,几乎所有的研究都认可全球胜任力是高等教育人才培养的重要结果之一。但是关于全球胜任力的要素及其组成还有不少分歧。全球胜任力应包含什么样的知识结构和经历?如何去培养以及如何去评价学生尚有很大的研究空间。大学该如何利用现有机会培养学生的所需能力,为全球化社会做准备呢?现在很多高校在"投入"方面做努力,开设国际知识方面的课程,提供更多的海外教育的机会,更多的语言训练,更多的国际学生,然而对于大多数大学而言,目前最缺乏的是一套能将这些目标很好地结合在一起的综合方案。

1. "全球胜任力"的概念内涵

"全球胜任力"是由"胜任力"和"全球化"两个概念衍生出来的相关概念。在《国际教育百科全书》(*The International Encyclopedia of Education*)[①]中是以"胜任力为基础的教师教育"(Competency-based Teacher Education, CBTE)来解释这个概念的,

---

① Husen, T. *The International Encyclopedia of Education*. Pergaman Press, Vol. ,2: 898-900.

指出关于胜任力定义包含以下 5 个方面：1) 是以认知层面为基础的胜任力：主要是指知识结构以及相关智力能力；2) 以行为表现为基础的胜任力：是指能做到什么而不是仅仅知道和懂得什么；3) 以结果为基础的胜任力：是指人的成功不仅仅是知道懂得和能做到什么，而关键是取得了什么样的成果和由此成果所带来的变化。4) 以情感为基础的胜任力：主要包含态度和价值观。5) 以探究为基础的胜任力：主要是指对结果产生有很大影响的相关经历。这五个方面是相互关联、层层递进的关系。从这个概念分析可以看出，"胜任力"与知识和能力相比，包含的内容更为广泛，内涵更为丰富。

2. "全球胜任力"概念的基本特征

如果进一步分析并且结合新的时代背景，"胜任力"的内涵呈现出如下特征：

1) 具有形成和习得性：胜任力和知识以及人的某些能力一样，都是可教育、可形成的，一个人的修习涵养不是天生的，而主要是在自身的学习、修身、经历和体悟中不断习得和增长的，是在岁月的磨砺和人生的经历中逐渐形成的，而且从某种意义上说一个人的修习涵养更多体现在情感和精神层面。

2) 具有呈现和情境性：我们经常所评价的某人具有很高的胜任力，实际上是个体的一种外在呈现，是个体在解决问题和行动时的外在表现，也就是说是在某种场景下一个人所展现行为的适切性和得体性，它需要个体与情境之间的互动。因此胜任力的形成与实践和经历也有很大关系。

3) 具有综合和关联性：胜任力是一个综合性、结构性的概念，主要是指符合时代发展要求所应具备的知识、能力、态度、经历和品格等诸方面的综合。既包含认知层面的知识和能力体系，也包含情感层面的意识和价值观体系。并且知识、能力和态度之间不是根据发展需要简单的增长和叠加关系，而是一个有机整体，关于胜任力的培养应该是一种转换生成的形成方式，这种方式能把一个人所具有的一些不相关联的知识和经历转换成体系化的行为结果和认知能力。

4) 具有开放和发展性：在"胜任力"的结构体系里，虽然有很多的知识、能力和态度是基础性的、是必备的，但总体而言这个结构体系是开放性和动态的，是随着时代发展，内涵与外延不断拓展的。同时这也是一个不断发展的结构体系，是需要在已有的框架和模式中不断超越和突破的，为终身可持续发展奠定基础。

基于"胜任力"的上述特征，面临全球化的潮流，"胜任力"的内涵和外延又该有怎样的拓展呢？Roland 主编的《全球化百科全书》（*Encyclopedia of Globalization*）[①]中归纳和区分了人们在使用"全球化"时所采用的四种理解：包括国际化（Internationalization）、自由化（Liberalization）、普世化（Universalization）和星球化

---

① Robertson, R. & Scholte J. A., *Encyclopedia of Globalization*. New York: Routledge, 2007: 526-528.

(Planarization)。从这个解释开始看出，全球化的趋势为教育带来的影响和变化是教育政策的制定越来越受到全球共同认可的教育价值观的影响，关注人类共同的发展和命运，各国教育活动的开展越来越倾向于使学生获得理解国际复杂系统的能力，形成全球观念，学会共同生活。培养"全球胜任力"成为时代的需要。

清华大学也一直在探索新时期国际化人才培养目标的制定和实施。"'全球胜任力'培养"是2016年正式发布的"清华大学全球战略"的首项内容。"全球胜任力"是一个结构性的概念，是一个多变量、多因素构成的系统和结构。全球胜任力培养效果的好快取决于结构之间的优化程度以及其中不同因素相互协调。明确符合自身发展需要的培养目标实际上就是结构优化以及变量协调的基调。而且在诸多的因素和变量中，全球化与本土化及其之间的基本关系是最主要的因素和最主要的基本矛盾，而"人类命运共同体"理念所反映出的二者之间和谐共生的关系就为中国高等教育"全球胜任力"的培养明确了目标和方向。

从Competent的词源可以看出，词意的本身就意味着竞争，全球化的进程中也充满了国与国之家、地区与地区之间，各文明之间在政治、经济、文化领域中影响力和话语权方面的竞争。这种竞争关系是包容性还是主导性的，如何正确理解和处理国家利益和共同体利益关系也就框定了在新的全球化背景下所应倡导和提倡的核心价值观念的基本取向，而价值塑造也应当成为全球胜任力培养的核心环节。中国在新的时代背景下所倡导的"人类命运共同体"理念更体现出一种整体性和包容性，不同文化之间提倡包容和合作共赢，因此这种价值观念的取向应该是以包容性为基础的合作竞争关系（Harmony-based Competition），而中国高校"全球胜任力"培养的核心就是培养学生具有促进全球发展的胸怀与责任和不断超越自身的自觉与自信。

参 考 文 献

[1] Deardorff，D. K. (2006). Identification and Assessment of Intercultural Competence as a Student Outcome of Internationalization. *Journal of Studies in International Education*，10(3)：241-266.

[2] Hunter，W. D. (2004). Knowledge，Skills，Attitudes，and Experiences Necessary to Become Globally Competent，Thesis to Lehigh University，8-17.

[3] Hunter，B. ，White，G. P. ，Godbey，G. C. (2006). What Does It Mean to be Globally Competent. *Journal of Studies in International Education*，10，267-285.

[4] Husen，T. *The International Encyclopedia of Education*. Pergaman Press Vol. 2：898-900.

[5] Jesiek，B. K. ，Woo，S. E. ，Zhu，Qin (2015). Defining and Assessing Global Engineering Competency：Methodological Reflections. *American Society for Engineering Education*.

[6] Li，Y. L. (2013). Cultivating Student Global Competence：A Pilot Experimental Study. *Journal of Innovative Education*，11，127-138.

[7] Lohmann，J. ，Rollins，H. ，and Hoey. J. J. (2006). Defining，Developing，and Assessing Global

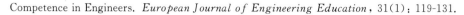

Competence in Engineers. *European Journal of Engineering Education*，31(1)：119-131.

［8］ Mansilla，V. B.，Jackson，A. (2011). *Educating for Global Competence：Preparing our Youth to Engage the World*. New York，NY：Asia Society.

［9］ Robertson，R. & Scholte J. A.，*Encyclopedia of Globalization*. New York：Routledge，2007：526-528.

［10］ 蒋瑾."跨文化能力"框架的确立—以欧盟 INCA 项目为例［J］.全球教育展望.2015(44)：36-40.

［11］ 李承先,陈学飞.话语权与教育本土化［J］.教育研究.2008(6)：15-17.

［12］ 鲁洁.应对全球化,提升文化自觉［J］.北京大学教育评论.2003(1)：28-30.

［13］ 吕林海,郑钟昊,龚放.大学生的全球化能力和经历［J］：中国与世界一流大学的比较.清华大学教育研究.2013(8)：100-102.

［14］ 滕珺,曲梅,朱晓玲,张婷婷.国际组织需要什么样的人?［J］.比较教育研究.2014(10)：79-83.

（作者单位：清华大学国际合作与交流处）

合格的校级外事工作人员：基于一线从业人员认知调查的分析

沈群红　赵缯葳　张　琦　侯立华

开放是 21 世纪高等教育的最重要特征。改革开放 40 年来,中国的国际地位不断提升,世界影响力不断扩大,并正日益走近世界舞台的中央。清华大学作为一流大学,以更开放的姿态积极参与全球高等教育的竞争与合作,培养具有全球视野的人才是其义不容辞的责任。同时,随着"双一流"高校建设的加快推进,建设世界一流大学,清华大学也肩负着更多的责任与使命。国际合作与交流是实现开放办学,培养国际化人才的重要手段,因而随着学校国际化水平的提高,也就对学校的国际交流与合作工作提出了更高的要求。而现有人员能否胜任这一要求,将直接决定学校国际化的发展水平,影响到学校全球化发展战略的实现。因此我们选取清华大学国际交流与合作领域的工作人员(以下简称"外事人员")作为研究对象,开发胜任素质模型,并借此发现可能存在的战略性差距。本研究根据文献、小型座谈会调研访谈,结合清华大学外事发展战略的文本分析,构建了具有 24 个胜任特征的国际交流与合作工作人员的胜任素质模型,并根据胜任素质模型中的 24 个胜任特征设计调查问卷对清华大学的外事人员进行胜任素质重要性认知、所需水平及现有水平的调查。在对调查结果分析的基础上,发现了外事人员在胜任素质重要性认知方面存在的问题,确定了外事人员胜任素质现有水平与所需水平的战略性差距,从而为进一步更有针对性地提高学校外事人员的胜任素质提出对策建议。

一、 国际交流与合作工作人员的胜任素质模型

目前,清华大学从事国际交流与合作工作的人员主要包括学校机关国际交流与合作处的工作人员和各院系负责本院系国际合作的一线人员。我们针对这三类人员设计了共同的国际交流与合作工作人员胜任素质模型,具体包括战略导向、跨文化导

向、服务导向、人际沟通能力、工作能力、成长潜力六个维度共 24 个胜任特征。

（一）战略导向维度的胜任要素

1. 对政策的理解能力：正确面对政策体制等因素的制约，深度了解和践行学校或学院的办学宗旨和理念，透彻理解学校的文化、结构、管理流程和政策，并能自主对它们进行解释。

2. 国际战略定位能力：能够从实际出发，立足当下，系统性地思考学校的内部国际化障碍和外部国际环境带来的挑战，考虑学校的原有定位及其相应的实现程度，认识国际战略定位的重要性，具备必要的战略定位的理论视野。

（二）跨文化导向维度的胜任要素

1. 国际经验和国际视角：在借鉴国际先进经验的过程中不断寻求国际合作和交流的契机，不断增强提出合作条件的话语权，通过人员互访、培训交流、融入项目等形式丰富教职工在国际职场的经验。

2. 跨文化适应行为：能够高效地了解目标国的文化，熟练掌握与各国学生和合作单位的交际和行为等技巧，通过行为细节体现跨文化沟通的意图并产生正向的效果，其中包括文化的学习能力、语言和非语言的学习及表达能力、跨文化协作行为能力等。

3. 对文化多样性的敏感度：对不同的文化差异有敏锐的体会，并领悟到所处不同文化的关键特征，有信心和热情面对不同文化所带来的挑战。这其中包括文化认知能力和跨文化适应动力，敏感性具体可以从跨文化交际的差异认同感、交际参与度、交际愉悦度、交际专注度以及交际信心五个方面考量。

（三）服务导向维度的胜任要素

1. 提供客户服务的能力：具有提供卓越的客户咨询和服务的工作经验，并且能够平衡各级利益相关者的利益和需求，清晰了解客户的需求，并主动为客户提供服务及其他有用信息，迅速及时地解决客户的问题，不推卸责任、不拖延，即使不是自己的失误造成的问题，也能立即采取行动解决问题，而不是先追究责任，能就如何提高客户满意度提出可行性建议，发掘超出客户期望的服务机会。

2. 工作热情：要对工作抱有积极向上的工作态度，及对于自己本职工作的执着与喜爱，这是工作能力的前提和基础，有利于促进工作能力的提高。高校教工的工作热情在于他们需要明确自己提高学校行政服务质量的工作目标，充满干劲，积极为学生和相关合作单位着想，主动热情地设身处地为其服务，努力从中寻找成就感和满足感。

3. 服务师生：在工作实践中坚持服务师生为中心，以校园需求为导向树立服务意识，提升服务质量，真正把高校师生工作从管理型向教育型、服务型转变。

（四）人际沟通能力维度的胜任要素

1. 人际交往能力：优秀的人际交往能力，克服心理、地位和语言文字上的障碍，同时具备与各部门教职人员与学生、各个阶层或者多文化背景的人交往的不同技巧。

2. 口头沟通能力：沟通者能够根据自身的特点和职责要求，在实践中有针对性地提升口头表达能力，使用合适的语言和术语进行口头交流，分寸得当，能以别人容易理解的方式传递相关的意见和信息，逻辑性较强，用通俗易懂的方式表达专业信息，深入浅出，具有较强的说服力和影响力；善于通过提问、重复和总结理解对方的信息能清楚地记录对方的信息，并及时传递给上级；在进行电话沟通时，具有专业化的接听技能，能给对方留下热情又有效率的印象。

3. 书面沟通能力：具有良好的书面写作能力，思维清晰且目标明确，能够清晰全面地认识所要表达的主题，在书面表达的过程中能够做到语气友善礼貌、专业自信，包括电邮、信函、报告等。

4. 解决冲突的能力：能够有效地避免冲突，具有协调和驾驭全局的能力，对于冲突可以深入细节进行判断，具备高效地解决单位组织相互间、下属间以及自己与他人冲突的能力。

5. 团队管理能力：能明确组织架构，明确团队各成员的定位和应当担负的责任；可以为团队成员提供明确的工作方向，并能够清楚准确地向成员传达；合理利用团队成员的优势和能力，最大限度地为他们提供有效的信息和资源；需要具有识别团队问题的能力，可在出现问题时掌握第一手资料，保证团队成员用最低的成本了解问题所在，并尽快加以解决。

（五）工作能力维度的胜任要素

1. 组织能力：有杰出的组织能力，需要教工为了有效地实现目标，灵活地运用各种方法，把各种力量有效合理地组织和协调起来，包括自我组织与规划能力，以及为客户进行规划和安排的能力；同时也要求他们具有良好的沟通表达和社交能力，保持积极向上的势头；在产生矛盾或误会的时候能够有效地提示对方；具有良好的人际关系。

2. 时间管理能力：合理安排工作时间与个人时间，有效处理工作任务，有计划性和条理性，达到时间优化管理；对于重要、紧急、不重要和不紧急的事务有清晰的概念，设立明确的目标，优化流程，以提高团队的工作效率。

3. 细节导向：首先具有探索某一话题及其背后的原因和相关问题的敏感性；具有较为专业且积极的工作态度，以及有助于解决问题和日常任务的创新思维和计划；有耐心和决心去探索问题及其相关因素，直到找到解决该问题的精准方法。

4. 对机密信息的判断能力：对机密信息的特性有足够的了解，从而能够在复杂多样的信息中判断机密信息是否存在，研究、优先考虑并跟进领导关注的敏感或保密性质的事项，保证信息不被泄露与破坏。

5. 项目策划能力：根据组织战略和项目的属性，明确项目的具体目标定位和实现方式，规划和安排项目所涉及的各项投入要素、各个环节应当达到的质量标准和评价方法，明晰项目发布和推广的渠道和策略等所需要的综合能力。

6. 项目管理能力：正确理解项目的目的和意义，将人的因素融合到合理的项目节奏中，建立并实施完善优质的制度流程，在项目分解的过程中掌握把复杂的问题简单化的方法、排定各业务模块的优先级，找准时间管理、进度管理中的瓶颈，找准关键的人和路径等，从而显著提升单位内部管理的效率和效果。

7. 应急能力：应急能力是战略型人才应当具备的能力，要求教工在突发事件面前表现出镇定、专业性和自信心，秉持以人为本的原则，在尽可能短的时间内做出应急处理，抓住事情的主要矛盾，从全局出发；同时也需要具备耐力和耐心对后续的相关工作进行前瞻与预置。

8. 独立工作的能力：需要具备可以作为团队的成员进行独立工作的能力，无论是在正常情况还是在压力和变化的环境中，可以在没有他人的帮助下，运用有关资源独立且平稳有效地分析和解决工作中的问题。

（六）成长潜力维度的胜任要素

1. 针对性学习能力：根据自身的学习能力和基础，制定有助于个人发展的学习计划和方法，以服务和满足客户的需求为导向来设定学习需达到的目标，确保学习的实效性。

2. 适应性学习能力：具备通过自身原有知识经验与适应性学习系统进行交互活动来获取知识的能力，在该过程中能自我组织、制订并执行学习计划，自主选择学习策略并能控制整个学习过程，对学习进行自我评估。

3. 发展导向：具备长远的发展眼光，看见个人职业发展的希望，并且有强烈的意识和意愿持续进步和变革，在工作的过程中不断提高定期自主学习专业知识的能力，主动拓展相关领域的工作技能。

另外，我们将 24 个胜任素质划分为必备素质和鉴别性素质。其中，发展导向、国际战略定位能力、国际经验和国际视角、调解仲裁和解决冲突的能力、项目管理能力、跨文化适应能力、对文化多样性的敏感度以及团队管理能力 8 个胜任素质为鉴别性素质，为界定优秀绩效人员与一般绩效人员的素质。而其余 16 个胜任素质则为必备素质。

二、 被访对象关于国际交流与合作处人员胜任要素的主观认知

课题组根据上述 24 项胜任素质设计了调查问卷,以调查外事人员对学校机关国际交流与合作处人员和各院系负责国际交流与合作人员的胜任素质的重要性认知情况。为了揭示校级机关的外事工作人员可能存在的认知盲区,比较他们与其服务对象及基层同行的认知差异,我们将国际交流与合作处的工作人员作为一组,而将院系基层外事工作者和后勤部门的外事工作人员作为一组,与校级外事工作人员加权处理后作为全部外事人员来比较两组对于校级外事人员各类胜任要素重要性的判断及其异同。

表 1

国际交流与合作处人员的重要性程度打分			
项 目	国际交流与合作处人员对本部门人员的打分	项 目	全部外事人员对国际交流与合作处人员的打分
工作热情	5.00	工作热情	4.85
人际交往能力	4.92	服务师生	4.78
对政策的理解能力	4.83	对机密信息的判断能力	4.78
提供客户服务的能力	4.83	对政策的理解能力	4.70
口头沟通能力	4.83	人际交往能力	4.70
时间管理能力	4.75	时间管理能力	4.70
服务师生	4.67	口头沟通能力	4.65
对机密信息的判断能力	4.67	应急能力	4.63
独立工作的能力	4.67	独立工作的能力	4.63
发展导向	4.67	发展导向	4.61
国际战略定位能力	4.58	书面沟通能力	4.57
国际经验和国际视角	4.58	适应性学习能力	4.57
书面沟通能力	4.58	团队管理能力	4.56
调解仲裁和解决冲突的能力	4.58	国际战略定位能力	4.54
应急能力	4.58	细节导向	4.52
细节导向	4.50	项目策划能力	4.52
项目策划能力	4.50	针对性学习能力	4.52

续表

	国际交流与合作处人员的重要性程度打分		
项　　　目	国际交流与合作处人员对本部门人员的打分	项　　　目	全部外事人员对国际交流与合作处人员的打分
项目管理能力	4.50	组织能力	4.50
跨文化适应能力	4.50	提供客户服务的能力	4.46
对文化多样性的敏感度	4.42	调解仲裁和解决冲突的能力	4.43
团队管理能力	4.42	跨文化适应能力	4.39
组织能力	4.42	项目管理能力	4.31
针对性学习能力	4.33	对文化多样性的敏感度	4.28
适应性学习能力	4.33	国际经验和国际视角	4.24

通过分析调查问卷数据结果，本文有以下发现：

1. 国际交流与合作处人员对必备要素重要性的认知比较准确。譬如"工作热情""人际交往能力""对政策的理解能力""提供客户服务的能力"等要素，国际交流与合作处人员也给出了较高的重视程度。其中"工作热情"这一要素，无论是国际处人员还是全部人员都给出了"非常重要"这样的认知。

2. 国际交流与合作处人员对鉴别性要素重要性的认知程度不够。8 项鉴别性要素在重要性程度排名中都比较靠后。其中，"对文化多样性的敏感度"和"跨文化适应能力"国际处人员和全部人员都没有基于足够的重视程度，只给出了"比较重要"的认知。而"国际战略定位能力""国际经验和国际视角""调解仲裁和解决冲突的能力"和"项目管理能力"这 4 项胜任素质是国际处人员有较为明确的重要性认识，而在全体受访者综合数据上却表现出了很低的重视程度。但从机构和学校的长远发展来看，这些鉴别性要素未来会渐渐成为基本和必备的要素，因而需要给予足够的重视。

三、 校机关的外事人员所存在的战略性差距

战略性差距的识别，需要在明确所有要素相对重要性的基础上，分析判断重要性程度高的要素上从业人员所存在的差距来进行判断。基于上述从业人员的自身认知，结合组织发展的战略目标分析，本文对从业人员的自我设定的要素重要性进行了调整。在此基础上，结合他们对差距的自身认知，识别出可能的战略性差距。

表 2　国际交流与和合作处人员对所需水平和现有水平的评价

国际交流与合作处人员对本部门人员的所需水平和现有水平打分			
项　目	对所需打分	项　目	对现有打分
人际交往能力	5.75	独立工作的能力	5.00
时间管理能力	5.67	细节导向	4.92
口头沟通能力	5.58	工作热情	4.83
独立工作的能力	5.58	服务师生	4.83
提供客户服务的能力	5.50	人际交往能力	4.83
发展导向	5.50	时间管理能力	4.83
对政策的理解能力	5.33	针对性学习能力	4.83
国际战略定位能力	5.33	对机密信息的判断能力	4.75
工作热情	5.33	口头沟通能力	4.67
服务师生	5.33	团队管理能力	4.67
应急能力	5.33	组织能力	4.67
对文化多样性的敏感度	5.25	应急能力	4.67
书面沟通能力	5.25	适应性学习能力	4.67
细节导向	5.25	对政策的理解能力	4.58
项目策划能力	5.25	书面沟通能力	4.58
调解仲裁和解决冲突的能力	5.17	发展导向	4.58
团队管理能力	5.17	项目管理能力	4.58
组织能力	5.17	国际战略定位能力	4.42
针对性学习能力	5.17	国际经验和国际视角	4.42
适应性学习能力	5.17	项目策划能力	4.42
国际经验和国际视角	5.08	跨文化适应能力	4.42
项目管理能力	5.08	对文化多样性的敏感度	4.25
跨文化适应能力	5.08	提供客户服务的能力	4.25
对机密信息的判断能力	4.75	调解仲裁和解决冲突的能力	3.92

表 3　全部外事人员对校级外事人员所需水平和现有水平的评价

全部外事人员对国际交流与合作处的所需水平和现有水平打分			
项　目	对机关所需打分	项　目	对机关现有打分
服务师生	6.07	服务师生	5.52
人际交往能力	6.06	工作热情	5.48

续表

	全部外事人员对国际交流与合作处的所需水平和现有水平打分		
项　　目	对机关所需打分	项　　目	对机关现有打分
工作热情	6.02	人际交往能力	5.41
时间管理能力	5.96	书面沟通能力	5.37
口头沟通能力	5.94	独立工作的能力	5.35
应急能力	5.94	口头沟通能力	5.31
提供客户服务的能力	5.91	针对性学习能力	5.31
书面沟通能力	5.89	对政策的理解能力	5.30
对机密信息的判断能力	5.89	时间管理能力	5.26
独立工作的能力	5.83	细节导向	5.26
发展导向	5.81	对机密信息的判断能力	5.26
细节导向	5.80	应急能力	5.26
对政策的理解能力	5.74	适应性学习能力	5.22
适应性学习能力	5.74	团队管理能力	5.20
针对性学习能力	5.72	组织能力	5.20
项目策划能力	5.70	发展导向	5.17
调解仲裁和解决冲突的能力	5.65	提供客户服务的能力	5.11
跨文化适应能力	5.65	项目管理能力	5.09
团队管理能力	5.63	项目策划能力	5.07
组织能力	5.63	跨文化适应能力	5.06
项目管理能力	5.61	国际战略定位能力	5.04
对文化多样性的敏感度	5.56	国际经验和国际视角	5.00
国际战略定位能力	5.52	对文化多样性的敏感度	4.93
国际经验和国际视角	5.37	调解仲裁和解决冲突的能力	4.76

通过分析调查问卷数据结果，课题组给出如下重点关注提示：

1. "人际交往能力""口头沟通能力"和"时间管理能力"在两类受访群体的必需性认知上达成一致，都给出了较高的所需水平打分，这说明了从业人员已经实际认识到这些维度上的能力发展要求和标准。

2. "服务师生""工作热情""应急能力"和"对机密信息的判断能力"几项在全部人员来看是需要程度很高的要素，但国际交流与合作处人员并没有给出较高的需求程度打分。**如"服务师生"是全部人员对所需水平要求最高的要素，但国际交流与合作处人员的重视程度不够。**

3. 8 项鉴别性要素在国际处人员和全部人员对国际处人员的所需水平和现有水平打分中都排在比较靠后的位置,在现有水平中只达到了"基本合格"和"一般"程度。这一方面受到重要性认知的影响重视程度不够,现有水平也不够,而这将严重制约学校在国际化建设中的长远发展,因此需要引起重视。

4. "项目管理"和"提供客户服务的能力"主要在国际处人员的认知上体现出了对现有水平的不满意,只是"一般"水平,特别是"提供客户服务的能力"在 24 项素质的现有水平判断中,排在倒数第二位,虽然院系人员和学校后勤人员关于这项能力给出了稍好的现有水平评价,但距离"胜任"还有很大一段距离。

5. "独立工作的能力"和"细节导向"要素是在国际处人员对校机关人员的现有水平评价中排在最靠前的两项要素,已经达到了"优良",但是在院系外事人员和学校后勤人员看来,校机关人员在这两项要素上目前并未达到"优良"或是"卓越",仅仅只是"胜任"的程度,"对机密信息的判断能力"目前所表现出来的水平也仅仅是"胜任"。

6. 校机关人员的"书面沟通能力"在院系外事人员和学校后勤人员的打分中已经表现出了"近乎优良"的程度,评价是相对较高的;但是在国际处人员看来只能达到"胜任"的水平,这一要素的评判差距是比较大的,需要进一步讨论确定原因。

三、 校机关的外事人员所存在的战略性差距

根据国际交流与合作处和全部人员分别对国际处人员胜任素质的所需水平和现有水平的差距,课题组计算出了国际交流与合作处人员和全部人员给出的战略性差距。在本文中,我们将国际处人员自我认知到的差距和学校全部人员(含国际处人员)的认知进行了比较分析,以呈现两个群体的认知差异,从而更好发现校机关外事人员可能的自身认知局限。

表 4　战略性差距的识别

战略性差距的识别			
项　　目	国际处人员 给出的差距	项　　目	全部人员 给出的差距
国际战略定位能力	1.25	调解仲裁和解决冲突的能力	0.89
调解仲裁和解决冲突的能力	1.25	提供客户服务的能力	0.80
对文化多样性的敏感度	1.00	时间管理能力	0.70
国际经验和国际视角	0.92	应急能力	0.69
时间管理能力	0.92	发展导向	0.65
发展导向	0.92	人际交往能力	0.65
应急能力	0.92	对机密信息的判断能力	0.63

续表

战略性差距的识别			
项　　目	国际处人员 给出的差距	项　　目	全部人员 给出的差距
项目管理能力	0.83	对文化多样性的敏感度	0.63
人际交往能力	0.75	口头沟通能力	0.63
针对性学习能力	0.67	项目管理能力	0.61
工作热情	0.67	跨文化适应能力	0.59
跨文化适应能力	0.67	服务师生	0.56
团队管理能力	0.67	细节导向	0.54
对机密信息的判断能力	0.67	工作热情	0.54
细节导向	0.67	项目策划能力	0.54
服务师生	0.58	书面沟通能力	0.52
对政策的理解能力	0.50	适应性学习能力	0.52
书面沟通能力	0.50	独立工作的能力	0.48
组织能力	0.50	国际战略定位能力	0.48
口头沟通能力	0.50	对政策的理解能力	0.44
提供客户服务的能力	0.50	团队管理能力	0.43
适应性学习能力	0.33	组织能力	0.43
项目策划能力	0.33	针对性学习能力	0.41
独立工作的能力	0.00	国际经验和国际视角	0.37

　　1. 结合所需水平和现有水平进行对比，从全体受访者和学校机关外事人员的角度来看，"解决冲突的能力""提供客户服务的能力"和"时间管理能力"是差距最大的 3 项要素，而其中，"提供客户服务的能力"，则是非常重要的胜任要素，应该被视为亟须提高的存在着明显战略性差距的胜任要素。而"时间管理能力"和"解决冲突的能力"也应该得到足够的重视。

　　2. "应急能力""发展导向""人际交往能力""对机密信息的判断能力""项目管理能力""跨文化适应能力""对文化多样性的敏感性"和"工作热情"这 8 项要素在两类受访者的判断当中都是差距相对较大的，其中"项目管理能力""对文化多样性的敏感性"和"跨文化适应能力"这 3 项要素是"鉴别性要素"，需要纳入战略性要素的体系中，尤其是针对未来需要面对更为复杂的国际事务工作任务的人员，此三个方面的能力也应该得到进一步的提升。"人际交往能力""应急能力"和"对机密信息的判断能力"的重要性程度相对较高，且也被认知到存在一定的差距，也应当被纳入战略性差距中。

因此,结合了重要性程度后,确定这 8 项要素均需要作为战略性差距要素进行考量。

综上所述,根据战略性差距所确定的战略性要素共有 14 项,分别为"口头沟通能力""调节仲裁解决冲突的能力""提供客户服务的能力""时间管理能力""应急能力""人际交往能力""项目管理能力""团队管理能力""工作热情""发展导向""对机密信息的判断能力""对文化多样性的敏感性""跨文化适应能力"和"国际经验国际视角"。

四、 讨论

结合上述的调查结果,结合中国高等教育国际化的发展趋势,面向清华大学国际发展战略的要求,讨论如下:

第一,服务热情和服务能力的提高是亟须加强的。这是中国目前大学机关专业人员队伍建设亟需改进的能力因素和服务意识因素。如何在以学生和教师为中心的大学运营模式中,真正切实提高服务师生的热情、提升服务能力特别是提供客户服务的能力,是当务之急。而在外事服务领域中所表现出来的各种问题,不仅仅是外事服务意识和服务能力上差距的表现,更为本质的是服务师生这一问题上所存在的意识不足和能力不强。而其中客户服务意识是更为根本的胜任要求,有服务师生的热情,在此驱动下,就能有效发现自身服务能力的不足,以期不断提高。

第二,"对文化多样性的敏感性""跨文化适应能力"以及"国际经验国际视角"等方面的重要性程度未能被充分认知到,且也没有被有效呈现自身所存在的差距。一方面是相关的外事工作人员对于未来的大学国际化发展和中国的全球化战略的理解还不够深刻;另一方面则是现有的国际事务的作业模式还未及时调整,复杂性程度高、挑战性强的大量工作还没有分配到机关的一线外事岗位上。相信随着各类涉外事务的进一步发展,大学的国际化程度和全球化程度进一步提高,这类要素的重要性程度会被逐渐感知到。所幸的是,机关的一线外事工作者已经认知到自身在这些要素上所存在的差距。

第三,人际沟通方面的能力亟须提高。人际沟通和冲突处理等方面的能力是涉外工作所必需的工作能力,而这些能力上的差距在一定程度上体现了服务意识不足、客户服务能力不够以及文化敏感性不足等方面的能力差距,使得一线人员更多面对冲突和压力,需要更强的人际沟通和冲突处理能力等来加以应对。

第四,基本的工作能力上还存在着差距。时间管理能力和压力管理能力都被视为存在着较大差距的能力。这表明在基本的工作能力上还需要系统提高。一方面是由于工作负荷相对较重,中国本科教育中缺乏管理素养的基本培养;另一方面也是由于自身主动服务意识不足、文化敏感性不够等能力差距，导致面临更多的时间和资源上的紧张，从而呈现出时间管理和压力管理等方面的差距。

　　未来需要通过系统的服务意识和客户服务能力的培养，通过战略性思维和全局性思维的培养，提高主动服务的意识和能力，从而提升在人际沟通、冲突管理、时间管理和压力管理方面的能力与自信。而系统提升的关键切入点则是主动服务意识和服务能力的改进。

（清华大学公共管理学院）

全球战略背景下的清华大学国际学生招生改革

刘震　陈东　李妍

————❖————

　　2016 年 9 月,清华大学发布 2017 年国际学生招生简章,简章中规定的申请流程为"网上申报、综合测评、录取",意味着清华大学开始采用国际通行的招录取方式招收国际学生。这种改革举措的背景是什么? 会对清华的本科教育带来什么样的影响? 本文将从清华大学国际学生招生的战略意义、理论意义、现实意义以及改革措施与成效几个方面回答这些问题。

一、　招收国际学生是清华大学全球战略的重要组成部分

　　《国家中长期教育改革和发展规划纲要(2010—2020 年)》指出,高等教育要"适应国家经济社会对外开放的要求,培养大批具有国际视野、通晓国际规则、能够参与国际事务和国际竞争的国际化人才",要进一步"扩大外国留学生规模",提高我国教育国际化水平。党的十九大报告中也指出,在世界多极化、经济全球化、社会信息化、文化多样化的复杂国际环境中,各国相互联系和依存,又同时面临不稳定性、不确定性和诸多共同挑战。因此,要构建人类命运共同体,推动经济全球化朝着更加开放、包容、普惠、平衡、共赢的方向发展;推动建设相互尊重、公平正义、合作共赢的新型国际关系;尊重世界文明多样性,以文明交流超越文明隔阂、文明互鉴超越文明冲突、文明共存超越文明优越。

　　清华大学一直秉承"面向世界、开放办学"的理念,自 20 世纪 80 年代以来逐步确立了建设世界一流大学的长远目标。如今站在新时代的历史起点上,为服务国家改革开放、促进全球化发展、建设新型国际关系、推动世界人类文明进步的需要,清华大学将建设全球顶尖大学作为在新时期加快建设世界一流大学的发展目标。在实现这一目标的过程中,学校虽然面临综合国力提升、国际话语权与影响力加强、优质教育

资源开始全球流动等宝贵机遇，但同时也面临着巨大挑战：我国高等教育参与教育领域国际规则制定能力不强、进一步提升国际影响力面临许多困难、全球高等教育人才与资源日趋集中等。面对挑战，全球顶尖大学纷纷推出自己的全球战略，全面积极参与并主导国际合作与竞争，整合全球资源，吸引全球人才，塑造并提升全球影响力。为应对上述高等教育跨国竞争加剧的国际趋势，清华大学加快全球顶尖大学建设，以更开放的姿态积极参与到全球人才与教育资源的竞争之中，努力成为全球高等教育改革发展的参与者与引领者。

为此，清华大学于 2016 年制定并开始实施《清华大学全球战略》，通过内涵发展、特色建设，促进全面提高办学质量，提升服务国家、贡献全球的能力。《清华大学全球战略》的目标之一是要"全力培养具备'全球胜任力'的拔尖创新型人才"。为实现目标，《清华大学全球战略》要求学校要进一步推进招生制度改革，提升生源质量，加强国际学生招收和培养工作，构建具备国际竞争力的全球学生群体。其中重点包括优化国际学生招生结构、提高招生质量，结合国家发展战略，对国际学生来源和规模做好战略布局。改革国际学生尤其是本科生的招生办法，参照国际通行惯例，扩大入学水平认证力度；建立海外重点中学推荐计划；重点提升国际研究生的数量和质量，逐步调整本科国际学生的生源结构。

因此，招收国际学生符合新时期高校人才培养需要，是《清华大学全球战略》的重要组成部分，对清华大学跻身世界一流大学前列、建设成为全球顶尖大学具有重要的战略意义。

二、 国际学生招生制度改革是遵循高等教育国际化发展规律的科学选择

除具有重要的战略意义之外，清华大学进行国际学生招生制度改革也是高等教育国际化理论的内涵要求，是遵循高等教育的内在发展规律、促进全球高等教育国际化加速发展的必然要求与必经之路，具有更深层次的理论意义。

在当今世界，国际学生教育已经突破以前单一的人才培养功能，朝着政治、经济和文化并重的方向发展，逐渐成为发达国家扩张教育市场与国际影响力的利器，是衡量一个国家国际化程度和教育质量的标志。国际知名高等教育国际化研究专家简·奈特(Jane Knight)于 2011 年提出高等教育国际化动因新框架，即国家—院校二维动因理论——国际学生招生与国家的政治、经济和文化、外交等方面关系密切，对于引进和培养国际人才、促进与世界各国的政治理解、经济发展、人文交流、提升国家文化软实力和国际影响力具有重要意义。招收国际学生还能够为大学吸纳世界优秀生源，对于全面提升大学的综合实力、国际化水平、高等教育质量、建设世界一流大学具有重要的支持作用。

具体来说，从国家政治方面来讲，招收国际学生与国家的政治外交紧紧联系在一起。优秀的国际生源大都来自各国精英群体，学成回国后往往成长为各自领域具有影响力的领导者。他们接受的国际教育对其政治观点、价值观念会产生潜移默化的影响，从而影响其行为决策。因此，加强国际学生招生、培养国际精英，有助于扩大国家在政治和外交上的国际影响力。

从经济方面来讲，高等教育机构为社会经济发展直接培养输送智力资源，必须面对和参与到全球性人才市场和智力资本市场的竞争中，争夺国际优秀生源、抢占国际教育市场。越来越多的国家将招收国际学生作为高等教育发展目标和国家发展的重要战略。欧美等高等教育发达国家与地区已抢先建立起自己的国际教育品牌，如英国"EducationUK"、法国"EdFrance"、欧盟泛欧高等教育合作计划——"坦普斯计划"（Tempus）和"伊拉斯谟世界"（Erasmus World）等。我国近几年虽然对国际学生的吸引力逐渐增强，但与发达国家相比，高等教育国际化和国际学生招生方面发展进程明显滞后，亟须进一步强化提高。

从社会文化方面来讲，国际学生招生有助于促进中外跨文化理解、提高国际对中国文化认同、加强国际交往与文化传播。通过招收国际学生，使得国际学生与中国学生直接交流、相处，真切感受到不同民族文化的差异和特点，从而培养学生对多元文化的包容、理解与接受力。因此，国际学生招生在传播弘扬中华文化、展现中国形象、解读中国政策等方面，无论是在当下或者将来都会起到不可替代的重要作用。

从大学层面来讲，招收国际学生首先能为清华大学建设为全球顶尖大学提供来源多样的世界一流生源。"得天下英才而教育之"已成为世界一流大学的招生共识。纽曼在其经典之作《大学的理念》中说道："一所大学就是一个群英会集的殿堂，天下各处各地的学子到这里来，以寻求天下各种各样的知识。"大学的人才资源不仅体现在要具有一流的师资，还表现在培养出的一流学生上。只有保证了优质的生源，才能保证培养学生的质量。

第二，加强国际学生招生，有助于提升清华大学的国际形象与声誉、增强国际竞争力。国际学生比例等指标是世界大学排名的重要衡量指标之一，是世界一流大学全球范围吸引和争夺资源的重要筹码。QS 世界大学综合排名在六项指数中包含了国际学生比例（权重 5%[①]）；$Times$ 世界大学排名国际视野指标包含国际学生与国内学生比例（权重为 2.5%[②]）。因此，要提高清华大学在世界舞台的国际声誉与全球竞争力，就必须继续提升学校的国际学生招生工作的水平与质量。

第三，国际学生招生改革对提升清华大学的高等教育国际化水平具有积极作用。高等教育的国际化不仅要有国际化的教育理念、课程和师资，更要有一定数量的国际

① https://www.topuniversities.com/university-rankings.

② https://www.timeshighereducation.com/world-university-rankings/methodology-world-university-rankings-2016-2017.

学生。来华国际学生教育能够有效检验学校教育、教学和管理工作能否适应国际化发展的要求,进一步提升学校高等教育的质量和国际化水平。

综上所述,加强国际学生招生工作,进一步扩大国际学生的招生规模、提高招生质量、优化招生结构,是《清华大学全球战略》的重要战略任务之一,是遵循高等教育国际化发展规律的科学选择,是清华大学建设成为全球顶尖大学的必然要求。

三、 国际学生招生改革是清华大学深化教育教学改革的具体举措

最近几年,我国高等教育对国际学生的吸引力逐渐提升,来华学习的国际学生在国别、规模、结构和层次上均发生了较大变化,给国际学生的招生工作提出了更新、更高的要求。虽然我国高等学校来华国际学生在数量上呈现快速上升趋势,但却存在着三组主要矛盾问题:国际学生比例同世界一流大学之间存在较大差距,国际学生生源结构与国家战略的匹配度不够,国内现行一般国际学生招生模式尚未接轨国际通用模式。

1. 国际学生比例同世界一流大学之间存在较大差距

国际学生比例、学生的国际化构成、国际学生质量等指标是世界一流大学的重要标志和评判标准。近几年,中国对国际学生的吸引力显著增强,来华留学的人数急剧上升。据美国全美比较国际教育学会(CIES)数据显示,中国已超过法国,成为继美国和英国之后的世界第三大留学生输入大国,占全球留学生份额的 8%[1]左右。然而,与发达国家和地区相比,我国高校留学生占学生总数的比例并不高。根据中国教育国际交流协会发布的《2016 年中国高等教育国际化发展状况调查》[2],我国每所高校的国际学生人数均值为 358.07 人,占在校生总数的平均比例为 2.06%;部属高校的国际学生人数与占比均显著高于地方高校,但占在校生不到 7% 的比例距离欧美发达国家 10%~20% 的普遍水平仍有较大差距,与哈佛、麻省理工学院等世界一流大学 30% 以上的比例差距则更大。根据中国教育部统计数据计算,我国 2016 年平均国际学生接受率约为 1.6%,虽然比往年有所增长,但仍低于 2% 的世界平均接收留学生率。[3] 2018 年《QS 世界大学排名》结果也显示,在"国际学位生比例"上,中国大学均分 25.6 分,远低于其他世界一流大学水平。这些数据均表明我国高校在扩大国际学生比例、缩小与世界一流大学之间差距方面,还需要进行深入改革。

---

[1]　http://www.eol.cn/html/lhlx/content.html#01.

[2]　http://survey.ceaie.edu.cn/.

[3]　http://www.stats.gov.cn/tjsj/zxfb/201702/t20170228_1467424.html.

2. 国际学生生源结构与国家战略的匹配度不够

在清华大学的招生工作中，明确提出"招生要服务国家战略、要力促教育公平、要助力人才培养"。我国国际学生的生源结构有待改善，招生扩大规模与优化结构发展不平衡，与以"一带一路"倡议为代表的区域发展总体战略、互利共赢的全面开放战略等国家战略对人才培养的需求存在一定差距。生源结构的不平衡主要体现在两个方面：一是地缘结构有待改善。从总体来看，在来华留学生生源国上，亚洲最多，其次是欧洲、非洲和美洲。据教育部统计，2016年442 773万来华留学生中，264 976名学生来自亚洲，占59.84%；71 319名学生来自欧洲，占16.11%；61 594名学生来自非洲，占13.91%；38 077名学生来自美洲，占8.60%；6 807名学生来自大洋洲，占1.54%。生源以韩国学生为主，来自欧美教育发达国家和"一带一路"沿线国家学生数量相对较少，生源结构单一。[①] 实施国内国际学生趋同化管理后，国际学生质量明显较差。二是专业结构有待改善。2016年，来华学习汉语专业的学生人数仍相对较多，占总人数的38.2%，报考非汉语类专业的则相对集中在医学和经济管理类专业，专业不均衡较为明显。[②]

新时期，我国为落实"一带一路"倡议，加强创新能力开放合作，形成陆海内外联动、东西双向互济的开放格局，积极参与全球治理体系改革和建设等国家战略目标，迫切需要基础设施类、交通运输类、信息类、旅游类、能源类、法律类与教育类等专业的多样化、创新型、国际性人才。然而，就目前而言，当前来华国际学生还是以语言学习为主，国际学生教育的纵深与多元培养有待加强，学生生源结构与国家战略的专业匹配度有待进一步提高。

3. 国内现行一般国际学生招生模式与国际通用模式之间尚未接轨

我国国际学生招生目前一般采取综合评价的模式，主要包括两种——申请-考核制和申请-审核制，前者相对更为普遍。

采用申请-考核制的高校既要求申请者提交审核材料，还要求学生参加自主命题考试，包括笔试和面试，比如北京大学、中国人民大学、上海交通大学、复旦大学等。笔试内容根据高校自身考试大纲而定，不同专业有所区分；面试重点考察学生的综合素质和语言能力。录取形式则是结合申请材料、笔试成绩与面试成绩综合评定。符合条件的学生可以免试。

采用申请-审核制的高校没有自主命题的笔试环节，各学校根据自身情况自主决定面试与否，根据申请材料和面试成绩或只根据申请材料决定是否录取，比如清华大

[①] http://www.moe.gov.cn/jyb_xwfb/xw_fbh/moe_2069/xwfbh_2017n/xwfb_170301/170301_sjtj/201703/t20170301_297677.html.

[②] http://news.sciencenet.cn/htmlnews/2017/3/369188.shtm.

学、浙江大学。

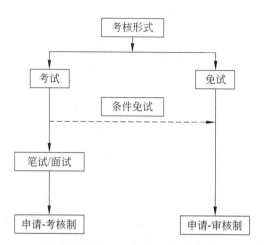

图 1　中国国际学生本科招生模式（张瑾，2017）

　　与国内要求笔试的一般模式不同，国际上大多采用申请-审查制的通用国际学生招生模式，即高校不安排统一的入学考试（笔试），主要根据申请材料组织专家进行筛选评定；部分大学要求面试，主要衡量申请者的学术背景、课外活动和个人特质等综合素质。与欧美等教育国际化发达国家相比，我国的国际学生招生录取模式相对落后，采用同样的试卷测试所有国际学生会造成信度效度的缺失。因此，我国国际学生招生工作需要转变思维观念，借鉴吸收世界一流大学先进发展经验，积极与国际知名大学的入学申请接轨。

　　综上所述，我国现行的国际一般招生模式与国际学生比例同世界一流大学之间存在较大差距，国际学生生源结构与国家战略的匹配度不够，现行一般国际学生招生模式尚未接轨国际通用模式等有待解决的现实问题。为探索、解决上述问题、改善国际学生招生现状，迫切要求作为高等教育一面旗帜的清华大学率先做出改革，提高国际学生的招生水平与工作效率，抓住机遇、迎接挑战。鉴于此，2017 年清华大学实施国际学生招生改革，从招生制度、招生模式到具体的招生工作都进行了全面的创新性改革，并初步取得了一定的成效，为改进我国国际学生招生工作做出了有益的努力与探索，期望为深化清华大学教育教学改革、实现全球战略目标发挥积极的推动作用。

四、 清华大学国际学生招生改革与成效

1. 清华大学国际学生招生制度的改革

（1）采用"申请-审核制"、取消笔试环节

2017 年起，清华大学本科国际学生招生全面改革，采取"申请-审核制"，取消此前

在学校举办的包含 4～5 个科目的入学笔试环节,符合条件的申请者可不用来北京参加笔试。共有 19 个院系 39 个专业向本科国际学生开放,申请者需要通过清华新开发的国际学生(本科)申请系统提交申请材料和有效证明材料,接受包括面试、材料评审在内的综合考核。设计学类、美术学类的学生需要再进行专业加试,特别优秀的申请者还可以免除面试。这是清华首次采用这一方式招收本科国际学生,作为学校教育教学改革的举措之一,旨在避免单纯应试导向、对接世界一流大学招录模式,通过多维度考量和综合评价来提升本科国际学生的招生质量。

"申请-审核制"是比较通行的本科国际学生选拔方式,并非只有清华在本科留学生招生中采用这种"申请-审核制",厦门大学、上海纽约大学等高校也是如此。根据申请方全球教育研究站此前发布的《全球高校人才选拔制度专题报告》,"申请-审核制"确实是美国、加拿大、英国等全球领先留学目的地国家,在本科招生(包括国际学生招生)中普遍采用的招生方式。[①] 我国教育部也曾在 2010 年印发的《留学中国计划》中要求,改革来华留学人员招生录取办法,[②]采取国际通行的审核、考查、考试等相结合的灵活招生方式。改用此制,是清华大学在国际学生招生方面积极向国际接轨,在教育对外开放和国际化上进行的有益探索。

新政既不会使国际学生挤占国内学生名额,更不意味着降低了录取标准、破坏招生公平,相反,采用"申请-审核制"后,由于考查维度更丰富、考查方式和内容更客观、更真实、更广泛、更严格、更国际,录取难度不降反升。在材料评审中,除了关注学生高中阶段全过程的学业成绩之外,还要结合其国际通行考试的成绩、参与课外研究或学习的情况、参与社会活动情况、所获得的认证及奖励情况、个人申请及推荐情况等多方面进行综合评审。采用这种考察方式,可以有效避免采用同样的试卷测试所有国际学生导致的信度效度缺失,能够更全面考核"报考学生的高中学业水平、中文能力、综合素质"等,有利于吸引更广泛、更优秀、更全面、更多元的国际中学生报名。较于单一维度的传统笔试,由于扩大了优秀生源的申请范围,"申请-审核制"实际上增大了申请者的竞争难度、提高了入学门槛。在录取总人数保持稳定的情况下,由于报名人数大幅增加,使得录取率降低,通过优中选优,选拔出真正有竞争力的国际生源,从而进一步提高本科国际学生的生源质量,并优化生源结构。此外,学校招生部门在"申请-审核制"实施过程中,严格执行各项改革预案,坚持宁缺毋滥的把关原则,切实保证提升国际学生的选拔效率。

(2) 建立推荐生制度

清华大学 2017 年国际学生招生的第二项制度改革是加强与优秀高中建立联系,建立推荐生制度,加强自主招生。学校目前已和国内外优秀高中签订了优秀生源推荐协议,包括国外 37 所合作高中、国内 22 所国际学校/重点高中国际部,合作学校共

---

① http://www.sohu.com/a/221409356_404874.

② http://www.sohu.com/a/221409356_404874.

提名推荐生 297 人；合作的国际知名中学包括美国 Groton school（格罗顿高中）、新加坡华侨中学、马来西亚吉隆坡坤成中学、韩国汉荣外国语高中等。

（3）"走出去"宣传清华

清华大学国际学生招生的第三项改革内容是通过 iTsinghua 学堂国外场和国外中学宣讲等形式，走出国门宣传清华。"走出去"宣传清华，是清华大学作为世界一流大学自信的体现，同时也彰显中国高等教育发展的自信。

2016 年 11 月 7 日，校长邱勇出席清华大学-马来西亚华文独立中学校长论坛，与到场的中学校长分享了自己对于教育的理解，清华大学为推动中国经济社会发展做出的重要贡献，以及在第二个百年发展中清华大学要更加创新、更加国际、更加人文的未来变革，并在最后向马来西亚优秀学子发出来清华学习的邀请。副校长杨斌也以"综合"为主题阐述了清华大学综合性大学定位、综合全面的育人理念、综合多样的学生群体、综合全面的学生素质等。招生办公室主任刘震详细介绍了 2017 年清华大学国际学生（本科）的招生新举措，与中学校长进行互动，包括建立校长论坛常态化机制、设置马来西亚清华面试点、邀请清华知名教授走进马来西亚独立中学开展 iTsinghua 学堂系列讲座、筹措专项奖学金等，加强双方合作与联系。副校长杨斌教授还在马来西亚坤成中学开讲《创新的人从哪里来》，标志着"iTsinghua 学堂——名师大家进中学"项目自启动以来首次走出国门，正式开启国际巡讲。

目前为止，清华大学已开展了 iTsinghua 学堂国外场 10 场、国外中学宣讲 37 场、国际教育展 16 场。宣传形式新颖独特，受到当地国际师生的欢迎与好评，效果显著。

2. 清华大学国际学生招生改革的具体内容（清华大学国际学生招生新模式——"金字塔"模式）

清华大学 2017 年开始实施国际学生招生新模式，主要包括前期准备、宣传推广、"申请-审核"、效果反馈以及未来发展等组成部分。各阶段、环节相辅相成、逐层递进、有机结合构成一个"金字塔型"的新型国际学生招生模式。

（1）前期准备

前期准备工作是国际学生招生的基础工作之一，主要包括制作修订招生简章、申请指南、宣传册等招生材料；新建国际学生（本科）申请系统，以及新建国际学生（本科）招生专题网页三个方面。

清华大学招生办公室大幅度修订并确定了《2017 年清华大学国际学生（本科）招生简章》及相关附件内容（中英文版），制作了《2017 年清华大学国际学生（本科）申请指南》宣传册（中英文版）、《2017 年清华大学国际学生（本科）项目申请常见问题解答》（中英文版）等资料；新建了国际学生（本科）申请系统，界面友好、中英文双语对照；实现了系统填写申请及上传证明材料，国际申请学生无须寄送纸版申请材料（面试或入学报到时查验原件）；新建了国际学生（本科）招生专题网页，内含清华大学概括、招生

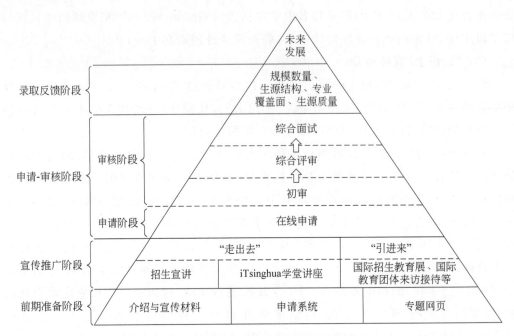

图2　清华大学国际学生招生"金字塔"模式

专业目录、院系介绍、专业介绍及培养方案,以及申请时间、中英文版招生简章、美术学院招生简章,中英文版申请指南、中英文版常见问题解答、宣传视频等。

(2)宣传推广——"走出去"与"引进来"相结合

清华大学国际学生招生新模式的另一项基础工作是宣传推广,主要包括以国外招生宣讲和iTsinghua学堂讲座为代表的"走出去"宣传,以及开办国际学生招生教育展、接待国际教育团体来访等"引进来"宣传两种形式。2017年,清华大学招生办公室在马来西亚、美国、韩国、泰国、日本等国家宣传推广2018年清华大学国际学生(本科)招生政策和方案。宣传形式包括:走访中学、宣讲招生政策、举办iTsinghua学堂国际巡讲、参加国际升学教育展、国外媒体刊登招生信息、接待来访学校时推广招生信息等。具体包括在马来西亚开展的16场招生宣讲(推广)活动和7场iTsinghua学堂讲座;在美国举办的7场招生宣讲(推广)活动;在韩国进行的7场招生宣讲(推广)活动;在印度尼西亚开展的6场招生宣讲(推广)活动,以及国际教育展、国际学校宣讲、国外中学师生访团接待等其他推广活动。2017年,清华大学还制作并发布了首个本科国际学生招生宣传片,宣传清华大学并推动国际学生本科招生工作。

(3)规范"申请-审核"工作流程

"申请-审核"阶段是清华大学国际学生招生中的关键核心环节,可以进一步划分为申请阶段和审核阶段两部分。申请阶段主要是三个批次的在线申请,审核阶段则包括初审、综合面试和综合评审三个环节。

初审开始之前,招生办公室充分准备综合评审和综合面试所需各种材料;完成材料初审工作之后,进入正式的审核阶段,包括综合评审和综合面试两个环节。综合评审环节中,抽签产生的专家组对申请者的汉语水平、外事资格等材料进行审核,合格者进入综合面试环节。综合面试环节中,面试评委与命题专家彼此独立,院系推荐、抽签产生的面试专家组对申请者进行半结构化面试考核。评审与面试全程各环节严格遵守预定方案与纪律,确保评审与面试的公平与效率。综合面试的开展形式与方式灵活多样,既包括国内面试,也包括设立专门的国际学生(本科)海外面试点,方便国际学生在本国就能够参加清华大学组织的综合面试。最终,清华大学对通过初审、综合评审和综合面试等层层选拔的优秀申请者发放录取通知,以及其他相关后续留学信息,完成整个招生录取环节。

3. 清华大学国际学生招生的改革效果

自 2017 年实施国际学生招生改革之后,清华大学国际学生招生在整体规模数量、生源地缘结构、生源专业结构与专业覆盖面、生源质量等方面取得了显著提高。数据描述性统计分析如下:

(1) 2016 年、2018 年国际学生规模与地缘结构分析

2016 年,拟录取人数为 286 人,来自 23 个国家;2017 年,拟录取人数 386 人,来自 37 个国家;2018 年,拟录取人数 392 人,来自 50 个国家。与 2016 年相比,2017 年、2018 年的拟录取人数有较大幅度的增长,整体规模保持稳定。

此外,国际学生招生改革以来,生源的国别覆盖率显著提高,打破了单一国籍学生人数占比高的局面,地缘结构呈现更加多样化发展的趋势。其中,马来西亚的国际学生拟录取所占比例 2018 年比 2017 年增加了约 7%,超过韩国成为国际学生招生第一大生源国。来自欧美和"一带一路"国家生源大幅增加:与 2016 年相比,"一带一路"国家拟录取人数 2017 年增长了近 2.6 倍,2018 年增长了约 2.7 倍;欧美国家人数 2017 年增长了约 1.8 倍,2018 年增长了近 3.8 倍。

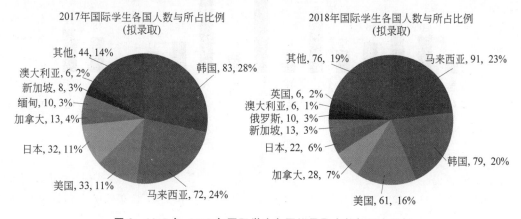

图 3　2017 年、2018 年国际学生各国拟录取人数与所占比例

图 4 2016—2018 年国际学生申请/拟录取人数及国别覆盖情况

（2）2017 年、2018 年国际学生专业结构与专业覆盖面分析

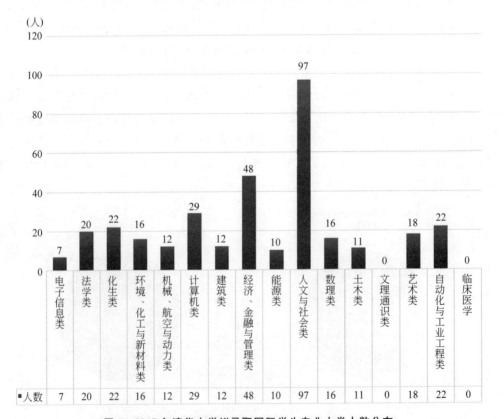

	电子信息类	法学类	化生类	环境、化工与新材料类	机械、航空与动力类	计算机类	建筑类	经济、金融与管理类	能源类	人文与社会类	数理类	土木类	文理通识类	艺术类	自动化与工业工程类	临床医学
■人数	7	20	22	16	12	29	12	48	10	97	16	11	0	18	22	0

图 5 2017 年清华大学拟录取国际学生专业大类人数分布

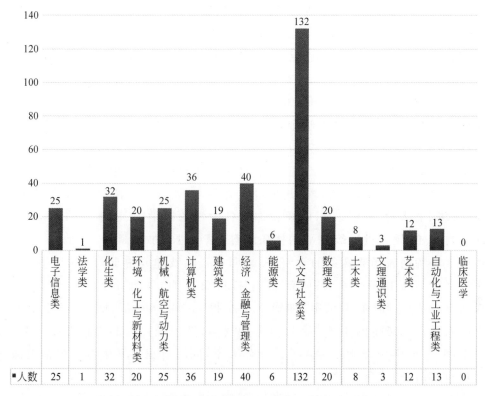

图 6　2018 年清华大学拟录取国际学生专业大类人数分布

	电子信息类	法学类	化生类	环境、化工与新材料类	机械、航空与动力类	计算机类	建筑类	经济、金融与管理类	能源类	人文与社会类	数理类	土木类	文理通识类	艺术类	自动化与工业工程类	临床医学
人数	25	1	32	20	25	36	19	40	6	132	20	8	3	12	13	0

清华大学 2017 年拟录取的国际学生主要集中在人文社会类和经济(97 人)、金融与管理类专业(48 人)两个大类,计算机类、化生类、自动化与工业工程类、法学类等专业吸引的国际学生人数也相对较多,其余学生不同数量分布于艺术类,环境、化工与新材料类,数理类,机械、航空与动力类、建筑类、土木类、能源类以及电子信息类等各类专业大类。

2018 年,清华大学拟录取国际学生的专业覆盖面进一步扩大、专业结构进一步优化。人文与社会类(132 人)依然是吸引国际学生的热门,文理通识类专业人数实现了零突破,除临床医学外其他 15 个专业大类均有国际学生分布。此外,与 2017 年相比,2018 年电子信息类和机械、航空与动力类专业的拟录取人数出现大幅度上升,建筑类、化生类、数理类、环境、化工与新材料类、计算机类专业热度也持续提升。总体来看,清华大学国际学生的专业覆盖面更为广泛、专业结构更为多样化,专业分布与"一带一路"等国家战略人才需求匹配度进一步提高。

(3)国际学生生源质量稳步提升

清华大学 2017 年国际学生招生改革后,国际学生的生源质量逐步提升。

在 2017 级新生中,还出现了优秀国际新生代表,比如毕业于美国著名私立中学格罗顿高中,选择清华大学经管学院的 Roan Henry Guinan(秦荣)、放弃卡耐基-梅隆大学计算机科学专业 Offer 成为第一个进入"姚班"学习的国际学生 Hubert YUAN（袁宾雨）。

在国家留学基金委、学校基金会、国际教育办、教务处、国际学生学者中心等部门的大力支持下，2017级本科国际新生共有159人获新生奖，奖学金覆盖率达到了46.8%（按照拟报到340人计算）。接近半数的国际录取新生获得新生奖学金，也从另一方面反映了清华大学国际学生招生质量的不断提升。

除优秀新生代表、新生奖学金获得者之外，国际知名中学生源也逐渐增多。例如，美国总统罗斯福的母校美国 Groton school（格罗顿高中），系一所8～12年级的顶级寄宿高中，学校治学严谨，艺术体育水平高；新加坡顶尖的自主学校新加坡华侨中学，升学率高达100%，其中最优秀的40%更是牛津、剑桥、美国常春藤盟校、清华、北大等一流大学，以及新加坡各大学的医学院、法学院与博学计划重点栽培的人才，凭其世界级水平的优质教育，赢得过新加坡素质奖，是第一所获颁新加坡素质特别表扬奖殊荣的学府；马来西亚吉隆坡坤成中学，在2017年公布的华文独立中学高中统一考试中，有10个科目获得100%及格率，在2017年公布的大马教育文凭（SPM）考试中，坤成学生获得13科100%及格率，学生获得7A以上的人数占总考生的40%（平均报考10科）；韩国最优秀的文科高中汉荣外国语高中，80%的学生都能够考入韩国知名大学，同时有很多学生考入包括美国、中国、新加坡等国外优秀大学。

从2016年改革以来，清华大学国际学生招生取得了一定的成绩，但未来还有许多需要进一步完善改进之处：继续优化生源结构，增加多样性；增加申请人数，进一步降低录取率，提高生源质量；协同本校国际研究生项目共同招生；加强对外宣传、通过招生提高清华的国际影响力等。具体措施包括提前各项工作的时间节点，启动"校友推广"计划，优化综合评审和综合面试环节，优化、增强在线评审、外事评审、交互功能等系统功能等。

进入新时代，清华大学已经开启全面推进综合改革，加快"双一流"建设的新征程，作为高等教育的一面旗帜，为实现"两个一百年"的奋斗目标、实现中华民族伟大复兴的中国梦，广育祖国和人民需要的各类人才。在新征程上，国际招生工作也将进一步提高招生质量、优化生源结构、探索现存问题解决路径、创新招生模式、提高国际学生招生能力与效率等方面审慎思考、充分准备、大胆创新，积极融入学校综合改革进程，为提升清华大学国际声誉和国际竞争力、高等教育国际化水平、建设全球顶尖大学，做出不懈努力，取得新的成绩！

参 考 文 献

[1] 简·奈特.激流中的高等教育[M].刘东风,陈巧云主译. 北京：北京大学出版社,2011.

[2] 张瑾.中美国际学生本科招生考试制度的比较研究[D].大连：大连理工大学,2017.

［3］ Knight，J. & Wit，H. Eds. 1997. Internationalization of Higher Education in Asia Pacific countries. Amsterdam：European Association for International Education.

［4］ Knight J. 2006. Internationalization of Higher Education：New Directions，New Challenges. Paris：International Association of Universities.

（作者单位：清华大学招生办公室）

深化科研合作全球战略，提升学术国际影响力

卢霄峻　周　丽　吕　磊　姜永镔　马　军

摘　要：自改革开放以来，清华大学的科研发展紧随国家对外开放的脚步，以建设世界一流大学为目标，不断完善学科布局，深化国际科研能力建设，逐步形成了秉承清华科研精神，具有清华科研发展特色的国际化科研发展模式。本文重点介绍在清华大学全球化战略的部署下，清华大学结合国家及学校发展需求，积极推动并组织实施的国际大科学与基地建设、国际一流大学自主科研合作计划、产学研合作三方面的实践和成果。

关键词：清华大学全球化战略；全球化科研；大科学；一流大学国际合作；产学合作

清华大学的全球化科研战略立足于加强现有优势学科的发展，寻求建立新的发展方向，弥补学科短板，拓展基础学科前沿，解决国际国内重大科研共性应用问题，提升学校在全球的学术声誉和影响力。2016 年，清华大学制定全球发展战略，其中全球研究开启了清华大学全球化科研合作的战略布局。工科以服务创新驱动发展战略为导向，加强具有突破性、颠覆性意义的重大技术研究和创新。理科以开展国际学术前沿研究为中心，汇聚高水平学者，加强国际合作与交流，取得有国际影响力的学术成果。文科弘扬"中西融会、古今贯通、文理渗透"。持续提升生命科学学科水平，加快医学学科建设。建立学科发展专家智库，完善学术决策机制。结合"中国制造 2025"和"一带一路"倡议等国家战略，加强重点领域的资源投入。经过多年持续的投入与发展，逐步形成了以大科学项目与国际科研合作基地建设、国际化战略科研合作伙伴网络培育和校企产学等多层次合作为核心的发展模式。

一、深度参与国际重大科研项目，打造核心国际科研合作平台

（一）着眼全球性科研问题，打造大科学研究能力

20 世纪初，随着科研问题复杂性的加深，单独科研人员为主导的分散式科研活动逐渐难以满足对重大科研问题的解决。以问题和目标为主导、多方合作、资源高度集中，具有严密组织规划的研究模式成为重大科研问题解决的必要形式，即"大科学项目"。20 世纪 90 年代，一方面随着冷战时代的结束，国际科技信息与科研人员的交流更加开放；另一方面众多重大问题的解决在资源、技术和人员上都难以由一个或少数几个国家承担，重大科研问题的高度复杂性和对问题解决的紧迫性需求使针对人类发展的重大共性科学问题在全球范围内开展广泛的有组织合作成为全球科研发展的重要趋势。大科学项目的发展也因此日趋国际化，所涉及的问题领域也更倾向于对全球或跨地区性问题的解决，或是对于物质世界基本认知和人类生存与发展问题的探索。这些变化使国际化逐步成为大科学项目发展的要素，同时也促进了"国际大科学"的发展。国际合作的趋势也使大科学项目的组织形式由原有的以单一政府为主导，转变为由政府、国际性机构、高校和研究机构乃至知名学者发起组织的多元化组织发起模式。但不论以何种方式发起，高校在大科学项目的发起、组织、实施过程中都发挥着至关重要的作用。21 世纪，随着全球各类信息与资源的高速互动与融合，发起、组织和实施全球性重大科研项目的能力逐渐成为高校科研能力及国际化水平的重要综合标志之一。这不仅要求高校在特定领域拥有全球认可的学术能力和声誉，更需要其具备高度前瞻性全球视野和国际化管理能力的领军性科研人才。面向这一趋势，清华大学在走向世界科研舞台的进程中以"积极参与全球性重大科研项目，深化重点科研平台国际化水平，逐步组织具有全球影响力的大科学项目"为目标，大力培育相关能力与人才，并取得了长足发展。2017 年清华大学入围全球高被引科学家121 位，占中国入榜科学家近半数，逐渐产生了诸多受到国际学术界高度认可的学术和科研发展领头人，为进一步布局大科学项目的发起组织奠定了良好的基础。

近年，清华大学共参与各类国际大科学项目近 20 项，其中包括：引力波观测、国际 30 米望远镜、外行星生命信号探测大型空间望远镜、ALEPH、RHIC、LHC/LHCb、Super Kamiokande、ITER、平方公里矩阵望远镜、联合全球卫星降水计划、国际人类胚胎干细胞系分析计划等。清华大学对项目的参与程度和在其中所发挥的作用也不断提升，由初期的与外方合作间接参与项目工作到可以通过优势科研和技术方案竞标获得主要任务工作包，逐步实现了由量变到质变的积累。2017 年，清华大学主导提案的"天河工程"和"油气管道"两项战略性国际科技创新合作重点专项获国家科技部批

准立项,标志着清华大学迈向国际大科学研究时代的正式开始。

(二)提升科研国际化水平,强化核心国际合作平台

在规划与实施科研发展战略的过程中,清华大学积极利用政府和国际资源,配合国家国际政治经济发展战略,强化现有科研平台的国际化建设。截至 2017 年年底,清华大学共获政府批建科研机构 155 个,其中国家研究中心 1 个,国家重点实验室 13 个,国家工程实验室 11 个,教育部重点实验室 17 个,北京市重点实验室 19 个;自主建设科研机构 120 个;与企业、高校、科研机构等校外独立法人联合建立科研机构 111 个。在上述研究机构中国家批建国际科技合作基地 7 个,北京市批建国际科技合作基地 12 个,获批启动建设教育部国际合作联合实验室 2 个,共占政府批建科研机构数量的 14%;与海外跨国公司、高校和科研机构成立校级及院系级联合研究中心 30 个,占联合共建科研机构 27%。其中在材料科学、新能源、先进制造、环境保护、智慧城市、汽车技术、国家战略政策等领域形成了一批学科发展方向明确、科研基础扎实、国际化合作程度高、国际影响显著的国际化科研平台。

1. 面向国家战略,开展国际化的产学研融合:中拉清洁能源与气候变化联合实验室

基于"金砖五国"国家外交政策框架,在中国和巴西政府的支持下,清华大学和巴西里约大学于 2010 年联合成立"清华大学中国-巴西气候变化与能源技术创新研究中心",后续受中国科技部的支持,以促进中国和拉美国家在清洁能源、气候变化和可持续发展及电动汽车等方面的稳定的机构性学术交流、人才培养、技术转移和产业合作为目标,清华大学于 2015 年 12 月在"清华大学中国-巴西气候变化与能源技术创新研究中心"前期工作基础上成立"中拉清洁能源与气候变化联合实验室"。实验室由清华大学牵头,联合清华东莞创新中心、启迪清洁能源集团、东莞理工学院、中兴通讯、广东清大智兴公司、巴西中国经济贸易促进会、巴西里约联邦大学、古巴甘蔗加工及综合利用研究所、秘鲁天主教大学等单位在北京清华大学本部和东莞设立北方基地和南方基地,在巴西、古巴和秘鲁分别成立办公室;由清华大学主导,各方协同合作,共同开展国际科研合作,推动技术转移,搭建了一个政产学研金各方广泛参与的合作交流平台,受到拉美国家政府及产学界的高度重视。其中,清华大学生物柴油相关先进生产技术通过研究中心在巴西积极开展技术转移和产业化工作。2012 年该项目在巴西里约大学建成中试示范项目,取得良好示范效果并获得两国科技部的高度关注,巴西科技部专项支持 280 万雷亚尔推动有关技术的转化工作。

2. 建言献策,打造国际科技合作战略智库:清华大学中俄战略合作联合研究所

2011 年,为响应莫斯科国立大学、俄罗斯科学院远东研究所、圣彼得堡国立技术大学和莫斯科国立交通大学四所著名院校的联合倡议,清华大学通过整合全校对俄

合作优势资源，组建"清华大学中俄战略合作联合研究所"，并于同年获批教育部国际合作基地。研究所作为校级跨院（系）研发机构，集成全校多学科专业人才、资源、信息和成果，形成面向对俄合作的整体综合优势，积极推动加强同俄罗斯相关领域知名机构及专家学者的合作与交流，促进两国之间相关科研资源的高效互动。通过多年合作实践工作推动自主创新能力的建设，开展有关中俄人文、科技领域的战略研究，逐步形成理论支撑体系。通过组织"俄国十月革命 100 周年学术论坛""中俄战略合作高峰论坛"等双边学术和政策交流活动为中俄两国的战略合作建言献策，成为支持学校和国家中俄合作的有效平台和得力智库。

在建设国际化科研合作平台促进学科和科研发展的同时，为促进科研成果面向社会服务和产业发展的有效转化，清华大学结合自身学科优势与地方政府及产业发展机构紧密合作，自 1996 年起先后在广东、北京、河北、福建、浙江、江苏、天津、安徽、山西、四川设立外派研究院 13 个，开展面向特定产业发展的科研与技术转化。2016年，在美国微软公司的支持下，清华大学与美国华盛顿大学在西雅图联合创办全球创新学院（GIX），开展面向跨学科交叉的创新科研人才的培养，使之成为清华大学首个海外实体教育科研发展平台。

通过长期不懈的对有组织、平台化的国际科研合作的投入，清华大学逐步锻炼培养了一批具有突出自主科研能力、享有高度国际认可的国际化科研团队，为清华大学进一步在国际科研舞台上发挥重要作用奠定了坚实的基础。

二、 从面向世界到走向世界——自主化国际科研发展

"要国家在国际间有独立自由平等的地位，必须中国的学术在国际间也有独立自由平等的地位"，清华大学改办大学后的首任校长罗家伦早在 1928 年便一针见血地指出，面向引领中国科教发展的责任，清华大学科研的舞台不应是一隅一国，而应是世界。秉承着这一理念，清华人在改革开放的 40 年中以学术包容的胸怀、放眼世界的格局、砥砺前行的实践不断向树立国际科研旗帜的目标迈进。2017 年实现全年科研经费达到 55.7 亿元人民币，涉外科研经费 4.7 亿元人民币，双双持续蝉联中国高校榜首。

（一）面向发展需求，积极转变发展模式

要想成为世界科研的领导力量，首先要了解世界科研的格局与发展前沿。改革初期，通过不断促进和支持师生参与国际学术交流与合作，清华大学打开了一扇扇面向国际科研高点的窗户，以孜孜渴求的心态积极地向国际一流大学和科研机构学习，了解并汇集国际科研信息和合作渠道，逐步建立了由点到面、由简单到前沿、由学术到产业的广泛且多层次的国际科研合作基础。"厚积薄发"的积累，使清华大学在 21

世纪渐渐步入国际科研舞台。这是清华人渴望已久的机遇。

但新的时代,信息、技术与资源在全球的快速流通,对清华大学科研的国际化发展提出了全新的挑战。迈出国门,走向世界,主动投入全球科研竞争,促进全球科研资源融合,实践引领全球科研的责任成为清华科研走向全球的新目标。这也使原有的广泛布点、遍地开花的国际科研合作模式渐渐不能满足清华大学在国际科研舞台上发力突破的需求。面向整合优势科研资源、突破重点学科领域、服务国家国际发展战略的需求,清华大学通过 2008 年教育部启动支持的自主科研计划开始进一步推进自主化的重点国际科研合作布局。

(二)面向全球学术前沿,多样化的发展战略合作伙伴网络

2008 年,基于服务海峡两岸的民间科技交流需求,清华大学启动了"两岸清华大学自主科研计划",与台湾新竹清华大学共同以联合科研基金的形式支持两校间的科研交流合作。清华大学先后投入约 1800 万元,支持两校联合项目 52 项,取得了丰富的合作成果,使之成为两岸科技交流的持续通道和典范案例。

2012 年和 2014 年,清华大学先后启动与美国普渡大学和加州大学伯克利分校的自主科研联合基金试点,在能源、材料、信息等领域开展定向科研合作支持,探索和实践与海外一流高校、科研机构、前沿学科建立有组织、成体量、具协力、可持续的国际科研合作的不同模式。通过不断摸索,逐步确立了"面向全球重点科研领域、兼顾双方科研发展需求、联合全球一流学科伙伴、合力赶超领先目标单位"的国际科研合作战略合作伙伴发展思路。

2017 年,清华大学正式实施"自主科研计划国际合作专项"计划,先后与澳大利亚新南威尔士大学、加拿大阿尔伯塔大学和滑铁卢大学、俄罗斯圣彼得堡帝国理工大学签署战略科研合作协议并启动联合科研基金(100 万元人民币/年/合作单位)。基于上述战略科研合作协议,清华大学在材料、能源、生命科学、环境、量子计算、航空、先进制造等自身重点发展和优势领域结合外方合作伙伴的特色资源和优势,以竞争性项目基金的方式支持具有前沿探索性的联合种子项目。其中先期启动的 23 项联合项目在不到 12 个月的时间内产生 SCI 联合发表论文 33 篇,联合专利申请 8 项的突出成果,并有效地促进了合作双方以科研合作为基础的学术、教学和人才交流。

实践证明,改革开放初期以自发随机、广泛投入、追求名校、被动接纳、外部资助为特点的国际合作模式在目前新时期的国际政治、经济和科技发展形势下,已不能满足国内领先高校进一步在国际科研领域寻求重要突破的需求。因此,集中内部资源,主动投入,匹配具有互补性的国际一流学科合作伙伴,量身体裁的设计和组织针对核心领域的国际科研合作网络,将是国内领先高校寻求国际化科研突破和学科国际化发展的有效途径。而在这一过程中,以特定学科优势和可协同性为主要标准选取战略科研合作伙伴的优势将明显高于原有单一追求合作高校综合声誉和排名的标准。

与同样具有强烈寻求发展突破诉求的国际一流学科单位合作，形成实质合作与协力，将有效避免原有追求与名校合作中经常出现的"剃头挑子一头热"的局面，使合作双方通过共同的积极投入，形成高产出的协同效应，使双方通过合作产生超越其他领先单位的可能性。而自主科研计划国际合作专项正是基于这一思路而开展战略科研合作伙伴网络的建设，并取得了突出的初步成果。

三、 携手全球领先企业，产学合作攀新高峰

校企合作是清华大学的一面旗帜，清华大学历任校领导都十分重视与企业开展科研合作，借鉴产业界的成熟技术、经验和理念，提升清华大学科研实力和学科水平，促进人才培养，实现与企业的互惠共赢。自20世纪八九十年代起，清华大学就积极推动与海外企业特别是世界500强企业的科研合作，经过近30年的耕耘与实践，与众多世界知名企业的长期紧密合作，已成为清华大学校企合作的特色和亮点。

近年来，在全球化浪潮的深刻影响下，科技全球化的程度不断加深。与此同时，跨国公司纷纷重新调整全球研发力量的布局，并对校企合作提出了新的需求和新的挑战。在此新形势下，清华大学认真总结过去二三十年的经验教训，积极践行国家创新促进发展战略，不断探索和实践与海外企业合作的新思路、新模式，重点推动具有旗舰意义的大项目，打造校企合作的重要平台。

近年来，在互相了解并逐渐建立互信互利关系的基础上，特别是随着清华大学科研实力和科研声誉的提升，清华大学与海外企业合作日益呈现出纵深化、前沿化和与产业需求紧密结合的新特点。其中，颇具代表性的是微电子所魏少军、刘雷波团队与英特尔公司合作开展的新型通用芯片战略项目。该项目深度融合了清华大学在可重构计算领域的专长和英特尔核心的X86架构技术，以在云计算、数据中心等商用领域实现可重构计算技术的大规模应用为目标，深入研发全球领先的服务器CPU技术，旨在大幅提升CPU芯片的能量效率，并有效增强CPU芯片的硬件安全性。该项目是英特尔公司在全球范围内首次与高校直接合作研发高性能服务器CPU芯片产品技术，突破了其以往从来不在核心芯片技术上与高校开展合作的惯例，充分体现了世界一流科技企业对清华大学研发实力的认可。

新型通用芯片战略项目启动后，英特尔组织了200余人的研发团队，其中一半以上为英特尔美国总部的研发人员，与清华大学微电子所团队直接合作。至2007年年底，双方已经基本完成了CPU芯片的设计与流片，并与联想公司在世界互联网大会上发布了基于该CPU芯片的高性能服务器原型样机。更值得一提的是，微电子所研发团队在该项目支持下已发表了30余篇优秀论文，申请了30余项专利，并撰写出版了1部著作，是通过国际合作提升科研水平和增强学科实力的典型案例之一。

清华大学与海外企业开展科研合作的传统模式包括单一项目合作、签署框架协

议、成立院系级或校级联合研究中心等,基本上是由企业提供经费,双方共同选择感兴趣的课题进行研究。但随着合作的逐渐深入,双方在新形势下均提出了新的需求:从学校角度,除项目合作外,更希望通过和海外企业的合作,挖掘和吸引高层次海外人才,进一步提升学校科研队伍的国际化水平;从企业角度,除借助学校研发力量外,也希望以和学校的合作为纽带,接触和整合更多资源,助力企业市场拓展和品牌提升。基于此,清华大学与海外企业合作伙伴共同进行了许多有益的探索和尝试,清华-西门子知识交流中心(Center of Knowledge Interchange,CKI)十年来的发展历程,就是一个十分具有代表性的案例。

清华-西门子 CKI 于 2008 年正式成立,迄今已有十年历史。CKI 是西门子公司与高校合作的最高级形式。目前,西门子在全球范围内仅与 8 所高校建立了 CKI 合作关系,其中清华大学是亚洲地区第一所也是唯一一所。十年来,在 CKI 的推动下,西门子和清华大学共同完成了近 200 个研发项目,取得了一批重要成果。特别值得一提的是,自 2015 年以来,通过积极探索和创新,双方合作呈现出以下新的特点:

一是**提出了"大学-企业-大学-政府(即 U-I-U-G)"的创新合作模式,打造具有国际影响力的合作平台**。2015 年年底,在德国"工业 4.0"和"中国制造 2025"的大背景下,清华大学与亚琛工业大学共同成立了"高端装备创新设计制造国际合作联合实验室",并通过了教育部的立项认证。而清华大学和亚琛工业大学又都与西门子建立了CKI 合作关系,在此基础上创新性地引入西门子作为该国际联合实验室的首个工业合作伙伴,充分利用三方资源和影响力,争取教育部的认定和最终支持,最终目标是打造在国内外均具有重要引领作用的、高度国际化的一流国际合作平台。

二是**进一步拓宽校企合作广度,推动西门子与清华大学地方院、派出院的合作**。2016 年,西门子在与工物系开展项目合作的基础上,积极探索与清华合肥公共安全研究院的合作机会,并于 2017 年与依托于合肥院的合肥泽众城市智能科技有限公司签订了战略合作协议,深度融合合肥院的城市生命线工程安全运行监测系统与西门子SIWA 水处理管理系统,为城市水安全领域提供全面安全与数字化技术创新解决方案。此外,西门子还与清华大学无锡应用技术研究院、苏州汽车研究院等开展了项目合作。

三是**积极引进西门子全球技术专家和国外大学教授到清华大学进行长期访问或担任客座教授**。2017 年,清华大学与西门子成立了"清华大学(机械系)-西门子先进工业机器人联合研究中心"。与传统的联合研究中心不同,该中心除了为双方开展项目合作提供平台外,还将由西门子推荐其全球技术专家或西门子 8 所 CKI 大学的教授,来清华大学进行长期访问或担任客座教授。2017 年年底,机械系已经聘请西门子前自动化产品与系统副总裁 Thomas Schott 担任客座教授。

改革开放四十年,是中国蓬勃发展走向世界的四十年,也是清华大学求实创新走向国际的四十年。秉承学术包容、放眼世界、拙朴实践的精神,努力推动国际化的科研创新，"顶天、立地、树人"的清华科研理念在这四十年中不断完善演进。面向未来，"顶天、立地、树人"将不仅意味着清华科研要比肩国际学术前沿，发力突破创新，服务于国家战略和社会需求，以科研实践培养具有高水平科研能力、严谨学术精神、服务于社会需求的科研和学术人才；更意味着清华科研将着眼于全球科研发展，面向关乎中国和人类命运的重大挑战，通过更完善的学科发展规划和学术决策机制，形成重大学术问题的发现、提出和研究启动机制，进而以中国科研发展的经验和模式服务于全球，以面向全球的科研视野打造敢于迎击全球科研发展挑战，敢于为天下争先，传承清华精神的国际性科研领军人才。

参 考 文 献

[1]　赵俊杰. 国外发起和参与大科学项目的相关情况研究[J]. 北京：全球科技经济瞭望,2017：13-20.

[2]　许为民,崔政,张立. 大科学计划与当代技术创新范式的转换[J]. 北京：科学与社会,2012：90-98.

[3]　张晓京. 罗家伦卷[M]. 北京：中国近代思想家文库,2015.

（作者单位：清华大学科研院海外部）

浅谈清华大学因公出国(境)派出区域分布

王洁璁　　王丽梅　　夏丰娜　　罗嵘　　郭松

摘　要：高等教育的职能要求建设现代化大学兼具文化传播,文化传播应秉承文化自信,"一带一路"倡议是对交流路径上的设计和建议,"双一流"建设要求清华大学向世界顶尖大学的目标奋进。在新的历史时刻,清华大学制定全球战略,全面提升学生的全球胜任力,兼容并包,清华大学的因公派出任务更加新颖和丰富,呈现多渠道、全方位、深度交叉的特点,通过整合国内外资源,实现信息共享,同时也体现了清华特色。

关键字：清华大学;全球战略;因公派出;区域分布

在全球化浪潮的发展背景下,国际化是高校服务国家战略的使命要求,尤其是在"一带一路"战略构想的指引下,加大国际学术交流与互动、传播中国文化、发出中国声音、汇聚中国精神、树立国家自信,是高校国际化发展之路的风向标,是树立国际声誉、促进和其他国家联动发展的重要途径。随着高校国际化进程的加快,高校国际合作与交流活动日益频繁,开始走向越来越广阔的国家和地区。

近年来清华大学国际化的脚步从未停止,并于 2016 年制定了《清华大学全球战略》,将建设世界顶尖大学确立为发展目标。在全球战略的影响下,清华大学因公出国(境)派出更加注重区域的平衡发展,涌现出一批类如印尼、加纳、印度等国家的"文化浸润"项目。本文将从因公出国区域的视角,浅谈在文化自信、"一带一路"倡议等国家战略及学校全球战略的指导下,清华大学因公出国(境)已经到达的区域范围、具有哪些特征以及新的发展趋势等问题。

一、 文化自信指引清华大学因公出国(境)任务走向世界各地

党的十八大召开以来,习近平同志反复强调文化自信是新环境下中国推动文化

发展大繁荣的方法和途径。党的十九大报告指出,坚定文化自信,推动社会主义文化繁荣兴盛。全球化不断发展的今天,除了经济、政治的全球化趋势愈加明显,文化的全球化也逐渐成为各个民族国家面对的新常态。[1]如果全球化离开文化自信,也必定偏离文化传播的方向。面对当前复杂的国际形势,尤其是西方霸权话语的挑战与冲击,更需要在全球化文化传播的过程中秉承文化自信。文化自信立足于文化自觉,是基于对自身文化的认同。文化自觉才能教育自觉,文化自信才能教育自信。[2]

作为党和国家重点支持的大学,清华大学一向重视文化建设,百余年来积淀了丰厚的文化底蕴。《清华大学文化建设"十三五"规划》围绕深入贯彻落实党的十八大和习近平总书记系列重要讲话精神,以坚持立德树人、坚持文化自信、坚持传承创新、坚持统筹协同为基本原则,提出"争取到2020年,显著提升清华精神在全社会的凝聚力、感召力,显著提升清华形象在海内外的影响力、传播力,显著提升底蕴深厚的清华文化与时代精神相结合的创造力、引导力"。秉承清华精神和清华文化,清华大学开展了多层面、多类型的文化交流合作,"走出去"的师生数量逐年增加。

清华师生足迹遍及五大洲104个国家和地区。自1978年以来,清华大学"走出去"的脚步从未停止;20世纪80年代,对外交往愈加频繁,对外派出呈现不断上升趋势;20世纪90年代清华与德国、美国等诸多国家开展的联合培养项目不断建立。进入2000年以来,清华的学生与教师对外合作项目呈现出蓬勃发展的局面,派出人数不断递增,交流范围不断扩大。2004—2007年,清华大学公派学生出国（境）数以平均每年24.5%的速度递增。2004—2007年,清华大学新签涉外科研合作项目数以平均每年30.5%的速度递增[3]。截至2017年年末,清华师生共前往五大洲104个国家和地区,主要目的地是从欧美国家逐渐分散至欧美和亚太地区。

从主要目的地国家和地区的变化来看,**赴美国数量最多且增幅大**（如图1所示）:2012—2016年,清华大学平均每年因公出国赴美3389人次,复合增长率①为13.4%。**赴亚太地区人数次于美国**:近五年赴日本和中国香港及中国台湾人数分别为1101人/年、849人/年和766人/年。**赴英国、德国人数增长速度快**:近五年清华平均每年赴英国、德国人数分别为580人、526人,复合增长率分别为16.5%、15.0%,人数较多且增长速度快。

自2016年开始前往国家和地区数量显著增长,新增国家主要集中于非洲国家和地区。图2显示了2010年以来因公出国（境）国家数量,2015年之前前往国家和地区数量均没有突破90个,自2016年开始目的地国家和地区数量显著增长。2016年清华大学师生共前往100个国家和地区,比2015年增加9个,同比增长8.7%。增加国

---

① 复合增长率是一定时期内的年度增长率,计算方法为总增长率百分比的 n 次方根,n 等于有关时期内的年数,计算公式:（现有人数/基础人数）^（1/年数）－1。

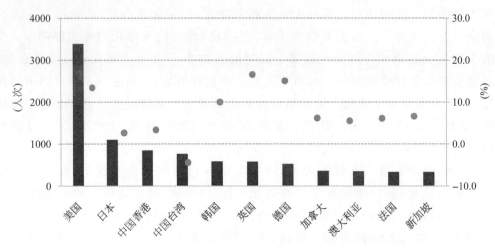

图1　2012—2016年清华大学年均出国(境)数量及复合增速

数据来源：清华大学统计年鉴。

家和地区主要集中在突尼斯、安哥拉、乌干达、埃塞俄比亚等非洲国家和地区。2017年出国(境)数量增加至104个,比2016年增长4.0%。

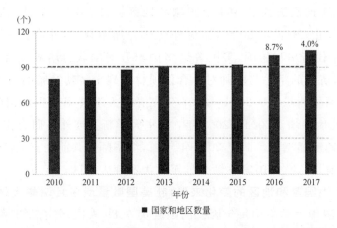

图2　2010—2017年清华大学因公出国(境)国家和地区数量

数据来源：清华大学统计年鉴。

　　前往美国、日本和中国香港的数量居前且稳定。从图3中2014—2016年清华大学出国人数前20国家和地区看,前往美国、日本和中国香港的人数最多,其次是英国、韩国、德国和中国台湾等国家及地区。但是,清华大学因公派出至巴西、印度等新兴经济体的数量很少,与居于前三位的美国、日本和中国香港差距很大。但是2015年因公派出至印度的人数是84人,受全球化战略影响,新的交流和访问项目涌现,2016年较2015年有所上升,因公派出人数为111人。2017年因公派往巴西的人数为56人,不在前20个国家(地区)内。

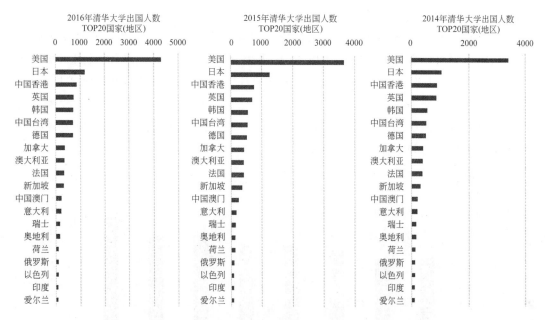

图3 2014—2016 年清华大学因公出国(境)人数前 20 个国家和地区

数据来源:清华大学统计年鉴。

二、"一带一路"国家倡议使清华大学因公出国(境)任务更加多元和人文

"一带一路"是"丝绸之路经济带"和"21 世纪海上丝绸之路"的简称,2013 年 9 月和 10 月由中国国家主席习近平分别提出建设"新丝绸之路经济带"和"21 世纪海上丝绸之路"的战略构想。2015 年 3 月 28 日,国家发展改革委、外交部、商务部联合发布了《推动共建丝绸之路经济带和 21 世纪海上丝绸之路的愿景与行动》。2016 年 7 月,教育部印发了《推进共建"一带一路"教育行动》,对教育事业的国际交流与合作提出了要求。

清华大学积极响应国家号召,在"一带一路"框架下,积极开展国际交流与合作,扩大对外开放,扩展与"一带一路"地区高校的交流与合作,服务于国家"教育对外开放"和"一带一路"倡议。清华大学承担起更多服务国家发展的责任,主动加强与"一带一路"沿线国家的交流与合作,为培养学生的全球视野及全球胜任力提供更广阔的平台的全球南方文化浸润系列项目将学生派往至印度、印度尼西亚、阿根廷和埃及等国家。

清华大学师生前往"一带一路"沿线国家进行交流合作的范围广泛。2017 年清华因公出国足迹已延伸至 47 个"一带一路"沿线国家,主要前往国家和地区有新加坡、俄罗斯、以色列、泰国、马来西亚、印度、印尼,相比 2016 年新增国家有马其顿、黑山、老挝、白俄罗斯、乌克兰、文莱、巴勒斯坦、阿塞拜疆、阿曼,主要新增国家分布于中东欧

16 国和独联体 7 国。

　　与"一带一路"沿线国家交流日益频繁且已成为清华大学交流合作的重要组成部分。从图 4 中可以看出,自 2014 年以来,清华大学师生赴"一带一路"沿线国家和地区人次均在 1 000 人次以上。2017 年清华大学前往"一带一路"沿线国家和地区共 1 593人次,比 2016 年增加 310 人。从占比来看,清华大学师生前往"一带一路"沿线国家人次占总出国(境)人次的 11.4%,由此可见,与"一带一路"沿线国家地区的交流合作已经成为清华大学对外交流的重要组成部分。

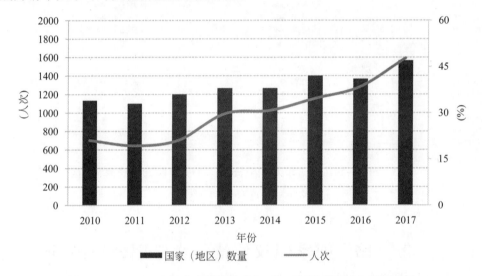

图 4　2010—2017 年清华大学因公赴"一带一路"沿线国家和地区数量
数据来源:清华大学统计年鉴。

　　"一带一路"沿线国家和地区交往频繁但不平均。从图 5 中 2017 年清华大学赴"一带一路"沿线国家和地区占比来看,前往中东欧国家和西亚国家最频繁,分别占"一带一路"沿线国家的 28% 和 23%,其次是东盟国家,占 21%,但是中亚和南亚地区涉及较少。

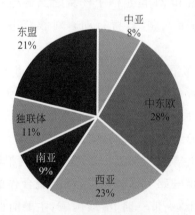

图 5　2017 年清华大学赴"一带一路"沿线国家和地区占比

三、"双一流"建设要求清华大学因公出国(境)任务向高端拓展

2015 年 8 月 18 日,中央全面深化改革领导小组会议审议通过《统筹推进世界一流大学和一流学科建设总体方案》并于同年 11 月由国务院印发,决定统筹推进建设世界一流大学和一流学科;2017 年 1 月,经国务院同意,教育部、财政部、国家发展改革委印发《统筹推进世界一流大学和一流学科建设实施办法(暂行)》。2017 年是《统筹推进世界一流大学和一流学科建设实施办法》("双一流"建设)的开局之年。在全国高校思想政治工作会议上,习近平总书记指出:"我国高等教育肩负着培养德智体美全面发展的社会主义事业建设者和接班人。"2017 年 10 月 18 日,习近平同志在党的十九大报告中指出,要加快一流大学和一流学科建设。国家将全面提升我国高等教育在人才培养、科学技术、社会服务、文化传承创新和国际交流合作中的综合实力。[4]

值"双一流"建设之际,清华大学制定实施全球战略,倡导价值塑造、能力培养、知识传授"三位一体"的培养模式,提升学生的全球胜任力,向世界一流大学迈进。近年来,清华大学建立苏世民书院,以培养了解中国的未来世界领导者;推动成立亚洲大学联盟,共同谋划亚洲高等教育的未来。清华大学校长邱勇提出关于教育理念和模式,不能只有美国模式和哈佛理念,要发出中国乃至亚洲的声音[5]。2017 年 2 月,清华大学与米兰理工大学合作成立建设了中意设计创新基地,这是清华大学在欧洲设立的首个教育科研基地。2015 年 6 月,清华全球创新学院在美国华盛顿州西雅图成立,这是清华大学在美国设立的第一个实体校区和国际合作教育科研平台,致力于探索和创新研究生培养模式,培养具有全球胜任力的高水平人才。

近年来清华大学与世界顶尖大学的交流日益频繁。以清华大学师生赴 QS 世界综合大学排名前 10 名大学为例,2015 年,清华大学赴 QS 世界排名前 10 名大学共592 人,前往前 10 名学校的人数较为均衡。2016 年往前 10 名学校总人数达 698 人,比 2015 年增长 17.9%,其中前往麻省理工学院的数量显著增加,达 159 人,比 2015 年几乎翻倍;斯坦福大学人数保持高位,为 124 人。2017 年往前 10 名学校总人数达 872人,比 2016 年增长 24.9%。其中,麻省理工学院、斯坦福大学、哈佛大学、牛津大学的人数共计 614 人,而 2017 年赴前 10 名大学总人数为 872 人,上述 4 个学校的交流访问人数占 2017 年 QS 世界综合大学排名前 10 名大学总人数的 70%。

表 1 清华大学师生赴 QS 世界综合大学排名前 10 名大学数量

2015 年		2016 年		2017 年	
学校名称	人数(人)	学校名称	人数(人)	学校名称	人数(人)
麻省理工学院	82	麻省理工学院	159	麻省理工学院	170

续表

2015 年		2016 年		2017 年	
学校名称	人数(人)	学校名称	人数(人)	学校名称	人数(人)
剑桥大学	42	哈佛大学	104	斯坦福大学	158
帝国理工学院	77	剑桥大学	52	哈佛大学	132
哈佛大学	88	斯坦福大学	124	剑桥大学	50
牛津大学	73	加州理工学院	14	加州理工学院	17
伦敦大学学院	33	牛津大学	94	牛津大学	154
斯坦福大学	128	伦敦大学学院	53	伦敦大学学院	69
加州理工学院	18	帝国理工学院	60	苏黎世联邦理工学院	39
普林斯顿大学	18	苏黎世联邦理工学院	12	帝国理工学院	58
耶鲁大学	33	芝加哥大学	26	芝加哥大学	25
总计	592	总计	698	总计	872

注:2015—2016 年数据仅含短期(180 天以内)数据,2017 年数据为全部出国数据。

　　清华大学发起或加入联盟提高整体地位和国际影响,迈向世界中心。针对高等教育激烈的竞争环境,在竞争中求合作、以共生谋发展是现代大学发展的趋势,清华大学在世界一流大学各种联盟共生机制中不断探索,在加入顶尖联盟的同时,也致力于发出清华的声音,为建设世界一流大学提供有效支撑。清华大学发起的"大学联盟"也并不是美国"常春藤联盟""英国罗素集团"等顶尖高校联盟的复制,清华大学作为发起单位成立"亚洲大学联盟",共同研究亚洲高等教育面临的问题。清华大学发起的"中英高等教育人文联盟",体现了清华大学重视人文交流,在人才培养中重视人文关怀的理念。清华大学作为发起单位加入世界名校足球联盟,是致力于发展和推动世界各国青少年体育、文化和科技交流。清华大学将成立的"世界一流大学气候变化联盟",旨在充分发挥一流大学在应对全球气候变化中的引领作用,培养学生思考人类面对的共同问题。

表 2　部分清华大学发起或加入的全球范围联盟

联 盟 名 称	成员单位数量(个)	联 盟 名 称	成员单位数量(个)
中英高等教育人文联盟	12	亚洲大学联盟	15
国际设计艺术院校联盟	80 余	环太平洋大学联盟	48
低碳能源大学联盟	3	全球高管教育联盟	近 100
国际工程全球联盟	30 余	世界名校足球联盟	12

数据来源:清华大学网站。

四、 全球战略使清华大学因公出国(境)任务扩散至学校建设的方方面面

　　当今世界综合国力的竞争归根结底还是人才的竞争,清华大学积极贯彻国家政策,多渠道、全方位的开展国际交流与合作,向办好世界一流大学奋进,为国家发展和民族振兴做出贡献。在响应"一带一路"倡议和建设"双一流"大学的时代背景下,清华大学抓住历史机遇,勇于面对竞争与挑战,将建设世界顶尖大学确立为发展目标,于2016年提出《清华大学全球战略》,提升全面的国际化水平,服务于国家,贡献于世界。

　　清华大学副校长施一公提出随着全球战略的制定与全面实施,国际化不再是孤立的、依托某一个部门能够完成的事情,而是与人才培养、科学研究以及学校方方面面的工作融为一体,协同发展。[6]

　　全球化不是简单的移植,清华大学独创了多种项目,推动中国学生走向世界。 目前,清华大学已与全球279所高校签署校际合作协议,与136所知名学校签署校级学生交换协议,有海外访学经历的博士生逾60%。通过设立专项计划,通过项目向海外派出,促进学生的学术创新、海外研修和实习实践。"星火计划"自2007年成立以来培养了505名学员,2017年共派出47人。近5年,"闯世界"本科生海外研修支持计划累计支持1387人走向世界各地进行学术交流。2017年春季,学校推出面向家庭经济困难学生提供海外交流支持的"鸿雁计划",支持74名学子踏出国门。2017年"大学生学术研究推进计划""TIE创业实训计划"等进一步搭建出国平台,分别支持130人、54人出国学习与实践。总的来看,学校因公派出办公室为上述项目在海外顺利进行

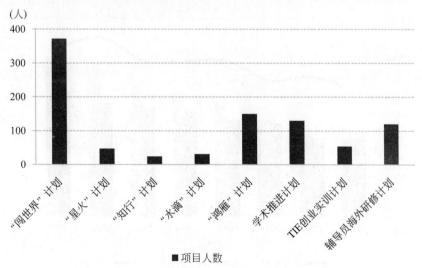

图6　2017年清华大学部分项目出访数量
数据来源:清华大学info系统。

提供了支撑和帮助,助力了清华学子飞得更高,看得更远。

全球化建设涉及学校方方面面,清华大学做出了积极探索。 2018 年 2 月,首期"国际学生辅导员及行政管理国际化能力提升计划"将 20 名国际学生辅导员和来自后勤、学生处及国际处的 11 名行政管理人员派往新加坡国立大学、南洋理工大学及马来西亚马来亚大学开展研修交流活动,旨在探索行政管理人员的全球化。

因公出国目的地范围逐渐扩散。 从前往国家的集中度来看,2012 年以来出国人次前 20 国家和地区占比逐渐降低,2012 年占比为 90.9%,2017 年占比逐年降低至88.1%,这意味着出国区域人次逐渐扩散至更多的国家和地区。

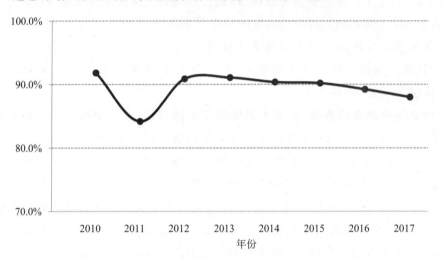

图 7 2010—2017 清华大学因公出国人次 TOP20 国家和地区占比

数据来源:清华大学统计年鉴。

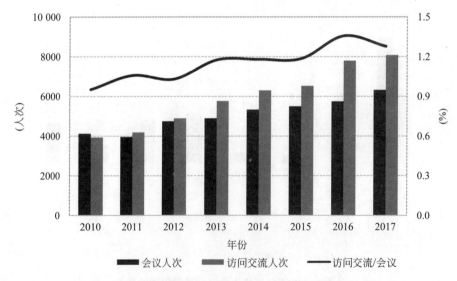

图 8 2010 年以来清华大学参加会议和访问交流数量对比

数据来源:清华大学统计年鉴。

　　清华大学因公派出任务主动出击趋势明显。清华大学创建伊始就秉持着国际化的理念,国际化战略也经历了从被动到主动,从派出请进到"请进来"与"走出去"相结合,到目前主动出击、勇于进取并且作为独立与平等的主体,放眼全球、面向世界,致力于引领的全球化战略。从2010年以来"参加会议"和"访问交流"的对比情况来看,"访问交流"在总体出访任务中的占比由2010年的48.8%上升至2017年的56.1%。"访问交流"与"参加会议"的比值也逐年上升,由2010年的1.0上升至2017年的1.3。可见,清华大学外出交流相对于会议来说,增长速度更快,向外"走出去"的主动性逐步增强。

五、　全球战略下对因公出国(境)派出任务展望

(一)丰富、新颖、全方位、多样化的因公派出项目助力全球胜任力的培养

　　全球化仅仅是手段,提高学校,提高学生的核心竞争力才是目的。培养"全球胜任力",即在国际与多元文化环境中有效学习、工作和与人相处的能力。清华大学致力于迈向世界一流,也意味着要承担起更多服务国家发展的责任。培养具有全球胜任力的学生,志于奉献国家发展和人类进步,也必将把全球公共责任付之于己任,心系关系全球和人类发展的共同问题。全球化多元化环境下培养的能力,需要更多丰富、新颖、全方位的项目助力,前面的分析可以看出,清华大学的因公派出任务较多集中在学术,虽然也有一部分文化浸润项目,但在学生和教师较大的基数面前,依然是杯水车薪。清华大学在学校建设的方方面面开展全球化的探索,已经涌现了部分项目,但是涉及面依然较窄,全球化建设应多多发挥自下而上的力量,鼓励师生都参与到全球化的进程中,全球化也应惠及学校的方方面面。

(二)因公派出任务面向全球、深度交叉的全球研究与合作

　　在培养全球研究、合作方面,清华大学的因公派出项目和任务可以在保持与欧美国家强强联合的基础上,多开展跨学科、跨领域合作,且进一步深度交流,纵横发展,融合且包容。因公任务不仅应注重深挖已有优势的基础科学、技术、工程等学科领域合作,还应注重国际社会当前共同面临的重大难题,在创新创业、社会服务和文化传播方面全方位地安排因公派出任务。从上文中的地区分布图上可以看出,全球地区的交流与合作的分布是不平均的,尤其是与具有悠久文明的新兴经济体之间的交流刚刚开始。

(三)体现清华特色,提高全球声誉,整合国内外资源,实现资源信息共享的因公派出任务

　　全球化战略不仅仅是追求业务导向,满足对外交流工作,也不仅仅是局限于建立

合作机制,而是要在深切了解本校特点的基础上,全面整合国内外资源,面向全球各个地区。国外机构与国内机构统一协调成网络,各种资源共享。因公派出任务不应该是复制和移植他国的成品,应体现中国特色和清华大学特色,为人类发展贡献清华智慧,超越东西方差异,站在文化自信的高度,将清华大学独具风采的教育理念和中国文化传播到世界各处。

六、 结语

习近平总书记指出:"没有高度的文化自信,没有文化的繁荣兴盛,就没有中华民族伟大复兴。"从文化自觉到文化自信,不仅使我们对中国特色社会主义文化有了更深刻的认识,而且进一步坚定了我们实现中华民族伟大复兴的决心、信心,是中华文化发展的重要路径。[7]

全球化的时代,全世界是一个利益共同体,我们都面对共同的全球问题,无论是响应国家"一带一路"倡议,还是迈向世界一流大学的建设,都是清华大学与世界各地区大学实现交流与合作的纽带和形式,是对未来教育的思考。

费孝通先生说"各美其美,美人之美,美美与共,天下大同"。秉持着文化自信的态度,怀揣着美美大同的理想,参与清华大学的因公派出项目和任务的师生必将在世界各种文化融合的过程中传播独具风采的清华风格。

参 考 文 献

[1] 王卫兵.全球化语境下的文化自信:缘起、问题、出路[J].长白学刊,2017(3):139-147.

[2] 刘涛.聚焦教育发展战略系列评论之三,教育改革要坚持文化自信[N].中国教育报. 2017-03-11.

[3] 袁本涛.潘一林.高等教育国际化与世界一流大学建设:清华大学的案例[J].高等教育研究,2009(9):23-28.

[4] 王荣. 李联明."双一流"建设重在立德树人[J].清华大学教育研究,2017(5):106-109.

[5] 清华校长邱勇:以全球视野建设"双一流"[EB/OL]. http://news. tsinghua. edu. cn/publish/thunews/10303/2017/20171204191801606534733/20171204191801606534733_. html.

[6] 2017 年推动实施清华大学全球战略研讨会召开[EB/OL]. http://news. tsinghua. edu. cn/publish/thunews/10303/2017/20171214090438201332222/20171214090438201332222_. html.

[7] 从文化自觉到文化自信[EB/OL]. http://www. wenming. cn/ll_pd/whjs/201711/t20171129_4506001. shtml.

(作者单位:清华大学国际合作与交流处)

中国技术进出口管制研究

谢 畛 马 军

摘 要：伴随着日益加深的全球经济一体化进程,科技全球化的趋势亦逐步加深,世界各国纷纷投入跨国科技合作的浪潮中。习近平总书记更是在党的十九大报告中明确描绘了"全球战略"的新蓝图。基于建设法治和创新型国家的需要,技术进出口作为科技全球化中的一个重要部分,在全球科技发展中具有重要的作用。纵观全球,各国技术进出口管制的法律框架也应运而生。本文重点研究了中国技术进出口管制的发展历程与现状,以及高位阶专业性法律欠缺,管制主体职能重复等突出问题。并对如何完善中国技术进出口管制的法律框架提出了建议和思考。

关键词：中国技术进出口管制；法律框架；管理机制完善

21 世纪以来,随着世界形势的发展变化,技术贸易在世界经济发展中的地位不断提高。与此同时,我国也越来越重视技术进出口的发展,通过设立多个技术转移中心鼓励跨国技术转移。① 据统计,我国的高新技术出口额自 2000 年后一直处于稳步增长状态,至 2014 年,该数额更是创新高 6 604.90 亿美元。高新技术的进口额和出口额有相似的变化趋势,其年均复合增长率为 16.97%②。

全球化时代的技术进出口,常常会成为影响综合国力角逐的关键因素,甚至决定着一个国家在国际上的地位。因此,各国皆精研覃思,不断根据本国技术和社会的发展出台新方案,以求对技术进出口实行更有效的管控,从而提升本国的科技和经济实力。世界各国的历史地位和发展现状各异,因此技术进出口管制政策自然不同。但无一例外,在推行技术进出口政策前,各国都是以其最切实、最迫切的需求为现实目

---

① 2016 年全国技术市场合同成交额突破万亿美元_莞讯网, http://www.guannews.com/xinwen/84058.html,最后访问于 2018 年 3 月 13 日。

② 根据《中国统计年鉴》数据库 2000—2014 年数据统计所得,中华人民共和国国家统计局,中国统计年鉴,http://www.stats.gov.cn/tjsj/ndsj/。最后访问于 2018 年 2 月 1 日。

标。有以扶植民族企业为诉求,有以维护国家安全为目标,有借科技之战,进一步夯实其大国地位。

2002年我国颁布并实施的《中华人民共和国技术进出口管理条例》(以下简称《技术进出口管理条例》),对中国技术进出口提供了重要的管理依据。但在该条例实施过程中,亦出现诸多问题。如不够全面深入,缺乏可操作性,这在一定程度上落后于科技的发展。其于法律适用和执行层面的可行性,也逐渐引发了一系列的争议和思考。可以说,在技术进出口管制制度中所暴露的问题,已经成为企业、高校、研究机构等技术进出口主体所关注的焦点,这在一定程度上对引进国外先进技术和输出我国自主技术都产生了不利影响。

本研究基于对企业、高校等技术进出口主体的调研,搜集和整理相关案例,抽取出关键问题,探讨目前我国技术进出口管制制度中需要改进的方面。同时,也将结合对国外技术进出口管制制度的比较研究,从最新的理论与实践出发,就如何完善法律制度、强化行政举措,提出一系列建设性意见。

一、 概念

"技术进出口"的概念:在中国官方文件的定义中,技术进出口属于技术转移的一种。所以在研究"技术进出口"之前,我们必须先厘清"技术转移"这一概念。然而,在目前各类学者的文章、著作中,"技术转移"还未被确定出明确、统一、权威的定义。本文将采用《技术进出口管理条例》中的表述,即"技术进出口"是指从中华人民共和国境外向中华人民共和国境内,或者从中华人民共和国境内向中华人民共和国境外,通过贸易、投资或者经济技术合作的方式转移技术的行为。这些行为包括专利权转让、专利申请权转让、专利实施许可、技术秘密转让、技术服务和其他方式的技术转移等。

除此之外,关于"技术进出口"中"技术"一词的含义,历来也众口不一。美国出口管制法中的规定就要宽泛于中国。关于这一问题的讨论,本文将在后文中详细展开。

"管制"的概念:在中国,管制源于对英语中"regulation"一词的翻译,但目前对此还未形成一个权威、统一的定义。"管制"按其主体区别,划分为"政府管制"以及"非政府管制"。本文研究对象为政府管制。在本文的研究中,"政府管制"可以理解为:"政府作为管制主体,基于公共利益或者其他目的,依据既有规则,对被管制者的活动进行管理和规制的行为。"

二、 管制目标

本文将就一国在技术进出口管制中要实现的政治、经济、科技、国防、环境五大目标,分别予以论述。通过对这五大目标不同诉求的阐释,为我国进出口管制的前进方向做出些许指引。

（一）政治目标

所谓"政治目标"，即各个国家基于其不同时期在国际上所处的地位，以及所规划的政治战略目标，所进行的对进出口管制政策的调整。例如美国，就是基于其在不同时期政治对手及策略的变化，而相应地放松或加强技术进出口管制，以保持其霸主地位，抗衡列国竞争者。

（二）经济目标

在西方经济发展中，为了调控市场，即应对"经济目标"，政府管制举措产生并相应完善，目的是让市场更有效运行，确保市场运行规范、有序，于是才采用"有形的手"进行市场调控。而当代，在全球经济竞争激烈的形势下，各国对于贸易顺逆差以及年度外贸总额越发关注，争相出台各种对策，以应对经济体排名榜上的厮杀。

（三）科技目标

如今，科技实力已成为各国提高国力、竞争力的一个重要权衡项。因此，如何提高科技发展潜力与创新驱动力，便成为举国关注的焦点。一直以来，美国等国对于高精尖的技术把控严格，一般不予出口。而有关技术出口的规定更是名目繁多，从源头上就对技术进出口定义宽泛，这使得其管制所延伸的范围可轻易到达国外领域。一般而言，技术出口国常为发达国家，他们把管控的核心枢纽放置于技术不被侵权、模仿或者改造利用上。而技术的引进国往往在诸多方面处于劣势。它们或为技术短缺，或因研发时间较长，无法迅速取得有效成果，从而决定选择技术上的进口。这往往能令发展中国家以最少的时间获取最显著的成效。但与此同时，科技侵权与流失便难以杜绝。从中可以看到，技术进出口事关一国科技发展命脉，对技术的引进、吸收与利用，更是关乎以后的再创新。

（四）国防目标

一个国家的安全稳定需要强大的保护措施，而有些技术——如核能源研制技术等具有大规模杀伤性能的技术设备，会对国家安全产生重大的威胁。这种性命攸关的危险隐患，也是目前美国、欧盟、中国在禁止和限制出口技术上严加管控、绝不松懈的原因之一。

（五）环境目标

随着人类社会的发展，环境问题已然引起越来越多国家的重视。各国为了环境保护也相应出台了不同的技术管制措施，有利于国家/地区环保的技术则鼓励引进，而对生态环境存有隐患、危害的技术,则被限制或禁止。

综上,我们不难发现技术进出口管制在不同时期由于各国国情、政策的不同,管制的目标、重点也有所不同。技术管制的目标,围绕政治定位、贸易发展、科技创新、国家安全、环境保护等诸多层次展开。它关乎国家综合实力和国际竞争力的保持与提升,也在顺应国际形势中不断调整和变换。

三、 管制的发展历程及现状

(一)管制的发展历程

中国技术进出口管制法规的发展历程如下:

1985年,中国制定颁布《中华人民共和国技术引进合同管理条例》(现失效)。随着我国经济改革步伐的不断深入,包含技术在内的进出口贸易越来越受到国家的重视。以1994年出台的《中华人民共和国对外贸易法》为标志,中国开始加强出口管制体系建设,逐步建立起涵盖核、生物、化学、导弹等敏感物项、技术,以及所有军品的完备的出口管制法规体系。

2001年,中国正式加入WTO,成为世界贸易组织成员。为了在制度上与WTO接轨,适应、融入贸易全球化的趋势,中国政府着力修改相关贸易法规,简化行政审批程序。2002年出台《中华人民共和国技术进出口管理条例》,标志着中国技术进出口管制步入正轨,2005年,《两用物项和技术进出口许可证管理办法》这一重要文件诞生,意味着中国对于两用物项、技术进出口的管理进入了一个崭新的阶段。此后,商务部几乎每年都会对《两用物项和技术进出口许可证管理目录》进行调整,并对修正案进行及时公布。

2012年,国家对进出口贸易管制政策做了新一轮调整。此次调整共涉及13个部委联合公告和15个进出口监管证件管理目录。至此,技术进出口已经成为国家制定政策所关注的一个重点。

2012—2015年期间,中国在核、生物、化学、导弹等各个领域的出口管制法规上都做了重大改动——全部采取国际通行的"最终用户"和"最终用途"保证制度、许可证制度、清单控制方法和全面控制原则。从此,中国在法规的管制范围上正式实现了与国际接轨的目标。2016年,商务部、海关总署发布2016年第87号公告《发布〈两用物项和技术进出口许可证管理目录〉》,在这一文件中,部分清单内容已被取代。

为进一步规范出口管制制度,目前,商务部正对其所拟《中华人民共和国出口管理法草案(征求意见稿)》公开征求意见。这一草案规定了科学完备的管制清单制度,确立了全面、严谨的许可管理模式;增加了出口管制违法行为的种类。要求无证出口等违法行为必须承担相应法律责任,并提高了对一系列违法行为的处罚力度。

综上所述,中国经济发展日新月异,国情与国际局势新况迭出,在此转型与变革的关口,将不断制定、调整新的技术进出口管制策略。

(二) 管制现状

1. 法律框架

在中国,技术进出口管制的相应规定可根据管辖范围区分为国际法和国内法两个体系。其中,国际法指的是适用主权国家之间,以及其他国际行为主体之间的法律规则的总体。国际条约、国际公约均属于中国作为国际法主体,参与国际事务所签订的协议,属于国际法渊源,中国的签署表示其接受条约的约定,并履行相应的义务。国际条约在中国境内基本可以直接适用,无须转化。而中国的国内法,则以全国性范围适用为前提,主要分为三类,包括:(1)狭义法律,需要通过全国人民代表大会或者全国人民代表大会常务委员会二分之一以上的成员表决通过,如《中华人民共和国对外贸易法》;(2)行政法规,由国务院领导,遵循宪法和法律,并且按照《行政法规制定程序条例》的规定而制定的政治、经济、教育、科技、文化、外事等各类法规的总称,如《中华人民共和国技术进出口管理条例》(2002),《中华人民共和国导弹及相关物项和技术出口管制条例》(2002),《中华人民共和国核两用品及相关技术出口管制条例》(2007);(3)部门规章,即由国务院各部、委和直属机构,根据法律和国务院的行政法规、决定、命令,在本部门的权限范围内制定的规章,如《有关化学品及相关设备和技术出口管制办法》(2002),《中华人民共和国敏感物项和技术出口经营登记管理办法》(2002),《两用物项和技术进出口许可证管理办法》(2005),《两用物项和技术出口通用许可管理办法》(2009),《技术进出口合同登记管理办法》(2009),《禁止进口限制进口技术管理办法》(2009),《禁止出口限制出口技术管理办法》(2009)。

除了上述对技术进出口管制一事发挥着最具效力的法律法规之外,我国还相应设置了一系列全方位、多层次、宽领域的管理体系。其中包括税法、外汇管理类法规,甚至刑法也在实际执行过程中发挥了辅助作用。与此同时,中国各省、自治区、直辖市也会制定地方性法规等文件,对该问题进行因事制宜地管理。

总体而言,"政府管制"这一举措的涵盖面是极为广泛的。政治、经济、文化、科技、国防、环境、资源等各个层次、种类的问题,都可给以囊括。由于横跨的领域众多,因此,"政府管制"也与政治制衡、意识形态、国际竞争力、国防安全等国际社会重要元素密切相关。而作为大类中的"子类",技术进出口管制亦具备上述特质与影响力。

2. 管制机构

目前,我国的进出口管制系统采取的是专门管制和协同管制相结合的模式。该模式涉及商务部、科技部、外交部、公安部、海关总署、工业和信息化部、环境保护部、农业部、卫生部、国家能源局、国家国防科技工业局等多个部门。其中,两用物项和技术的出口管制以商务部为主管部门,实行中央、地方两级管理模式。比如,若进出口涉及技术目录拟定方面,科技部及相关科技管理部门将会同审查。若进出口的敏感物项及相关设备、技术涉及外交政策,则由外交部参与审查。若进出口项目对国家安全、社会公众利益造成重大影响,须经过国务院或中央军事委员会的批准。核出口由国家原子能机构主管,在不同情况下,需转送国防科学技术工业委员会或商务部,或者由商务部会同国防科学技术工业委员会等有关部门复审。监控化学品及其相关物项的出口则由工业和信息化部主管。在执法方面,除各主管部门外,海关总署负责对技术进出境进行监管。值得提出的是,商务部于 2014 年成立中华人民共和国商务部产业安全与进出口管制局(Ministry of Commerce of the People's Republic of China Bureau of Industry, Security, Import and Export Control),今后将负责技术进出口管制政策制定及执法等相关事宜。①

3. 具体管制措施

总体而言,中国对技术进出口实行统一的管理制度。但是,对特殊项目仍会进行相应的重点把控,由商务部会同海关总署、科技部、环保部进行禁止或限制进出口目录的制定。此类管理举措,根据技术情况,分为三类:禁止、限制和自由。

(1) **禁止类技术**:禁止进出口的技术不得进出口。

(2) **限制类技术**:实行技术进出口许可证管理方式,对于技术进出口的申请,商务部为我国统筹管理技术进出口的核心部门,其下属各省市、地区的商务局则主要负责管制的具体执行措施。

敏感技术、生物两用品技术、化学品相关技术、导弹相关技术的进出口,只能由商务部决定。核两用品相关技术,可由省级商务主管部门决定。核出口经营者必须为由国务院管理的专营单位,敏感技术需经有关部门审批,批准后再授予登记证号码。目前,我国主要在技术出口层面上实施较大的管制力度,这种管制主要在两用物项和技术登记平台上展开。同时,技术的进出口方在获得经营资格申请后,还需于技术进出口时向商务部或者商务厅申请许可证。

(3) **自由类技术**:根据《技术进出口合同登记管理办法》,对于自由进出口技术合同,除了支付方式为提成的合同,技术进出口经营者应在合同生效后 60 天内办理合同登记手续;支付方式为提成的合同,技术进出口经营者应在首次提成基准金额形成后 60 天内履行合同登记手续,并在以后每次提成基准金额形成后,办理合同变更手续。自由类技术的登记并非强制性,如未登记并不会影响合同的效力。

此外,对于在国家财政支持下产生的技术成果,我国则根据《中华人民共和国促进科技成果转化法》第八条、第九条、第十条和第十一条进行特殊管理。管理条例中

---

① 产业安全与进出口管制局主要职责,http://aqygzj.mofcom.gov.cn/article/gywm/201405/20140500598589.shtml. 最后访问于 2017 年 7 月 10 日。

规定,政府部门有组织、协调与实施的职权;项目承担者有将实现科技成果高效转化的义务,等等。在实践中,履行主要管理职责的是科技部,相较于非财政支持项目,受到财政支持的项目往往会受到一定的限制。

四、 中国技术进出口管制中的突出问题

(一)高位阶专门性法律的缺失

当今世界上,包括美国在内的众多大国,都纷纷制定了专门的出口管制法,其中包含对技术的专门规定,如美国的《出口管制法案》(EAA)和《出口管制条例》(EAR)。日本与许多欧盟成员国亦是如此。

我国也颁布了一系列技术进出口方面的管制法规。如《中华人民共和国技术进出口管理条例》《技术进出口合同登记管理办法》及相应的管制清单。尽管配套法规已经出台,但仍存在法规不健全、没有专门法等不容忽视的问题。与此同时,在当今国际上扮演着重要角色的国家,都已实施了专门的出口管制法。因此,无论是从各国管制重点还是中国国情出发,要真正实施强有力的出口管制,关键还是要有完备的法律做支撑。因此当务之急是制定专门法,如此方能为国家依法合理管制出口,进而完善进出口管制体系、严厉惩处违规行为提供充分的法律依据。

(二)清单、目录等更新滞后

自 2001 年《技术进出口管理条例》颁布后,《中国禁止出/进口限制出/进口目录》在 2008 年更新后就再无更新。美国在《出口管制条例》(EAR)中对"技术"的定义,就已经是:"任何可用于设计、生产、制造、利用或改进各类产品的专门知识。技术资源可以是模型、图纸、操作说明等有形的,也可以是技术。"①由此可见,美国法律已经为"技术"划出了相对科学、明确的外延、内涵和边界。然而,中国在技术进出口目录中对"技术"定义采取的仍是列举法为主。无论是进口还是出口目录,都存在列出的技术条款远远滞后于我国经济技术发展步伐的问题。定期更新目录、与时俱进,已是刻不容缓。

(三)"技术进出口"定义不严谨

"技术进出口"不仅包括一般的贸易出口,还包括转让出口、再转让出口以及商务谈判、技术和知识交流、运输等所有与国外用户直接或间接接触的情况与过程。这里

---

① Export Administration Regulation(1988), US Department of Commerce, available at https://www.bis.doc.gov/index.php/documents/regulation-docs/435-part-774-the-commerce-control-list/file,最后访问于 2018 年 3 月 23 日。

面就体现了超越通常"狭义技术"的"广义技术"概念。例如美国,其出口管制范围便相当宽泛,包括:美国公民未经许可或授权,非法携带或传输受管制的物项、软件、材料或技术数据离境;在境内向外国人非法泄露受管制的数据、软件或源代码;与受管控的个人或组织、受制裁的国家进行非法接触;为外国防卫设备、系统、程序提供建议以帮助其研发、生产、测试、改进和维护等行为。这个"技术进出口"范围,显然要比我国目前对于"技术进出口"的定义广泛得多。

当法律规定不明确时,实践层面就会出现混乱。可能的混乱有:一、明明转移了"技术",但却不被认为是技术;二、认为是技术的转移,但实际上却不属于技术;三、违法牟利者以各种隐蔽手段逃避国家管制进行技术转移。这是钻法律的空子,利用法律漏洞攫取个人利益,损害国家与有关主体的利益。

(四)管制主体职能重复

中国技术进出口的管制主体包括国务院、商务部、国防部、海关总署、外交部、公安部、科技部等部门。如此众多部门的进出口管制职能重复存在,严重影响了管制效率。具体体现为:一、一项需要进出口的技术同时受多个部门管理,然而各部门的政令不尽一致,使得技术进出口主体无所适从;二、技术进出口管制主体之间缺乏充分的信息共享,导致行政资源浪费;三、过度烦冗的审批环节意味着技术进出口许可证的获批周期较长,企业可能因此失去最佳贸易机会;四、若技术出口管制主体在审查出口申请时出现争议,此时是否需要一个跨部门主管机构出面协调、裁定?若需要,这一部门又该如何设置?这些实际执行过程中存在的症结亟须通过机制体制的改革来解决。

(五)缺乏专业人员

在美日等国,凡是从事技术进出口管制的官员,一般都具有技术专业背景,对所申请进出口的技术判断和归类会更准确。而这种专业化管制人才,恰是目前我国技术进出口管制部门所不具备的。随着技术进出口许可的申请量日渐增多,管制部门需要大量训练有素、经验丰富的专家型管理人才。然而,在现阶段,我国这类人才储备供不应求。这种"供不应求",主要体现在两方面:其一,受理两用物项与技术进出口许可申请的主管部门工作人员过少;其二,工作人员不具备专业知识,极易产生因不懂技术而判断失误的情况。

而在其他方面,技术交流的受阻现象亦屡见不鲜。比如高等院校,尤其是技术实力较强的工科类院校,作为科技研发的重要主体之一,于事实上承担着大量技术进出口活动,但按照商务部的规定却没有技术进出口资质,无法直接受商务部管制。一方面严重影响了技术交流的效率和质量;另一方面也会造成技术管控的死角。

五、 对完善我国技术进出口管制制度的思考和建议

（一）制定专门性的进出口管制法律、促进法律体系的完善

技术进出口关乎国家安全与经济发展，是提高国力和竞争力的关键。因此，我们需要制定更高层级的法律以确立许可证管理、清单控制、出口经营登记、专家咨询等基本制度。目前，中国已经发布《中华人民共和国出口管制法（草案征求意见稿）》（以下简称"新法"），统一了散见于各类法律、法规、规章和国际条约中的相关规定。"新法"填补了出口管制立法的空白，完善了相关出口管制政策及出口许可制度，明确了技术进出口的主管部门及执法权限。虽然该法尚未正式制定，但它的发布，已代表着中国在技术进出口管制的道路上更进一步。

需要注意的三个方面：一、之前涉及出口管制的各种法规、规章多达数十项，而即将出台的出口管制法不可能对这些法规、规章所包括的内容一一覆盖。而未被覆盖的部分在未来的进出口活动中如何实施，还需要根据实践中的具体情况进行调整。但同时，也必须提防立法的滞后性可能会带来的不协调或者冲突；二、清单制度是进出口管制的重要制度。面对"新法"的出台，相应的配套清单最好能根据当下国际国内形势及时变更，以解决清单滞后之弊，必将对"新法"实施大有助益；三、"新法"尚未明确一个具体的主管部门，尚未确定必须遵行的行政与执法程序。同时，各政府部门如何在新法的指导下相互配合也是不容忽视的问题。这意味着，需要制定更具体的实施细则，进一步完善管制体系。①

同时，进口管制的相关法规也需要进一步规整。统一化规则可以为执法机关和进出口主体行动和实践提供确切可依的法律依据，以避免无据可循或多头管理所造成的混乱现象。

（二）打造畅通高效的管理部门沟通机制

面对可能出现的管理重叠、空白情况，各管理部门间需建立起高效畅通的沟通机制，确保可及时互通有无，信息共享。当遇到进出口的标准不一致时，可通过内部沟通机制及时调整，统一标准，避免造成进出口工作无所适从，同时亦可节省人力物力。在信息安全、网络系统完善的情况下，各层级部门间可建立信息联网共享系统，无须进出口商重复提交相同信息。

---

① 邹晓春、王婧. 解读《中华人民共和国出口管制法（草案征求意见稿）》，http：//www.zhonglun.com/Content/2017/07-18/2046358525.html. 最晚访问于 2017 年 11 月 12 日。

（三）完善技术进出口商意见反馈机制

虽然,商务部等政府部门官网都有"联系我们"等沟通反馈渠道,但在实践中,技术进出口商的意见并没有被政策制定部门有效吸收和解决。一方面,立法之初由于时间有限,缺少专职人员对意见进行有效评估,使得进出口商的诉求被忽略。另一方面,技术进出口限制目录滞后十年。在此情况下,更应畅通反馈渠道,任用专业团队定期审核目录与关于技术更新的最新意见,及时除旧创新。如此,方可完善管控、保证技术的时效性。

（四）建立体系化、多层次、有重点的管制机制

当前,我国技术进出口管制目标仍以保护国家利益为主。但是,随着国际形势的发展,保护资源与环境,提高国际竞争力等目标也越来越重要。同时,进出口所涉及的不同领域,如农业、林业、金属制造业、制造业、软件业、计算机服务业、运输业、证券业、环境管理业等,皆各具特点、情况不一,管控的力度和重点各异。因此,有必要综合考虑管制目标、管制制度的根本价值。从而理性决策、对症下药,在国家利益与经济价值间做到最优权衡。并且,以专业知识为依据,做出战略价值评估,以动态管理来提高效率、节约资源。因此,需以管理目标体系为基础,针对各领域特点,确定管制的重点与层次。并且,加入管制价值衡量机制,定期进行动态性评估。从而避免资源浪费,确保真正"必要"的管制技术得到合理控制。

简而言之,建立技术进出口的管制目标体系和价值衡量体系,通过对管制对象的评估,搭建针对多领域的全面性管制框架,分类管理,重点把控。

（五）建立专业化的技术进出口管控团队

再好的管理措施,没有专业化的人才来付诸实践,也有可能适得其反、收效甚微。专业意味着高效。技术进出口是对外贸易的一种类型,而贸易讲究的就是效率。高效节约会为进出口商带来商机,拖延浪费则会使其在竞争中处于劣势。由技术专家来判断、归类,会更科学、更专业。同时,专业便意味着担当,意味着对在关键技术的判断、技术归类的指导解释上必须担负的风险与责任。这样可降低因无知、不专业而导致的推诿、畏惧、模糊处理或者不作为。建立专业团队,已成为我国技术管控体制应重点强化、大力完善的部分。此外,还应建立进出口管理体制内的专家库。执行人员把握不准的高技术,可以咨询人才库专家,使技术问题得到专业、妥善的解决。同时,还可以建立定期培训机制,以便进出口从业技术人员及时更新专业知识、提高职业技能,以更好应对技术进出口管制工作中所遇到的问题。

（六）建立定期法律法规培训机制

我国整体还不具备全民知识产权保护意识,这是技术进口面临的困境之一。其

中,国内法规条例培训缺失是国内进出口商遭遇的瓶颈之一。对国内企业来说,如何正确区分何为学习继承,何为独立创新,具有极其重要意义。①

因此,为了使技术进出口法的更新和解读都能得到更好的促进与实施,管制部门可建立定期的法律法规培训机制。为技术进出口商介绍和分析国家最新的政策、法规及管制重点,让技术进出口商及时了解管制要求,确保行为合法合规、省时省力。

出口管制的诞生,源于国家间的相互竞争。它的起源,便有着强烈的对抗色彩。② 目前,外贸发展与科技进步日新月异,各国出于不同的管制目标如国家安全、国际义务、贸易竞争、科技发展等,都会灵活变通、各展拳脚。同时,其管制政策也会根据国际形势的变化,不定期进行修改。当此时,致力于建设创新型国家的中国,更应基于改革发展与全球化的需要,对技术进出口管制的法律框架加以完善。

至此,本文通过调研梳理,总结出了我国技术进出口行业中存在的一系列问题,包括高位阶专业性法律缺失、管制主体职能亟待完善、管制程序尚未精简统一,等等。针对上述问题,本文也提出了合理的解决方案建议。如提出完善法律,打造更高效的沟通机制,完善商家意见反馈机制,建立体系化、多层次、有重点的价值衡量管制体系,建立专业管控团队,为进出口商提供定期的法律培训。希望我国的技术进出口发展更规范、更高效、更好地服务于我国科技和经济高速发展的需要。

参 考 文 献

[1]　著作类

马林.技术转移北京的实践[M].北京:北京科学技术出版社,2007.

马忠法.国际技术转让法律制度理论与实务研究[M].北京:法律出版社,2007.

许庆瑞.研究、发展与技术创新管理(第二版)[M].北京:高等教育出版社,2005.

[2]　期刊类

李灵.2012贸管新政全解读[J].中国海关,2012(2):1-5.

何婧.出口管制法律制度基本问题探析[J].长安大学学报(社会科学版),2016(3):133-135.

韩露.出口管制与自由贸易区关系探析[J].经济,2013(5):89-91.

杨蔚.技术进口的三大困境.中国对外贸易,2013(1):70-71.

[3]　法律法规类

《中华人民共和国技术进出口管理条例》。

《中华人民共和国合同法》。

《中华人民共和国对外贸易法》。

《中华人民共和国反不正当竞争法》。

---

① 杨蔚.技术进口的三大困境.中国对外贸易,2013(1):70-71.
② 何婧.出口管制法律制度基本问题探析.长安大学学报(社会科学版),2016(3):133-135.

《技术进出口合同登记管理办法》。

《禁止出口限制出口技术管理办法》。

《禁止进口限制进口技术管理办法》。

[4] 网络资源类

"十一五"期间引进技术合同预计超 1200 亿美元 http：//www. cs. com. cn/xwzx/05/201012/t20101216_
　　2711945. html,最后访问于 2016 年 12 月 13 日。

2014 年中国技术合同成交额 8577 亿元-中新网　http：//www. chinanews. com/gn/2015/02-06/
　　7042169. shtml,最后访问于 2016 年 12 月 13 日。

2016 年全国技术市场合同成交额突破万亿美元. 莞讯网 http：//www. guannews. com/xinwen/84058. html。

产业安全与进出口管制局主要职责 http：//aqygzj. mofcom. gov. cn/article/gywm/201405/
　　20140500598589. shtml,最后访问于 2017 年 7 月 10 日。

解读《中华人民共和国出口管制法(草案征求意见稿)》. 中伦律师事务所 http：//www. zhonglun. com/
　　Content/2017/07-18/2046358525. html,最晚访问于 2017 年 11 月 12 日。

（作者单位：清华大学科研院海外部）

多元文化背景下的包容与引领

赵丽丽　李　梅　任雪琪

摘　要：本文将理论与实践相结合,从我国和清华大学的全球战略谈起,引出在多元文化背景下,我们应如何应对多元文化,并如何对待本我文化,即中国文化。本文认为,对于多元文化,我们要建立跨文化交际意识,增加认知,兼容并包,进而能够灵活适应;对于本我文化,我们应采取积极的态度和措施,引领世界去认识和认同中国文化,从而提高我国的文化软实力,同时,使中国文化的精髓能够为全人类做出贡献,实现文化传播中的共赢。最后,本文就促进中国文化传播的途径进行了探讨。

关键词：多元文化;文化软实力;包容;传播;引领

一、引言

当今世界,全球化成为不可逆转的历史潮流,习近平主席指出："人类已经成为你中有我、我中有你的命运共同体,利益高度融合,彼此相互依存。"[1]以习近平为总书记的新一届领导人开始以人类命运共同体为出发点,站在全球战略的高度来思考和规划中国的发展,形成了与时俱进的全球化思维（格局）。[2]"高铁""核电"走出去和"一带一路"构想的提出,标志着中国开始实施"走出去"的大国全球战略。[3]在我国的全球战略背景下,经济、科技、教育、文化等领域的国际交流不断扩大和深入。

与我国的全球战略相适应,清华大学也提出了全球战略并确定了九大战略方向,即全球胜任力、全球学程、全球学生、全球师资、全球研究、全球合作、卓越管理、国际化校园和全球声誉。[4]在这九大战略指引下,清华大学的国际化程度进一步加深,多元文化在这里更多地碰撞、交融。

无论对于一个国家而言,还是对于一个高校而言,随着国际交流的不断扩大与深入,都使得人们越来越多地暴露于多元文化的环境中。一个国家对于多元文化采取何种态度,无疑将影响该国与他国的关系,从而进一步影响其经济发展、国家实力和国家形象。如何应对多元文化,如何扬长弃短,如何引导文化向着有利于人类共同利益的方向发展,成为我们需要面对的一个重要课题。清华大学是全球知名的、开放的国际化高校,它是我国高等教育的旗帜之一,其应对多元文化的策略与实践,如何使来自不同文化背景的国际学者和学生认同中国文化,并给予积极的评价和传播,这是需要我们努力耕耘的领域,我们有责任为中国文化在世界的传播做出积极的贡献。

对于在高校工作和学习的个体而言,我们在科研上能否取得成就,在学业上能否取得成绩,能否成为具有国际竞争力的人才,进入国际化机构或实体任职,或多或少都与我们应对多元文化的能力有着一定关系。

在国际合作过程中,不同文化背景的人就一个问题开展共同研究,可能会因文化差异带来交际中的冲突和摩擦,很好地处理这些冲突、与合作伙伴友好相处与交流,成为能否取得研究成果的一个重要影响因素。例如,合作双方(A 和 B)对于时间节点的态度存在差异,A 可能认为时间节点不是那么重要,在他们所处的文化中,时间节点总是会被推后,他们往往在达成一致的时间节点前不能按时完成任务,而 B 认为,按照时间节点完成任务是一项基本要求,非常重要,在 A 不能按时完成工作的情况下,B 会对 A 产生不信任感,从而对双方的合作造成负面影响,如果该合作涉及国家层面,B 可能还会向国家施压,造成负面的外交影响。

再比如,学生在课堂上,也将面对着来自不同文化背景的同学或者老师,如何处理好与这些老师和同学的关系,也关系对学习效果与学业成绩造成一定的影响。在国际机构的人才招聘信息中,对于任职人员的一项基本要求,就是能够适应多元文化环境,因而,应对多元文化的能力,可能关系着将来学生的职业生涯。

总之,文化已渗透到民族和国家的各个细胞,任何领域的交流合作都无一例外的包含着文化的元素。[5]对多元文化的应对策略与实践将深刻影响一个国家、集体与个体的发展。那么,对于多元文化,我们应采取什么样的态度和策略呢?对于本我文化,我们又该有什么样的态度和举措呢?笔者认为,首先对于多元文化,应求同存异,尊重文化的多样性和差异性,即包容多元文化,只有这样,才更有利于我们在国际合作与交流中取得预期成果。在此基础上,我们应该有意识地引领世界人民了解、认同中国文化,进而自觉地传播中国文化。这对于提高我国的文化软实力,使我国的文化地位与经济地位相匹配具有重要意义;同时我国文化中蕴含着许多精华,以这些精华之处为世界人民服务,这无疑对于人类的进步也具有重要意义。

以下,本文将分别从两个层面进行阐述,即:(1)包容多元文化;(2)积极传播中国文化,引领世界人民认知、认同并接受中国文化。

二、 包容多元文化

文化多样性是全球化时代世界文化发展的标志和表现,文化的多样性,构成了世界多样性的主要存在方式。这是人类文化的多样性在全球化时代的主要存在方式，是世界各国的地域文化形式维持其存在的主要特征。[6]文化上的相互理解构成一切方面相互理解的基础与纽带，相反文化的差异与误解就会造成交流的障碍，甚至会造成"修昔底德陷阱"。[5]人类文明因多样才有传播与交流合作的价值，因包容才有交流互鉴的动力。多样带来交流，交流孕育融合，融合产生进步。[5]

如何才能做到对于多元文化的包容呢？本文认为，包容的前提是意识和认知，包容本身既包含态度上的认同，也包含心理上的适应。

首先，我们应该有跨文化交际意识，包括对文化多元性的意识、对差异的宽容态度、对异质文化成员的共情能力，以及对自身文化价值观念及行为方式的觉察和反省。这种意识应能帮助我们主动地获取、深层次地处理文化知识，并在跨文化交际行为方面具有更多的灵活性和创造性。[7]如果没有跨文化交际意识，那么在遇到跨文化冲突时，很可能无所适从，在国际交流中受挫、碰壁，甚至导致交流的失败。

笔者在国际交流实践中，积累了一些体会。例如，饮食方面，在与印度尼西亚人进行交往时，我们应对其宗教信仰和饮食习惯有足够的意识与了解。印度尼西亚人中有很多人信仰伊斯兰教，在饮食方面有所禁忌，如果在招待食物中包含了这些禁忌食品，那么很可能对双方交流与合作造成不利影响。德国人对于用餐也有一定的身份讲究，即使在非公务场合也遵循他们的习惯，而中国人在用餐时一般不会严格区分身份，在交往中，如果不注意，很可能会使对方感到不被尊重。再如，与西方许多国家的人进行日常交流中，对方往往比较忌讳别人对自己的外貌特点进行评价，如"高""矮""胖""瘦"等，也比较忌讳别人对自己和自己的家人"嘘寒问暖"或打探自己亲人的信息，如"你今天脸色有些苍白，怎么了？"，又如"你的弟弟结婚了吗？"等，这些问题可能会让对方觉得自己被冒犯，从而产生不悦。因而在与异质文化主体进行交流与合作时，我们首先应确立跨文化交际意识，从思想上高度重视文化的差异性，不要因为文化原因妨碍我们的对外交流与合作。

建立起跨文化交际意识后，我们应该有针对性地了解交流对象的文化背景，避免碰触对方的文化禁区而导致交际失败或受挫。可以通过文学作品、网络传媒、交往交流等各种渠道了解不同文化，知己知彼，方能百战不殆。比如，了解交流对象的宗教信仰、价值取向、生活习惯等，可有效避免冲突，有利于建立友好的交流关系。

在意识和认知的基础上，能够运用共情能力去理解异质文化，承认、接受并欣赏人与人之间、文化与文化之间的根本差异，[7, 8]认同其文化中合理的成分。交际过程中，虽然我们可能已经了解了对方的一些文化背景，但是，实践中难免还会有些碰撞和冲突，这个时候，我们应该能够从他人的角度看问题，容忍暂时的误会或挫折，不要以消极刻板的想法或偏见去对待他人，[9]积极进行沟通，以化解冲突。进而，培养我们在多元文化中的适应能力。例如，电影《刮痧》就反映了因不了解而产生的跨文化冲突，该电影主要围绕是否对儿童有虐待行为这一中心思想展开，讲述的是一对北京夫妇的孩子接受刮痧治疗后,被认为长期受到家人虐待,而最后在老外深刻了解中国文化后,刮痧治疗被理解的故事。

三、 引领世界人民对中国文化的认知、认同与接受

(一)中国文化传播现状及其意义

在多元文化并存的今天,笔者认为,不能仅停留在对异质文化的包容层面上,应积极传播中国文化,取其精华、去其糟粕,向世人更多地展示和传播中国文化的精华部分。中国经济是世界经济发展的引擎,同样,我们的文化也可以成为世界文化向前发展的引擎,引领世界文化发展的新潮流,其前提是,我们大力推广的这些文化,必须是其中的精髓,符合人类的共同利益。

改革开放四十年来,我国在经济、科技等领域取得了举世瞩目的成就,已跃居世界第二大经济体,然而中国文化在全球的影响力,还不能与我国的经济实力相匹配,我国的文化软实力落后于经济等硬实力。所谓文化软实力,是指一个国家文化传统、价值观念、意识形态等文化因素对内发挥的凝聚力、动员力、精神动力和对外产生的渗透力、吸引力和说服力。[10]中国文化是否具有对外扩张渗透能力、融合同化能力、影响力、吸引力、亲和力,是衡量中国的文化软实力的重要因素[10]。文化软实力越来越制约着一国的经济发展以及综合国力的强弱,经济的发展离不开文化的支撑[11]。

2013 年 12 月,习近平总书记在中共中央政治局第十二次集体学习时强调,提高国家文化软实力,关系"两个一百年"奋斗目标和中华民族伟大复兴中国梦的实现。因此,发挥中国传统文化源远流长之优势,有策略地增强中国传统文化的海外影响力是提高我国的国际竞争力的必然要求。[12]。

然而,中国文化的世界影响力远远不能与其实力相匹配,有非常大的提高空间。与中国外贸的"出超"地位相比,中国的文化交流与传播仍呈现明显的"入超"态势。[13] 据文化部有关负责人透露,中国对外文化贸易逆差严重,总体达 10∶1,对欧美国家甚至超过 100∶1。文化部的有关报告则显示,在国际文化市场的份额中,日本和韩国占有 13%,而中国及亚洲其他国家仅有 6%。[10]"目前我国上万亿美元的外贸额中,出口过半,但其中文化产品出口不到 1%。我国目前每年进口出版物种类超过 1400 多万种,用汇额超过 1.5 亿美元;而出口数量只有 800 多万种,收汇只有 2000 万美元左右"。[13]

很多外国人对于中国文化的了解,仅限于中国的四大发明、中国功夫、中国菜和旅游景点,等等。而实际上,我的文化博大精深,外国人了解的中国文化只是冰山一角。如我的国画、戏剧、诗词歌赋、中医、哲学、曲艺等文化形式中都包含着人类的智慧与精华。这些精华,需要向世界彰显和传播,以促进人类文化的共同进步。在

全球化背景下,如何使这些精华之处得以继承、传播,提高我国的文化软实力,无疑是一个重要的时代命题。[13]

(二)文化自信

笔者认为,中国文化要"走出去",进而影响世界文化的发展,第一步就是要有文化自信,"欲信人者,必先自信"。博大精深的优秀文化传统是我们提倡文化自信的强大底气。[14]文化自信,是指一个国家、一个民族或一个政党对自己的理想、信念、学说以及优秀文化传统有一种发自内心的尊敬、信任和珍惜,对自身文化内涵和价值充分肯定和持有坚定信念。[15]

然而,在我国,文化不自信的表现比比皆是。比如,楼盘的开发商们为了迎合购房者的口味,使居民小区显得高大上,经常为之起个"洋化"的名字。再如,国民基础教育中"重外语、轻国学"的现象严重。许多中国人的价值观、意识形态和生活习惯等全面西化,等等。这些都是缺乏民族文化自信的表现。

(三)文化自觉和文化选择

在文化自信的基础上,如果期望传播中国文化,应首先具备文化自觉。笔者认为,所谓文化自觉,就是文化主体对文化的反思、探究和自我意识,认清本我文化的精髓之处和文化中不适应现代社会的内容或劣势。[16]在文化自觉的基础上,文化主体对本我文化进行理性的选择。文化选择是主体对文化发展的一种设计活动,主要是指在跨文化传播中,当文化环境发生变化时,文化主体就文化改造与发展问题所持的态度、立场、取向及为此所发生的行为。文化选择包括两方面内容:一是对异质文化及文化发展的态度与取向,这是心理层面的问题;二是对文化改造与发展的行为设计与实施,这是实践层面的问题。文化选择是跨文化传播的时代,在与各种异质文化的碰撞、交流、对话、整合的过程中,文化主体对自身所处文化发展的一种理性的、自觉的设计。人是一种有理性、有意识和能动的存在物,对于在跨文化交往中出现的文化冲突和文化融合,他们往往不能听之任之,任其自然发展,人会运用理性的力量,去对其进行设计,这就是文化选择。[16]

在进行文化选择时,我们应在理性认识和辩证分析的基础上,做出合理的选择,摒弃本我文化中不适用于当代社会的部分,保留和推广文化中的精髓部分。应当指出的是,我国的文化精髓,不仅蕴含于传统文化之中,也包含于近现代文明之中,我们应对其价值进行深入挖掘。

(四)文化引领

在对我国文化有了充分的认识和选择基础上,我们应努力传播其精髓,引领世界人民认识、认同和接受它们。这对于提高我国的文化软实力、促进全球文化的发展,具有重要意义。

那么,在实践层面,我们应如何引领世界人民接受中国文化呢? 本文认为,我们的努力应包括以下几个方面。

1. 构建文化传播的完整战略体系

在国家层面,制定文化传播战略,指导文化传播的实施。战略体系可包含文化传播的政策和资金支持、设立相关机构实施管理和促进、确立传播方式与途径,等等。

在高校层面,建立中国文化传播体系,包括设立专门的管理部门,投入师资力量和资金,开设中国文化选修课以及不同层级的中文语言课,建立中外师生交流制度,等等,使外国留学生能够真正融入中国的文化和生活之中。

2. 在实践层面,利用各种途径和媒介,引导世界人民认识和接受我国文化

这些途径和媒介,主要包括传统媒体、网络等新媒体,文化产品和交流活动,等等。

(1) 充分发挥传统媒体和新媒体的传播作用

传统媒体主要包括广播、报纸等。我们了解到,西方国家通过 VOA、BBC、CNN等电台,广泛地向世界进行新闻和文化传播,我们完全可以效仿,不断加强宣传力度,向世界每个角落播报我们的时事和文化。这样的努力,不仅限于国家层面、省市层面,甚至高校等实体单位同样也可以通过自己的电台和电视台进行文化传播。

新媒体主要包括网络、手机媒介等传播方式,是"所有人对所有人的传播"。新媒体的传播具有交互性强、传播速度快、传播内容丰富等特点,成为人们沟通、交往、互动的主要载体。主流媒体正极力向互联网延伸。我们应当充分注意新兴传媒手段的运用,它们为对外文化传播提供了前所未有的便利。[10, 17]

(2) 制作文化产品

文化产品主要包括电影、期刊、书籍、音乐、动漫等等,它们是非常好的文化载体,除了娱乐等效果外,还包含着中国文化中的意识形态、价值观和信仰,受众会在观赏电影、收看电视节目、阅读书籍、欣赏音乐的同时不自觉地被潜移默化。这些文化产品能达到"润物细无声"的传播效果。在这方面,美国做的努力非常多,它凭借各种电影、卡通等影片,不仅取得了巨大的经济利益,也同时把美国的意识形态、价值观念和道德信仰等输出到全世界,使世界人民在潜移默化中接受了美国文化。[6] 而中国的学者和学生们在大量阅读西方书籍、花大力气学习英语的过程中,也潜意识地受到了美国文化的影响,这种影响往往是不自觉的。同样地,中国文化也可以借助同样的手段,有意识地向世界传播,使中国文化被世界所接受,进而引导世界文化开辟出新的发展方向,[6] 在这个过程中,达到文化的共赢,即不仅使中国文化走向世界,也使中国文化中的精华为人类进步做出贡献。

在文化产品的传播过程中,语言问题显得尤为重要。一方面,我们应将优秀的作品高质量地翻译成为目的文化语言;另一方面,在世界范围内推广汉语,许多文化元素是蕴含于语言中的,我国在国外建立的"孔子学院"就是很好的举措。2004 年 11 月 21 日,中国在海外的第一所"孔子学院"在韩国汉城(现首尔)正式开办。[13]截至 2015 年 12 月 1 日,全球 134 个国家(地区)建立 500 所孔子学院和 1000 个孔子课堂。[12]

(3)文化活动

文化活动,主要包括文化论坛、学术报告、社团活动、展览、文化交流等。这些活动,也应被置于重要领域来推进。通过这些活动,可以使世界更为直观地了解中国文化,并培养对中国文化的深厚感情。[18]比如,中国在国外举办的"中国年"等活动,在很大程度上扩大了我国在国外的文化影响力。

(4)灵活寻找突破口

笔者认为,向国外展现中国的各种音乐、舞蹈,不失为向外推广文化的一个突破口,艺术更能开启人们了解中国文化的愿望。

在国际交流实践中,笔者曾认识很多国际人士,他们对中国文化的兴趣,皆缘于观赏乐器演奏、舞蹈、武术、太极等。比如,笔者的一个合作伙伴,从一次偶然的机会听到了中国的古筝演奏,从此开始对古筝感兴趣,进而扩展到琵琶、二胡、扬琴等各种乐器,进一步开始学习中文和中国文化,后来便成了半个中国通。又如,笔者的一个美国朋友,也是一个偶然的机会,看到了中国的太极拳表演,于是决定到中国留学,到中国后,一边学习中文,一边学习太极拳,后来将太极拳带回本国,在他的朋友圈里传播,使他身边的许多朋友也开始渐渐对中国有更多的了解和认识。以上这些例子都表明,传播我国文化,可以从最能触及人心灵的艺术领域入手,循序渐进,润物细无声,引导异质文化主体对中国文化进行能动地了解和认识,进而认同,甚至主动传播中国文化,这或许是传播文化中的较高境界。

在文化传播中,应主要采取"温和、间接和隐性的方式",以达到"润物细无声"的效果。此外,还要考虑受众的接受情况,尊重文化差异和多样性,避免文化冲突的发生。[14]依靠"软力量"说服他国人民认同本国的价值观念、行为准则和政治制度。[13]

(5)设立专项基金,资助国外精英学生到中国进行友好交流

一个人的青年时期,往往是世界观和人生观形成的时候,也是容易接受新鲜事物的时候。

国外的学生精英们,有很多的机会成长为社会方方面面的领军人物,从而具有较大的社会影响力和号召力。在高校中设立专项基金,资助国外的学生精英到中国进行短期或长期的访学与交流,让他们充分了解中国的传统与近现代文化,展示我国的文化精髓,展现我国的经济文化实力,这对于扩大我国文化的世界影响力,使中国文化走向世界具有重要意义。

四、结论

本文讨论了在全球化背景下,应对多元文化的重要性,以及应对策略,并提出了"引领"世界人民了解和接受中国文化的观点,在此基础上,对如何传播中国文化进行了探讨。本文认为,首先应做到文化自觉与文化选择,其次,应积极落实到行动中,通过各种媒介手段、文化产品和文化活动等,积极寻求突破口,进而推广中华文化。中国文化的推广,一方面,对于提高我国文化软实力、建设文化强国,具有重要意义;另一方面,对于世界文化的进步也必将起到积极的推动作用。

参 考 文 献

[1] 王海运. 中国全球战略中的"一带一路"[J]. 时事报告,2017,2017(5):14-7.

[2] 程曼丽. 以中国的全球战略思维重新审视海外华文传媒[J]. 对外传播,2015(10):4-6.

[3] 李涛,杨文越,杨中庆等. 全球战略背景下中国海外区域开发新模式及实践——以墨西哥 Tehuantepec 沿线交通基础设施与土地空间一体化开发为例[J]. 土地经济研究,2014(2):109-125.

[4] 清华大学国际合作与交流处.《清华大学全球战略》解读:九大战略方向[N]. 新清华,2017-04-25. http://tsinghua.cuepa.cn/show_more.php? tkey=&bkey=&doc_id=2217422.

[5] 隗斌贤."一带一路"背景下文化传播与交流合作战略及其对策[J]. 浙江学刊,2016(2):214-219.

[6] 徐稳. 全球化背景下当代中国文化传播的困境与出路[J]. 山东大学学报:哲学社会科学版,2013(4).

[7] 高一虹. 跨文化交际能力的培养:"跨越"与"超越"[J].2002(10):27-31.

[8] S W J. Toward Multicuturalism:A Reader in Multicultural Education[M]. Yarmouth:Intercultural Press,1988.

[9] 常燕荣. 论跨文化传播的三种模式[J]. 湖南大学学报:社会科学版,2003,17(3):100-103.

[10] 肖永明,张天杰. 中国文化软实力建设视域中的对外文化传播[J]. 现代传播:中国传媒大学学报,2010(5):6-10.

[11] 毛峰,孙秋霞,闫静文,等. 从博弈论视角看中国与中东欧国家的文化传播[J]. 上海对外经贸大学学报,2017(2):89-96.

[12] 张若男. 美国孔子学院办学现状及其文化传播策略研究[J]. 上海教育评估研究,2017,6(1):66-71.

[13] 陈强,郑贵兰. 从"中国年"到"孔子学院"——文化传播与国家形象的柔性塑造[J]. 中国石油大学学报(社会科学版),2007,23(1):73-76.

[14] 李宝贵,刘家宁."一带一路"战略背景下孔子学院跨文化传播面临的机遇与挑战[J]. 新疆师范大学学报:哲学社会科学版,2017,38(4):148-155.

[15] 刘芳. 对文化自觉和文化自信的战略考量[J]. 思想理论教育,2012(1):8-13.

[16]　王金会. 跨文化传播下的文化融合与文化自觉 [J]. 黑龙江社会科学，2007(2)：101-103.

[17]　刘洋. 新媒体时代引发的民族文化传播思考 [J]. 贵州民族大学学报：哲学社会科学版，2013，2013(4)：151-155.

[18]　张幼冬. 汉语国际推广背景下的文化传播 [J]. 现代传播：中国传媒大学学报，2010(5)：15-18.

（作者单位：清华大学核能与新能源技术研究院）

浅析交换生项目对高校国际化进程的影响

蔡晓丹

摘　要：交换生项目作为高校学生选择海外学习的方式之一，在我国与国外伙伴院校间的交流与合作中一直产生着积极的影响。交换生项目在高校国际化进程以及学生国际化培养环节中起到了重要作用。但目前，高校的交换生项目在执行过程中会面临交换项目资源分布不均，中外院校学制课程差异，学生选择交换项目盲目等一系列问题与挑战。在交换生项目前期对外联络、学生选拔、前往海外学习的行前培训以及学生返校后学分转换等流程化的"选""派""管""回"环节，通过细化项目设计、多元化项目宣传、制定科学管理流程与制度，进一步提高交换生项目执行质量，培养具有国际视野与竞争力的复合型人才，从而为提升我国高校海内外声誉与影响力提供助力。

关键词：高等院校；交换生项目；科学管理；高等教育国际化

在当今全球化的大环境下，随着我国经济的不断发展、综合国力的不断提升，对外开放的程度也进一步增强，许多行业领域对于"走出去、引进来"的需求也不断增加。我国高等教育国际化的进程也在不断加速，我国高等院校对学生的培养不仅需要满足社会对于人才的需求，致力于培养具有国际视野和竞争力的复合型人才，也需要在国际化的浪潮中，进一步优化高等教育资源，扩大院校的全球声誉与国际影响力，促进高等教育事业的发展。

在我国高校推动国际化的进程中，与海外高等院校的学术科研等各方面的合作是不可或缺的交流与合作方式。国际合作也为国内高等院校提供了进一步接触海外优质教育资源渠道，使得教育教学与国际接轨，扩大我国高等院校的知名度，促进了高等院校的综合发展。交换生项目（student exchange programme）是重要且常见的中外院校进行学生互派海外学习模式之一。它以中外双方院校派出接受对方院校学生前往本校进行学习的方式，在双方院校的基础上增加了学生流动至海外的机会，也为学生接触体验海外院校课程资源、教学模式和教育体系提供了良好的机会。

虽然交换生项目是高校间合作的传统方式之一，但交换生的概念与类型根据项目设计及参与人员等因素的不同，目前没有统一的定义。广义上，根据交换生项目中学生流动的目的和结果，可将学生流动分成"学分流动（credit /temporary mobility）"和"学位流动（degree /diploma mobility）两种类型"。[7]而中外双方院校根据双方协商情况，可以设计不同的交换生项目来实现学生交流交换。在蔡雪梅针对高校交换生项目执行情况的调研中，她提到中山大学对于交换生的定义是"到国外、港澳台地区高校或国内其他高校进行交换培养的本科学生，在交换培养期间，通称交换生"[2]；而山东大学将高校间互派的学生称为"访学生"；也有部分学校将与国外高校间互派的学生成为"交换留学生"。此可以看出，交换项目参与的学生种类根据项目种类、中外方高校的规定以及项目执行的惯例不尽相同。有些学校将交换项目同时开放给适合申请的本科生以及研究生，而有些学校则将不同的海外教育资源进行整合细化分类，针对不同学生种类形成对应的海外学习项目。根据不同海外院校的交换生接收规定，交换生在外学习时长通常为三个月至一学年不等，但也有个别海外院校学期学制小于三个月或在双方协商情况下延长交换期限情况的发生。另外，广义上，交换生项目的类型也根据在外学习类型的不同分为很多种，例如，课程学习、课程学习＋毕业设计、课程学习＋实习等。但是，顾名思义，"交换"二字体现了在此类海外学习项目中，双方院校在协议达成一致意见的基础上，学生派出有来有往、对等交换、学分互认、学费互免。

本文将主要探讨以学分流动为主要类型的高等院校在籍在册学生在校级交换生项目协议（student exchange programme agreement，SEPA）框架下，派出学生前往海外进行一学期至一学年的交换学习的相关过程。项目本着对等交换、学分互认、学费互免的原则，项目参与者并不取得外方院校学位。因此，接收交换生部分并不在本文讨论之列，而且由于院系级交换生项目的情况更加灵活复杂，该类项目不在本文的探讨范围内，当然这也为作者之后的研究留下一个潜在研究入口，作者也将持续从工作以及科研积累中扩大交换生项目实践与管理话题的探讨。

文中以探讨交换生项目的意义与影响作为开篇，紧接着分析交换生项目执行中三个关键执行环节，在文中第三部分探讨制约交换生项目执行的因素，最后从项目发展的角度给出笔者的建议。本文的主要脉络以横向与纵向穿插组成。上述四个板块，其中交换生项目的意义与项目执行的制约因素将以层状横向分析的架构分为国家、院校和学生层面等三个层次来进行分析。而交换生项目的关键环节与针对交换生项目的发展建议两部分将以横向逻辑分要点来展开阐述。作者希望以本文纵横交织的行文逻辑来展示不同板块间的联系，统一阐述作者作为国内高校交换生项目执行管理工作人员针对高校交换生项目的思考与实践探索。

一、 交换生项目的意义与影响

为了更好地分析交换生项目对国家、高等院校以及参与交换生带来的影响,让我们从美国社会学家乔治·霍曼斯创立的"社会交换理论"角度来审视剖析"交换"这一广泛的社会性的行为。社会交换理论由霍曼斯以经济学中理性判断作为切入点最初提出,该理论的主要代表人物有美国社会学家布劳、埃默森等。霍曼斯在其研究表述中说"社会交换、社会互动是以交换双方各自获得最大利益为最终目的",特别提出了交换的"经济性、社会性、目的性以及主体性",这也成功解释了社会中普遍存在的各种交换行为为什么能够成功达成。不仅如此,社会交换理论中强调了交换的互惠性和自愿性。这就表明交换不仅需要互利互惠,在保证各自利益的同时也要考虑交换对方的利益是否取得;也需要在相互信任的前提下交换双方彼此协商并遵照协商内容自愿自发的实施交换行为。[6] 高校的交换生项目就是在中外院校协商一致的情况下,互免学费惠及双方院校学生,同时将课程以及教育资源面向对方院校学生开放的模式,这不仅仅对高校间交流合作会产生积极影响,项目学生作为直接参与者,宏观层面活跃丰富的海外交换学习也会为整个高等教育体系带来活力,增强国家间友好交往,将合作从学术、科研、学生、学校延伸至社会各个领域。

(一)国家层面

面对高等教育发展新态势,我国已经采取"双一流"建设、内涵式发展、多元化发展、开放发展、创新发展等一系列指导高等教育行业发展的策略战略。[3] 面对我国高等教育国际化的需求,对外开放也成为势在必行的行动。随着我国高等教育领域与国外合作日益频繁,学生交流交换活动作为重要形式其实也影响着我国高等教育的水平以及国际影响力,"走出去"的人才将中国精神与中国文化转播至海外,作为文化传播者在海外代表中国形象;而他们在归国后也将与国际接轨的知识技术和优秀的教育资源带回国内,促进我国不同行业的发展与国际化。另外,交换生项目也会成为外国学生前往中国学习体验的桥梁。通过中外院校交换生项目会为更多外方学生提供来中国学习的机会,使其了解中国,参与我国高校教育教学环节,促进文化的交流交往,也为我国对外开放提供了更多渠道与机会。

(二)院校层面

第一,将优秀的学生派出海外进行交换生学习给学生提供了拓展视野的机会与提升平台。这不仅让学生能够前往海外,也能通过课程学习、参与课外活动、与外方教授交流拓展视野。而院校通过交换生项目赋予学生具有多元国际化教育背景,在此过程中培养学生具有更强的国际竞争力,而优秀的项目,优秀的学生,密切的国际合作也能够进一步提高学校知名度及声誉。[5]

第二，项目派出院校（home university）和接受院校（host university）作为交换生项目合作的联络主体，项目合作拉近了两校间在教学课程，产业科研领域潜在合作机会，与此同时，建立在交换生项目的学生海外课程学习也为中外两校间课程资源优化搭建了良好的实践性平台。尤其是交换学生回到派出学校后，学习的效果与体验将通过学分转换以及培养方案完成情况评估等过程来检验，如果发现课程共同点或可合作的潜在领域，交换生项目亦可作为深入交流的契机，促进双方更多合作。

第三，一部分交换生项目不仅是与海外高等院校的合作，也结合不同专业特点以及学生培养需求，以交换生项目为依托与企业或者研究机构展开广泛合作。而交换生项目作为校企合作的一个切入口，使得教育资源进一步优化整合。这类交换生项目参与的企业通常为学生提供奖学金资助，解决学生前往海外学习的费用负担；或者为学生提供实习机会，体验社会与当地实践生活，同时形成一种项目校友的模式；抑或为院校的实验室提供科研项目落地的实践机会，与此同时，也带来产业的最前沿信息。以康师傅-早稻田大学圆梦计划奖学金项目为例，顶新康师傅集团作为企业赞助与日本早稻田大学合作，向我国五所大学（清华大学、北京大学、浙江大学、上海交通大学、复旦大学）的本科生提供前往日本早稻田大学进行一学期交换学习的机会，顶新集团为每位学生提供约 90 万日元（约合 45 000 元人民币）生活费及国际旅费资助，同时早稻田大学会在学生交换期间组织日本当地会社、居民社区以及非营利性组织的参观和交流活动。而康师傅集团会在上海为学生举办行前培训周以及项目学生的校友聚会等活动。而且五所中方院校、外方院校以及集团项目负责部门间定期召开项目委员会，对项目进展以及执行情况进行总结并提出建议。由此可见，多元化模式的交换生项目能够为高校学生提供更多海外学习实践的机会，也能进一步促进高校与企业产学研合作。

（三）学生层面

对于学生而言，学生不仅在学术学业上有了不同的体验与学习，同时，高校学生在选择交换生项目的时候也有自己多元化的考虑与计划。部分毕业后前往海外继续深造的学生将交换生项目作为体验，并实地前往海外进行考察，为自己未来学业职业发展进行积累；部分学生抱着体验不同文化的目的申请前往海外交换，会有意识地更多地参与到外方院校提供的课内课外活动中，充分的浸润式体验式的学习，在课程学业外也有所增益。

交换生能够在海外学习经历中直接即刻获得影响，例如，国外课程体验，跨国交流，积累海外经历，锻炼了独自生存能力等，是显而易见的。交换生项目对学生及院校所带来的更多重大影响却非朝夕立即可见，而是通过一种经历和财富作为潜在积累，而在今后学生的成长过程中提供更多的体验式参考。浙江师范大学蔡连玉在其关于《大学内部资源配置及其制度选择研究》中提出大学培养人才的效果具有"后效性",大学教育事业对学生个体的影响是长远的,甚至是终生的;大学的知识生产等事业对社会的影响往往不是立竿见影的,而是发散性的。[1]这也正充分说明高校交换生项目作为学校针对学生教育环节的一部分对学生的效果以及影响是终身性的。交换生项目中学生获得的知识与能力会内化成软实力,在学生今后的发展中产生影响。这也是高等教育在学生培养方面希望达到的目的与效果。

二、 中外高校间交换生项目的关键环节

交换生项目从项目联络、项目宣传、组织选拔、提名申请、录取派出、行前培训以及总结分享的流程化、专业化管理链,可以形成闭环,环环紧扣,相互呼应。而在管理过程中若某环节出现问题,那么整个交换生项目执行就会受阻。本段将探讨四个交换生项目的执行管理环节,并着重阐述这些环节对整个交换生项目的作用和影响。

(一)项目对外联络

中外两校间的交换生项目搭建与执行中最重要的就是双方的联络与沟通。由于受到地理空间距离的限制,双方在就交换生项目的运作模式、学生人数、课程开设以及两校教学情况的沟通方面,主要依靠合作院校项目的管理部门来执行。并且,在项目实施过程中,关于申请人资格、语言要求、提名流程、申请日期、录取情况和目的地国家与地区的签证签注要求等细节信息方面,均需要与外方进行确认。如果在对外联络中相互传递信息模糊,执行细节管理不周,联络态度懈怠,就会造成项目执行不顺畅,更严重的则会影响到中外两校间整体的合作交流态势。

另外,明确的项目设计目的与预期效果在对外联络中是需要确认的重要项目信息,这将直接影响项目的内容以及交换的模式,而且会在后续为项目宣传、学生选拔、申请准备以及行前派出提供方向性指导。如果能够对项目进行量化评估,在一定项目执行周期后进行当期的交流、回顾与展望,那么建立在以项目为基础上的两校间交流与合作会越发密切。

(二)学生选拔及项目匹配

在确定了项目相关要求后,在校内组织学生报名与选拔环节直接影响到派出学生质量与项目执行质量。第一,在进行项目通知和组织学生遴选时,关于学生类型、专业、年级、派出时长,都需要同时满足于交换生项目以及派出院校的要求。如有项目遴选的笔试面试环节,不仅要参考申请参与交换生项目学生的学业水平,也要对学生综合素质以及是否与项目匹配进行评价与判断。第二,由于学生前往外方院校需进行较长一段时间的学业学习,关于学生语言水平的判断也需要有一定程度的要求。

语言能力是确保学生能够在境外正常交流沟通、学习生活的基本能力之一,因此对于学生语言能力的筛选与考察至关重要。一方面,部分外方院校会对交换生英语水平有最低要求,需要学生在申请时提交托福、雅思、日语水平能力考试等相关外语水平成绩单;另一方面,学生也会根据自己语言能力的水平来进行语言考试的学习与准备,或者选择前往不需要提供相关外语考试成绩的国家或地区进行交换学习。第三,关于学生前往外方院校进行学习的课程选择与专业匹配,派出院校也应该在交换生项目选拔初期就做好把关工作,这样不仅能够确保学生在外学习不会偏离学习方向或者浪费宝贵的交换机会,同时,也能为之后学生回国进行课程替代和学分转换打下良好基础。

(三)行前培训

由于许多学生在参与交换生项目时相关的海外学习经验非常有限,几乎没有在海外独自生活学习的体验,学生赴外前做好相应的物质心理准备是非常必要的。并且随着交换项目数量的增加和前往海外交换留学的中国高校学生人数不断增长,我国在海外的留学生遇到财物被偷盗、发生交通事故甚至人身安全受到威胁的情况屡见不鲜,因此交换生项目在派出学生时,更加需要格外重视学生前往海外人身财产安全的教育。其次,由于我国高等院校与欧美院校的教育体系与学术氛围存在差异,为了保证学生能够顺利过渡,尽快融入外方学习生活,从而减小在外学习及心理压力,组织相关的赴外学习经验分享以及学术培训活动,对交换生而言也是至关重要。总而言之,无论是安全方面还是学术科研方面,为交换项目参与学生提供更加全面精准的相关行前培训,是保证学生安全、项目质量的关键环节。

(四)课程替代及学分转换

我国高校要求学生的培养与培养方案相契合,这样保证了学生能够在一定的学习期限内达到计划的培养目标。在学生参与到海外交换生项目时,学生授课环境将会脱离派出院校,这也为派出院校如何监督管理学生在外学习成果和收获提出了问题。建立在中外方院校对彼此课程了解质量信任的前提下,在学生回校后对外方给出学生的学习评价,进行跨学校、跨教育系统的转换,更需要派出院校教学相关部门以及相关专业任课教师对外方大学课程和学生表现进行综合评估后,给出客观公平的评价。课程替代和学分转换不仅是对于学生前往外方交换学习成果的验收,也是把握学生海外学习进程,了解外方高等院校课程设置以及教育资源的重要环节。

三、 交换生项目执行中的制约因素

交换生项目在联络、设计与实施过程中实则涉及跨国、跨部门、跨领域等合作问题,利益关系复杂,存在一系列制约交换生项目执行或者影响交换生项目质量的因素存在。下面作者会从院校和学生两个层面来分析制约交换生执行的因素。

(一)院校层面

高校交换生项目面临的项目资源分布不均衡情况也是制约交换生项目执行的重要因素之一。这也是笔者在有限的篇幅内,希望在本节重点讨论的制约因素。已经运行了将近20年的欧洲高等教育一体化进程中产生的"伊拉斯谟"项目,欧洲地区间高校的学生交换合作以及学生流动情况也存在许多值得我国高等院校借鉴的地方。在2007年,欧洲提出一个在"伊拉斯谟"项目中凸显的问题,即国际学生的平衡流动问题。由于不同院校、地区以及专业优势不尽相同,在一定程度上学生的流动存在定向性和不平衡性。北京大学教育学院的马万华教授在其针对欧洲博洛尼亚进程中学生流动情况的研究中表明,经济发达水平和高等教育发展水平相对落后的东欧以及南欧地区学生流出派往西欧和北欧的数目激增,并且无法与流入学生数量达成平衡。由此更可以看出,双方合作院校的区域差异、排名差异会造成交换生流动不均衡的情况[7]。

以上相似的情况也会出现在我国高等院校与海外合作伙伴院校交换生互派的过程中,并且这一现象非常普遍。首先,学生会挑选高等教育发达以及优秀教育资源聚集的国家和地区作为交换学习的目的地,从而开阔眼界、获得更多资源与机会,我校在执行校级交换生项目时也在面临这一挑战,学生更希望寻找欧美地区或同专业领域的顶尖院校进行交换学习,因此,部分院校的交换名额竞争激烈,而相反,部分发展中国家的合作伙伴院校或世界排名并不突出,更有甚者,按照学生的表述,一些"连名字都没有听说过"的学校,交换名额会存在浪费的情况。其次,在高等院校交换生派出的过程中派出院校学院与专业的优势差异会造成优势学院和专业的学生更加容易获得交换生项目的机会,例如,外语学院或者商学院;而出院校学院与专业的优势差异也会造成院校合作时的马太效应,即优势学科与专业更加容易获得国际化资源,由此一来,差异会越发明显,而分布不均衡的状态不但不能得到抑制,反而会愈演愈烈。

针对以上交换资源分布不均衡的情况,作者认为可以一分为二辩证地来分析。交换项目资源分布不均无论是合作院校间还是在合作院校内部都不利于全球合作的展开,但是,学生关于参与项目的资助选择也为项目执行以及评估部门提出了新的挑战,即如何能够联络设计不同种类的交换项目以满足学生的需求,以达到培养学生不同能力的目的。

(二)学生层面

首先,学生选择项目的盲目性和随意性会导致某些学生参与项目并不能达到项目的预期效果,这也成为制约交换生项目执行质量和效果的因素之一。学生会仅仅根据个人对地区的喜好或外方院校综合排名做出交换国家或院校的决定,而忽略了个人学业专业匹配度和所选外方课程与本校培养方案课程契合度等重要因素。[4][5]这也是由于学生在选择项目时信息不对称、对项目了解程度不足或对中外双方项目理解的偏差所造成的。其次,项目设计中,中外院校学制、课程间的差异会对于项目参与者造成困扰。例如,部分英美院校的学制为三学期,课程设置也以学年为单位具有较强连贯性,这种情况就为计划选择前往该校学习一学期的交换生增加交换难度,学生或许就会放弃项目参与机会。又如,中外双方相似专业开设课程的较大差异,会为学生学分转换以及成绩认定提出挑战。而这一挑战可能造成延期毕业或者专业课程成绩落后等后果,就会成为学生放弃交换项目参与机会的原因。最后,学生对个人学业生涯规划以及未来职业规划的不明晰,也会在其选择"(1)是否赴外交换;(2)是否前期做好语言、学术、心态等能力的准备;和(3)更好地利用交换项目资源"等方面形成壁垒,造成交换项目不适合或者不能达到预期交换目的等情况的发生。

四、 针对交换生项目的建议

针对前面文章中所分析的多种交换生项目所遇到的制约发展的因素以及项目执行关键点所面临的挑战,笔者希望从交换生项目宣传、项目设计、项目科学管理等方面给出建议,也非常欢迎各位读者提出更多宝贵意见和建议。

(一)项目宣传方式的探索

前面文章中提到,学生获得项目信息的不对称以及对项目的了解偏差,会导致学生不能够选择到合适的交换生项目前往海外学习。因此,交换生项目在进行校内推广与宣传的时候可以通过多元的信息传递方式来进行。并且,交换生项目的一些信息对于学生来讲晦涩难懂,面对这一情况,项目管理部门可以将信息以学生能够理解并更贴近学生的方式来进行宣传,效果会事半功倍。传统的项目宣传方式以组织校内和外方大学宣讲说明会、邮件电话答疑等方式来进行。但面对越来越个性化的项目咨询与项目宣传需求,利用线上宣讲会以及与学生社团合作的形式,也可以成为以学生能够接受的项目宣传方式。另外,利用现在"两微一端"等线上媒体进行项目信息发布,能够使学生更快更及时的接收学生信息。与此同时,笔者发现,现在许多外方学校也会直接通过线上向交换生开放不同方式的信息共享渠道。加州大学每年会为交换生举办四次线上交换生项目宣讲答疑会(webnar),学生能够与外方交换生项目负责人直接线上交流,与此同时,线上会议的视频音频资料会永久保存在外方大学网站,供交换生进行回顾参考。

（二）项目类型的多元化拓展

在进行交换生项目对外联络与项目沟通设计的时候，中外双方院校应该本着去粗取精、去伪存真的原则，尽可能为学生联络多种交换的机会，为学生搭建更好的海外交换学习平台。其次，项目设计应该更加契合中外双方院校各自学生培养、学术交流和科研合作的需求，这样不仅给学生创造更多选择的空间与机会，实现项目多元化、精细化，也能够在实践交换生项目中既灵活又精准。

在项目设立后，院校针对学生进行项目选择的指导这一环节也至关重要。一方面是因为交换生项目类型多元，交换合作院校数量也不少，针对性的指导与答疑会尽量提高学生与项目的匹配程度；另一方面，这种在项目宣传、项目选择过程中的指导，也提高了教育资源的最优分配。通过对学生需求和资质的深入了解，学校交换生项目管理部门能够将准确的项目信息传达给学生，同时，能够避免许多由于专业不匹配、学生条件不满足外方要求而浪费交换名额的情况发生。

（三）项目管理的流程化与规范性

正如本文第二节提到交换生项目的实践与管理环环相扣，任何一个环节出现偏差，都将会影响整个交换生项目的质量。因此，关于交换生项目"选""派""管""回"的各个环节都应该确保项目执行与管理的质量与效率。不仅如此，涉及交换生项目的中外高校间、校内不同部门间的协同合作，科学规范的执行流程也保证了关于交换生项目能够持续有效的执行。并且，定期对交换生项目的效益进行学生问卷调查以及结果影响的调研总结，也将对交换生项目起到积极、持续和长远的影响。

五、 结语

无论是校级交换生项目作为我国高校国际合作与交流的一部分，还是作为学生海外学习的形式之一，或是参与到推动高校国际化进程的大趋势中，交换生项目都将面临新一轮的机遇与挑战。交换生项目虽然在中外合作院校的合作与交流中是非常传统的学生互派模式，但作为项目参与者，每一次项目体验都是独一无二的，那么把握好海外交换资源，做好赴外的充分准备也能够在每次交换学习中迸发出别样的体验。另外，项目数量与学生数量日益增加，项目种类与模式逐渐多元，学生需求个性化，教育体系差异化等各种情况，都在项目执行过程中不断涌现。那么，如何能将海外学习的资源最大化的利用，融入学生培养环节，为国内高等教育的发展提供参考，同时成为高等院校全球化的助力，是项目执行部门和项目参与院校应该思索的问题。因此，交换生项目的实践与探索始终在路上。

参 考 文 献

[1]　蔡连玉.大学内部资源配置及其制度选择研究[J/OL].清华大学教育研究,2017,6(38):16-21.

[2]　蔡雪梅.高校交换生项目所面临的问题及对策建议——以四川大学为例[J/OL].教育管理研究,2012(66):52.

[3]　张弛.对高校国际交换生项目科学管理的探讨[J/OL].教育理论研究,2012(5):154-155.

[4]　何洪.大陆高校跨境交换生项目影响因素探析[J/OL].高教论坛,2011,4(4):126-129.

[5]　高烁琪.北京高校本科国际交换生项目反馈及浅析[J/OL].科技博览,2011:249-251.

[6]　舒畅.社会交换理论视阈下高职院校国际交换生项目发展研究[J/OL].高等农业教育,2015,10(10):105-108.

[7]　马万华.博洛尼亚进程中欧洲内部学生流动的不平衡现象分析[J/OL].清华大学教育研究,2017,6(38):74-80.

（作者单位：清华大学国际合作与交流处）

落实全球战略，构建新型智能化因公出国（境）管理平台

林　琳　罗　嵘　郭　松

摘　要： 目前，清华大学在全球化战略目标的引导下，国际化进程高速发展，国际化建设及合作交流总量呈现出逐年成倍增长趋势。本文基于服务要素优化配置方案，针对我校因公出国管理系统不够完善且无英文版本、服务集成化程度偏低、服务方式稍显简单等问题，提出了更便捷、更智能、更国际化的解决方案，并给出了我校智能化因公出国（境）管理平台的具体实施建议。

关键词： 全球化战略；国际化；智能化；信息化平台设计

一、　全球化战略背景及发展趋势

清华大学自 1911 年建校以来，肩负着时代的使命与社会各界的厚望。清华大学立足中国的发展与崛起，培养了千千万万胸怀天下、勇于进取的杰出人才，成为中国与世界沟通交流的桥梁之一。一百多年来，我校吸引了大量的国内外优秀人才前来教书和求学，并积极鼓励全校师生前往世界各地进行考察学习、融汇交流。

在实现中华民族伟大复兴的中国梦的关键时期，随着中国共产党第十九次全国代表大会的胜利召开，中国影响力已经备受全世界的瞩目，中国在世界舞台上的角色也在与时俱进。在全球化时代的背景下，清华大学一直坚信只有"立足中国、面向世界、传承创新、卓越发展"，才能获得全球一流的生源、一流的师资和教学资源，才能产出人类社会共同的知识、杰出的人才和科技成果。一代又一代的清华人把服务国家作为首要和最重要的使命，同时认识到夺取新时代中国特色社会主义的伟大胜利，服务于"一带一路"建设和"双一流"战略，高等教育实施国际化战略是必然的选择。

2016 年，面向国家发展战略需求与高等教育的重大变革与机遇，清华大学抓住机遇，主动作为，将建设世界顶尖大学确定为发展目标，制定了《清华大学全球战略》。

《清华大学全球战略》是我校基于学校国际化传统的创新之举，具有里程碑意义。[1] 卓越管理和国际化校园是清华大学全球战略的两大重要方向。这与全球国际化程度最高的世界一流大学——美国麻省理工学院的定位不谋而合。该校提出的经典全球化战略的"四位一体"理论模型，把教学、科研、服务、校园国际化有机地融为一体，源于世界，存于世界，益于世界，让学校的国际知名度大幅提高。[2]

二、 互联网智能化趋势简史

自古以来，许多思想家和先知认为，饥荒、瘟疫和战争是上帝整治宇宙的一部分，抑或是出自人类天生的不完美，除非走到时间的尽头，否则永远不可摆脱。[3]

但在过去几十年间，人类已经成功遏制了饥荒、瘟疫和战争。虽然这些问题还不能被完全解决，但已经从过去"不可理解、无法控制的自然力量"转化为"可应对的挑战"。而互联网时代的日益蓬勃发展，给科技、经济和政治带来了非同凡响的进步。各行各业都与互联网智能化有着千丝万缕的联系，人们不断追赶时代的步伐，让智能化融入各行各业中：人工智能机械臂完成了数以百计人类的劳动量；云计算时代的物联网服务体系带给人们极大的便捷；大数据格局下的智慧城市改善了人们的日常生活；无人机在运输行业的完美应用展现了未来科技的发达；外太空环游也不再仅仅是人类的梦想；等等。人类清楚地认识到信息化技术的力量，也挖掘出前所未有的生机和活力。时代在召唤，作为新时代的高校国际合作工作者，我们理应与时代比肩前行，共创辉煌。更应把互联网科技的便捷融入工作中去，践行国际合作交流处的使命与责任。

三、 清华大学因公出国（境）管理现状

国际合作交流处（以下简称国际处）是清华大学面向世界的一个窗口，同时也是清华大学开展全球化战略的重点职能部门。"一带一路"建设作为国家重大战略的推进，开放发展理念的提出，"双一流"战略的实施，对我国高等教育在一种新的发展模式下，该担当怎样的使命提出了新的要求。与此同时，国际处也肩负着促进我校形成层次多样化、技术网络化、学科均衡化的国际化办学大格局的重大使命。

国际化服务从何而来？从整个团队的意识以及热忱的态度而来。国际化校园从何而来？从每一个国际化细节而来。每一个细节都是国际化进程的一砖一瓦。把国际化理念融入工作的每一个细节当中去，也是每一名基层工作者的目标。积极推动校机关国际化步伐是我们基层工作者肩负的使命，助力清华大学全球化战略是我们坚定不移的职责。

国际处派出工作办公室（以下简称派出办）承载着"跟进、落实学校全球战略，打

造因公出国（境）对外交流平台，稳步推进学校国际化进程，并为学校因公出国（境）路径提供策略支持，促进我校国际化进程的持续高效发展"的使命，负责统筹规划学校因公出国（境）的审批，承办学校出国（境）人员的相关手续，跟踪、协助相关人员的外出任务，保证出国（境）工作的顺利运转，并对出国（境）相关工作进行归口管理。

2015年年底，为进一步加强和规范我校师生因公临时出国（境）管理工作，鼓励和支持我校教学科研人员更广泛地参与国际学术交流与合作，提升学校国际竞争力和影响力，助推学校世界一流大学建设，清华大学因公出国（境）管理申报系统开始全面运行。这与清华大学一直秉承着与时俱进、开拓进取的精神息息相关。

因公出国（境）管理系统的运行是一个具有重要意义的开端。这一举措打开了网络化办公的大门，也很大程度上加速了办事效率，摒弃了我校因公出国（境）师生把所有纸质版材料递交到派出办公室的历史。因公出国（境）任务的师生，只需通过网上申报系统填写，根据人员类别按照流程进行校内报批工作即可。这开拓了高校因公出国（境）互联网智能化信息平台服务的开端，初步实现了因公出国（境）系统的集成化、服务方式的信息化的进程。

2017年我校国际处派出办共受理因公出国（境）申报任务14 517人（同比2016年增长7.2%），其中，教职工6890人（同比增长7.7%），学生7627人（同比增长6.7%）。这是令人欣喜的数字，表明清华大学无论在科研教育水平上，还是在学术和文化交流上，以及在全球各国的合作交流中均扮演着不可或缺的角色。

与此同时，也凸显出服务基础性建设与国际化进程速度不匹配。作为直接服务窗口部门，派出办虽然在人员配备上已经进行了优化和调整，但在软实力上还需进一步统筹，特别是我校信息化部门缺乏技术人才支持，导致了我校因公出国（境）申报管理系统信息智能化建设相对滞后，缺乏有针对性的主动服务。

为了实现全面化、个性化和智能化因公出国管理系统，提高管理水平，加强服务效率，结合我校师生对因公出国（境）管理平台提出的一些宝贵意见（主要包括服务集成化程度偏低，服务方式简单，仅有电话咨询及当面咨询，无法为用户提供更智能服务等），本文希望透过细节看本质，通过问题抓根本的指导思想，达到以点带面的实施国际化、全球化进程的目的，紧跟全球化战略步伐，进一步优化因公出国（境）管理智能平台。

首先，如何整合校内资源，打开存量资源利用的突破口，包括优秀学生团队及志愿者教师等，提出合理激励方案，不仅为我校优秀学生提供校内实践机会，也合理优化了校内资源，实现科技资源共建共享，这也是节能理念的一个重要体现。例如，武汉大学网上预约自习室，就是一个典型的案例。为了避免没有上自习的学生占位置，想上自习的学生却没有位置可以学习，充分利用教室空间，武汉大学给出了提前网上预约自习位置，通过时效性监控，解决了"一本书占半年"的情况发生以及学生找自习室难的问题。

这不仅使学校资源利用率更优化，也让校园生活变得更智能化。

其次，对因公临时出国（境）系统进行整体化设计。根据我校师生的现实诉求并结合实际情况，以构建新型智能化因公出国（境）服务体系为目标，提出构建新型智能化因公出国（境）管理平台设计方案。其中，不断创新科技智能服务平台的服务模式，以多种组织形式实现平台相关服务，通过整合校内资源提高平台服务的技术支持能力，从而满足信息环境下用户的综合化、智能化和层次化需求，这与我校智慧课堂等智能化运行思路相契合。

该平台包括如何实现服务要素最优化配置，以及细节操作智能化；实现智能化、便捷化、友好化，从而达到物尽其用，节省人力、物力以及我校师生及工作人员的时间；具有良好的可拓展性、安全性和稳定性。本文提出的优化配置方案，力求让我校因公出国（境）管理平台在全球化战略目标的现实诉求中发挥积极作用。

四、 因公出国（境）管理平台优化配置方案

（一）英文版本派出系统建设

随着全球化战略及国际化水平的提高，相应的服务平台和窗口质量也需稳步提升，二者应是相辅相成、此增彼涨的发展模式。针对全球战略的目标，清华大学的国际化进程也在不断推进，例如，国际处学生学者中心的成立，苏世民书院的成立，以及各个院系的鼎力推动国际化进程，我校国际学生学者比重逐年增多。

目前，我校国际学生学者数量也在逐年增加，本科生有 1227 人，硕士生有 1249 人，博士生有 389 人，港澳台侨学生 645 人，长期外籍专家有 300 人，短期专家人数更是逐年递增。国际学生学者的比重水平也是我校国际化水平的重要标志之一。随着全球战略目标的逐步推进，我校国际学生学者比重逐年增多已成为必然趋势 。

随着全球化进程的推进，逐年中国的清华大学也将成为世界的清华大学。因此，因公出国（境）管理系统英文版和完整的信息化平台英文版本，也应当作为一项基础性建设来落实。目前由于因公出国（境）管理系统并没有英文版本，造成我校留学师生办理国际事务时出现无处可查的状况，我校留学师生办事难的问题亟待解决。

目前，国际处这一大家庭也加入了许多国际友人，我们的团队也在不断地国际化。无论在系统构建还是翻译落实，我们都已准备好行囊，蓄势待发。因此，在我校外事信息系统的二期建设中，英文版派出系统的建设必不可少。

（二）服务要素优化配置方案

针对我校因公出国（境）管理平台的现状，本文提出因公出国（境）平台的服务要素优化配置方案。详细内容如下：

为了使设计的服务方案能够更好地满足用户的需求,在进行服务设计之前,有必要针对目标用户群体展开用户需求调查,以准确获取用户对服务的各种需求,进而确定用户需求权重。

在现实中,一种用户需求可能与一个或多个服务项对应,即用户需求与服务项之间存在关联关系,而服务项与服务项之间亦可能存在自相关关系。通常,运用质量功能展开的基本原理 QFD(Quality Function Deployment,质量功能展开是把顾客或市场的要求转化为设计要求、零部件特性、工艺要求、生产要求的多层次演绎分析方法),可对用户需求进行细化分解,即转化为具体的产品工程特性,随后通过构建 HoQ(House of Quality,质量屋是一种确定顾客需求和相应产品或服务性能之间联系,如图 1 所示),描述顾客需求与产品工程特性之间存在的关联关系和产品工程特性之间存在的自相关关系,进而确定产品工程特性的权重。[4]

已有研究表明,QFD 可扩展应用于服务设计中,即将用户针对服务的需求转化为具体的服务项,运用 HoQ 可描述用户需求与服务项之间存在的关联关系和服务项之间存在的自相关关系,以确定服务项权重。在服务设计问题中,顾客需求、服务要素及服务项之间的对应关系可用图 1 所示的 HoQ 表示。[5]

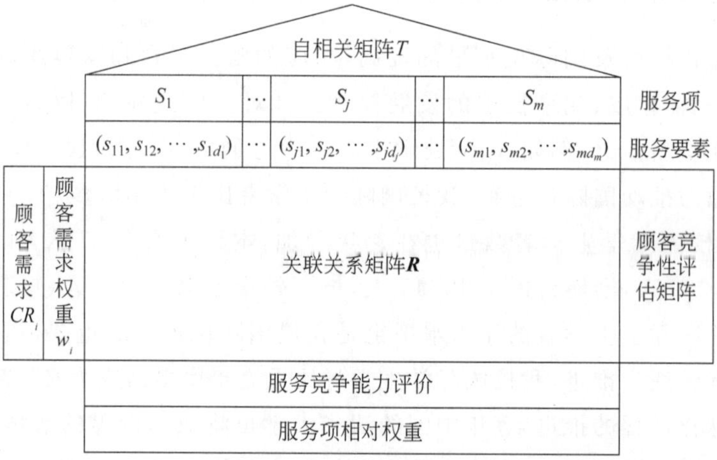

图 1　服务设计的 HoQ

在图 1 中,关联关系矩阵 R 中的关联系数 r_{ij} 表示用户需求与服务项的关联程度,自相关矩阵 T 中的自相关系数 t_{gj} 表示服务项之间的自相关程度,这些系数可以通过服务设计组采用打分法确定。例如,采用"0-1-3-5"打分法,其中:0 表示无关联,1、3 和 5 分别表示满足程度弱、一般和强。若记 $\hat{r}_{ij}$ 和 $\hat{t}_{gj}$ 分别为采用打分法得到关联关系矩阵 R 中的关联系数对应的分值和自相关矩阵 T 中的自相关系数对应的分值,则需要对这些分值进行归一化处理,其归一化公式分别为

$$r_{ij} = \frac{\hat{r}_{ij}}{\hat{r}_{\max}}, i = 1, 2, \cdots, n, j = 1, 2, \cdots, m; \tag{1}$$

$$t_{gj} = \frac{\hat{t}_{gj}}{\hat{t}_{\max}}, g = 1,2,\cdots,m, j = 1,2,\cdots,m;\qquad(2)$$

其中：$\hat{r}_{\max} = \max\{\hat{r}_{ij} \mid i = 1,2,\cdots,n, j = 1,2,\cdots,m\}$，

$\hat{t}_{\max} = \max\{\hat{t}_{gj} \mid g = 1,2,\cdots,m, j = 1,2,\cdots,m\}$

由式（1）和式（2）可知，$r_{ij} \in [0,1], t_{gj} \in [0,1]$。记 $V = (v_1, v_2, \cdots, v_m)$ 表示服务项的**绝对权重向量**，其中 v_j 表示服务项 S_j 的绝对权重，

$$v_j = \sum_{i=1}^{n} \omega_i \sum_{g=1}^{m} r_{ig} t_{gj}, j = 1,2,\cdots,m\qquad(3)$$

进一步，对**绝对权重向量 V** 进行归一化处理，得到服务项的**相对权重向量 V^*** $=$ $(v_1^*, v_2^*, \cdots, v_m^*)$，其中 v_j^* 表示服务项 S_j 的相对权重，

$$v_j^* = \frac{v_j}{\sum_{j=1}^{m} v_j}, j = 1,2,\cdots,m\qquad(4)$$

显然，v_j^* 满足 $\sum_{j=1}^{m} v_j^* = 1, 0 \leqslant v_j^* \leqslant 1, j = 1,2,\cdots,m$。

服务要素通常是根据用户的需求来确定的，不同服务要素对用户需求的满足程度不同，服务要素对用户需求的满足程度可由设计组通过对用户需求的分析给出评价值，服务要素对用户需求的满足程度评价值可以用打分法进行量化描述，例如采用"0-1-3-5"打分法，其中：0 表示不能满足，1、3 和 5 分别表示满足程度较低、中等、较高，服务要素满足用户需求的程度会受到服务要素提供程度的影响，若服务要素可以被提供，则认为该服务要素满足用户需求的程度不会受到服务要素提供程度的影响，若服务要素不能完全被提供，则认为该服务要素满足用户需求的程度会有所降低，因此，可以用企业针对某项服务要素的提供程度（q_{jk}）与该服务要素对用户需求的满足程度（h_{jk}）的乘积来描述服务要素满足用户需求的程度，若令 u_{jk} 表示服务要素，S_{jk} 满足用户需求的程度，则

$$u_{jk} = h_{jk} q_{jk}, j = 1,2,\cdots,m, k = 1,2,\cdots,d_j\qquad(5)$$

由于用户的满意度与服务需求的满足程度相关，服务项权重和服务要素满足用户需求程度的乘积在一定程度上可以反映用户针对该服务要素需求的满意度。令 $Q(u_{jk})$ 表示用户针对服务要素 S_{jk} 需求的满意度，

$$Q(u_{jk}) = v_j^* u_{jk}, j = 1,2,\cdots,m, k = 1,2,\cdots,d_j\qquad(6)$$

综上所述，可通过用户调研，挖掘校内资源，提出合理的激励机制，积极鼓励我校师生参与提供技术支持。根据以上模型，分析拟合工作当中针对我校师生的服务要素及服务项权重，对目前系统基本要素进行拟合分析，模拟出一套符合我校因公出国（境）管理特色的、针对服务要素需求的满意度的归一化方程，从而计算出满意度最优化的最优解，进而设计出最优的服务方案。[6]

（三）智能化改进以及细节设置

作为派出办的工作人员，我们深深地体会到服务的本质与内涵，以及其中充分体现出的"以人为本的主导思想"。截至 2017 年 11 月 14 日，经国际处派出办最终审核后，我校因公出国境（批件下达）14 024 人次，达到了 2016 年全年总量（13 547 人次）的 104％。这说明，我校因公出国（境）师生依靠因公出国（境）管理平台，真正地"走出去"了。因公出国（境）管理平台在加强学生全球胜任力的培养，顺利开展全球研究和合作，为我校全球战略的稳步实施工作发挥了重要作用。

目前使用的因公出国（境）管理平台还存在一些需要改善的问题。我校师生出国（境）任务的审批涉及院系、教务处、学生处、研究生院、国际处、财务处、人事处等多个单位，尽管学校各部处工作人员紧密配合，但由于智能化程度不够，导致很多人力和物力的浪费。

因此，必须优化因公出国（境）申报系统，让系统更加智能化，这样工作人员可以从烦琐的事物中抽离出来，有更多的时间和精力发挥人的智慧与作用，切实助推我校全球战略的顺利实施。

首先，由于现有信息化平台结构较为混乱，信息提示不够智能和友好，往往让申办的师生没有办法一目了然，知道自己要做什么，本文建议如下：

开发因公出国（境）管理平台的二期建设时，对平台整体架构进行优化分层，主要用两条流程来体现：

（1）第一条流程为师生实操流程。主要实现智慧引导型流程操作，必要节点有合理提示框弹出，再根据不同师生的不同情况，在办理第一步插入流程讲解小视频，避免办事师生一头雾水重复工作；

（2）第二条流程为师生对因公出国审批流程（各部门职能情况）的查询提供帮助。做到我校师生办理因公出国（境）手续时，遇到问题有据可依、有处可查，合理优化自己的出行办理事宜。

其次，优化管理平台的功能。例如，关于因公出国人员兑换外汇预算单，现有的因公出国（境）管理平台上有此部分内容，但由于出访国家繁多、标准不统一，一直没办法真正投入使用。我校师生在系统中填写详细内容后，并没用生成正确的外汇预算信息，导致每一位因公出国（境）师生都必须亲自前往派出办现场办理外汇预算，有的师生需要在派出办、财务、院系等单位之间来来回回往返多次才能办理成功。这样占用了大量工作人员的时间、精力，也让办事人员叫苦连天。本文建议，优化管理平台上相关内容，师生填写完外汇预算信息后自动生成 Excel 表格，打印纸质版来派出办审核盖章即可。

最后，由于派出办工作内容存在数量大、流程烦琐、细致化程度高等特点，建议优化派出办工作内容运转流程。每位师生在管理平台上提交完成出访行程后，自动生成相应的二维码保存。派出办工作人员扫码即可获取师生的出国详细内容，无须再像以前一样，利用纸质版运转单流转工作内容，特殊情况可以在网络上标记，而不是在纸质材料上手写标记，避免纸质版材料运转不利于工作的流畅性、容易造成重复性工作，不利于我校师生办理手续的时效性等问题。

五、 总结

综上所述，在清华大学始终坚持全球战略指导方针的前提下，我校各个院系、校机关职能部门砥砺推动清华大学国际化水平。作为全校师生因公出国（境）任务的窗口管理服务部门，国际处派出办应当发挥积极作用，全面优化战略部署，依从战略发展、战略导向、战略选择、战略落地，分阶段对派出工作做出了深刻的剖析。

随着全球化战略工作的逐步开展，我校国际化水平的提高，无论是加入清华大学的国际学生学者，还是我校派出合作交流的师生，不仅从数量上有显著的增长趋势，而且在省时省力、高质量高要求方面也体现出明显的需求。因此，本文根据国际处派出办的实际情况和实践经验，参考服务要素优化配置方案模型，拟合相应服务优化方案，提出了切实可行的建议：全面开展英文版本的因公出国申报系统建设，以及智能化因公出国管理系统更加优化的落实方案，以期达到全面优化以人为本的派出工作机制目标。

参 考 文 献

［1］ 面向世界、勇于进取——清华大学实施全球战略［J］. 新清华全球战略专刊，2017 年 4 月 25 日.

［2］ 陈玉涓，杨美美. 麻省理工学院全球化战略的实践模型及其镜鉴［J］. 宁波大学学报（教育科学版），2007，39(2).

［3］ ［法］雅克·阿塔利. 未来简史（第二版）［M］. 上海：社会科学院出版社，2010.

［4］ AKAO Y J. Quality function deployment：integrating customer requirements into product design ［M］. Cambridge，UK：Productivity Press，1990.

［5］ LIN L Z，HUANG L C，YEH H R. Fuzzy group decision making for service innovationsin quality function deployment［J］. Group Decision and Negotiation，2012，21(4)：494-517.

［6］ 张重阳，樊治平. 服务方案设计中的服务要素优化配置［J］. 计算机集成制造系统，2015，21(11).

（作者单位：清华大学国际合作与交流处）

世界一流大学国际化
校园建设初探

陈　垦　吕　婷

摘　要：高等教育国际化是近年来教育领域研究的热点问题。随着中国教育对外开放程度逐步扩大，高校在国际化建设方面的步伐日益加快。如何在全球化背景下打造与世界一流大学相适应的校园国际化环境成为一个重要命题。国际化校园建设是学校国际化战略的重要组成部分，也是吸引和延揽全球优秀人才（教师和学生）的先决条件和基础保障。本文拟从分析国际化校园建设的内涵和必要性出发，结合国外一流大学的策略和清华大学的实践经验，对国际化校园建设的路径和需要注意的问题提出思路与建议。

关键词：世界一流大学；国际化校园

随着世界多极化、经济全球化的发展，优质教育资源和高水平创新型人才在全球范围内加速流动。世界一流大学纷纷推出国际化战略，举全校之力建设有国际声誉和影响力的全球性大学。在国际化发展的进程中，越来越多的高校意识到，评判一所学校的国际声誉和影响力，不仅取决于可量化指标，如国际师资、国际学生、课程和国际合作发表论文的数量等，还与师生在校园中实际生活学习的体验紧密相关，包括融入度、便捷度以及满意度等。目前，关于国际化校园建设，尚未有成体系、规律性的策略总结和实施路径。高校校园作为"特殊的育人载体"，[①]如何在国际化背景下充分发挥环境育人、文化育人的作用，亟须进行深入研究和思考。

---

①　张彦. 超越历史与自发，提升校园文化育人功能[J]. 中国高等教育，2005(19)：25.

一、 国际化校园建设的内涵

近年来,国内学者主要以文化学与教育学为理论基础开展校园及文化建设的相关研究。笔者认为,国际化校园建设的内涵是指把国际化的理念与元素有机地融合到校园软硬件建设的方方面面,提升中外学生学者在校园的教育体验和生活体验满意度。概括起来,可以包括三个层面:一是打造适应国际化发展的基础设施和硬件环境,即国际化校园的物质层面;二是建设符合国际规则且有文化针对性的管理制度,即国际化校园的制度层面;三是营造平等、和谐、融洽的多元文化共存共荣的良好氛围,即国际化校园的文化层面。以上三方面密切关联,相互促进。

二、 国际化校园建设的必要性

国际化校园建设是顺应高等教育国际化发展趋势的必然选择。中共中央、国务院在 2017 年 2 月印发的《关于加强和改进新形势下高校思想政治工作的意见》指出,高校肩负着人才培养、科学研究、社会服务、文化传承创新、国际交流合作的重要使命,国际交流合作首次被列为高校的第五大职能。随着中国逐渐走向世界舞台的中央,中国高校将会吸引更多来自不同国家、民族、文化背景的学生、学者,且各国各高校之间的交流日益频繁与密切,这为国际化校园建设创造了有利条件,同时也提出了更高的要求。"一所院校要想真正实现国际化,必须使国际化渗透到它的每一个角落。"[①]只有从物质、制度、精神文化等方面建设沟通顺畅、制度明晰、交流便利、自由包容的校园环境,才能更好地彰显大学魅力,塑造良好的国际形象和声誉。

国际化校园建设是吸引和培养国际化人才的必要条件。开放、包容的校园文化和优质、丰富的校园设施能够为中外学生创造良好的生活学习体验,是吸引国际学生学者,延揽一流人才的重要条件之一。同时,校园文化对人才培养有着潜移默化的浸润作用:一是为国内学生学者提供在校国际化学习工作条件,足不出户就能感受异国文化氛围、享受优质的国际教育资源与环境;二是为国际学生学者提供融入本土文化的机会,让他们在宾至如归的和谐氛围中更好地提升自我、施展才华;三是为中外师生无障碍的跨文化沟通创造条件,促进多元文化的和谐共生,塑造师生尊重不同文化、开放包容的心态,从而真正从精神内核层面打造国际化的世界一流大学。

---

① [英]皮特·斯科特.高等教育全球化理论与政策[M].周倩,高耀丽,译.北京:北京大学出版社,2009:42.

三、国外一流大学国际化校园建设策略

（一）耶鲁大学

耶鲁大学围绕建立"全球性大学"的国际化战略目标，先后制定了《耶鲁国际化：2005—2008 年战略框架》和《国际化框架——耶鲁议程（2009—2012）》。两个战略框架保持了前后延续性。在国际化校园方面，"2009 年框架"非常重视为国际学生学者提供更周到的服务与帮助，注重校园国际化氛围的营造。[①] 耶鲁大学专门成立国际学生与学者办公室，为国际学生、学者提供服务；为国际学生建立门户网站，建立网络社区，提供各类资讯。办公室职员积极建立与国际学生学者之间的良性互动，直接为国际学生学者提供包括移民、旅游、住宿、暑期课程等方面的咨询服务；[②]设立语言培训项目办公室，为其提供英语培训课；打造校友互助纽带，让高年级的国际学生帮助新生尽快融入国际化的校园生活；为国际学者的家人提供相关支持，包括为其配偶在就业等方面提供帮助。[③] 耶鲁在为国际学生学者的配偶以及合作伙伴的支持方面取得了有效进展，配偶及伙伴采取"老人带新人"的方式，发展一系列共同参与的活动，如讨论书籍、学习书法、亲子游戏等。同时，为了让国际学生学者尽快融入耶鲁，打造多元文化的校园氛围，耶鲁每年举办许多国际活动，如迎新活动、英语对话小组、现实问题研讨会等，[④]以及具有各国特色的活动，如非洲周、印度排灯节等。还为耶鲁教职员工提供多元文化培训课程，使其能够与来自不同文化的个体更好地配合。[⑤]

（二）普林斯顿大学

普林斯顿大学在国际化校园建设方面提出增强校园的"多孔性（porosity）"以及师生在世界的"网络性和流动性（networks and flows）"。国际化路径由普林斯顿的研究和教育兴趣来确定，而不是由缺乏灵活性的对于海外校园或世界特定区域的投资来确定。相比于在特定地区、国家或研究领域的投资，普林斯顿主张将更多精力、财力放在建设学校通用性的国际化交流与研究的能力，核心是降低本校师生出国以及外国学者来普林斯顿的门槛，推动人员和思想的输入和输出，从而使得世界都能感知到普林斯顿的学术能量。在具体的校园建设操作上，学校将校园国际化水平"可视化"，增强"能见度"。一是为国际化活动打造一个"家"，建立一个物理可见的中心或基地，汇聚与普林斯顿国际化战略有关的国际活动项目、各类中心和办公室。这一中心将

---

① 薛珊. 全球化背景下耶鲁大学与哈佛大学国际化策略评析[J]. 比较教育研究，2012，7：83.

② Yale University. The Internationalization of Yale：A Progress Report，2009—2012，https：//world. yale. edu/sites/default/files/files/Framework％20Progress％20Report％20May％2031％202013. pdf.

③④⑤ 夏俊锁. 耶鲁大学国际化战略研究——兼论 2005 与 2009 年国际化框架[J]. 高等理科教育，2013，2：53-58.

为对任何国际活动感兴趣的师生提供一个标志性的、也是实践性的场所。二是在校园的官方网站上打造一个同等意义的平台，让学生、教师、管理者、访问者实时了解国际化战略的实施情况，根据自身需求申请国际学习、科研项目等。[①]

（三）加州大学伯克利分校

加州大学伯克利分校于 2012 年发布国际战略，将国际学生服务作为其中的重要战略之一。设置专门委员会研究和实施全校性的国际学生咨询和辅导举措。在国际处设国际学生指导教师/咨询顾问岗位，该岗位人员需要学习国际学生来源国的文化和国情，为国际学生提供全方位的咨询与辅导，安排时间处理国际学生的文化和沟通问题、签证问题、英语问题、就业与职业发展指导问题。学生可以在学校国际处网站预约国际学生咨询顾问，网站上清楚展示了咨询顾问包括个人专长领域等方面的信息。他们会就移民和文化事务提供咨询意见，帮助国际学生连接学校社区的有效资源。[②]

四、 清华大学国际化校园建设实践

清华大学于 2016 年启动实施了历史上首个《全球战略》，包括九大战略方向，其中之一是建设国际化校园。为了给中外学生学者创造多元舒适的学习生活环境，学校努力构建以中国文化为主导、多元文化兼收并蓄、适宜中外师生共同发展的国际化校园，加强校园软硬件基础设施，塑造良好的国际形象。本文简单介绍其中几项重要举措。

（一）加强基础设施建设，打造优质校园环境

学校高度重视校园环境建设，以推进校园规划、优化校园功能布局和加强教学科研平台建设为重点，统筹管理和合理配置学校资源，致力于构建与一流大学建设相适应的服务支撑和服务保障体系。重点推进教学基础设施的升级，对教室、体育场馆、活动场地、图书馆等场地的设施细节进行更新完善。实施 2018—2020 年教学基础设施建设项目，以"人文、绿色、开放、智慧"为改建理念，打造便捷、人性化、有积淀的教学场所。完善学生住宿条件，学校于 2015 年完成了"老区"19 栋学生宿舍楼的修缮，并启动紫荆本科生公寓的修缮工作。在 2013 年实现全部学生宿舍可安装空调并淋浴热水入楼的基础上，2017 年年初实现了宿舍区早晨的淋浴热水供应，使得学生住宿条件不断改善。倡导建设"绿色大学"，号召师生选择绿色出行方式，校外尽量选择公共

① Princeton University. "Princeton in the World". http：//www. princeton. edu/reports/globalization-20071017/.

② UC Berkeley. https：//internationaloffice. berkeley. edu/about-us/studentadvisors.

交通,校内尽量选择自行车或步行,减少尾气排放和能源消耗。2016 年 6 月清华大学启动绿色校园微循环电动车示范系统,帅先在校园规模化实施纯电动车应用系统,为改善校园"最后一公里"出行发挥重要作用。完善中英双语标识系统,2016 年暑假期间,学校更新了校园导视标牌系统。新的导视标牌系统采用中英双语标识,部分导视牌还安装了太阳能照明系统,提供全天候的导视服务。①

(二)充分利用海外来访和国际会议资源,促进校园国际氛围建设

清华大学具有丰富的国际资源,包括众多国家元首政要、诺贝尔奖得主、国外知名大学校长和外企总裁等来访,他们大都会在学校里作演讲或学术讲座。学校整合此类资源,在国内高校中率先开设了特色课程——清华海外名师讲堂。目前,海外名师讲堂已累计举办 200 余讲,参与学生三万余人次。除此以外,全校每年举办近 400 次涉外交流活动和 100 多场国际会议或双边会议,不断扩大国际科研合作与学术交流。依托学生团体组织的许多重要国际文化交流活动,如"国际文化节""大学日"等,有效促进了校园国际化氛围建设。

(三)深化体制机制改革,成立国际学生学者中心

根据清华大学全球战略,学校调整国际学生管理体制,实现国际学生招生培养职能与管理服务职能分离。学校于 2016 年正式成立国际学生学者中心和港澳台学生学者中心,9 月 5 日举行了中心揭牌仪式。中心旨在为国际和港澳台学生学者提供国际化的行政管理与一体化服务,促进中外学生学者的交流融合、全面提升国际和港澳台学生学者在校的工作、学习和生活体验质量,促进构建多元文化和谐共生的国际化校园,加深国际和港澳台学生学者对中国文化和清华精神的理解与认同。2016 年 10 月,学校批准设立新清华学堂"国际交流活动中心",将成为国际(港澳台)学生学者交流活动的"热岛"。结合学校实际,推动建设"国际学生工作体系",建设国际学生专职辅导顾问队伍。

(四)开展丰富的校园文化交流活动,促进中外学生融合与发展

全面推进中外学生在招生、培养方面的趋同管理,加强文化的针对性服务,促进中外学生相知、相亲、相融。通过消除国际学生群体在校园生活中的"孤岛"现象,大力建设中外学生"大杂居、小聚居"的校园文化常态。2014 年 9 月,清华大学亚洲青年交流中心新建的 6 号楼正式启用。中外学生经常组织具有鲜明文化特色的交流活动,加深彼此的了解与融合,包括清华大学国际文化节、国际学生学者新年晚会、中外达人秀、中华文化艺术参访、国庆外国专家招待会、北京植树节活动、中秋节活动、新春招待会等,加深国际学生学者对中国文化和清华精神的理解与认同。

---

① 刘蔚如. 你我的,更好的清华. 清华新闻网,http://news.tsinghua.edu.cn/publish/thunews/10303/2017/20170614172150043189175/20170614172150043189175_.html.

（五）加强组织建设，打造专业化的管理与服务团队

学校设立国际合作领导小组和国际合作与发展委员会，分别作为国际化发展重大事项的决策机构和咨询机构。委员会计划逐步吸纳校外专家、学者与校友，集思广益，共同为清华大学国际化发展献智献力。同时，学校还设立"行政与后勤队伍国际化能力提升计划"，对全校行政管理人员进行国际化能力的多种培训，全面提高行政服务职员队伍的"全球胜任力"。学校相关部处和院系开始试点招收全职外籍行政工作人员，不断提升面向广大师生的管理与服务水平。

五、 总结与建议

高水平大学作为人才培养和科技创新的摇篮，不仅是一个国家综合实力和高等教育发展水平的集中体现，也是现代化建设和走向持续繁荣的战略资源。随着经济全球化和高等教育国际化的不断发展，国际视野、国际交流能力和国际竞争力已成为高水平创新人才素质的重要方面。国际化校园建设是环境育人、文化育人的重要载体，是人才培养不可或缺的组成部分。通过对国外著名高校在国际化校园文化建设方面的个案研究，结合清华大学的实践情况，回归"校园文化"包括物质、制度、精神在内的三个主要层面，对于国际化校园建设的路径进行总结并提出以下建议。

（一）加强校园的国际化基础设施建设

一是构建国际化校园的"硬环境"。建设并完善具有国际水准的教学楼、实验室、图书馆、宿舍楼、食堂、体育场馆等基础设施。借鉴国外大学对于公共空间的应用，在教学楼和宿舍楼建设公共交流的学习空间，促进师生的自由交流。在条件允许的情况下，建设国际学生学者活动基地，作为专门为中外师生提供交流和活动的场所，不定期地举办交流活动和沙龙等；同时建设其他有助于促进中外师生融合与交流的场所，如咖啡厅、书店等。

二是构建国际化校园的"软环境"。校园环境的双语化对于塑造学校国际形象、增强国际化办学水平"可视化"程度、便利广大国际师生有着重要意义，是国际化校园文化建设的基础性工程。要建设校园双语化标识系统，在为国际师生、访问学者、交流学生提供信息便利的同时，唤起他们对国际化校园的认同感与归属感。在必要范围内实行中英双语工作制，校内重要标识、重要文件和信息实现双语发布。建设高效便捷的双语信息管理系统与信息共享系统，为师生服务的工作系统及窗口均可用双语工作交流，在为国际学生提供咨询与服务的单位配备英文咨询专业人员。推进学校中英文网站升级，实现学校对外第一窗口形象的面貌改观，塑造学校良好国际形象，增强国际传播实效。

（二）完善国际学生学者管理与服务体制

一是在制度建设和执行上把握好多元文化的差异性。很多高校管理者在校园文化建设工作中忽视了学生的文化差异性，导致在制度建设和管理执行上缺乏灵活性与主动性，很大程度上阻碍了校园国际化进程。[①] 因此，在制度设计上要对中外学生学者之间文化差异进行考量，遵循"以人为本"的原则，科学合理地进行调研，多方面征集意见，了解不同国家学生学者的思维、习俗、文化习惯上的特色。在管理执行上要保持对文化差异的高度敏感性，提高管理的专业性和针对性；同时要厘清制度边界，公开处理过程，避免或减少不必要的文化冲突和误解；充分调动国际学生学者的主观能动性，进行有效的自我管理，提高管理效率。

二是为国际学生学者量身打造咨询与服务体系。建设高素质、专业化、国际化的管理和服务支撑队伍，面向全校教职员工有计划、有步骤地开展国际化能力培训。招聘和培养专门为国际学生学者提供咨询的咨询顾问和专业队伍，尝试探索国际学生辅导员制度，为国际学生提供联系紧密、指导专业的针对性咨询服务。多方位联动，整合校内资源，加强学生工作系统与国际学生工作系统的合作与沟通，在各个咨询服务部门提供英语支持服务，为国际学生提供包括政策咨询、心理咨询、就业指导、校友联络和突发事件应急处理等服务。

（三）扎根本土优秀文化，促进多元文化交融共通

国际化不是单一化，更不是全盘西化，而是结合本国实际、借鉴国际上多样化的理念和经验提升本国高等教育水平，同时在世界范围内弘扬本国优秀教育传统的过程。在校园文化建设层面，同样如此。要扎根中华大地，以中国优秀文化为主导。坚持"以我为主，为我所用"，继承与发扬中国传统文化的精髓，加深国际学生学者对中国文化、国情、社会的了解，向世界展现本土优秀文化的魅力，在深入的文化交流中推动中华文化走向世界。同时"取其精华，弃其糟粕"，创造性地吸收国外大学的成熟经验，强调多样化、兼收并蓄、包容共存的校园文化氛围。[②]

此外，还可通过丰富的社交活动促进跨文化沟通与理解。国际学生学者能否顺畅地参与校园社交活动并获得良好的体验是衡量他们融入程度的重要指标之一。打造中外学生共同生活、学习的社区，面向国际学生的社交活动要由包括国际学生在内的在校学生主导，尤其要发挥国际学生的组织力和提高其参与度；动员各院系和各部门发挥自身优势，对学生开展活动予以适当的指导[③]；打造多元文化交流活动品牌，与

---

① 段淳林，刘嘉毅.跨文化交际视角下的国际化校园文化建设现状及对策[J].前沿,2013,5：15.

② 王荣，姜博.营造综合型大学国际化校园文化氛围[J].当代数商论坛,2015,3：85.

③ 马化祥，霍晓丹.国际化视野下的高校校园文化建设——以北京大学建设和谐校园文化为例[J].思想理论教育导刊,2011,3：111.

中外传统节日、纪念日等相结合,展示各国习俗和风采。面向国际学者的社交活动主要以学术会议、沙龙、社区活动为主,条件允许时可以为国际学者的家人等组织社区文化融入活动。

参 考 文 献

[1] 张彦.超越历史与自发,提升校园文化育人功能[J].中国高等教育,2005(19).

[2] 段淳林,刘嘉毅.跨文化交际视角下的国际化校园文化建设现状及对策[J].前沿,2013(5).

[3] [英]皮特·斯科特.高等教育全球化理论与政策[M].周倩,高耀丽,译.北京：北京大学出版社,2009.

[4] Princeton University. "Princeton in the World". [EB/OL]. http：//www. princeton. edu/reports/globalization-20071017/. (2007/10/17). [2018/04/24].

[5] 薛珊.全球化背景下耶鲁大学与哈佛大学国际化策略评析[J].比较教育研究,2012(7).

[6] Yale University. The Internationalization of Yale：A Progress Report，2009-2012. [EB/OL]. https：//world. yale. edu/sites/default/files/files/Framework％20Progress％20Report％20May％2031％202013. pdf. (2013/10/17). [2018/04/24]

[7] 夏俊锁.耶鲁大学国际化战略研究——兼论 2005 与 2009 年国际化框架[J].高等理科教育,2013(2).

[8] UC Berkeley. [EB/OL]. https：//internationaloffice. berkeley. edu/about-us/studentadvisors. [2018/04/24].

[9] 王荣,姜博.营造综合型大学国际化校园文化氛围[J].当代数商论坛,2015(3).

[10] 马化祥,霍晓丹.国际化视野下的高校校园文化建设——以北京大学建设和谐校园文化为例[J],思想理论教育导刊,2011(3).

（作者单位：清华大学国际合作与交流处、清华大学宣传部）

新加坡高等教育的人才全球化
战略及培养模式研究

许　静　丛东明

摘　要： 在经济全球化快速发展、全球人才竞争越来越激烈的今天，高等院校作为人才培养的主要基地，如何培养高质量的、有国际竞争力的国际化人才成为新时期高校的重要使命。新加坡作为"一带一路"国家中高等教育发展程度较高的亚洲国家代表，在人才引进与培养方面积累了丰富的经验。《诗经·小雅·鹤鸣》里提到"他山之石，可以攻玉"。本文拟通过对新加坡国立大学和南洋理工大学这两所亚洲顶尖高校（据 2018 年 QS 世界大学排名，两所学校分列世界第 15 位和 11 位，亚洲前两位）的人才全球化战略及培养模式的调研分析，以期为优化适合中国高水平大学实际情况的人才培养理念和模式提供借鉴和参考。

关键词： 国际竞争力；人才全球化战略；培养模式

引言

近年来中国高校的总体国际化水平呈上升趋势，在 QS、《泰晤士报》等世界大学排行榜上的名次显著提升，国际显示度不断提高。各校加大了对人才培养的重视和投入，吸引各国留学生来华深造，并努力加强与海外高校的联系，为培养国际化、复合型人才拓展渠道。然而，在对国际人才的吸引力上，虽然来华留学生数量提升迅猛，但是数量仍偏重于亚洲。我国高校的教学、科研水平与高等教育强国仍存在差距，目前还无法成规模地吸引世界一流的学生和教师。在人才国际竞争力方面，中国相对于其他国家来说也略显弱势。《中国区域国际人才竞争力报告（2017）》蓝皮书显示，中国国际人才竞争力总体水平不高，得分第一的上海竞争力指数也只是刚过及格线。从总体上来看，中国国际人才的比例及竞争力皆低于世界平均水平。

新加坡与中国在地理上接近,在历史和文化上有重要的渊源。作为经济和高等教育发展程度较高的同区域国家,新加坡在人才引进与培养方面积累的较成熟经验可为我们提供有益的借鉴。在习近平主席推荐的李光耀新书《论中国与世界》中,基辛格的推荐序说:"卓越的智慧、纪律性和创造性弥补了资源稀缺造成的劣势",这从侧面肯定了新加坡人才策略的成绩。新加坡的人才政策的成功也得到了国际上的认可。

一、 新加坡高等教育的人才全球化战略

新加坡作为一个自然资源短缺的岛国,经过独立后 40 多年的发展,一跃成为亚太地区的贸易、金融、航运、资讯等国际性服务中心,多年来一直牢牢占据全球主要经济体竞争力排行榜的前列。这个奇迹的创造,关键在于其树立了"人才立国、人才治国"的国家战略。在"人才资源可以弥补自然资源的缺乏"这一具有前瞻性和危机意识的人才思想的指引之下,新加坡采取了一系列积极主动的人才引进措施,在激烈的国际人才竞争中占据了相对优势的地位,成为亚洲地区国际化人才最密集的地区。世界经济论坛于 2013 年 10 月 1 日发布的首份《人力资本指数报告》显示出新加坡在国际人才市场上的综合优势:在参与调查的 122 个国家中,新加坡的人力资本指数排在全球第三位,居亚洲国家之首,其综合人才竞争力在所有发达国家中亦相当突出。

自 1965 年立国之初,新加坡就非常重视人才,将国际人才战略提升到国家战略的层面,由国家最高领导人组织推动实施。经过三代国家领导人结合当时的时代发展需要,对人才政策反复实践与完善,新加坡逐渐形成了一套完备的、适合自身发展的人才战略。

20 世纪 90 年代起,政府开始实施的"Top 10"计划,明确了高等教育发展的国际化战略,希望通过充分利用国际化人才和人力资源来弥补自身发展中的不足,积极吸引世界各地尤其是东南亚各国的留学生。进入 21 世纪后,追求建立卓越的大学、吸引和培养一流人才成为新加坡根据经济发展需要而实施大学国际化政策的动机,也是新加坡政府推行大学自治改革的目的所在。2002 年,新加坡政府提出了环球校园计划,吸引世界一流大学到新加坡建立分支机构,计划吸引 10 万到 15 万留学生到新加坡学习,力争发展为国际学术文化中心。

新加坡时任总理吴作栋提出将国立大学和南洋理工大学建设成亚洲的哈佛大学和麻省理工学院的目标,逐步建立一些高科技研究所和国际领先的实验室,同时为那些从事高科技的人才提供良好的居住条件,以此助力新加坡成为世界性的、充满活力的、具有浓厚学术氛围和良好工作环境的东方波士顿。

二、 新加坡国立大学和南洋理工大学的人才全球化培养理念与模式

深受新加坡国家人才战略的影响,国立大学和南洋理工大学等高校秉承政府长期以来奉行的"人才立国"理念,以打造国际化高水平人才队伍为目标,均从学校的顶层设计上明确了人才引进与培养的全球化教育理念。

国立大学确立了全球战略目标,"立志成为一所具全球战略视野、立足亚洲、影响未来的世界级顶尖大学"。其中八大战略方向的首要两条是"培养、招聘并留住最杰出人才;招揽具有不同背景最优秀的学生,他们应有深厚的学养、充满激情、愿意奉献、具备领导潜能"。对此全球战略,国大校长陈祝全认为,以亚洲为起点的全球化战略定位是其核心竞争力的一部分,也是将国立大学与其他全球性大学区别开来的独特所在。立足亚洲体现为采用全球认可的视域、方法和标准,来探讨对亚洲发展意义重大的问题。他希望到国大学习的学生一方面能够体验到丰富多元的国际化氛围;另一方面也能感受到自己身处亚洲的中心,沉浸在亚洲特色的文化之中。

南洋理工大学确立了"卓越五峰"的战略计划、"创新高科技,奠定全球性卓越大学;全方位教育,培养跨学科的博雅人才"的愿景和使命,以及"使学生具有国际竞争力、培养世界公民"的培养目标。

在努力实现人才培养与全球化密切衔接的实践过程中,两校施行了全方位的培养模式和国际化环境建设,主要内容包括:

1. 设立多种国际交流项目,搭建起与世界一流大学交流的渠道

通过开展暑期学习实践项目、学生交换项目、双学位项目等多种形式的项目,加大培养学生国际化水平的力度,同时也吸引世界各国的学生来校学习。国立大学70%的学生有海外学习、访问的经历,校级国际合作项目多达几百个,以学生交换项目为例:与全球50个国家和地区的300多个高校建立了学生交换项目的合作关系。自1993—1994年启动交换项目至今,该校共派出超过11 000名学生。此外,学校每年派3000多名学生参加短期交流的项目,时长两周到3个月之间。总体一年派出学生超过5000名,参与到各种形式的海外活动中去。

再以南洋理工大学为例,超过60%的本科生在校期间参与海外体验项目,平均每年派出超过5300名交换生,每年接收2000多名海外学生来校学习交流。南大在"2015—2020战略规划"中提出将构建全球网络,至2020年将有80%的学生参与海外体验计划,在就读期间有机会参与到国际知名企业和顶级合作院校的实习和交流学习。

海外学习交流项目不仅可以开拓学生的国际化视野,增长知识,还可以为学生未

来就业做准备。据国立大学 2013 年对其参加过交换项目学生的问卷调查显示,89%的学生在参加工作后与海外保持联系,69% 的学生在工作中用到交换期间学到的知识及技能。这个数据也体现了国际化人才培养的理念及对国际化人才的界定标准,即世界高水平大学培养的人才不仅要掌握自己专业领域的国际前沿知识,有国际化的视野和理念,熟悉国际规则和惯例,具有良好的跨文化沟通能力,毕业后从事的工作领域也应是国际化的,能够在国际范围与同行进行合作或竞争。

2. 全球招募顶尖教师和学生

在 2018 年 QS 世界大学排名中,南洋理工大学达到亚洲的最高位置。究其成功原因,南大校长认为首要因素是吸引了顶尖的人才。在南洋理工大学,教研人员中有 65% 以上来自 70 多个国家,毕业于海外 570 多所高等学府。为了提高优秀海外师资队伍的比例和质量,南大设立师资招聘办公室,在纽约和伦敦也开设师资招聘办事处,并派专人去欧美等名牌大学物色优秀的教师;始终坚持具有国际标准的稳定的招聘程序和严格的同行评议制度,将之并贯穿于聘用、擢升以及终生教职评定的全过程;同时在人才战略方面投入资金,采用非常多的开放政策向全球招聘顶尖人才,配套灵活的具有国际竞争力的薪酬制度,匹配优厚的启动资金,提供良好的子女教育津贴,如"带薪休假制度、子女教育资助以及住房补贴"等。通过吸引全球相关领域的最优秀人才(如诺贝尔奖获得者、世界级学术权威等)到南阳理工大学任教、开展研究,借助人才的学术声望和个人影响力吸引更多的高素质生源和青年学者前来南阳理工大学求学、研究,不断提升南阳理工大学的国际知名度和学术影响力。近年来,南阳理工大学共引进 20 多位世界级的资深教授,70 多位杰出的青年科学家和学者。

而国立大学的外籍教师也超过 50%。国立大学副教务长陈清贤表示,学校非常注重营造有利于引进教师的持续成长的环境,以期留住人才,为学校发展做出贡献。高度国际化的师资充分保障了具有国际化水平的教学内容和高标准的教学质量,为全球战略目标的实现提供了切实保证。

此外,两所学校也拥有数量众多、非常多元的国际学生群体。国立大学的国际学生占到了学生总量的约 18%。为保证国际学生的质量,该校本科生录取标准是依据申请者的剑桥"A"水准考试成绩或与"A"水准考试相当的其所在国的考试成绩,以及性向测试和面试情况。南阳理工大学的学生来自全球 80 多个不同国家,其中 15% 的本科生和 65% 的研究生和博士生是国际学生。为了鼓励有才华的外国学生来新加坡求学和工作,政府在南洋理工大学等高校实行学费补贴计划,凡是和政府签订协议毕业后留在新加坡工作三年的外国学生,政府给予的学费补贴都将超过 80%。

3. 与世界顶尖大学合作,将联合办学引进本土

新加坡政府制定的高等教育国际化的发展战略中提出了国际分校计划,即在 10

年内吸引至少 10 所世界顶级大学到新加坡来设立分校,引进优质智力资源。国立大学参与了其中 6 所大学的引进,包括与美国麻省理工学院、南洋理工大学成立新加坡-麻省理工联盟(The Singapore-MIT Alliance),三校联合培养研究生项目;引进约翰·霍普金斯大学医学院建立分校;与乔治亚理工学院合作设立亚太物流学院;与荷兰埃因霍温技术大学合作成立设计科学研究院;与德国慕尼黑科技大学合作共同建立德国科技学院。

此外,国立大学与耶鲁大学联合创建了"耶鲁-新加坡国大学院"(Yale-NUS College),提供涵盖人文、社科、理工的通识教育项目。对此国立大学校长陈祝全称,"全球化的大学旨在培养负责任的全球公民"。对全球公民而言,知识的广度非常重要。该项目的概念是前所未有的,也是首次在新加坡乃至世界范围内尝试这种形式的博雅教育,使学生在接受了中西交融、文理贯通的博雅教育后,可以通过西方和亚洲的视角更清晰地观察亚洲,更全面地了解世界。

4. 建立海外创新创业学习与实践机制

国立大学在 2001 年设立了创业机制,在全球各大战略商业中心启动海外学院(NUS Overseas Colleges)计划。海外学院的宗旨是开展实践创业教育,激发并培养学生的创业创新精神和思维,培养未来的企业家。自 2002 年开始,国大在海外建立了 9 所海外学院。其中,第一个海外学院建在美国加州硅谷,学生在硅谷的技术创业公司实习,并参加由斯坦福大学提供的创业课程。第六个海外学院设在北京,学生在进行企业实习的同时,在清华大学经管学院学习。

参加该项目的学生一般会被安排在海外刚起步的高科技创业创新公司进行为期半年或一年的全职实习,向创始人和企业家学习经验,了解整个创业的过程,包括如何找投资商、销售,一切均从头做起。这种浸入式的实习经历使学生在外国企业文化中耳濡目染,引导他们在认识和体会高科技衍生公司的实践创新过程中潜移默化地激发其创造热情、增强创新意识、培育创新创业价值观。同时他们利用周末时间在著名伙伴大学攻读创业或学术专业课程,最终可拿到"技术创业"的第二学历。该项目被认为是为培养学生全球化思维和社会网络整合能力所做的长期投资。自 2002 年至今,超过 2100 名国立大学学生在这项创业教育计划中受益。

5. 全球社区等硬件环境的配套建设

以国立大学为例,该校大学城(University Town)为学生提供了体验多功能共享及多元文化交融的学习生活氛围。大学城于 2012 年正式投入使用,位于主校区肯特岗校区的北部,融合了寄宿学院、教育资源中心、食堂、咖啡厅、健身房、游泳馆、音乐练习室等建筑设施,面向全体学生 24 小时开放。大学城的重要组成部分之一是 4 所寄宿学院,里面生活着约 2400 名本科生,1700 名研究生以及 1000 多名科研人员。其特色是把来自 30 多个国家不同年龄和院系的学生安排在一起住宿与学习,不同背景的学生被随机分配到住宿的小社区内。除了食宿,寄宿学院也是学习的场所,主要提供跨学科课程,平均每个班 15 名学生,学生们需要修读 5 个单元的课程。此外,耶鲁-新加坡国大学院也设在大学城内。

寄宿学院为不同背景的学生们提供了互动交流的机会,使他们能够真正体验到多元的学习和文化环境。国立大学校长陈祝全表示,大学城的建立与国大的人才培养目标一致。他希望在全球化环境下,其毕业生能够具备融入多元文化群体的技能,且具有与不同背景和文化的人协作的能力。

三、 对中国高校的启示

建设世界一流大学与一流学科是中国建设世界高等教育强国与建成创新型国家的重要战略决策。2015 年 11 月国务院印发了《统筹推进世界一流大学和一流学科建设总体方案》(以下简称《总体方案》),这是国家的战略,也为中国高校发展提供了路径图。根据《总体方案》,要提高中国高等教育的竞争力,一是要有世界一流的教师队伍;二是实行开放教育,特别是在高等教育阶段需要更多的开放和协作。在此指导下中国高校需在课程国际化及学生和学者国际流动、国际合作办学、合作科研等方面,充分发挥主观能动性,打造一流大学和一流学科,不断提升自身水平以更好地吸引优秀生源和师资,同时通过积极推进形式多样的人才全球化培养模式,培养具有国际竞争能力和国际战略眼光的高质量毕业生。

结合新加坡两所顶尖高校的探索与实践经验,提出相关建议如下:

1. 明确高等教育国际化的目的与使命——培养具有国际竞争力的高质量人才,打造有自身特色的人才全球化培养理念

为增强中国高等教育的国际竞争力,大学需培养大量既熟悉国际经济运作,又了解各国国情、法律、文化,并且能熟练掌握外语、科技的国际化优秀人才。一个只能在本国文化环境工作的毕业生,在越来越全球化的社会中只具有非常有限的价值。一所不能培养出具有国际竞争力人才的大学,不可能成为世界一流大学,培养适应经济社会发展需求的人才已成为彰显高等教育办学质量的重要标志。

同时,国际化发展道路必须彰显自身的核心竞争力和比较优势,突出特色化发展。这种差异化可以体现在多向性或单向性,还可以聚焦“面面俱到”或“有的放矢”。选择最适合自身发展的道路,内化出差异性和特色化的比较优势,这才是深度国际化应该体现的品质。在人才培养的过程里只有实现国际化和本土化的相互融合,才能实现真正的创新和特色化。

2. 继续加强国际化战略合作伙伴关系、国际化基地和平台建设，为学生提供高层次、多类型、多渠道、宽范围的海外体验机会，促进学生的全球流动学习

通过交换学习、暑期实验室、海外实习等项目建设，实现海外学习成为本科生的必修环节。本科生的国际化培养以交换学习为主，为保证与世界一流大学交换项目的双向持续性流动，可通过学校战略规划、依托院系、进一步引进海外优秀师资，来推进校内的英文课程体系建设；把工作重心放在"培养"上，关注派出过程中产生的问题，项目结束后可通过问卷调查等一系列的评估总结培养的质量和效果；此外，通过开展面向海外院校的暑期项目，弥补与合作伙伴交换学习项目中学生双向流动的数量不平衡，还可为学校培育未来的优秀留学生，创造中外学生交流融合氛围，促进校园国际化建设。

3. 推动中外强强合作，积极引进优质的教育资源，在校内打造出世界性的学术科研中心及国际交流中心，开展高质量的中外合作办学项目

规划选择一系列有代表性的学科和方向，把高水平的联合办学项目引进校内，可实现学校间的强强联合，各方在课程、学术方面紧密合作，从而提供世界一流的课程和研究项目，提高学术水平和国际知名度，并使学生不出国门便可以享受到国际化的教育资源，培养出多层次、多领域的国际化人才。

相较于新加坡等以英文授课的海外高校，中国高校在国际化课程体系建设过程中面临着语言受限、专业覆盖面少、中外学生同堂上课共同交流机会较少等问题。此类高水平的合作办学项目还可推进本校国际化课程系统体系的建设，扩大英文授课的专业面和双语教学模式的覆盖面，为实现校内的全球学程助力；同时对高层次留学生的吸引力也会大大增强，进而提升留学生的数量和质量。

4. 推进国际化师资队伍建设，硬件与软件建设并重，引进与培育人才并重

在国家大力推动人才引进策略和社会保障工作的大环境支持下，高校方面需建立行之有效的国际招聘制度和具体措施，吸纳国际上的学术大师等高水平学者及学术新人，并努力提高外籍教师的比例；进一步加强学校的软实力建设，包括提升大学的国际声誉和海外影响力，从薪资、教学研究环境和生活配套保障、校园文化和周到服务等方面提升对国际人才的吸引力和归属感，使海外师资特别是青年人才在来校后得到可持续的、有弹性的发展和提升。国际化的师资队伍能够优化中英文双语课程设置，吸引更多的国际学生。

大量具有国际视野和知识结构多元化的一流师资队伍的集聚，不同背景和学习经历的师资在交流过程中发生思想的碰撞、产生智慧的火花，也有利于培养学生的国际化意识和创新思维，为推进世界一流研究型大学建设注入不竭动力。

5. 深化创新创业教育理念，推动创新创业课程的国际化和特色化、实践教育的全球化培养模式

当前，世界范围内的综合国力竞争，归根到底是创新型人才竞争，一个国家只有培养、吸引、凝聚、用好国际化创新型人才，才能在激烈的国际竞争中掌握战略主动，才能抓住实现发展目标的第一资源。大学在国家创新战略中起主导作用，首先要加强系统创新，有效聚集创新要素和资源，积极构建协同创新的新模式与新机制，促进优质资源的共享与融合，推动重大、标志性成果的产出，提升大学人才、学科、科研三位一体的创新能力。

大学的另外一个角色是作为创新创业人才培养的摇篮，不仅要重视培养学生的创新创业知识和技能，还要注重学生的思想创新和意识创新等综合能力的提升；把创新创业教育全面融入高校教学中，形成较系统的创新创业课程体系，培育并普及校园里的创业文化氛围；重视创新创业教育人才的引进、培养和国际流动，从世界范围内吸引和聘请具有丰富创业经验和创新精神的优秀师资；鼓励借鉴国外创新创业教育发展经验，实现理论课程和实践课程的有效结合，为学生提供各种创业学习和实践活动机会，积极组织并开展本土及海外的创新创业学习和实践活动。

6. 通过软件与硬件环境建设，推动多元文化融合的国际化校园建设

中国高校应优化组织管理体系，探索适合自身实际情况的中外学生趋同化管理模式，创造中外学生共同学习、研究、实践的机会；充分调动中外学生的积极性，兼顾不同国家、地区、层次学生的文化需求，全力搭建中外学生思想文化交流的平台。

在硬件配套环境建设方面，扩大资源配置，增加吸引国际学生的教学和生活设施，建立富有活力的大学生态系统，打造成规模的多元学习和生活模式融合的空间，以此推动学校国际化氛围建设，使全体学生在浓郁的多元文化氛围内浸润、共同成长，促进学生的跨文化理解和沟通能力，建设全方位且别具一格的国际化校园。

结语

全球化浪潮为当今的高校带来了很多全新的机遇和挑战，激烈的国际竞争促使中国大学对自身重新定位，以形成符合自身特色的全球化发展理念。清华大学校长邱勇表示，"国际化办学是极具挑战性的事业。我们要明确高层次定位，聚焦'国际''前沿''创新'，着眼长远，注重内涵发展。我们要自信地凝练在一流大学建设中的国际化发展思路，突出中国特色，传承弘扬清华百余年积淀的文化传统和办学理念，使国际化项目成为展示自我、面向世界的一个窗口，延揽优秀国际学生和国际师资。"

在研究新加坡代表性高校等国际高水平大学办学经验的过程中，中国高校应以吸收、借鉴其理念和模式并重，立足于当前发展面临的现实挑战，从硬环境建设与管理、软环境支持与构筑方面切实提升人才国际化培养的质量与效果，充分利用优质的国际资源全面提高自身的国际竞争力，不断创新改进思维模式和工作方法，继续探索并优化符合国家需要的、具有中国特色的世界一流大学人才全球化培养理念和体系建设。

参 考 文 献

[1] 《中国区域国际人才竞争力报告（2017）》，西南财经大学发展研究院、全球化智库（CCG），2017 年 7 月 1 日.

[2] 刘宏、王辉耀. 新加坡的人才战略与实践[M]，北京：党建读物出版社，2015.序.

[3] 许心、肖伟芹. 坚持全球化特色，培养国际化人才——访新加坡国立大学校长陈祝全. 世界教育信息，2015：4-5.

[4] 《2017/18 国大概览》http：//www. nus. edu. sg/images/resources/content/about/The-NUS-Story-20170807-CN. pdf，2018-10-11.

（作者单位：清华大学国际合作与交流处）

趋而不同：清华大学国际学生趋同管理的探索与挑战

——兼谈台湾大学国际学生管理模式

邹　楠　杨　静

摘　要：随着我国高等教育国际化水平的不断提升与来华留学事业的快速发展，国际学生的管理体制面临重大调整，国际学生与中国学生的趋同化管理成为普遍认同的模式。清华大学为实现趋同化管理的目标，进行了涉及全校的国际学生事务体系调整，在实践中探索既与国际接轨又富有清华特色的趋同管理模式。本文结合我国大陆高校趋同管理的现状，探讨清华大学国际学生趋同管理的实践与面临的挑战，同时谈及台湾大学国际学生管理的经验，提出了进一步推进趋同管理的建议。

关键词：国际学生；趋同管理；清华大学；探索与挑战

一、　我国高校国际学生趋同管理的背景与必要性

我国高校国际学生的趋同化管理模式并非新生事物，早在 1989 年高校获得国际学生管理的自主权后，我国高校就开始了对国际学生管理模式的探索。从 20 世纪 90 年代末起，教育界开始出现对趋同管理问题的探讨。[1]在国家政策层面，为落实《国家中长期教育改革和发展规划纲要（2010—2020）》，教育部于 2010 年出台的《留学中国计划》制定了 2020 年来华留学生达到 50 万人，其中接受学历教育的学生达到 15 万人的目标，并明确提出了"积极推动来华留学人员与我国学生的管理和服务趋同化"。

趋同化管理不仅是国家政策层面的引导，更是现实的迫切需要。2001 年到 2011 年的 10 年间，来华留学生人数快速增长，年均增长率超过 20%。[2]到 2016 年，在华接受教育的外国留学生总数已突破 44 万，其中学历留学生占比达到 47%。[3]按目前趋

势来看,2020 年达到 50 万人的目标可如期实现。国际学生总数与学历生人数的快速增长使得很多高校原有管理模式无法承载管理服务职能。

同时,一些传统管理模式无法有效服务新时期国家来华留学工作方针。国际学生的教育管理并不仅以学业成长为目标,对中国的普遍认同、"知华、友华、亲华"高端人才的培养可称为同等重要甚至更为重要的目的,而传统的管理服务模式无法使国际学生融入中国学生群体中,不利于国际学生对中国国情的了解,更谈不上"亲切感、认同感"的培育,不利于服务国家外交工作大局。

趋同管理也是高等教育国际化的客观要求与国际高等教育领域的通行做法。随着全球化的日益加深,高等教育的国际化成为不可逆转的趋势。国际学生作为高校国际化的重要组成,其教育和管理水平已成为推动高校国际化进程的重要因素之一。[4]国际化程度较高的欧美高校与我国港台地区高校均对国际学生进行趋同管理,且已建立较为成熟的制度,得到了学生与国际高等教育界的普遍认可。

综合来看,在全球化日益深化的今天,传统的"保姆式""隔绝式"保守的管理模式不利于中外学生融合,也无法使国际学生了解中国国情,影响其在华学习与生活体验,各种弊端日益显现。趋同化管理是来华留学工作发展的实际所需、服务国家外交工作大局的客观要求,也是我国高校高等教育国际化发展的必然选择。

我国大陆地区高校结合国情、自身实际与特点,在实践中形成了几种主要的管理模式,并在很多高校和一定历史时期发挥了积极作用。近年来,趋同化管理成为热议的话题,也被越来越多的高校接受并采用,[5]形成了传统管理模式与趋同化管理并存的局面。

二、 我国高校国际学生现行的主要管理模式及趋同化 管理的现状

在趋同化管理模式受到广泛关注的今天,从全国范围来看,接收国际学生的近900 所高等学校、科研院所并没有进行大刀阔斧的变革,将国际学生融入中国学生的教育与管理服务体系之中,几种长期以来形成的管理模式仍是主流。与此同时,部分高校进行了趋同化管理的尝试,在实际工作中取得了一定的经验,也面临一些亟待解决的问题与挑战。

从全国范围来看,我国大陆高校国际学生事务主要有以下几种管理模式:

(一)外事部门兼管模式

来华国际学生在相当长的一个历史时期中,身份并不仅仅被视为学生,而是作为外事管理的一部分予以"特殊照顾"或"特殊对待"。因此,最初大多数高校由国际处等外事部门专门管理国际学生。这一模式延续至今,部分国际学生数量较少的学校,

特别是地方院校，仍采用外事部门工作人员兼管，并不设置专门的部门或办公室管理的模式。

（二）国际教育学院模式

国内相当一部分大学，特别是国际学生达到一定规模的学校成立了"国际教育学院""国际学院"或"国际文化交流学院"等类似名称的二级学院。[6]学院下设招生办、教务办、财务办等机构，管理国际学生从招生、教学、收费、住宿、文化活动、毕业等在华学习的全过程，学院集各种职能于一身。部分高校的国际教育学院还承担汉语培养与中外合作办学的职能。可以说这是高校之中的"校中校"或"特区"。这种管理模式在全国较为普遍，一些国际学生规模较大的高校如华中师范大学、华中科技大学等也采用此种方式。

（三）"留办"模式

一部分高校设置了专门的"留学生管理办公室"或"留学生处"（以下称"留办"）等类似机构管理国际学生事务。"留办"从机构设置上分为两类：国际处下设与单独设置。大部分"留办"为学校国际处的下设部门，行使国际学生事务的日常管理职能。少部分国际学生规模较大的学校，如复旦大学等，"留办"以与国际处平级的学校二级机构形式存在。[7]

从职能划分上来说，"留办"的角色也不尽相同。部分高校的"留办"实际上承当了上文中国际教育学院模式的职能，是在学校二级行政机构中设置的具有二级学院属性的部门，如2016年之前清华大学的外国留学生工作办公室，其功能与上文中提到的国际教育学院极为相似，承担了国际学生从入学到毕业的全过程管理与服务。另一种"留办"的角色则更倾向于综合管理、协调与指导，如复旦大学外国留学生工作处等，校内院系具体负责国际学生的教务、学习、日常事务管理等工作，[8]一定程度上可视其为趋同化管理。

从全国范围内来看，虽然有普遍存在的国际教育学院等模式，但接收国际学生的高校并没有统一的管理方式，各个高校根据自身实际情况与特点制定了相应的模式，设立了相关机构，其职责范围在各个高校也有一定的差异。在趋同化管理受到广泛关注的今天，并不应完全否定我国高校以往与现在施行的管理模式，事实也证明了不同管理模式在相应的历史时期与高校的行之有效。

近年来，国内部分高校为促进中外学生的融合与提升管理服务质量，对国际学生的趋同管理进行了尝试，国内一部分高校处于从差异化管理向趋同化管理过渡的阶段，[9]在实践中取得了一定的经验。

（四）发展中的趋同化管理

在高校层面，国际学生趋同化管理的最直接原因，往往是国际学生数量的快速增长。教育部在 2003 年提出的来华留学工作方针为"扩大规模、提高层次、保证质量、规范管理",[10]可见"扩大规模"是首要任务,这也是全国范围内国际学生数量快速增长的政策背景。

厦门大学在 2007 年即采取了新的管理模式,明确提出海外学生应趋同于大陆学生,从原有的"国际教育学院"模式转为趋同管理模式,从招生宣传到日常管理都形成了一套体制,将学院作为管理的主体,在考虑国际学生特殊性的前提下推动趋同管理。在实践中,厦门大学面临国际学生语言学习障碍、不熟悉校纪校规、中外学生住宿分隔等问题。[11]

苏州大学在 2008 年因国际学生人数的猛增,在管理体制上进行了重大调整,贯彻趋同管理的理念,[12]将学生根据类别与院系归属划归各职能部门与院系管理。此次改革可谓大刀阔斧,但也存在语言教学质量不高、学生文化融入障碍较大、缺乏趋同管理实施细则等问题。

上海交通大学 2016 年国际学生总数为 6700 人左右,其中学位生达 2951 人。上海交大的国际学生管理服务模式别具一格,该校在国际处下设立"留学生发展中心",负责本科生与非学位生的招生、奖学金与保险等事务,而研究生的招生则由研究生院负责。从其部门职责看,留学生发展中心不承担学生日常管理、教务等具体事务,而是进行统筹协调,在一定程度上实现了趋同化。上海交大还通过设立国际学生辅导员、加强国际学生社团建设、配备住楼辅导员等方式,对国际学生管理服务模式进行了创新。[13]

上海对外经贸大学经过两年的准备与调整,在 2011 年将学历留学生纳入中国学生管理体系,实施与中国学生统一的培养方案,国际学生甚至有机会申请去国外交流学习。但该校保持了一定的灵活性,在语言、高等数学等国际学生较为薄弱的课程,单独开设课程予以辅导,缓解学业压力。同时,还通过建设学生社团组织,促进中外学生融合。[14]

西安电子科技大学在国际学生培养与管理中,通过加强入学指导教育、完善国际学生辅导员队伍建设等,在一定层面上推动趋同管理,但其整体的培养体制仍是独立于中国学生,国际学生的整体工作并没有融入全校工作之中。[15]

从总体来看,推行趋同管理的部分高校,结合本校的实际,以不同方式、在不同程度上探索对国际学生的趋同管理与服务,取得了一些的成绩,起到了一定的示范作用,但各高校在趋同管理工作中也面临不同程度的问题与挑战,这些都需要在实践中探索解决的方案。

三、 清华大学国际学生趋同管理的特色化实践与面临的挑战

清华大学为推进中外学生趋同管理而进行的机构改革与职能调整,力度不可谓

不大，但也面临一定的挑战。近年来，在清华大学学习的国际学生人数迅速增加，原有的机制体制难以适应时代发展的需求。2016 年，清华大学全面改革国际学生工作机制，推行中外学生在招生、培养和学位方面的趋同融合，以实现国际学生管理服务的专业化、国际化。因此，学校决定在原外国留学生工作办公室的基础上设立国际学生学者中心。中心的成立，旨在为国际学生学者提供国际化的行政管理与一体化服务，促进中外学生学者交流融合、全面提升国际学生学者在校的工作、学习和生活体验质量，促进构建多元文化和谐共生的国际化校园，加深国际学生学者对中国文化和清华精神的理解与认同。

经过一年多的职能调整与实践，校内各部门在逐步明确自身的职责，国际学生也在适应与熟悉变革后的情况。2017 年，学校为了进一步完善国际学生工作体系，以"趋同与差异化管理相结合，融合发展，全面提高"的理念为指导，形成以国际合作与交流处、学生部、党委研究生工作部为业务指导部门，以院系学生工作队伍为依托，建立和完善覆盖全体国际学生的工作体系和协同工作机制，国际学生工作体系成为学生工作体系的有机组成部分。建立完善的国际学生工作体系和队伍目的在于全面提升面向国际学生的教育、管理与服务工作质量，推进中外学生趋同培养和管理，促进交流融合。同时，加强针对国际学生多元文化背景的管理与服务，创造有利于国际学生学习与发展的良好环境，提升国际学生的教育体验和生活体验。

但在大力推进国际学生工作融入学校学生工作体系的过程中，也面临不少差异化的挑战，引发管理方式方法探索的思考。

（一）国际学生生源与中国学生差距较大

欧美高校"统一化"的管理理念建立在生源"同质化"的前提之上，即默认国际学生在学习基础、语言成绩、学习能力等方面已经达到或接近本国学生的水平，不应有语言等障碍，这是同等对待本国学生与国际学生的基本前提。[16]

虽然清华大学是国内顶尖大学，国际排名也十分靠前，堪称为国际一流学府，但不得不指出的是其国际学生生源与国内学生相差较大，这种差距在本科生层面更为明显，学校知名度与吸引力很大程度上仍局限于华人文化圈，对国际一流生源的吸引力仍无法与牛津、剑桥、哈佛等世界顶尖大学比肩。这种生源的差距，造成国际学生学习能力、综合素质及基础教育背景与中国学生存在明显差别，为趋同化管理带来巨大挑战。

（二）同等考核标准面临考验

国际学生趋同管理的理念中，中外学生适用于相同学业考核标准被视为理所应当，也往往被认为是困难最小的方面。事实上，这种观点忽略了国际学生与中国学生教育背景衔接问题上存在的差异。例如，清华大学理工科专业非常注重高等数学等基础课,难度较大,但国外基础教育阶段的数学往往达不到国内中小学同样深度与难度。同时,作为清华大学传统之一,体育课与体质测试受到重视,合格标准较高,一些测试项目如跳绳具有中国特色,这与中国学生的中小学阶段具有衔接度,但对部分国际学生完全是新生事物。

(三)校园国际化建设滞后于趋同管理改革

趋同管理的基本做法是明确国际学生的"学生"身份,与中国学生在管理与服务上趋向一致,消除"超国民待遇"或"次国民待遇"。但清华大学趋同管理的改革与校园国际化建设的步伐并不一致,校内软硬件设施国际化考量缺乏,学校信息系统、选课系统、学生卡充值界面等发展滞后,沿用既有模式,给国际学生带来一定的学习与生活不便。校内各项公共支撑服务有待提高,在住宿、物业、健身、医疗、金融等公共服务设施方面还须改进。

(四)部分教职工对国际学生的主观认识存在误区

部分教师与管理人员对国际学生的认识存在偏差,往往因部分国际学生学习基础薄弱、语言障碍明显等质疑学校国际学生招收的必要性,在工作中也往往无意识地对国际学生"另眼相看",将国际学生视为清华大学的"客人"而不是学生的一部分。这种观点的存在是因为部分教职工缺乏背景知识与宏观思维,没有认识到国际学生工作是学校国际化与国家外交战略的组成部分。

(五)校内各部门在职能梳理与协同合作上仍须推进

从以往大小事务统一由"留办"处理到如今各学院、职能部门分工协作,从招生、日常管理与毕业涉及诸多部门,各部门的职能梳理、与国际学生归口部门的关系、各部门之间的协同分工等都需进一步明确,国际学生从招生到毕业的全流程管理欠缺跨部门的协作联动工作机制。

(六)校内各部门国际化管理服务水平有待提升

各职能部门、院系学生工作队伍有非常完善和成熟的中国学生管理体系和方法,但针对国际学生的语言文化多样性、政治敏感度、政策多变性等特点,在工作思路和方式上不应完全等同于中国学生的管理办法,不能生硬地把适用于中国学生的管理模式应用于管理国际学生,应结合国际学生的特殊性,制定适应于国际学生的工作方法。

(七)信息化建设滞后于国际学生发展的需求

部分院系或部门的英文网站信息较少,基本无更新,校内相关网站较多,国际学生经常无法找到重要信息。学校主要的 Info 信息门户没有英文版，也没有使用指南，国际学生很难获取重要资讯，学校多部门的信息管理系统没有关联和统一，国际学生经常需要到多个部门去登记同样的信息。

清华大学的趋同化管理模式具有非常鲜明的特色，将国际学生事务工作体系融入现有中国学生工作体系之中，同时院系承担起学生学业发展与成长的主体责任，这项变革是涉及全校范围的职能调整。但即使作为国内顶尖大学，清华大学的趋同管理也面临国内高校的共性问题，需要在实践中探索推进中外学生趋同管理的措施。

四、 台湾大学国际学生管理模式

近年来，两岸的教育交流发展迅速，特别在马英九执政期间的 2011 年开放"陆生来台"后，两岸高校之间的互动更是达到了一个新高度。基于相似的文化背景与高等教育制度的相近之处，以台湾大学为代表的台湾地区一流高校国际学生管理服务体制可供研究借鉴。

（一）境外学生类别划分别具特色

两岸之间可以说是同中有异，差别首先在对境外学生的划分上。大陆地区高校往往将国际学生与港澳台地区学生共同归口于同一部门管理，因此大部分高校的国际处等部门往往同时挂牌"港澳台办公室"，而台湾地区高校对境外学生划分具有一定的特色。

在台湾地区高校通行的做法是，海外华侨华裔学生，包括港澳地区学生被视为"侨生"，台当局"侨务委员会"参与政策制定、奖学金设立等事务，[17] 大陆地区学生被称为"陆生"，外籍学生则被称为"国际生"或"外籍生"。

在入学后的管理与服务方面，侨生、大陆学生与台湾本地学生一样，由学校学生事务处（学务处）负责。以台湾大学为例，学校学务处下设"侨陆生辅导组"，负责"侨生"与"陆生"事务，这也是台湾地区高校的通行做法。被归为"国际生"的外籍学生管理则由大学的国际事务处负责，国际事务处下设国际学生组，具体处理国际学生事务。

相比之下，大陆地区的华裔外籍学生则被视为国际学生，从招生到日常管理，均与非华裔国际生等同。台湾大学将境外学生分类与管理上予以区别的做法，在一定程度上有其客观实际原因。因侨生与本地学生文化背景类似、语言一致，教育背景相近，可称为"异少同多"，与真正的国际学生则存在相当的差别。

（二）国际学生管理服务趋同化与专业化程度较高

在国际学生事务管理理念与做法上，台湾大学与欧美高校类似，一般不采取主动介入式,而是"窗口服务式",[18]方法上比较接近服务与咨询,而淡化管理。在人员与机构设置上,台湾大学没有"辅导员"之类的角色,"学务处"是校一级机构,院系层面并没有相应机构与之对应。以台湾大学社会科学学院为例,该学院本科生与研究生合计将近3000人,但仅有专职行政管理人员12名,没有设置专门的学生事务职员。台大国际事务处共有38名员工,下设的国际学生组有7名工作人员,负责招生、入学、奖学金、保险、辅导与信息咨询服务,而学生的学业与学籍管理由院系负责,此种设置与英美高校在学校层面设置的留学生事务专门机构职能类似。[19]在住宿安排上,台湾大学为所有国际学生提供宿舍,房型为单人间到四人间多种,本地学生与国际学生混住。

因体制与管理理念的差异,台湾高校的机构设置及工作方式与大陆高校有较大差别,因此,我们无法照搬与借鉴其某些方面的模式与做法。

但在国际学生的管理模式上,台湾大学仍有可供借鉴之处。台湾大学不仅在住宿安排上实施中外学生混住,还充分利用学生宿舍进行趋同化管理,其学生宿舍设有类似"住楼辅导员"的角色,进行安全维护、活动组织、社区建设等,在国际学生较为集中的"国青宿舍""太子学舍""水源舍区"等,较为重视社区建设,组织针对性的活动[20],加强住宿学生的交流与融合,一定程度上可以弥补其学生基层组织的缺乏。

在具体的学生事务工作方面,台大充分利用学生社团的力量,特别是国际学生自己的社团,丰富国际学生活动,提高学生的跨文化能力,提升其自我管理与发展的能力,相比之下,学校管理人员并不发挥主导作用。台湾大学专业化的分工与服务理念也值得关注,相比大陆高校在院系层面辅导员的"全方位、全天候"负责学生事务不同,台湾大学与英美高校类似,更强调以学生为本位的个性化辅导,在心理、就业、学业等方面由具有相关背景员工为学生提供专业服务,这种分工细致、专业化程度高的辅导理念,使服务的效率与专业水平得以保证。

台湾大学对于境外学生的分类,也不失其合理性。华侨华裔背景学生被归为"侨生",与本地学生一样由"学务处"负责管理,从招生环节开始就与国际学生差异化对待。这种考虑学生文化背景、语言水平与教育衔接的做法,可以更精准地服务其学业成长,便于其在校的管理。

总的来说,台湾大学较为彻底地实施了趋同化管理的理念,本地学生与国际学生差异化的区分对待非常淡化,对学生的个人空间予以了较大程度的保留,对学生的"管理"少而更强调服务,给学生较为宽松自由的环境。

五、 提升清华大学国际学生趋同管理工作的思考

(一)正视国际学生教育的发展阶段

如上文所谈,欧美高校将国际学生与本国学生"统一化"管理的前提是招生的"同

质化"，因欧美高等教育在全球范围内的影响力与吸引力，学生在语言、学习基础等方面按照其标准与招生要求予以准备，达到了其较高的入学门槛。短时间内，这种"欧风美雨"引领国际高等教育的现状无法改变。

清华大学的国际学生生源，特别是本科国际生，与国内学生仍存在一定差距。因此，我们要正视"异多同少"的现状，正确看待国际学生教育的发展阶段，不能片面地理解欧美高校的趋同化管理模式。

（二）趋而不同，差异化与趋同化相结合，既要将国际学生工作融入全校学生工作体系中，又要兼顾国际学生的不同特点

一方面，我们要将国际学生纳入学校整体人才培养和学生工作体系中，将他们视为学生群体的一部分，促进中外学生的交流与融合。另一方面，在融入全校学生工作体系时，我们要考虑国际学生语言、文化、宗教、习俗等方面的差异，采取不完全等同于中国学生的工作理念和方法。在具体工作中，充分认识和理解"同中有异"，厘清共同点和不同点，将趋同化与差异化相结合，提升工作的专业化水平。

（三）加强队伍能力建设，培养一支具备跨文化认知和沟通能力的国际学生工作队伍

国际学生来自不同国家，具有不同文化背景，在对学校规章制度、办事流程、课程知识等方面的理解上难免会出现不同甚至负面的想法。对于学校层面和院系层面的国际学生管理队伍而言，要重视跨文化差异，提升双语沟通能力，了解和理解跨文化沟通中的技巧和方法，开阔思路，加强跨文化理论学习培训和能力提升，在实践中探索与不同文化背景的同学进行更好沟通的方法。同时，要具备高度的政治敏感度，在开展国际学生工作时，要考虑我国外交和国家战略大局，正面向学生宣传中国形象，引导学生积极思考和理解中国国情和社会现象。此外，要了解学生所在国家政治、文化、宗教和习俗礼仪，避免出现误解和文化冲突。

（四）加强各部门之间的协同配合，明确职责，建立沟通和协调机制，形成工作合力

工作中，需明确国际学生教育和管理中各部门的职责，分工配合，重视工作中需衔接的部分，形成联动工作机制，加强国际学生工作统筹规划和布局，建立完善的管理服务体系和沟通协调机制。整合分散的资源信息和服务项目，为国际学生提供专业、统一、规范的信息，避免信息不一致带来的误导。

（五）推动校园国际化建设，提升校园公共支撑服务设施国际化水平

在校园公共服务设施方面，要提升校园设施的双语化建设和国际化水平。在教

室、餐饮、住宿、体育设施、医院、银行等多方面服务设施的设计和使用操作上,应具备国际视野,以国际师生的使用便捷性和舒适度为根本,不断提升改进,提升国际师生的使用体验和满意度,面向师生的重点服务窗口和主要公开信息实现双语化,打造绿色、智能、便捷、友好的国际化校园。

（六）加强信息化平台建设,整合碎片化分散的信息,为国际学生提供中英文丰富的公开信息导引

由于各部门有相对独立的信息管理系统,现有的信息比较分散,信息更新的不同步、不统一导致学生经常需要到多部门去登记更新信息,信息的滞后也给相关职能部门管理上造成诸多不便和漏洞,因此要整合分散的信息系统,集中同步更新国际学生管理中的关键信息,为管理提供强有力的支撑,提高业务管理的精准性和效率。同时,要加强学校主要网站和院系网站的双语化建设,及时更新英文版的网站信息,给国际学生提供丰富的信息导引和清晰的学习生活指导,减少学生的困惑和疑虑。

清华大学的中外学生趋同管理模式,采用了趋同与差异化管理相结合的模式,在理念上明确了中外学生有所区别的概念,认识到无法采取统一的刚性标准来要求所有学生,在实际工作中可称为"趋"而不"同"。在学业成长与教学方面,趋同为主流,但在学生事务管理与发展支持上,有同有异,为国际学生提供差异性的服务。

清华大学在推进趋同管理的过程中,与国内许多高校一样,也面临诸如国际学生生源质量、校园国际化建设、教职员工国际化工作能力、部门协同等方面的问题。在趋同管理的实践中,可借鉴国内外一些高校相对成熟的做法与经验,推动中外学生的进一步融合,使具有清华特色的趋同管理模式更为成熟。

参 考 文 献

[1][20] 顾莺,陈康令.高校留学生趋同化管理的比较研究——以全球8所高校为例[J].思想理论教育(上半月综合版),2013(5):88-91.

[2] 彭庆红,李慧琳.从特殊照顾到趋同管理:高校来华留学生事务管理的回顾与展望[J].河南师范大学学报(哲学社会科学版),2012(5):241-245.

[3] 刘京辉.在中国高教学会外国留学生教育管理分会第六次会员代表大会上的讲话[J].外国留学生工作研究,2017(3):4-7.

[4][5][6] 吴舒程,张轮,刘欣等.我国高校留学生趋同化管理存在的问题及对策研究[J].科教文汇,2017(8):1-3,16.

[7] 彭庆红,李慧琳.高校来华留学生事务现行管理模式分析与分层管理模式探索[J].现代大学教育,2013(1):51-56.

[8][14] 李然,适度而灵活:来华学历留学生趋同化管理的思考——基于我校来华学历留学生管理实践的研究[J].外国留学生工作研究,2016(4):61-66.

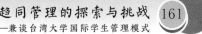

［9］［11］　郑晓,张驰,刘畅,等.从外籍学生角度看大陆高校对外籍学生的管理——以厦门大学为主,兼与台湾高校对比［J］.教育教学论坛,2013(43)：159-162.

［10］　范祥涛.（2014）.论扩大来华留学研究生规模的招生策略.中国校外教育：上旬,（S2）,337-339.

［12］　逄成华.论留学生校内趋同管理中的"同中有异"原则——以中国 SC 大学的趋同管理实践为例［J］.黑龙江高教研究,2011(11)：72-74.

［13］　刘建新.高校外国留学生辅导员队伍建设研究［M］/陆应飞.来华留学教育研究（2016）.北京语言大学出版社,2012：3.

［15］　黄山,张乐平,刘轩等.来华留学生趋同化管理研究与分析——以西安电子科技大学为例［J］.科教导刊,2017(12)：180-181.

［16］［19］　陈诗佳.中外高校留学生管理特点的比较与思考［J］.浙江万里学院学报,2016(2)：99-102.

［17］　张曼.中国台湾：高等教育国际化背景下境外学生的招收与管理［J］.上海教育,2015(24)：49-53.

［18］　陈松,黄柏翰,卢明添,等.两岸高校学生管理的差异对合作办学的启示［J］.武夷学院学报,2014,(1)：74-78,84.

（作者单位：清华大学国际合作与交流处）

为全球学程保驾护航

——国际化培养过程中清华大学学生因公出国（境）形势分析与研究

罗　嵘　王丽梅　王洁璁　林　琳　许　静　郭　松

摘　要：2016 年秉持着"立足中国、面向世界、传承创新、卓越发展"原则而制定的《清华大学全球战略》应运而生。其中九大战略方向之一——切实落实教育强国理念的全球学程，围绕人才培养的根本任务，实现清华学子的全过程国际化培养。为保障全球学程战略的顺利实施，国际合作与交流处派出工作办公室全体人员不遗余力为全校师生提供优质管理和服务。本文基于我校外事申报审批系统，分析研究了我校学生因公出国（境）的特点与形势。

关键词：全球战略；全球学程；国际化；因公出国（境）

一、引言

习近平主席在 2017 年 10 月 18 日所做的十九大报告中指出，"建设教育强国是中华民族伟大复兴的基础工程，必须把教育事业放在优先位置，深化教育改革，加快教育现代化，办好人民满意的教育"。自 1911 年建校伊始，人才培养就是我校"建设教育强国、优先发展教育事业""价值塑造、能力培养和知识传授三位一体"教育使命的重中之重。

清华大学在国家和社会的大力支持下，通过实施"211 工程""985 工程"和"双一流"建设，在人才培养、科学研究、社会服务、文化传承创新、国际合作交流等方面都取得了显著进展。目前，清华大学共设 20 个学院、58 个系，在学学生人数（包含北京协和医学院-清华大学医学部）为 47 762 人，具体分布如图 1 所示。[1]

全球学程[2]是 2016 年制定并启动实施的《清华大学全球战略》的战略方向之一，旨在统筹规划校内、国内和海外一体的国际化和跨文化人才培养全过程，建立全学程贯通、全球培养的人才培养新模式。

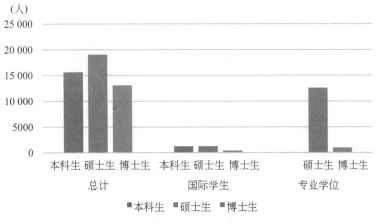

图 1　清华大学在学学生人数分布

二、 更国际的清华，支持学生广泛参与国际学术交流和文化交流，拓展学生的国际视野，增强学生对多元文化的理解和跨文化沟通能力，更好地联结中国与世界

在 2016 年苏世民书院开学典礼上，邱勇校长引用了著名美国诗人惠特曼的诗句：
"把所有的过去都置于身后，我们来到了一个更新、更强大的世界，一个多样化的世界"。
与世界同行，越来越国际化的清华将为学子放眼全球、放飞梦想提供更加广阔的舞台。[3]

近年来，我校出国（境）学生数量一直持续增长（如图 2 所示），我校从学校和院系层面
共同努力，搭建平台，拓展资源，全方面全链条为我校学生提供更便捷的管理与服务。无论
本科生，还是硕士生和博士生，都有机会利用在学期间真正地走出去，开拓国际视野。

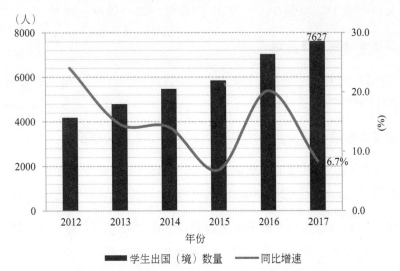

图 2　2012 年以来清华大学学生出国（境）数量及增速

2017 年我校国际合作与交流处派出工作办公室共受理短期和长期因公出国（境）申报任务 14 517 人，同比增长 7.2％。其中，教职工 6890 人（同比增长 7.7％），学生 7627 人（同比增长 6.7％）。2017 年学生出国（境）数量占学校总出国（境）量的 52.5％。此外，学生出国（境）数量持续两年超过教职工出国（境）数量。

三、 全过程支持本科生、硕士生和博士生真正"走出去"，长期在国（境）外更深度地学习，融会贯通，提高跨文化认知，力争成为具备全球胜任力的人才

改革开放四十年来，国家加大投入，按需派遣，积极鼓励公派留学。据北京大学、中山大学"出国留学效益评估研究组"深入研究，出国留学不仅可以让留学者本人在视野的开阔、外语水平的提高、知识的更新能力、获取和鉴别信息的能力、学术发展的方向、学术水平的提升、国际交流能力和社会活动能力等八个方面获得非常大的个人收益，还可以带来巨大的社会收益，特别是留学回国人员很多成为学术领导，提高了高校人才培养质量，大大缩短了我国与国际水平的差距，建立了广泛的国际学术交流网络，提高了我国在国际社会的重要地位。[4]

清华大学自建校以来，一直致力于培养勇于进取、不断创新的杰出人才。在全球战略背景下，我校每年不间断地派出优秀学生，增强跨文化认知，力争造就具备全球胜任力的有志于奉献国家发展和人类文明进步的全球顶尖人才。我校本科生、硕士生和博士生每年都可以通过国家公派（主要由国家留学基金委资助）和单位公派（由清华大学自筹经费资助），去全球一流大学或科研机构开展半年以上的课程学习或学术研究。表 1 给出了 2017 年度我校各类留学学生出国与回国情况。

分析 2017 年我校因公留学学生情况，可以发现具有以下一些特点：

1. 出国留学学生数量稳定

2017 年我校出国留学学生共 900 人，比 2016 年减少 50 人，剔除数据截止范围影响，实际上出国留学学生数量稳定。

2. 出国留学学生以博士生和本科生为主，硕士生占比较少

从 2017 年我校学生出国留学情况来看，博士生占出国留学学生的比例为 52.2％；本科生占比 37.8％；而硕士生相对较少，占比仅为 10.0％。

3. 国家公派留学学生中，硕士生人数最少；单位公派留学学生中，博士生、硕士生和本科生人数依次递减，但硕士生人数比国家公派的多一倍

2017 年我校国家公派的博士生最多，为 267 人；其次是本科生，为 193 人；硕士生

人数最少，只有 51 人。这和硕士生在学时间短，而申请时限长，不容易成功申请国家公派留学有较大关系。为了让各类学生都有机会走出国门，得到国际化培养，我校单位公派加大了对硕士生的支持，单位公派的硕士生人数比国家公派的多一倍。

4. 博士生中党员占比显著高于硕士生和本科生

2017 年我校出国留学博士生中大部分是党员，党员占总体比例为 73.7%；硕士生党员占比为 40.9%。而在出国留学的本科生中党员占比仅为 14.4%，明显少于博士生和硕士生党员。这与本科生中党员占比偏少有关。随着学习的深入以及年龄的增长，越来越多的学生成为党员，因此在研究生和博士生中党员的比例也会大幅提高。

表 1   2017 年度各类留学学生出国与回国情况统计表

（数据截至 2017 年 11 月 14 日）   单位：人·次

类　　　别		博士	硕士	本科	合计
出国	国家公派	267	51	193	511
	单位公派	224	108	57	389
	合计	491	159	250	900
	较上一年度变化幅度（%）	−3.9	−9.1	−5.3	
	中共党员人数	362	65	36	463
回国	国家公派	269	37	149	455
	单位公派	240	99	38	377
	合计	509	136	187	832
	较上一年度变化幅度（%）	8.1	−4.2	−31.3	
	中共党员人数	365	63	17	445

四、 本科生自入校开始，就会通过交换学习、假期实践、海外实习等项目，放眼全球，开始国际化培养进程的第一步

新时代下，高等教育"要主动适应和满足地方经济社会发展的需要，既做出顶天的成果，更做出立地、惠民的成果"[5]。邱勇校长在 2017 年 12 月 27 日给本科生讲课时指出，一流本科教育是一流大学的底色。一流的人才培养应以中国特色、世界一流为核心，具有里程碑意义的《清华大学全球战略》应运而生。我校将"引进来"与"走出去"有机结合，全面提升国际化办学水平。我们深知，一流本科教育的国际化并不是简单的你来我往，而是深度交流与融合。近年来，为进一步推动本科生的创新意识、

实践能力和国际竞争力,满足高素质国际化人才培养需求,清华从学校和院系层面共同努力,搭建平台,拓展资源,通过重点加强学期制交换学习、国际"大学生研究训练计划(SRT)"、海外研修等系列项目建设,支持学生开展海外高水平学术研究和有深度的学习活动,拓展国际视野,提升学术创新能力,帮助本科生将视线从菁菁校园投射到全人类共同的命运。[3]

分析 2017 年我校因公出国(境)本科生数据,可以发现:

- 近年来本科生出国(境)人数大幅度增加。如前图 2 所示,2017 年比 2012 年增加 76.2%。

- 2017 年出国(境)的本科生中,以二年级(2015 级)和三年级(2014 级)的本科生为主,占比分别为 33% 和 46%,如图 3 所示。2016 级的本科生因为刚刚从高中步入大学,需要适应新环境,但是其中仍然有 8% 的学生在 2017 年因公出国(境),开始他们的国际全球学程的学习。这说明学生海外教育项目覆盖了本科生各个年级,实现了多层次的国际化培养机制。

图 3　2017 年本科生出国(境)数量按年级分布

- 在 2017 年出国(境)的本科生中,在外时长 1 个月以下和 1 个月以上各占约一半(见图 4)。这说明他们的全球学习任务不是"蜻蜓点水",而是有足够的时间去深度学习。其中大部分赴海外参加一学期或一年时长的交换项目。本科生参加交换学习的比例占所有参加此项目总人数的 64%,显示了本科学生的国际化培养以交换学习和暑期实践为主。

除此之外,对于每一级本科生,从入学第一年开始,就有机会申请校级和院系的国际交流学习等项目,走出校门,迈向全球。

以 2017 届本科毕业生为例,该届毕业生(共有 3595 名)在 2012 年至 2017 年期间,国际合作与交流处派出工作办公室为其中 2405 人次办理了因公出国(境)任务审批,占毕业生总数的 67%,如表 2 所示。

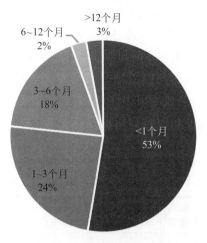

■<1个月　■1~3个月　■3~6个月　■6~12个月　■>12个月

图4　2017年本科生出国（境）数量按时长分布

表2　2017届本科毕业生在2012年至2017年的因公出国人数统计

单位：人·次

年份	本科生总人数 （长期＋短期）	2017届毕业生人数 （长期＋短期）	百分比（%）
2012	76＋1355	22＋80	7
2013	179＋1531	9＋91	6
2014	293＋1711	28＋187	11
2015	272＋1597	172＋561	39
2016	264＋2149	77＋855	39
2017	2456*	323	13

＊2017年的数据截至2017年11月1日，且未区分长期和短期因公出国的人数。

从表2中，2017届本科生毕业生在2015年和2016年的出国（境）数量最多，这与图3给出的数据是一致的。

这些数据充分显示了近年来清华大学将其国际合作的优势积极转化为人才培养的资源，在建设和拓展持续稳定且形式多样的学生国际化培养渠道方面所做出的努力和成果。

五、 研究生的国际化培养进程以学术研究为主线，以国际会议、访问交流、短期课程和联合培养为主，提高学术能力，成为我校与国际学术界之间的桥梁及纽带

全球学程的第二步就是研究生的国际化培养。研究生作为学术研究的骨干力量

之一,除了自主创新能力的培养,还需要及时了解全球相关技术的发展现状和趋势,掌握最先进的国际一流学术成果,取长补短,全面提升综合素质、国际视野、科学精神和创造能力。

2017 年,我校国际合作与交流处派出工作办公室共受理硕士生短期出国(境)审批为 1827 人次,同比增长 11.7%。博士生出国(境)审批为 2948 人次,同比增长 9.0%。表 3 给出了 2017 年我校研究生因公出国(境)出访任务(含长期,即半年以上的出访任务)类别的统计情况。

表 3　研究生因公出国(境)类别分析

类别	国际会议	访问交流	短期课程	联合培养	交换学习	合作研究	海外实习	竞赛	攻读学位	累计	
硕士生	472	587	375	109	160	40	84	24	27	1878(含长期51人)	
博士生	314	107	20	77	23	37	12	1	1	592	3216(含长期268人)
直博生	1525	399	81	238	119	209	44	9	/	2624	
合计	2311	1093	476	424	302	286	140	34	28	5094	

注:表 3 中数据范围为 2017 年 1 月 1 日—12 月 1 日,第五部分的数量及增速均是与 2016 年 1 月 1 日—12 月 2 日相比。

从表 3 中可以看出,在国际会议上宣读论文的研究生最多,占了研究生总出国(境)人数的 45%。其次就是访问交流,占了 21%。短期课程和联合培养(中外导师共同培养)分别占比 9.3% 和 8.3%。这和博士生以及硕士生主要从事学术研究是密不可分的。特别是博士生,在高水平国际会议上宣读论文,不仅可以辐射我校的学术价值影响,还可以通过会议交流了解学习国际先进技术及成果,提高自身学术水平。

六、 总结

综上所述,基于 2015 年正式运行的我校外事申报审批系统数据,本文首先分析了我校因公出国(境)学生人数持续两年超过教职工出国(境)数量,指出了我校博士生、硕士生和本科生可通过国家公派和单位公派执行半年以上的出国(境)留学,为成为具备全球胜任力的人才打下坚实的基础。为落实全球学程的实施,我校本科生自入校开始,就会通过交换学习、假期实践、海外实习等项目,放眼全球,开始国际化培养进程的第一步。而研究生则以学术研究为主线,通过国际会议、访问交流、短期课程和联合培养等形式,提高自身学术能力,并辐射自主创新,加强我校与国际学术界之间的交流。在全球化战略的大背景下,为保障全球学程战略的顺利实施,国际合作与交流处派出工作办公室全体人员将不遗余力为全校师生提供优质管理和服务。

参 考 文 献

[1] 清华大学.清华大学统计资料简编(2017—2018 学年初),http://xxbg.cic.tsinghua.edu.cn/oath/list.jsp? boardid＝22,2018 年 2 月 25 日.

[2] 国际处.《清华大学全球战略》解读：九大战略方向,新清华全球战略专刊,2017 年 4 月 25 日.

[3] 曲田.世界,清华与你同行,http://www.tsinghua.edu.cn/publish/newthu/8912/2017/201704-28083317920520031/20170428083317920520031_.html,2018 年 2 月 1 日.

[4] 北京大学、中山大学"出国留学效益评估"研究组.公派留学效益几何? 中国教育报,2008 年 8 月 21 日第 5 版.

[5] 丁子信.新时代下高等教育的责任和使命,http://paper.dzwww.com/dzrb/content/20171206/Articel13004MT.htm,2018 年 2 月 25 日.

（作者单位：清华大学国际合作与交流处）

从中国近现代留学教育史浅析清华大学实施"全球学程"人才培养战略的必要性

丛东明　许　静

摘　要：在高等教育全球化成为当今大学的主要特征和必然发展趋势的时代背景下，全球人才竞争日趋激烈，国际化人才培养则成为当今大学的重要任务之一。本文从中国近现代 170 多年的留学教育史角度切入，探讨清华大学在新时期制定实施《清华大学全球战略》的时代背景和战略内容，分析了实施"全球学程"国际化人才培养战略的必要性和重要意义，以期提高学校各院系及部处对国际化人才培养的重视程度，全校上下齐心协力、开拓创新、友好合作，切实达到培养新时代具备国际竞争力和创新力的优秀人才的实效，助力国家早日实现"中国梦"。

关键词：中国近现代留学教育；清华大学；全球战略；全球学程；国际化人才培养

当今世界，随着知识经济和信息技术的飞速发展，高等教育全球化成为当今大学的主要特征和必然发展趋势。随着中国经济崛起及综合国力的显著提升，中国在全球政治、经济、教育、科技和文化领域发挥着日益重要的作用。在这一时代背景下，中国高等教育也面临着前所未有的发展机遇和挑战，跻身世界一流大学和建设成为世界顶尖大学的需求迫在眉睫。

高等教育全球化既包括全球合作也包括全球竞争。在竞争日趋激烈的高等教育领域中，世界各知名高校争先恐后制定并实施一系列全球化发展战略和举措，为建设世界一流大学及世界顶尖大学付诸努力和心血，以求在全球高等教育领域中占有一席之地并引领社会发展潮流。高等教育全球化战略涵盖面非常广泛，包括国际化人才培养、国际化师资队伍建设、国际化校园建设、教育国际合作等各个方面。本文拟从中国近现代留学教育发展的历史角度分析新时期清华大学全球战略中对于人才培养所采取的"全球学程"战略的必要性和重要意义。

一、 中国近现代留学教育史分期及各时期杰出留学生代表及成就

1840 年英中第一次鸦片战争揭开了中国近代史的序幕。鸦片战争迄今 170 多年间的中国留学史,可以按民主革命与社会主义革命和建设两个历史时期分为七个阶段。这七个阶段也可以说是"七个时代"。在这七个时代中大量的中国有志青年到欧、美、日、苏等国家留学,涌现了一大批救国救亡、振兴中华、实现中国现代化建设的杰出留学归国人才。留学生已经成为中华民族复兴和中国连接世界的生机勃勃的生力军。具体情况略述如下:

1. 第一阶段:1840—1870 年,约 30 年。 最初的民间留学,人数不多,主要留学美国

第一代留学生比较零散,人数不多。他们都是民间通过私人途径出国的,与国家派遣无关。这批留学生中的优秀代表是 1847 年年初由香港出发的容闳、黄宽、黄胜三人留学美国及欧洲。容闳为"中国留学生之父",是中国第一个留美大学生,留学耶鲁大学。他也是促使中国政府派遣成批学生出国留学的第一个倡导者和创始者,是近代留学生运动的奠基人。到美国留学以后,他就以"决定使中国的下一辈享受与我同样的教育"为目的,盼望"通过西方教育,中国将得以复兴,变成一个开明、富强的国家";学成回国后,他一直为争取清政府派遣中国学生留学美国而奔走努力,终于通过曾国藩、李鸿章等洋务派官员促成清政府批准在 1872—1875 年每年由国家派遣 30 名,分 4 批共 120 个少年学生赴美留学,初步实现他的愿望。除容闳外,与他同去美国留学的黄宽由美国转赴苏格兰爱丁堡大学学医,成为中国近代留欧第一人,是近代早期著名的外科医生。黄胜入读美国麻省孟松学院,从事于出版、翻译等工作,回香港后任立法局官员。

这一代留学生可谓是中国留学生运动勇敢的先驱者,当时还是萌芽阶段,但却是中国留学史上不可缺少的第一代。

2. 第二阶段:1871—1889 年,约 20 年。 第一个官费留学时期。 清政府办"洋务"自强,共派出留学欧美学生 230 余名,培养科技和军事上的人才

清政府在两次鸦片战争失败后,决定"师夷长技以制夷",办"洋务"自强,派遣人员出国学习,培养科技和军事上的人才。第二代官费留学生回国以后成为著名人物的有留美的唐绍仪、詹天佑、唐国安等,留欧的严复、魏瀚、萨镇冰、刘步蟾等。唐绍仪

进入美国哥伦比亚大学学习,回国后曾任山东大学第一任校长,中华民国首任内阁总理。詹天佑有"中国铁路之父""中国近代工程之父"之称,考入耶鲁大学土木工程系,回国后是中国人自己主持修建的第一条铁路——京张铁路的总工程师。唐国安入读耶鲁大学法律系,是清华学校(清华大学前身)第一任校长。严复在英国格林尼治皇家海军学院毕业,是近代著名的翻译家、教育家、新法家代表人,成为中国"精通西学第一人",1912 年任北京大学首任校长。刘步蟾 1877 年留英,为北洋海军右翼总兵兼旗舰"定远号"管带、代理提督。与此同时,也有自费出国留学的学生,其中后来成为著名人物的如赴英国学习法律的伍廷芳和到夏威夷群岛的檀香山念中学的孙中山等。孙中山 1879 年留学檀香山,1905 年在日本东京成立中国同盟会,建立共和体制和中国国民党,开创中华民国、创建黄埔军校、中山大学。

第二代留学生 230 余人,他们在中国刚起步的近代化征程上如新兴的邮电、海关、铁路、矿业等企业和教育、外交、海军建设等方面做出了较大的贡献。这个阶段里,国人开始对西方有所接触和了解,社会风气也渐渐开明,因而开始有了政府派遣大批留学生赴欧美学习,自费出国留学的也逐年增多。

3. 第三阶段:1890—1911 年,约 20 年。 为中国近代史上第一次出国留学热潮,形成留日高潮,也是出国留学的初步发展阶段。 清政府被迫办"新政",留学欧美日的公私费留学生数万计,以拯救中华为第一要务

清政府在 1894—1895 年甲午战争中的惨败给国人以强烈刺激,东邻日本成为学习的样板,许多有志青年选择前往日本留学,旋即形成留日高潮。在 20 世纪前十年中,留日学生总数达五万人以上。由于帝国主义列强对华瓜分危机的强烈刺激,清政府被迫办"新政"派出大量的官费留日学生,同时也派出少量赴欧洲各国的官费留学生。1909 年起因美国归还"庚款"余额,要求专门作为派遣留美学生费用,1911 年清政府为选拔和预培留美学生,建立清华学校,重新派遣留美官费生。由于这几方面的情况,便出现了以留学日本为主的中国近代史上第一次出国留学热潮,也是我国出国留学的初步发展阶段。这阶段留学日本、欧洲、美国的公私费留学生数以万计,以后成为知名人物的很多,如黄兴、宋教仁、秋瑾、陈独秀、鲁迅、蒋介石、蔡元培、宋庆龄、竺可桢、胡适、赵元任等。其中,陈独秀是中国近代史上伟大的爱国者、民主主义者、革命家与改革家。他是新文化运动的发起者,是五四运动的总司令,是中国共产党重要的创始人。蔡元培成为中华民国首任教育总长,曾任北京大学校长,革新北大开"学术"与"自由"之风。

这个阶段,由于中国民族危机极为严重,拯救中华成为一个突出和急迫的头等大事,也是促成有志青年出国留学的主要动力。1905 年孙中山在东京成立中国同盟会,许多留学生都成为中国同盟会的成员和骨干,他们后来成为辛亥革命推翻封建王朝的先锋队和中坚力量,跟随孙中山为推翻清朝腐败政权做出了积极的贡献。

4. 第四阶段：1912—1930 年，约 20 年。 留学生以"科学救国"为己任，赴法勤工俭学运动兴起，形成留学苏俄新热潮，出国留学持续发展，留学法德美日苏俄共约二万人

1912 年中华民国成立后，在袁世凯和北洋政府的反动统治下，中国遭受帝国主义侵略，国内政治腐败、经济落后。五四运动前后，赴法勤工俭学运动兴起，数以千计的爱国青年以"科学救国""教育救国"作为自己的奋斗目标，前往欧洲的法、比、英、德等国进行勤工俭学，人数与日俱增。在 20 年代前期和中期，苏俄十月革命建成由无产阶级领导的新型国家，在世界上产生了极大的影响，在中国又形成了一次留学苏俄的新热潮。而自 1912—1929 年之间，清华学校每年所派遣的"庚款"留美公费生约在千名左右。同时，还有大量自费学者赴美求学。留日学生数目仍然相当大。这个阶段里，在欧、美、日本的留学生总数有二万人左右。"第四代"留学生以后成为知名人物的也很多，著名的如留美的茅以升、梁思成、周培源等；留日的李大钊、郭沫若、郁达夫等；留欧和苏俄的如蔡和森、周恩来、邓小平、朱德、陈毅、李四光、徐悲鸿、刘少奇等一大批人。

"第四代"留学生中有许多人后来成为成就卓著的科学家和国共两党的领导人和骨干，特别是有许多人成为革命家和中华人民共和国的重要领导人物，为我国的革命和建设事业立下不朽的功勋。这也是开拓中国现代科技事业的一代，为中国基础科学和技术科学的建立奠定了基础，培养了学科奠基人和学术栋梁。

5. 第五阶段：1931—1949 年，约 20 年。 抗日及解放战争年代，留学人数锐减，万人左右，但留学的国家数目大为增加

在抗日战争和解放战争的救亡和战乱年代，国民政府对出国留学采取了紧缩和限制政策，留学人数锐减。即便如此，仍有众多青年学子冲破重重困难远渡重洋，到西方发达国家学习先进的科学技术，以求振兴中华，其中自费生人数大大超过公费生。这个阶段的留学生总数只有万人左右，但留学的国家数目却较前大为增加，除美、英、法、德、比、日、苏外，还有到瑞士、加拿大、印度、埃及、澳大利亚等国去学习的。这一时代著名的科学家如王淦昌、钱学森、钱三强、钱伟长、华罗庚、邓稼先以及杨振宁、李政道等，他们学成回国或者虽定居海外，却都对我国的科学事业特别是新中国成立四十余年来社会主义国防科技、经济建设、中外文化交流和培养下一代的科技人才等方面做出了重大的贡献。

6. 第六阶段：1950—1977 年，约 30 年。 新中国政府向苏联东欧等 49 个国家和地区派出一万数千人

与中国历史上历次留学运动不同的是，新中国派遣留学生计划与国家工业经济建设计划密切结合。中华人民共和国成立后不久,中央即决定大规模向苏联和东欧社会主义国家派遣留学生,并成立了由聂荣臻、李富春、陆定一主持的留学生派遣工作领导小组,制定方针、计划和组织实施。留学生全部都是由中央和地方政府的各有关部门公派,而且由各级政府和有关单位层层严格挑选。这一时代共向苏联东欧等49个国家和地区派出留学人员1.8万余人。在此后数十年间,多数都已成为我国科技、经济和文化教育各条战线的领导骨干,其中不少人为四化建设做出了卓越的成绩。有一些人还担任了党和国家或中央部门重要领导工作,其中如江泽民、李鹏、叶选平、李铁映、李贵鲜、罗干等。这一阶段公费派出的留学人员全部回国,无条件地服从分配,愉快地奔赴祖国最需要的地方,奉献出自己的智慧和青春年华,成为后来新中国发展工业和全面建立科研体系的骨干力量。

7. 第七阶段:1978—21 世纪,约 40 年,改革开放社会主义建设时期,留学教育空前大发展,几百万公费自费留学生

1978 年 6 月 23 日,邓小平同志在中南海接见方毅、蒋南翔、刘西尧、刘达等同志,听取教育部关于清华大学情况工作汇报。听取工作汇报时做出了关于扩大增派出国留学人员的指示,他表示要尽快提高国内的科教水平。他说:"我赞成留学生的数量增大……现在我们的格格太小,要千方百计加快步伐,路子要越走越宽。我们一方面要努力提高自己大学的水平,一方面派人出去学习,这样也可以有一个比较,看看我们自己的大学究竟办得如何……要成千成万地派,不是只派十个八个。教育部研究一下,花多少钱,值得。今年三四千,明年万把人。……为什么要这样派?这是提高我们科学教育水平的重要方法之一,同时也是为了科技强国。为了科技强国我们花多少钱都值得。"

1978 年邓小平的指示吹响了青年学生走向世界的号角,迎来了中国历史乃至世界历史上具有划时代意义的留学大热潮。其人数之多,求学学科之全,分布国家之广,前所未有,为世人瞩目。经过改革开放 40 年的发展,中国有 300 多万人到国外留学,遍布 100 多个国家和地区,远远超过从鸦片战争到改革开放前六个时代 130 余年出国留学人员的总和。他们热情满怀地投身于祖国社会主义四化建设,艰苦奋斗,在推进我国科研与教学,促进科技应用和国民经济发展,开展国际科技文化交流,追踪世界科技进步等方面都发挥了重要作用,做出了许多突出的贡献,成为促进改革开放和社会经济发展的一支重要力量。许多人成为各行各业的佼佼者,堪称是我国教育界、科技界、现代经济企业界和决策管理部门的一批精英。其中著名代表人物如路甬祥、韦钰、冯长根、白春礼、张朝阳、李彦宏、施一公、潘建伟等,不胜枚举。涌现了一大批中国现代化建设的卓越人才,成为发展我国科学技术、高新技术产业和推动社会进步的骨干力量。留学生已经成为中华民族复兴、实现现代化建设和中国连接世界的不可或缺的生力军。

二、 21 世纪社会主义新时代国际化人才培养的重要性

中国近现代 170 多年的留学历程表明中国留学生、学者在国际社会的地位一步一步提升,逐渐从国际社会边缘到傲立潮头。这其中,有中国国际地位崛起的大背景,也有他们自身的不懈努力。伴随"一带一路""人文交流""亚洲基础设施投资银行"和"中国梦"等发展建设,中国留学生迎来了更大的机遇,世界可持续发展和人类进步的大舞台正等待着他们。

习近平总书记说:"综合国力竞争说到底是人才竞争。人才资源作为经济社会发展第一资源的特征和作用更加明显,人才竞争已经成为综合国力竞争的核心。谁能培养和吸引更多优秀人才,谁就能在竞争中占据优势。"没有一支宏大的高素质人才队伍,全面建成小康社会的奋斗目标和中华民族伟大复兴的"中国梦"就难以顺利实现。百年来,不同时期的留学人才,在救国报国的道路中从未缺席。近代以来,我国大批留学人员负笈求学的足迹,记录着中华儿女追寻民族复兴的梦想,伴随着我国从封闭到开放、从落后到富强的伟大历史性跨越。一个个成就卓越的科学家诞生了,他们不仅为祖国服务,也为全人类开启着科学奥秘之门。高铁、计算机、北斗卫星导航、量子通信……在多个领域,世人越来越多地看到中国创造的身影。中国要建成创新型国家,实现从中国制造向中国创造的转型,提升全球化的角逐能力,最重要的仍然是人才。

在 21 世纪社会主义新时代,留学生真正成了连接中国和世界的纽带。大批留学生的学成回国,迅速成为推进社会全面进步的生力军,在各行各业焕发出勃勃生机。活跃在各地的留学生高新技术创业园,集先进的技术、管理、资金、产品、物流于一体,有力地推进了现代化的建设。有数据显示,中国科学院院士中的 81%、中国工程院院士中的 51%、国家重点项目学科带头人中的 72%,均有留学经历。在留学回国人员中,先后有上千名优秀留学回国人员获得了国家级表彰。各大专院校的归国留学生,则是难得的教学和科研骨干,一些新兴学科和先进的实验室,多数由留学生主持,而长江学者和特聘教授当中,归国留学生占八九成。科技战线归国留学生几乎起主导作用。总而言之,充分重视国际化人才培养,对建设创新型国家具有极其重要的战略意义。

三、 清华大学实施全球战略及"全球学程"国际化人才培养战略与实践举措

1. 清华大学制定并实施具有里程碑意义的《清华大学全球战略》

2011 年,是清华大学建校一百周年。面向新百年,清华大学主动出击,采取了更

加坚实果敢的国际化人才培养举措。2015 年 11 月，国务院颁发了《统筹推进世界一流大学和一流学科建设总体方案》，要求坚持以中国特色、世界一流为核心，以立德树人为根本，以支撑创新驱动发展战略、服务经济社会发展为导向，坚持"以一流为目标、以学科为基础、以绩效为杠杆、以改革为动力"的基本原则，加快建成一批世界一流大学和一流学科。2017 年 1 月，教育部、财政部、国家发改委联合印发《统筹推进世界一流大学和一流学科建设实施办法（暂行）》，提出了全面提升我国高等教育在人才培养、科学研究、社会服务、文化传承创新和国际交流合作中的综合实力的政策要求。

从国家"双一流"政策中可以看出中国大学正面临新的战略窗口期：国际交流合作和全球化发展将在一定时期内持续成为引领中国高等教育快速发展的重要引擎。高等教育全球化战略涵盖面非常广泛，包括国际化人才培养、国际化师资队伍建设、国际化校园建设、教育国际合作等各个方面。面向新百年，面对国家发展战略需求与高等教育的重大变革与机遇，清华大学抓住机遇，主动作为，将建设世界顶尖大学确立为学校未来发展目标，于 2016 年 7 月正式通过了《清华大学全球战略》，把学校发展放在国家现代化的大舞台和经济全球化的大背景中，以更加开放的姿态积极参与全球人才与教育科研资源的合作与竞争，推动清华大学早日进入世界一流大学前列，努力建成全球卓越的高等教育和学术研究机构。

清华大学全球战略目标分三个阶段：2020 年整体进入世界一流大学行列，若干学科进入世界一流学科前列；2030 年进入世界一流大学前列，一批学科进入世界一流学科前列；2050 年前后成为世界顶尖大学，整体进入世界一流大学前列。全球战略是清华大学基于学校国际化传统的创新之举，是清华大学整体战略的重要组成部分，将整合全校国际合作交流资源，通过内涵发展、特色建设，全面提升国际化办学水平，持续增强服务国家、贡献全球的能力。在已经到来的全球竞争中，清华持续切实开展服务国家和世界的研究，全面提升国际化办学能力与全球影响力，培养具备全球胜任力的拔尖创新人才，努力向建设全球顶尖大学的目标奋进。

2. 清华大学实施"全球学程"国际化人才培养战略及实践举措

《清华大学全球战略》分为九大战略方向，分别为：全球胜任力、全球学程、全球学生、全球师资、全球研究、全球合作、卓越管理、国际化校园、全球声誉。全球战略的主要目标之一，是着力培养具备"全球胜任力"的拔尖创新型人才。其中"全球学程"便是涉及高校人才留学派出、国际化人才培养的重要举措。"全球学程"人才培养战略具体思路为：统筹规划校内、国内和海外一体化的国际化和跨文化人才培养全过程，建立全学程贯通、全球培养的人才培养新模式。围绕人才培养的根本任务，推进高水平课程和项目建设，提供在校内即可实现的国际化培养全过程。统筹规划和开发海内外学位和非学位人才培养项目，拓展人才培养的海外渠道和基地，促进学生参与海外学习与研究。

人才培养是高等教育的根本任务。清华大学实施"全球学程"国际化人才培养战略，全面落实价值塑造、能力培养和知识传授"三位一体"的教育，推进人才国际化培养，努力探索高等教育国际化人才培养的新范式。参与海外学习与研究，是促进学生学术交流、拓展全球视野、培养社会责任感、增强民族文化自信的重要途径。清华大学建校一百多年来的发展历程就是把国外先进经验同自身实际相结合、探索中国特色高等教育现代化道路的过程。如今，身处世界多极化、经济全球化的浪潮中，清华一直秉持"立足中国、面向世界"培养具备全球胜任力的人才。

为着力培养具备全球胜任力的拔尖创新人才，清华大学根据"着眼于全球、立足于本土、成体系规划、全学程贯通"的思路，学校设立国际与地区研究院，依托研究院继续推进发展中国家研究博士项目建设；启动本科生亚洲校园学生流动计划、优秀新生海外研修项目、全球南方文化浸润系列特色海外学习活动，为本科生深度学习广大亚非拉国家的文化与历史提供宝贵机会。联合学位、学期交换、海外实习、暑期实验室研修、暑期课程、国际会议和国际竞赛……清华不遗余力为学生创造更多的海外学习交流机会，构筑长短期项目相结合、学期派出与暑期项目相衔接、专业课程及文化交流并举的海外培养体系。

学校积极创造国际化培养条件，培养具备国际竞争力的未来学者。目前，清华已与140所合作院校正式签署了校级学生交换协议，为清华本科生前往海外伙伴院校进行交流学习提供了广阔平台。设有暑期实验室研修项目，支持本科生到国外大学实验室开展短期研究；依托院系开展40多个双硕士学位项目，为硕士生的国际化培养提供有力支撑；实施国家公派研究生计划、短期出国访学基金、博士生出席国际会议资助等方式支持博士生赴境外开展为期3～24个月的学术研究。合作院校广泛分布于全球40个国家和地区。据统计，2016年约40％的本科生、25％以上的硕士生和超过60％的博士生在学期间有海外学习交流的经历。未来学校还将进一步开拓资源，为更多学生出国（境）交流与学习提供机会。

2011年，是清华大学建校一百周年，面向新百年和新时代，清华大学继续坚定不移地走"中国特色、世界一流"的发展道路，制定实施一系列全新的全球学程人才培养战略。清华-伯克利深圳学院、美国西雅图全球创新学院、苏世民书院、与意大利米兰合作建设的中意设计创新基地、新雅书院等国际化办学项目，均为新时期清华全球人才培养战略的实践举措。

2014年，清华-伯克利深圳学院（简称TBSI）由深圳市人民政府、清华大学与加州伯克利大学联合成立，致力于培养全球科技领袖和未来企业家。整合两校优质科研和教育资源，构建国际化、创新型的人才教育与研究体系。学院面向全球招收优秀硕士生和博士生，鼓励学生在跨学科研究和国际化的氛围中培养创新性思维和创造力，致力于解决全球性社会与技术问题，努力培养高层次创新创业人才。研究生们在两校教授和工业界导师的共同指导下，收获在清华大学两年和加州伯克利大学一年学习中与不同文化背景的学生共同学习、共同成长的宝贵经历,在"社会-学校"多元协同、不同学科门类"大交叉平台"上培养创意创新创业能力。首届 TBSI 学生于 2015年 8 月入学。

2015 年,在微软公司的支持下,清华大学与美国华盛顿大学在美国西雅图市合作建立了全球创新学院(简称 GIX)。GIX 是清华与华盛顿大学合作搭建的具有多元文化优势的开放性创新教育和科研平台,致力于培养具有全球视野和创新精神的领军人才。全球创新学院是一个国际化的教学科研平台,有效整合大学资源、学术资源和产业资源,是一个创新的教育模式,也是清华大学第一次尝试把校区建到美国,被称为"走出去的清华园",是国际化进程中崭新的里程碑。此外,GIX 还作为清华相关院系学位项目和培训项目的海外学习基地,为学校的国际化人才培养服务。首届 GIX"智慧互联"双硕士学位项目学生于 2016 年 8 月入学。

同时,近 30 年来清华逐年加大"请进来"的力度,增加长短期专家和诺贝尔获得者的聘请人数,参与教学工作的专家已经占到专家总数的半数,他们通过开授课程、举办讲座等多种方式,把学术前沿信息、国际化视野和多元文化带到了校园,使清华学生在校学习期间就可以自主选修外籍教师的课程,并一起从事科研工作,扩大学生国际视野、增强国际交流能力。每年众多的国家元首政要、诺贝尔奖得主、国外知名大学校长及企业成功人士等造访清华,为了使用好此类高水平讲座资源,清华开办"清华论坛""清华海外名师讲堂""清华信息大讲堂""清华环境论坛""水木之窗""对话大使"等,为清华学生提供拓展国际视野的平台,学生踊跃参加,聆听大师精彩演讲或讲座,并面对面互动对话。清华每年举办 400 余次涉外学术会议及交流活动,依托学生团体组织重要国际文化交流活动,如国际暑期学校、"大学周""文化节"等,有效培养了学生的跨文化交流能力,促进了校园的国际化环境建设。

四、 清华大学实施"全球学程"战略的必要性及意义

1. 清华大学建校百余年来人才培养留学派出历史及成就回顾

1911 年,清政府利用美国政府退还的庚子赔款,设立了清华学堂,1912 年改名为清华学校,清华学校的主要任务是通过一定时期的留学预备教育,向美国输送一定数量和规格的留学生,为半殖民地半封建的中国培养"新式人才"。1928 年改名为国立清华大学。从 1911 年清华学堂成立至 1929 年国立清华大学留美预备部结束,清华培养了一千余留美学生,派遣留学生数量之众多,所育人才范围之广泛,在中国留学史上居于领先地位。

建校百余年来,清华一直延续继承优良的留学派出进修传统,不同时期均结合当时中国社会需求主动派出学生到国外学习,培养各类卓越人才。西南联大时期和 20

世纪五六十年代学校继续派学生赴国外留学,为国家培养造就了一大批卓越人才。改革开放以来,学校致力于培养"高素质、高层次、多样化、创造性"的拔尖创新人才,逐步建立学生国际化的培养体系,拓展学生国际视野,提高国际竞争能力。学校坚持"按需派遣、保证质量、学用一致"的选派方针,利用国家资助、政府间交换、校际交流、学校资助等多种渠道,派往到近百个国家和地区进修留学、考察访问、合作研究、参加国际会议的师生达 60 000 余人次。他们学成回国后,成为清华各个领域的领军人物和学术带头人,在学校的教学、科研、管理和国家的建设中做出突出了贡献。截至2017 年 8 月,清华已有 46 位老师成为中国科学院院士、34 位成为中国工程院院士,其中多数学者都具有海外留学经历。

　　建校百年来,清华出国留学人员怀着高度的爱国热忱和强烈的责任感,目的明确,学习刻苦,运用在国内已经具备的坚实的理论基础和丰富的科研实践经验,在较短时间里,掌握和了解大量的国外前沿科技知识和先进的研究方法。回国后运用新思想新技术,学以致用,奋发图强,进行开创性的工作,取得了许多高水平的科研成果,缩短了我国在高新技术领域和发达国家之间的距离。改革开放四十年来,学校获得众多国家、国际科技奖项,截至 2016 年年底,全校累计获国家级科技三大奖共 529项,省部级科学技术奖 2487 项。许多获奖项目都是由留学归国人员主持完成的。如获得国家科技进步一等奖的"5 兆瓦低温核能供热堆",获得国家自然科学二等奖的"载能离子束与金属作用下合金相形成及分形生长现象"以及获得国际高性能计算应用领域的最高学术奖项"戈登·贝尔"奖等的项目负责人均为留学回国人员。清华-伯克利深圳学院首届学生入学一年后团队人员便在顶级国际学术会议上获得"最佳演示系统奖"和"最佳海报提名奖"。

2. 清华大学实施"全球学程"战略的必要性及意义

　　清华大学建校于国难之中,而与国耻意识伴随的是强烈的"多难兴邦"的责任感。清华自建校起就是一所国际化办学的学校,以人才培养为核心任务,倡导"兼容并蓄、融合中西、文理会通"的育人理念,在历史上不同时期都比较重视学生国际化的培养,博采中西文化之长,采取多种渠道派出学生到海外学习进修,为中国社会培养了众多领军人才,在中国留学史上有着重要的地位,发挥了示范引领的作用。

　　建校百年来,留学海外的清华学子都抱有一腔爱国热忱,虽身在海外却心系祖国,学习刻苦认真并各学有专长,强烈的爱国精神和责任意识,培养了一大批学术大师、兴业之士、治国之才,许多人成为我国科学、文化及教育界的著名专家学者,如侯德榜、金岳霖、叶企孙、闻一多、梁思成、梅贻琦、钱锺书、周培源、梁实秋、赵元任、吴祖缃、胡适、竺可桢、茅以升、钱学森、邓稼先、季羡林、南仁东、杨振宁、施一公等。他们以敬业之精神与自己的专长,为祖国的科学、文化、教育事业做出了重大贡献。时至今日,仍有众多清华大学的留学毕业生归国后在为实现"中国梦"的路上奋斗创新,贡献自己的青春与热血。

纵观中国近现代 170 多年的留学教育史,可以看出各个时代的留学潮对中国社会的影响既重大又持久。在近现代各个时期的出国留学生中,都涌现出一批为国争光、为民兴利、爱国抗敌、投身革命的代表人物。他们对中国社会在教育、科技、政治、经济、军事、学术、文化、法律、金融、通信、交通、信息技术等众多领域产生深远和重要影响,推动中国社会的全面进步和发展,这种影响可以说是全方位和划时代的。其中,清华大学莘莘学子在不同时期都是怀揣着报效祖国的信念奔赴世界各地进修学习。

清华全球战略的根本落脚点是人才培养,而培养学生具备全球胜任力是其中的核心目标之一。学生通过"全球学程"战略实施参加各种海外学习项目,拓展了国际视野,增强了文化自信,提高了国际竞争能力,提升了全球胜任力。众多的清华学生走向世界,深入体验发展中国家的国情、学习发达国家的先进科技,帮助学生在多元文化的碰撞交流中塑造更加兼容并包、完整全面的世界观,不盲目崇拜,培养学生坚定的中国立场与真正的全球视野,掌握真诚的跨文化尊重。引导学生坚持道路自信、理论自信、制度自信和文化自信。同时,清华学子走向世界无形中也促进了清华文化和中国文化的传播,中国文化的世界化从来没有像今天这样广泛而深入。留学海外的清华学子是人才济济、英杰迭出。仅以举出的留学生著名代表人物来说,就可见清华"全球学程"战略在百年历史上的地位和影响有多么重要,同时也说明了在社会主义新时代加强高校人才留学派出、全球培养的必要性和重要性。

五、 结语:派出留学对国际化人才培养的重要意义

从共和革命领袖到新文化运动旗手,从中国共产党的创立者到解放军的元帅们,从内阁部长到两院院士,从科学巨匠到创业精英,从实业巨头到金融巨子,从第一条铁路到第一台亿次巨型电子计算机,从第一架飞机到两弹一星,从旧中国的改造者到新中国的建设者,从旧社会开风气的先驱者到新社会潮流的领航者。中国近现代历史的星空上,闪烁着一个个熠熠生辉的海归英名,他们在社会的各个领域前驱领路,深刻影响和改变了近现代中国的历史进程。

对于一个现代国家,对于现代文明和现代生活,尤其对于一个志在攀登世界文明和科学高峰,与世界进步潮流融合的国家和时代来说,留学是国家和民族振兴环节中不可缺少的。留学是民族之间、国家之间文明的交流和融合。这种交流与融合建立在语言交流之上,又远远超越语言范畴。一个国家输出和接收留学生的数量,与这个国家的现代化程度成正比。如果一个国家没有相当数量、占人口一定比例的出国留学生和前来留学的国际学生,这个民族的视野就会受到局限,这个民族的语言会因此而缺少新鲜词汇,这个民族的思维会因此而缺乏活力。今天的中国,已经是世界上最大的留学生输出国和回归国,都是值得载入国家历史的。

　　改革开放四十年来,中国留学生们乘着改革开放的春风走出国门,在海外生根发芽、开花结果;他们从寥若晨星到星火燎原,从社会边缘化走到世界教育、科技、文化以及外交的前台,越来越令世人所注目。他们不仅把中国历史文化带到国外繁衍生根,并与世界各国文化相互碰撞、交融,开放出崭新的花朵,同时也让世界各国看到了中国人的诚信惠容,看到了中国的未来和希望;他们也吸引了更多的中国留学生,中文学校也应运而生,学习中文特别是学习简体字的热潮方兴未艾。再者,他们还把世界各国的优质教育、科技、文化资源带回国内,加快国内发展步伐。

　　回顾历史,着眼当下,展望未来,不论时空如何转换,不论历史如何变迁,不论时代如何发展,始终不变的是派出留学对人才培养的重要性。在 21 世纪社会主义新时代,中国的国际地位与话语权显著提升,在国家"双一流"大学建设政策的指引下,清华大学紧随时代步伐与国家战略发展紧密相连、主动作为,加强顶层设计并深耕细作,制定实施《清华大学全球战略》,并将"全球学程"国际化人才培养作为重要战略目标之一,构建符合清华办学理念的全球胜任力人才培养体系,创新国际化培养模式,与世界一流大学深度合作,为在校学生开拓多种形式的国际化培养机会,参与全球优质办学资源的竞争,为国家和世界培养具备全球竞争力的创新型人才,不断提升世界一流大学建设水平和全球影响力,为国家的教育文化事业的国际崛起贡献力量。

　　总而言之,不论是回顾中国近现代 170 多年的留学教育史和清华百年史,还是脚踏实地开拓创新做在当下,抑或是展望竞争激烈的未来国际社会,历史和现实都充分说明了清华大学实施"全球学程"国际化人才培养战略具有举足轻重的历史意义和现实重要性。"百舸争流千帆竞,乘风破浪正远航",踏着转型跨越发展的时代节拍,清华大学各院系及机关部处会继续凝心聚力、开拓创新,培养无愧于时代、无愧于人民的国际性综合型人才。

参 考 文 献

[1]　戴学稷,徐如.略论近现代中国留学史的分期和中国留学生的时代使[J].内蒙古大学学报:人文社科版.1997(4):84-91.

[2]　宋健.百年留学潮对中国科技事业的影响[J].中国工程科学.2003,5(4):27-46.

[3]　张之洞.劝学篇[A].张之洞全集第 12 册[M].石家庄:河北人民出版社,1998.

[4]　范瑞鹤,杨庆梅.开创留学工作新局面,建设世界一流大学——纪念邓小平扩大派遣留学人员指示 20 周年[J].清华大学教育研究.1998(4):44-49.

[5]　田正平主编.中外教育交流史[M].广州:广东教育出版社,2004:1017-1018.

[6]　孟祺.与改革开放同步出国留学 30 年.人民日报海外版,2008 年 6 月 26 日第 6 版.

[7]　习近平.在北京出席欧美同学会成立 100 周年庆祝大会并发表重要讲话,2013 年 10 月 21 日.

[8]　张毅,姚崇兰,田芊.清华大学国际合作与交流史回顾[C].国际化人才培养战略研究与实践.北京:清华大学出版社,2012:249-259.

[9]　姚崇兰.博采众长 开放创新—清华大学国际合作与交流 30 年[C].从这里走向世界：清华大学国际合作与交流论文集.北京：清华大学出版社,2010：301-309.

[10]　风从清华来,吹向全世界.2017 年 10 月 20 日.曲田.清华大学新闻网.

[11]　魏礼庆.来华与出国留学：回顾与展望[J].国际教育交流,2018.

[12]　王辉耀.世纪留学潮 群星璀璨耀中华[J].人民日报,2013 年 11 月 1 日.

[13]　清华大学国际合作与交流处.清华大学全球战略解读：九大战略方向[J].新清华,2017(3)：2.

（作者单位：清华大学国际合作与交流处）

美国生物医学博士毕业生的择业困境和出路

叶慧燕　赵梦垚　叶赋桂

摘　要：近几年美国生物医学博士的出路引起学者的广泛关注。美国国家自然科学基金会 NSF 的统计结果显示,2010 年至 2013 年,尽管进入美国生物医学领域的博士数逐年上升,但该领域博士毕业生选择继续博士后深造的人数却逐年下降。同时博士生出路也渐趋多元化,在这一背景下,美国国家卫生研究院 NIH 以及生物医学领域的知名学者,提出要进一步明晰这一现状背后的主要矛盾,进一步落实有效措施,对生物医学博士的出路问题给予更多关注,从而保证整个生物医学研究产业的可持续、健康发展。

关键词：生物医学博士;择业困境;美国

生物医学作为一门实验科学,它对解决人类面临的人口、健康、粮食、能源、环境等主要问题具有重大战略意义。"二战"后,Vannevar Bush 称：science：the endless frontier,并带来研究经费的大幅度扩张,基础研究尤其是学术性研究的劳动力急剧扩增。但这种急剧扩张,带来经费预算供少于求的问题,并在 2003 年左右逐渐凸显,2008 年金融危机更加加剧,有些实验室不得不因经费问题而关闭。我国从 20 世纪 80 年代开始加大对生命科学的投入。20 世纪末,曾有科学家预言,21 世纪是生命科学的世纪。进入 21 世纪后,"生命科学"一度成为国内多数院校着重发展的学科,各地大学的生命科学学院像雨后春笋般成立,招生规模进一步扩大。

一、 美国生物医学博士毕业生的就业去向

近年来,生物医学博士毕业生的就业去向引起国内外的广泛关注。美国科学界不仅关注,而且进行了不少权威性的调查研究。美国加州大学旧金山分校

（University of Calirornia，San Francisco，UCSF）在 2012 年公布了一个统计结果，问卷
调查了 1997—2006 年之间毕业的基础学科博士研究生校友，在毕业后 6～15 年的职
业分布情况（见表 1）。[1]

表 1　1997—2006 年基础学科博士研究生校友毕业 6～15 年后的职业分布情况

	学术	产业	政府	科研相关	科研不相关
加州大学旧金山分校	303|53%	123|22%	17|3%	108|19%	17|3%
美国	43%	18%	3%	19%	3%

从 UCSF 这个数据可以看出，UCSF 的博士毕业生尽管有 53% 的比例进入学术
界，但仍有 22% 的毕业生进入产业界，进入专业相关的其他领域也有 19%，有 3% 的
毕业生是从事专业完全不相关的工作。这提示生物医学毕业生，即使是学术性博士
的就业领域也越来越广泛，呈现多样化的趋势。同时，杜克大学分子生物学系的数据
显示，88.1% 的博士完成了学业，10.3% 的学生是以硕士毕业，余下的 1.6% 自愿退出
了博士项目。这也提示生物医学博士在求学过程中，本身就存在着分流的过程。[2]

美国从 1990 年开始，基本每一位研究过生物医学劳动力市场的经济学家都认为生
物医学毕业生面临的就业前景越来越糟糕。[3~8] 最权威的一份报告是 2012 年，由美国国
家卫生研究院（NIH）的负责生物医学劳动力调查的工作小组公布，报告详细介绍美国生
物医学毕业生进入学术的比例变化，生物医学领域的学术职业发展路径与其他科学学
科的比较，最后对目前实行的生物医学研究生培养计划提出可行性建议。[9]

关于近几年生物医学毕业生的去向，NIH 的报告用一张图描述了这一数据的变
化。美国的生物医学博士毕业以后，有 70% 继续博士后研究，30% 直接进入劳动力市
场，真正进到学术界博士大约占 43%，进到产业界约为 31%，进到政府约为 6%。

二、 美国生物医学博士毕业生面临的择业困境及分流原因

近几年，美国生物学博士毕业生所面临的困境，与美国生物研究所遭遇的系统性
问题密不可分，即研究基金申请的竞争日趋激烈，但真正用于扶持基础研究的钱不断
缩水。[10] 这种不平衡可能导致了两种择业趋势：一、毕业生选择博士后深造的数量也
逐年下降，而博士后训练是博士毕业生进入学术生涯的必经之路，对学术职业生涯的
影响甚至要超过博士期间的训练。二、毕业生在出路问题上，不断从学术之路分流，
但这与目前很多高校生物学博士生的培养目标和培养方案背道而驰，这也使得一部
分毕业生在被动或主动分流时，对相关职业、行业的了解不够，选择面过窄，未得到合
理的价值实现和职场回报（见图 1）。

进一步细化到具体问题上，为什么有这么多的生物学博士毕业生没有从事学术
职业？经过资料分析与调研，笔者认为生物学毕业生做出以学术为职业的决定越来

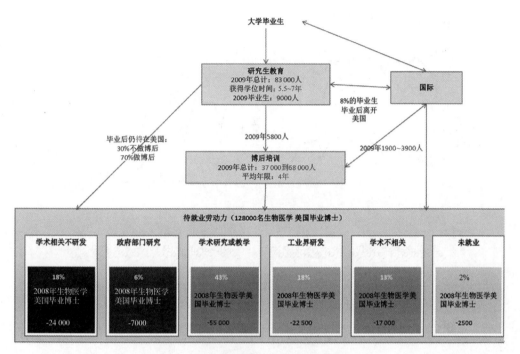

图 1　美国生物医学博士毕业生的去向

越难,可以从供求问题和投入与回报问题两个方面来理解。

1. 供求问题

生命科学博士获得者人数增加,而高校、科研院所提供的终身教职位置减少;商业界、公共服务部门等用人单位对生命科学博士的需求量未见明显增加。Julie Gould 2015 年 12 月在 *Nature* 上发表的论文 *How to build a better PhD* 中提到相对于有限的学术位置,现在的理科类博士毕业生数量较多。[11] Paula Stephan 更是直接提出,在生物医学领域,每年博士毕业的人数远多于学术科研所能提供的工作岗位。但这一点未能在学术界达成一致,有学者质疑缺乏生物学博士数量与市场需求供求关系的数据支持。[9]

2. 投入与回报问题

(1)生物医学毕业生学习年限普遍较长。如图 2 所示:报告中显示生物医学研究生获得博士学位的年龄 31 岁,做完博士后工作的平均年龄 36 岁,取得第一份助理教授(tenure track)工作的平均年龄 37 岁,而相比而言,化学专业普遍毕业时间、获得教职时间要年轻 3～4 岁,长时间的付出使生物医学的研究生面临大的压力,他们很可能在博士毕业或是博士后出站后,选择去非学术行业就业,以补偿之前长时间的付出。同时,近年来生物医学类博士后训练的时间也较以往有所缩短,这一点从 NSF 的一份调研报告中可以证实。

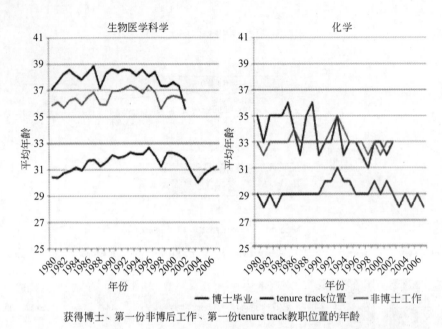

生物医学科学 化学

获得博士、第一份非博后工作、第一份tenure track教职位置的年龄

图2 美国生物医学专业和化学专业获得博士学位、首个博士后和就业的年龄

（2）生物医学博士学术就业后的起薪水平并不理想。如表2所示，在报告中提到生物医学博士起薪比较低，为 51 594 美元，而工程类起薪为 72 992 美元，但在中后期的职业生涯中，生物医学博士的增幅更大，博士毕业 30 年后的各学科收入基本持平。

表2 美国不同专业收入随工作年限的变化 美元/年

PhD 毕业后年限（单位：年） 专业	生物医学	计算/数学	物理科学	社会科学	工程
0	51 594	66 804	57 775	55 532	72 992
10	87 766	99 972	94 180	87 853	113 314
30	123 959	109 277	122 148	107 321	133 292

（3）部分生物医学博士也面临比较糟糕的导学关系。Viviane Callier 2014 年在 *Nature Biotechnology* 发表了一篇论文，提到要将研究生和博士后回归到学术培养目标的中心，文中提到在目前的学术界，博士和博士后作为廉价和易取代的劳动力，经常会感到无用，缺乏创造力，这会对这一群体造成心理上的伤害，也会影响他们做出从事独立科学家的职业选择。[12][13] 在现有研究中，Sauermann 在 *PloS One* 上发表题为 *Science PhD career preferences: levels, changes, and advisor encouragement* 的论文，研究中提到研究生从入学到毕业期间，认为学术教职是个吸引人的职业选择的比例，从 45％下降到 29％，tenure-track faculty 位置的比例从 1993 年的 24％下降到 2012 年的 16％。[14]

　　上述的研究发现生物医学毕业生呈现多样化的趋势，原 *Science* 主编 Bruce Alberts 2014 年在 *PNAS* 杂志上发表了论文《Rescuing US Biomedical Research from its Systemic Flaws》。在这篇论文里，Alberts 阐述了基础研究领域面临的挑战，包括竞争残酷，缺乏创新，缺少可持续的劳动力模式。[15] Jessica Polka 在他的论文《A Call for Transparency in Tracking Students and Postdoc Career Outcomes》的论文中，提到 1990 年到 2012 年研究生的毕业生总数翻倍增长，而且博士后的人数也随着大幅度增加，然而无论是在学术界还是产业界，科研类的终身位置并没有相应增加，Jessica 将这个问题描述为扩张中的博士后池，PhD 学位获得者发现很难找到稳定的工作。[16] 2014 年美国 NSF 的报告显示，现在博士毕业生选择做博后的最主要原因是找不到其他工作。

三、 走出目前博士生毕业出路困境的相关建议

　　近些年，美国开始有一些项目如 NIH BEST(broadening experiences in Scientific Training)grants 和其他的努力，作为 PhD 培养项目的补充，力求使 PhD 毕业的学生适合学术以外更宽的职业选择，但这一努力受到非常多的指责，因为传统意义上，生物医学的 PhD 只能按照学术后备人才的目标来培养。Jessica 在其论文中，非常支持加州洛杉矶分校(UCSF)和杜克大学(Duke University)细胞分子系的做法，把毕业去向的数据和校友调查的数据，全部对在读的学生公开，她认为这样做有助于在读学生和博士后大致判断下自己从事学术的概率，Sauermann 的研究显示，一般博士后能比较好地预测自己获得教职的可能性，但很多研究生直到临近毕业才有这个意识，早一点把相关毕业去向公开，有助于真正选出对科学训练有恰当预期的学生。[14]

　　为了让美国生物研究产业走出目前的困境，Christopher 在 2015 年发表的论文《Toward a sustainable biomedical research enterprise：Finding consensus and implementing recommendations》中，分析了 2012 年以来发表的 9 份相关报告，从 250 条建议中提炼出 8 条核心的建议及具体执行方案(见表 3)。[17]

表 3　建议及具体执行方案

序号	建　　议	具体执行方案
1	政府应建立更具持续性和可预测性的科研经费支持体系	机构、组织：制定持续、合理的长期科研预算计划
2	政府应加大总体研究经费的投入	机构、组织：将 GDP 的 3% 作为科研预算支持的起点 提议将持续的经费支持列入长期的预算计划 鼓励从非政府组织获取研发经费
3	政府及机构应消除阻力比较大的规定	改进机构审查过程中的繁重规定

续表

序号	建 议	具体执行方案
4	机构应增加博士后学者的补贴	增加博士后工资,设立 5 万美元为新博后的起付工资; 不管资助来源,应统一遵从 NIH 博后工资额度为所有博后支付工资
5	机构应缩短博士生和博士后的训练时间	NIH 资助项目的研究生的学制限制在 5 年,博士后的训练年限也为 5 年; 尽量在短的时间内提供有效的科研训练
6	机构应注重训练学生和博士后适应宽口径的职业选择	开展相关项目,让毕业生多接触不同职业生涯的发展路径; 宣传并推广 NIH BEST 项目中创新的训练方法
7	机构应将原先对新人直接支持转变为对项目和资助进行相关训练	维持新人规模的基础上增加支持预算; 不管资助来源,修订同行评议过程,更侧重质量训练; 将 17% 的博士后和 37% 的博士生作为训练基金和资助的支持对象起点
8	机构应增加专职科研人员数量	设立专门的专职研究学者位置; 修订同行评议标准鼓励雇佣专职研究学者

自 2011 年以来,国外关于生物医学研究产业及博士生教育、出路问题的探讨和争论从来没有停息过,而且在一些推断和建议上,也未能达成一致,这也导致美国仍然在延续有限的科研投入、残酷的终身教职位置竞争模式以及低效的管理制度。相比之下,中国这几年的生物医学研究产业蓬勃向上,政府投入不断增加,博士生培养规模逐年扩大,这一情况所带来的优势是科研成果及 SCI 论文的数量不断上升,但同时也面临基金申请难度逐年加大,tenure track 位置的竞争力度加大,这与美国所面临的困境有相似之处,借鉴美国在这一问题上的数据统计和举措,将有利于我们预测可能出现的难题,并有效维持这一产业的健康、可持续地发展,保证我国生物医学研究产业的竞争实力不断增强。

另外,国内的教育学研究目前对生物医学毕业生在学术职业和其他职业的成长规律研究很少,尤其是适合生物医学精英人才成长的分析理论和方法也未见系统研究,在目前生物医学博士培养规模扩大的前提下,我们也需要进行实证的研究,对毕业生去向和分布给出客观的描述和分析,从而探索生物医学精英人才培养的路径,为制定新的人才培养目标和模式提供参考。

参 考 文 献

[1] UCSF graduate division：Basic sciences-career outcome[EB/OL]. [2016-06-05]. http：//graduate. ucsf. edu/basic-sicences-career-outcomes.

[2] Duke University Program in cell and molecular biology：Facts[EB/OL]. (2014-11-15). http：// cmb. duke. edu/admissions/facts.

[3] STEPHAN P. Research efficiency：Perverse incentives[J]. *Nature*,2012,484(7392)：29-31.

[4] STEPHAN P. How economics shapes science [M]. Cambridge M A: Harvard University Press,2012.

[5] TEITELBAUM M S. Research funding structural disequilibria in biomedical research[J]. *Science*, 2008,321(5889): 644-645.

[6] National Research Council. Trends in the early careers of life scientists[M]. Washington D C: National Academies Press,1998.

[7] National Research Council. Addressing the nation's changing needs for biomedical and behavioral scientists[M]. Washington D C: National Academies Press,2000.

[8] WEISBUCH, R. The Responsive Ph. D. : Innovations in U. S. Doctoral Education [M]. Woodrow Wilson National Fellowship Foundation, 2005.

[9] National Institutes of Health. Biomedical research workforce working group report[R]. Bethesda M D: National Institutes of Health,2012.

[10] KIMBLE J. Strategies from UW-Madison for rescuing biomedical research in the US [J]. *Elife*, 2015, 4: e09305.

[11] GOULD J. How to build a better PhD[J]. *Nature*,2015,528(7580): 22-25.

[12] CALLIER V, VANDERFORD N L. Mission possible: Putting trainees at the center of academia's mission[J]. *Nat Biotechnol*, 2014,32(6): 593-594.

[13] ACADEMIC T D. The disposable academic[EB/OL]. [2010-12-18],https: //www. facebook. com/theeconomist.

[14] SAUERMANN H, ROACH M. Science PhD career preferences: Levels, changes and advisor encouragement [J]. *PLoS One*, 2012, 7(5): e36307.

[15] ALBERTS B. Rescuing US biomedical research from its systemic flaws [J]. *Proc Natl Acad Sci U S A*, 2014,111(16): 5773-5777.

[16] POLKA J K. A call for transparency in tracking student and postdoc career outcomes [J]. *Mol Biol Cell*,2015,26(8): 1413-1415.

[17] PICKETT C L. Toward a sustainable biomedical research enterprise: Finding consensus and implementing recommendations[J]. *Proc Natl Acad Sci U S A*,2015,112(35): 10832-10836.

（作者单位：清华大学生命科学学院）

实践经验篇

无问西东，求实创新

——浅谈清华大学苏世民书院国际化办学经验

潘庆中　　陈潇函

摘　要：清华大学苏世民学者项目秉承"立足中国、面向世界"的原则，是为未来世界的领导者持续提升全球领导力而精心设计的硕士项目。作为清华大学新百年发展的重要举措，项目自创建伊始即得到全球各界的关注和支持。文章基于苏世民书院办学过程中的发展，总结了中国高等教育国际化的最新办学经验和思考，以及培养国际化人才的独特经验。

关键词：中国高等教育国际化；苏世民书院；国际化办学；教育创新

一、 办学理念：以我为主，博采众长，融合提炼，自成一家

清华大学苏世民学者项目是清华大学专门为未来世界的领导者持续提升全球领导力而精心设计的硕士项目。秉承"立足中国、面向世界"的原则，从世界范围选聘最好的师资，以知识、能力、思维与品格相融合的课程与训练作为主体，通过提供高质量的课程学习、丰富的专业实践、多方位学术交流与文化体验活动、与业界高层人士的研讨和对话等环节，帮助学生在全球化背景下观察中国、探究世界发展的共性问题，为学生提供全方位认识和探索中国与世界的独特机会和终身学习网络以及全球校友平台，促进学生批判性思维、跨文化理解和全球领导力的提升。该项目是全额奖学金项目，面向全球招生。全球各大区录取比例为 20% 来自中国（大陆、香港、澳门和台湾），40% 来自美国，40% 来自世界其他国家或地区。

2013 年 4 月 21 日，清华大学宣布启动"清华大学苏世民学者项目"。中国国家主席习近平和美国时任总统奥巴马分别发来贺信。时任国务院副总理刘延东出席启动仪式并致辞。

习近平在贺信中对项目启动表示诚挚的祝贺。他指出：教育决定着人类的今天，

也决定着人类的未来。人类社会需要通过教育不断培养社会需要的人才,需要通过教育来传授已知、更新旧知、开掘新知、探索未知,从而使人们能够更好认识世界和改造世界、更好创造人类的美好未来。习近平强调,今天的世界是各国共同组成的命运共同体。战胜人类发展面临的各种挑战,需要各国人民同舟共济、携手努力。教育应该顺此大势,通过更加密切的互动交流,促进对人类各种知识和文化的认知,对各民族现实奋斗和未来愿景的体认,以促进各国学生增进相互了解、树立世界眼光、激发创新灵感,确立为人类和平与发展贡献智慧和力量的远大志向。

奥巴马在贺信中表示,教育交流对于塑造学生全面人格、推动国家间的深入理解和相互尊重,发挥着重要的作用。在当前复杂多变的世界环境下,我们所面临的挑战更需要国家之间、人民之间加强合作,建立起富有活力的联系。

2015 年 10 月,经清华大学 2015—2016 学年第三次校务会议讨论通过,决定在清华大学苏世民学者项目的基础上成立清华大学苏世民书院,书院按照学校实体机构运行。清华大学苏世民书院以领先的教育理念、匠心独具的建筑和先进的设施,致力于为来自全球的优秀学子创造与杰出学者、业界领袖分享独特创意和宝贵经验,以及相互学习、启发、借鉴的跨文化学术环境。

随着中国的改革开放,特别是加入世贸组织以后,高校的国际化程度在不断提高。中国高等教育国际化发展新的方向:不再盲从,而是主动开展以"我"为主的国际化;摒弃欧美中心,开启涵盖全球多极政治和多元文化的真正国际化;在学术流动之外,大力开展"在地国际化"。在国际化内容方面,突出人文社会科学领域,聚焦中国研究;由先前引进国外优质教育资源为主,转变为提供优质国际教育;在国际化目标方面,由提升高等教育实力,转变为培养全球公民、增进国际理解、发展领导力。[①]

苏世民书院的实践表明了中国高等教育界关于中国高等教育国际化发展的最新思考。从"欧美中心主义"到关注全球多极政治与多元文化,反映了中国高等教育界对国际化的认识的转变;从边缘参与到"以我为主",中国高等教育界参与国际化的主动性得到进一步的发挥,主体意识已经确立;从学习、熟悉国际规则到"培养全球领导力",中国高等教育界积极主动参与全球教育国际化规则的制定,成为全球教育国际化实践中的重要主体之一;从借鉴学习国外经验到创新国际教育形式、贡献中国独特经验,凸显了中国高等教育界在国际化发展方面的自信心和国际责任感。[②]

二、 项目沿革:求实创新,追求卓越

清华大学历来有"行胜于言"的校风。建校百年来,清华师生以民族复兴、国家富强为己任,不尚空谈,脚踏实地,求真务实,为国家为民族作出了重要贡献。在学习实践活动中,清华大学从国家和高等教育事业发展的战略高度、从以人为本的核心理念、从全面协调可持续的基本要求、从统筹兼顾的根本方法来看待世界一流大学建

设,进一步坚定了信心、明确了思路、凝练了目标、规划了措施。③

根据国家不同时期的人才总体战略,清华大学结合自身的历史传统和办学特点,百余年来的人才培养也经历了从"厚基础"到"重实践"再到"求创新"的发展阶段。民国时期梅贻琦任校长时提出了"通识教育"理念,中华人民共和国成立后蒋南翔任校长时提出了"培养红色工程师"的培养目标。《清华大学"十五"期间教育改革和发展纲要(草案)》(即"四十条")中提出的要培养"高素质、高层次、多样化、创造性"的拔尖创新人才培养目标都为国家培养出了大批的学术大师、兴业英才、治国栋梁。其中,"高素质"是指清华大学培养的学生,要具有崇高的服务人类社会和国家进步的理想和道德,具有坚实的科学基础和良好的文化素养,富有敏捷的思辨能力和卓越的实践能力,具有开阔的国际视野和终身学习的理念;"高层次"是对学生在未来承担社会责任的期待。清华大学培养的学生应具备高度的社会责任感和使命感,勇于迎接挑战、敢于担当重任,在各领域体现领导力;"多样化"是指清华大学培养的学生未来发展具有多样性,能够适应不同领域对于人才的需求,能够依据个人的兴趣和特质成为各行各业的人才;"创造性"是指清华大学培养的学生要具有独立思考、自由探索精神、成为新知识的创造者、新技术的发明者、新学科的创建者。④

作为清华大学新百年的重要举措,清华大学苏世民书院的定位是创立之初需要优先考虑的问题,它是决定书院能否办出水平、办出特色的关键因素。教育部、清华大学始终把人才作为"第一资源",致力于为未来世界培养具有全球领导力的领导者。旨在培养大批适应国内、国际市场需求的,通晓国际规则,具有创新精神和实践能力的各类实用型、技能型、复合型人才,为区域经济发展提供人才支撑。早在多年以前,清华大学的几任校领导包括王大中、顾秉林、陈吉宁校长,以及贺美英、陈希、胡和平几位校党委书记,都在思考和讨论这个问题:过去一百年清华为中国培养了各行各业的人才,今后一百年清华的任务是什么? 最后的结论之一就是培养具有国际视野、国际战略观的人才,即为全人类培养人才。顺应这一定位,苏世民学者项目孕育而生。

在高等教育大众化的背景下,国际化办学的意义不在于多办几所大学,多提供一些受教育机会,而在于运用先进的教育理念和管理模式,推动我国高校学科建设和现代大学制度建设,促进高等教育体制机制创新。因此,国际化办学应避免一哄而上,避免办学定位趋同;应根据母体学校的办学传统和国际发展的需要,对项目定位做出理性选择,从而使国际化办学整体上具备层次完整鲜明的结构,在不同层次上发挥各自的作用。

在时任校长陈吉宁、时任党委书记胡和平、校长邱勇、党委书记陈旭等校领导的带领下,在清华大学各部门、各院系从上到下的通力合作下,美国黑石集团主席苏世民先生(Stephen A. Schwarzman)个人慷慨捐款 1 亿美元,用于清华大学苏世民书院的建设工作,并与清华大学共同发起筹款活动设立永久基金支持书院长期发展,对书院发展给予了极大的支持。苏世民书院从无到有,从机构设立和运行、到课程设置、师资聘任、招生等,历经五年多的精心筹备,于 2016 年 8 月迎来首届来自全球 31 个国家的 110 名学生。

首届开学典礼再次得到了社会各界的大力支持和广泛关注,中国国家主席习近平和美国总统奥巴马再次分别发来贺信,表达对首届学生的祝贺与期待。

习近平在贺信中指出,值此清华大学苏世民书院开学之际,我向清华大学以及苏世民书院首届新生致以诚挚的祝贺!教育传承过去、造就现在、开创未来,是推动人类文明进步的重要力量。当今时代,世界各国人民的命运更加紧密地联系在一起,各国青年应该通过教育树立世界眼光、增强合作意识,共同开创人类社会美好未来。中美教育交流为促进两国人民相互了解和友谊、推动中美关系发展发挥了积极作用。中美双方应该挖掘潜力、提高水平,使教育领域合作成为中美人文交流的先行者。

习近平希望,苏世民书院秉持宗旨、锐意创新,努力成为一个培养世界优秀人才的国际平台,为各国青年提供学习机会,使各国青年更好地相互了解、开阔眼界、交流互鉴,携手为增进世界各国人民福祉做出积极努力。并祝苏世民书院各位同学学有所成、学尽其用。

奥巴马在贺信中表示,当今世界,各国日益相互依存,国际社会面临前所未有的复杂挑战。在新一代年轻人为开创人类美好未来做好准备的同时,我们亟待需要宣扬合作共赢的理念,以继续推动世界的和平与发展。两个多世纪以来,中美两国一直坚持这种合作精神。如继续加强两个伟大民族之间的合作和友谊的纽带,坚信两国将在未来继续携手繁荣发展。

出席首届开学典礼的中方嘉宾包括教育部时任部长陈宝生、中国工程院时任院长周济、国务院时任副秘书长江小涓等。外方嘉宾包括澳大利亚前总理陆克文、时任美国布鲁金斯学会主席约翰·桑顿、剑桥大学时任校长乐思哲、耶鲁大学时任校长苏必德、罗德基金会时任主席约翰·胡德、美国时任驻华大使马克斯·博卡斯、阿塞拜疆时任驻华大使拉提夫·甘地洛夫、罗马尼亚时任驻华大使多鲁·科斯蒂亚,和来自澳大利亚、英国、津巴布韦、日本、瑞士、新加坡、哥伦比亚、墨西哥、哈萨克斯坦等各国驻华使馆的官员,以及来自全球多所高等院校和学术机构的负责人及来自其他亚洲大学联盟盟校的校长和教育专家。

苏世民学者项目是清华大学"新百年"的重要建设项目,希望建立一个平台深入探索培养领军人才的新模式,让来自世界各地的最优秀学生学习、交流、沟通、成长。清华大学的多任校领导都亲自参与项目的设计与运行,希望对清华、对中国、对未来世界的发展做出更大的贡献。

三、 国际化培养体系:打造世界级学术环境

1998 年"世界高等教育大会"发表了《21 世纪的高等教育:展望和行动》世界宣

言,使高等教育国际化成为国际教育发展的主要趋势。在此趋势下,全球高校日益重视学生在海外的学习和研究经历,努力通过国际化培养模式塑造具有国际意识、拥有跨文化背景和交流能力、适应国际环境、懂得国际规则、在国际协作中能够发挥领导作用的全球领袖。⑤

高等教育国际化要求高校的发展与世界高等教育发展趋势相适应、相融合,其内涵是指高等教育要面向世界、面向未来,通过多模式的高等教育国际交流与合作,吸收、借鉴世界各国高等教育办学理念、办学模式、文化传统、价值观念及行为方式,以提高人才培养质量,推动本国高等教育的现代化进程,实现人类相互理解与尊重,促进世界和平与共同繁荣。

从项目在 2013 年启动之日起,项目学术顾问委员会定期举办会议,与清华大学各院系的教授们一起对项目的培养体系、教师聘任、招生推广、课程设计、学生生活等方面进行反复探讨。其中,清华大学经管学院钱颖一院长也对项目给予了大力的支持。学术顾问委员会成员来自世界知名高等院校和研究机构,如哈佛大学、耶鲁大学、普林斯顿大学、斯坦福大学、杜克大学、牛津大学等的杰出教育人士,以及教育部、中国工程院和清华大学等的中国教育界的资深人士。

授课教师由清华大学知名教授和来自世界各地的学术大师、业界精英、访问学者担任。来自中国商界、学术界和政府机构的领军人物作为学生的导师,帮助他们实现个人目标、加速成才。

（一）课程设置

书院学生会进行密集的硕士课程学习,内容包括针对苏世民学者项目培养目标设计的核心课程,以及公共政策、经济管理、国际研究三个方向的专业课程。包含四个课程模块,课程语言为英语。学生在完成各培养环节,审核合格后将被授予管理学硕士学位。

为培养和持续提升学生的全球领导力,项目特别设计了领导力方面的核心课程。核心课程由来自书院创始院长李稻葵、副院长程文浩与来自清华大学研究生院、国际教育办公室、经济管理学院、社会科学学院、人文学院、公共管理学院、新闻学院等各院系的教师,与哈佛、耶鲁、普林斯顿、斯坦福、杜克、牛津等世界名校的学术大师反复讨论设计。每一门核心课程都将由中国和国外知名教授共同授课,让学生们从多元化的视角,学习和了解作为未来领袖所必需熟知的经济管理、国际关系、公共政策和中国文化等方面的关键问题和分析方法。核心课程的主旨是培养学生的国际视野与多元思维。

书院院长王有强和哈佛商学院助理教授高塔姆·穆昆达（Gautam Mukunda）共同讲授"中外领导力概论"。领导力课程是专门为苏世民学者精心设计、旨在提升其领导力和领导素养的课程。课程以哈佛商学院 30 多年的经典领导力课程为基础,加入大量的中国本土案例,通过案例研讨、师生互动等形式训练提升学生的管理能力和领导能力。不同文化将在这门课上碰撞交流,形成创新的火花。

为了帮助学生更好地了解中国文化,书院设有"中国文化、历史与政治"这门学修核心课程,书院既邀请了海外的知名教授,又邀请中国本土的知名教授,通过中外不同文化背景的老师对中国历史文化的理解从不同侧面进行解读,呈现给学生。清华大学人文学院教授汪晖和贝淡宁(Denial Bell)通过中西方对中国历史与哲学问题的不同认识,引导学生全面客观地理解中国的意识形态与价值观。

书院还基于学生专业背景、个人志趣和发展目标的差异,设置了经济管理、公共政策和国际研究三个领域的专业课程。每个领域都将开设三门以上的专业课程供学生选修,包括公共伦理、公共政策、世界文化、全球媒体与传播、战略管理、风险管理、创新与创业等。

苏世民书院设定全新的学习标准,通过连接中国与国际社会,帮助学生深刻理解新的世界政治经济格局和多元文化,增进学生相互间的建设性沟通交流,为他们未来的职业发展奠定基础。从课程的设置和实施来看,苏世民书院十分注重课程的应用性。

在经济管理方向,"中国与世界重大经济议题分析"由书院创始院长李稻葵讲授,并请到了世界多位诺贝尔奖获得者和对经济领域非常熟悉的中国学者共同授课。讲的内容包括中国经济、发展中国家的经济以及世界经济,从理论到现实,结合案例分析清楚明了。

国际研究方向的课程则是通过邀请国内外知名教授共同授课,进行配对式的讲授,以案例教学、实践教学为主,学生有机会进行讨论和辩论,培养学生的自我认识、团队意识和国际视野。复旦大学倪世雄、美利坚大学教授安明傅(Amitav Acharya)担任国际研修方向必修核心课程的主讲教授。

公共政策方向的课程由清华大学公共管理学院教授王绍光老师担任主讲教师,按照比较方式来讲述美国、欧洲各国、中国的体制,并且会结合课程,带学生去实际感受中国社会,涵盖中国的历史、文化、社会结构等多个方面。

各选修课的设计侧重面更广,书院与新闻学院、法学院等都有密切合作。比如清华大学社会科学学院前院长李强教师做了很多关于社会学的实验和理论研究,他跟国际上几位著名的教师一起来讲授这门课程。

此外,书院还专门为外国同学设置了不同等级的中文课程,为中国同学设置了英文课程。书院还安排系列同步学习活动(如各行业领导者的专题讲座、主题辩论、领导者成长之路研讨等),让学生有机会与各行业的杰出人士面对面交流,使学生通过与各界领导者的沟通交流,掌握最前沿的管理思想、理论和观点,提升其自身素养和领导力,优化自身的人生和事业规划。

"全球领导力实践"课程通过邀请政治、经济、文化等方面的杰出世界领袖与学生分享亲身经历，帮助学生进一步理解领导力在全球化大环境下的内涵。

（二）师资队伍建设

项目秉承"立足中国、面向世界"的原则，依托清华大学综合办学资源，积极探索国际人文交流和人才培养新模式，整合全球一流的教育资源，在世界范围内选聘最优师资。按照清华的人事制度改革，苏世民书院实行双聘机制，打造一个动态流动的师资队伍，定期对教师进行考核。书院在引进师资时坚持高质量标准。苏世民书院按照清华大学遴选教师的标准进行招聘。在师资队伍建设方面，书院已聘请清华大学校内授课教师 18 人，校外兼职教师 3 人，海外主讲教授 16 人。

诺贝尔经济学奖获得者迈克尔·斯宾塞（Michael Spence），哈佛大学教授、"软实力"概念提出者约瑟夫·奈（Joseph Nye），哈佛大学前校长、美国前财长劳伦斯·萨默斯（Lawrence Summers），斯坦福大学教授尼尔·弗格森（Niall Ferguson），加州大学圣地亚哥分校全球冲突与合作研究所所长谢淑丽（Susan Shirk），哈佛大学讲席教授柯伟林（Bill Kirby）等十多位全球顶尖学者已参与教学工作。

清华大学公管学院院长薛澜、教授王绍光、教授齐晔，清华大学法学院前院长王晨光，清华大学社会科学学院前院长李强、现任院长彭凯平、副教授郑路，清华大学当代国际关系研究院院长阎学通，清华大学新闻与传播学院副院长史安斌，清华大学副校长、教务长、清华大学经济管理学院教授杨斌，清华大学经济管理学院副院长钱小军、讲席教授包迈高（Michael Powers）、教授高旭东，清华大学人文学院教授汪晖、教授贝淡宁（Daniel A. Bell）、副教授孟天广等都加入书院现有课程的教学工作中。

在此基础上，书院建立严格的教师考核体系、对教师进行考核，持续监控教师的教学质量，以实现可持续发展。

（三）互动体验式教学

苏世民书院的设计，完全是开放式的，设有很多的讨论室、会议室。书院的楼体是由耶鲁大学建筑学院院长亲自主持设计的，从施工到监管，到整个管理流程都是按照国际化的标准进行的。在苏世民书院，中国学生和国外学生共同住在一起，而且每四个学生就有一个讨论室，为中外学生随时随地共同交流提供了便利条件。此外，很多访问学者和教授也都住在书院里，书院的生活空间也是课堂教学的延伸，有利于随时随地展开各类讨论，促进师生的交流互动。

书院每学期举办超过 30 余场研讨会、讲座等学术交流活动。这些活动作为书院交互式教学体系的重要一环，延伸了课堂学习和讨论，为苏世民学者们提供了一个与全球政治、商业、学术、科技、艺术等各界领导者们面对面交流的机会，帮助他们拓展视野。讲座嘉宾包括美国前总统小布什，塞尔维亚前总统鲍里斯·塔迪奇（H. E. Boris Tadic），保加利亚前总统罗森·普列夫内利耶夫（H. E. Rosen Plevneliev），波斯尼亚和黑塞哥维那前总理兹拉特科·拉古姆季亚（H. E. Zlatko Lagumdzija），吉尔吉斯斯坦前总理卓奥玛尔特·奥托尔巴耶夫（Djoomart Otorbaev），冰岛前总统格里姆松，英国前外交大臣大卫·米利班德等各国政要，诺贝尔经济学奖得主、《非理性繁华》作者罗伯特·希勒，哥伦比亚大学教授杰弗里·萨克斯，新加坡国立大学李光耀公共政策学院院长马凯硕，外交学院院长秦亚青等国内外知名教授，以及摩根大通国际董事长雅各布·弗兰克尔，故宫博物院前院长单霁翔，中国证监会副主席方星海，中国石化集团原董事长傅成玉，中国投资有限责任公司副总经理祁斌，溢达集团主席兼行政总裁杨敏德，NBA 联赛商业运营总裁拜伦·斯布鲁艾尔等众多海内外知名企业领袖。大部分讲座同时对清华大学的学生开放，增进了学者与清华大学学生之间的交流和理解。

此外，书院还成立了教育、历史、哲学、创新、传媒等专题学术俱乐部，采用教师组织、学者自主学习的形式，不定期开展专题研讨，进一步拓展了学者们的视野。

四、 体验中国，接轨社会， 提升青年领导力

除了基本的课程设计，书院还在为学生在课堂外配备了多项环节，帮助他们在书院的学习期间充分实践、将所学知识转化为社会生产力。

（一）导师制度——业界导师，领航人生

书院特别设立业界导师制，更好地对书院学者进行有针对性的导引。每位业界导师指导 1~3 名同学，导师和学生将共同开展小型调研，参加职场社交类活动，组织单位参访等。他们会关注学生们的成长与发展，匹配更多业界资源，鼓励其成为未来行业内的真正领导者。

导师项目邀请来自大学以外的各界领袖，为学者们提供指导，帮助学生进行职业规划，加深他们对中国的理解。导师来自不同领域，包括政府官员、外企高管、当地商业领袖、非政府组织领导人、国际组织的官员、企业家、艺术家、学者等。比如北京冬奥组委新闻宣传部部长常宇、北极光创投的创始人邓锋、国双 CEO 祁国晟、亚太区总裁等都是学生的导师。

随着第二届学生人数的增加，书院邀请了更多业界导师，参与学生的指导工作。目前，共有 75 名政商界领袖、有识之士担任第二届学生的导师。书院已经举办多次导师、学生交流活动。

（二）中国社会实践——走出课堂，亲历中国

社会实践是青年学生练就过硬本领的"大熔炉"。习近平总书记多次强调，青年要成长为国家栋梁之材，要读万卷书、行万里路，既多读有字之书，也多读无字之书，

注重学习人生经验和社会知识，注重在实践中加强磨炼、增长本领；要不怕困难、攻坚克难，到基层、到西部、到祖国最需要的地方去，做成一番事业、做好一番事业。习近平总书记指出，要重视和加强第二课堂建设，重视实践育人，坚持教育同生产劳动和社会实践相结合，广泛开展各类社会实践，让学生在亲身参与中认识国情、了解社会、受教育、长才干。[6]

为了面向世界宣讲中国发展道路，增进国际杰出青年与我国人民的相互理解，苏世民书院特别设计了《中国社会实践》课程（英文名 Deep Dive），充分发挥社会实践的育人功能，不断拓展学生社会实践的平台和路径，为学生参与社会实践创造更多的机会，提供更好的条件。

作为苏世民学者的必修课，《中国社会实践》课程是课堂和书本学习的有益补充，是苏世民书院交互式教学体系具有开创性的重要组成部分。设计该课程的目的在于帮助学生，从政府运作、经济管理和社会发展等多方面深入了解中国国情，充分体现"立足中国"的办学宗旨。

《中国社会实践》课程教学方式是在国内选择有代表性的城市或地区，组织学生从经济商业、社会发展、科学技术、文化历史和环境保护等五个方面对该地的一些政府部门、事业单位、企业、学校和农村等进行为期一周的调研。学生在责任教授指导下，事先要对所赴地区的基本情况有所了解，与当地需求结合确定研究主题和行动计划。事后要整理和分析调研过程中获得的一手和二手资料，写出具有实践意义的调研报告。

2016 年 11 月 13—19 日，来自 31 个国家的 108 名书院学生组成经济、农村、教育、社会发展等七个支队，深入宝鸡、西安、苏州三地进行《中国社会实践》课程的调研实践学习。2017 年 11 月 12—18 日苏世民书院开展第二次《中国社会实践》课程，在第一年的基础上增加了深圳、杭州、石家庄和雄安新区。这一次，来自 26 个国家和地区的 126 名学者深入 6 个城市，了解当地历史、现状和发展前景，参观当地建设成就的展览，参加当地的活动。

社会实践活动受到了中国政府的大力支持，陕西省省委书记胡和平、河北省省长许勤等都接见了去当地考察的学生。2018 年 1 月，时任国务院副总理刘延东在考察了解书院发展近况时，观看了"中国社会实践课程"的学生成果展示，与实践指导教师及学生代表互动交流。刘延东对同学们说，苏世民书院作为中美两国元首共同支持的项目，建在中国、面向世界、融入清华，是中国乃至世界高等教育改革创新的体现。今后的中国将更加开放，同学们来自世界各地，希望大家增强跨国界、跨种族、跨地域的学习交流，深入了解中国，交流心得体会，共同面对人类未来发展面临的挑战，为构建人类命运共同体做出自己的努力和贡献。

（三）实践学习项目——踏足社会，学以致用

在学习的中后期，书院还设置"实践学习项目"（简称 PTP），此项目以小组为单

位,使学生们能够实际参与到金融、咨询、科技、制造、法律、公益和体育文娱等各个领域,为中国和国际领先企业、政府组织、非盈利组织等提供咨询式服务,解决与经济发展、科技、能源、环境、妇女、儿童和教育有关的问题。苏世民书院与主办机构合作,确定符合商业或机构需求的项目,同时让学生获得在中国的第一手经验。书院通过实践学习项目,帮助学生切实解决社会发展问题,通过实践更好地了解当今社会,将所学与实践结合起来。

首届学生的实践学习项目取得了较大成功,有 89 名学生被安排到 35 家公司开展实践项目。提供实践学习的单位涵盖风险投资、商业银行、咨询、会计、房地产、食品和饮料、媒体、公共关系、体育和制造业以及智库、非政府组织、儿童、健康等各领域。从 2017 年开始,实践学习项目已成为所有书院学生必修课程的一部分。

(四)职业发展——构筑平台,铺平就业道路

职业发展涵盖学生毕业后广泛的发展目标——从在各行业和各地区寻求工作,到申请研究生及发展专业技能,以进一步加强学生的长期职业生涯规划。书院配置了专门团队,注重学生毕业之后的发展。这也是苏世民学者项目只招收至多两百名学生的一方面原因:要保证招收到最优秀的学生,并且能为他们提供高质量的服务。书院职业发展团队以平均每周两场的频率,接待、举办大量国内外的公司参访和招聘会。

如果毕业生选择就业,书院会为他们提供良好的渠道和资源,比如国际组织、大型企业等;如果毕业生想要创业,清华大学也可以提供创业投资的资源,有些导师是来自创投公司的董事长或者其他高管,想创业的学生可以跟随他们学习;对于想投身政界的国外毕业生,书院的顾问委员会里有很多来自各国的前国家政要,可以提供相应的帮助;对于国内毕业生来说,清华在很多省市都有基地,可以为他们提供创业平台。

书院目前已经有 100 多位捐赠单位或个人,基本上都是企业,有的是个人代表企业以企业为依托,国内的很多企业比如北极光、国外的企业像 BP 集团、波音等都给予了书院大量资金支持,这些机构都提供学生去实习的机会。去企业实习的学生今后有机会留在企业继续工作。有的企业已经开始提出定制要求,希望优先选择书院的学生进行就业。

书院通过个人辅导、工作坊等训练方式,并借助数据库等手段,为学生提供就业支持。首届苏世民学者已于 2017 年夏天毕业。书院首届毕业生的就业情况良好,学生来自不同的国家和地区、拥有不同的背景和经验,毕业后的走向呈多样化趋势。75%的毕业生在毕业后进入了世界各地的公共部门、企事业单位和非营利性组织,比如贝恩咨询、波士顿咨询公司、桥水投资、德勤、达美航空、脸书(Facebook)、高瓴资本、摩根大通、联想、麦肯锡咨询、美中关系全国委员会、哈佛大学贝尔福科学与国际

事务研究中心（The Belfer Center）和伍德罗·威尔逊国际学者中心（The Wilson Center）等。

除此之外，19%的毕业生选择继续深造，攻读博士学位、法律学位或医学学位。深造院校包括剑桥大学、清华大学、哈佛医学院和哥伦比亚法学院等。约有3%的学生选择参军，另外3%的毕业生寻求多样的个人发展，比如成为职业作家或竞选职位。

五、 招生工作：宣传清华、宣传中国教育事业

改革开放以来，我国高等教育在"三个面向"方针的指导下，大踏步地加快了国际化的进程。清华大学作为我国高等教育的排头兵，在建设世界一流大学的过程中，将国际化设定为学校发展的一条基本路径。在发展战略上，学校紧紧围绕"建设世界一流大学"的目标，全面增强教学和研究的国际竞争力；在战术上，坚持"开放式"办学，加强国际间的学术交流与合作，不断探索和完善国际化人才培养模式。⑦

"清华大学苏世民学者项目"面向全球选拔学业优秀、诚实正直、视野开阔、富有责任感和使命感、具备领导潜质的青年人才，到清华大学进行研究生学习，以此培养具有宽广的国际视野、优秀的综合素质和卓越的领导能力，并了解中国社会、理解中国文化，有志于为促进人类文明与进步、世界和平与发展贡献聪明才智的未来领袖，为崛起中的中国与变化中的世界作出重要贡献。书院培养的80%的学生将来自海外，目的是要增加中国以及国外的"未来的领导人"对中国的理解和了解。书院的设立是为了让世界上更多的国家了解中国，理解中国，从理解到能够互相进行更好的沟通和交流。通过清华期间的学习和交流，书院为他们在今后理解、了解和互相合作方面打下基础。

书院持续举办全球招生宣讲会，在最初两年内进行全球宣讲超过300多场。截至2017年年底，书院已对全球超过270家高校和机构进行了拜访并举办招生宣讲，还将继续加强招生宣传力度，并重点推进周边国家和"一带一路"地区的推广。在全球大学走访的过程当中，不仅对书院做了宣讲，同时也宣传了清华大学，也宣传了中国的教育事业。

每年，书院开放在线报名，申请人需要在线填写报名申请材料。书院每年在伦敦、曼谷、北京和纽约全球四个城市进行面试，邀请通过初步评审的申请人进行面试。面试团队由国际前政要、全球名校校长、世界500强企业高管等组成，有着严格的标准的流程，书院希望由这些已经成为杰出人士的领导者来选出未来各行业的杰出人才。

苏世民书院招生录取标准和流程严格依据清华大学研究生招生的各项规定。项目首届（2016级）共录取110人，第二届录取126人，第三届拟录取140人。截至2018年3月，第四届2019级的招生工作已经展开，计划全球招募150人，并按计划将逐年扩大规模，直至200人。书院第三届拟录取的142名苏世民学者，来自39个国家的97

所大学,包括哈佛、耶鲁、普林斯顿、麻省理工、斯坦福、西点军校、牛津、剑桥等众多全球顶级大学。他们从 4000 多名有效申请者中脱颖而出,录取比例仅为 3.5%。第三届苏世民学者将于 2018 年 8 月入学。

六、 不断改革创新,增强多文化融合

(一)党支部建设

书院支部在 2016 年 8 月成立时有党员 14 人,其中教工党员 3 人,学生党员 11 人。2017 年 7 月,党支部中的 11 名学生党员毕业离校;8 月新入学的学生党员为 4 人,教工党员也由成立之初的 3 人增加到目前的 6 人,总计 10 人。

组织发展方面,因为苏世民书院每届学生在书院学习时间较短,学生党员发展有其特殊性,但是支部仍然积极进行了相关工作;教职工党员发展工作也在积极进行中,目前已有两名教工表明了希望加入党组织的迫切要求,正在接受支部的考察。

同时,鉴于书院国际化程度很强及支部师生共建的特点,支部开展了如下较为有特色的活动:

1)积极探索在书院这样一个特殊环境中进行党的建设、宣传党的政策的基本规律,已经找到了一些比较可行的方法。一个结果是,很多外国同学对我国的政治、社会制度有了更为深入的认识。

2)开展特色讲座,比如"中国共产党与中国政治体制"讲座。过去一年中,支部针对国际学生了解中国政治制度与特点的需求,由学生党员主要负责组织、主讲了四次关于中国共产党与中国政治体制的讲座,围绕"中国政治机构与共产党组织机构""中国最高领导人的履历""中国中央与地方的科层体制""中国共产党全国代表大会"四个主题进行讲解,系统、生动地向国际学生介绍中国政治的基本特点。四次活动累积参与人数超过 120 人次,在书院国际学生中引起强烈反响。

3)在党建过程中高度关注学生职业发展。比如,鼓励教职工和学生党员分享个人经验。从在读博士同学的创业故事,到毕业选调同学的政府工作经历,再到企业日常运营和业务创新的方式方法,职业目标的设定及选择等方面对学生党员的职业发展提供帮助。

(二)管理上的不断创新

自项目成立之日起,时任校长陈吉宁,时任副校长谢维和作为第一届理事会成员,校长邱勇作为第二届理事会主席,副校长、教务长杨斌作为第二届理事会成员,对书院的设立和建设工作进行定期的指导和关怀,牢牢把握书院的发展方向。

通过第一学年的教学实践,书院不断完善管理经验,主要体现在师资管理、学生管理和课程管理上。在副校长、教务长杨斌、研究生院院长姚强、国际合作教育办公室主任高虹、创始院长李稻葵、院长王有强、副院长程文浩、首席责任教授高旭东等老师的带领下，书院不断在教育教学等方面的工作上进行着总结和改进。

在课程管理方面，书院不断在调整课程方案，比如在考勤制度、毕业论文制度等方面做出了更加切实的调整。在课程管理中，书院突出两个方面：第一，交互式的教学，而不是单向的老师讲、学生听，所有课堂都是交互式。第二，体验式教学。中国40年改革开放的发展成果令世界瞩目，国外一些学生对中国的了解存在一定偏差，所以书院希望让学生们深入了解，除了课堂以外他要深入了解中国的现状，就是所有教学课堂、教学环节很多会深入田野，会放到户外，会在社会实践中进行。为实现这两个方面，书院在课程和教学管理上持续完善现有的内容。

在师资管理方面，书院于2017年完成了增加引进国内校外兼职教师及长期国外访问学者的聘任工作。其中，国外访问教授聘请工作进展顺利：包括 Andrew Walder、Gautam Mukunda、Joan Kaufman、Steven Kelman、Barbara Stallings 等多位全球顶尖学者新加入 2017—2018 学年苏世民书院的授课工作。16 位访问教授已来访书院并承担至少一个课程模块的授课任务。通过这种形式，书院为中西方学术交流提供了一个良好的平台。

学生管理方面，书院学生生活是书院的一大特色，学生管理模式借鉴国内和国外好的经验。对于国内的学生，借鉴了清华本身的学生体系，而对于国外学生的管理，书院一直在不断尝试创新。从在北京的团队到项目的纽约办公室，书院拥有一个强大的团队在进行尝试和努力。书院希望学生们有宾至如归的感觉。

（三）无体育不清华

习近平主席在党的十九大报告中两次提出：全民健身和竞技体育全面发展。广泛开展全民健身活动，加快推进体育强国建设，筹办好北京冬奥会、冬残奥会。党和国家领导人历来高度重视体育工作。[⑧]中华人民共和国成立后，清华校长蒋南翔认为"体育工作是学校工作的一个重要组成部分，体育不但能增强人的体质，而且能够锻炼人的意志和毅力"。清华体育思想和理念强调的是"育人至上，体魄与人格并重"，以提高学生体质健康、体育锻炼的普及和养成终身体育的习惯为目标，最终实现"为祖国健康工作五十年"。[⑨]

苏世民学者们积极参加校内外体育赛事，屡创佳绩，彰显了拼搏奋进的精神面貌和领导力潜质。苏世民书院首次参加清华大学研究生田径运动会就取得了团体、男子、女子三项总分第一的成绩。在马约翰杯全校运动会上，苏世民书院代表队也参加了篮球、排球等联赛，并获得国际象棋团体第二，游泳团体第三的优异成绩。

通过与清华体育部老师合作，共同促成书院近 30 人在 7 个不同代表队参与训练和比赛。同时，学生们热情高涨，参与院系篮球和足球比赛、师门杯羽毛球赛、游泳比赛等。体育不仅是一个人健康成长和实现幸福生活的保证，也是提高一个国家综合竞争力的重要基础。

除了参加校内外体育赛事，苏世民学者也将体育锻炼融入日常生活中。来自美国的司马安德（Alex Springer）参加了世界铁人三项赛合肥站和厦门站的比赛，并成功晋级2017年铁人三项世界锦标赛。来自美国的何佳（Jessica Hocken）和来自瑞士的奚粼轩（Jasmin Stadler）一到清华就加入了晨跑小分队。在书院的下沉花园，时常可以见到练习瑜伽的身影。苏世民学者们还通过武术、太极的练习，既锻炼了身体，也加深了对中国传统文化的理解。苏世民学者很好地诠释了"无体育不清华"的校园传统。

（四）积极融入清华

为鼓励学生们更好地融入清华大学这个大家庭，书院内大力宣传大学活动，鼓励学生参与其中，也开创性的开展了伙伴活动（buddy program），邀请了一百余位其他院系的同学和书院学生交流。学生们积极参与学生社团、研究生运动会、男生节、歌咏比赛等活动。学生还积极参与了校园十大歌手竞赛、献血、周末支教等大学活动。

在业余时间，苏世民学者们投入了极大的热情参与学校国际化建设，积极参与清华大学研究生会的各项服务组织工作，协助推出清华研究生会的全英文微信公众号，在iTalk国际化之夜与全校师生分享自己对全球化的思考，协助清华大学艺术博物馆完善馆内英文标识，参演清华大学国际学生学者新年晚会等。

七、 各界关怀，助力培养学生全球胜任力

苏世民书院的迅速发展，得益于校领导的关怀，清华大学上下一心的通力配合，苏世民学者项目创始理事苏世民先生（Stephen A. Schwarzman）的积极推动，以及海内外热心公益教育事业的机构与有识之士的支持。

苏世民书院连续参加中美人文交流高层磋商以及一系列加强中美关系的对话交流活动，受到了国际高度认可和关注。《经济学家》杂志描述苏世民学者项目"是中国成为新引力中心的证明"。《金融时报》则称"这还是一项开创性的举措"，支持新一代领袖的成长。

书院全球顾问委员会委员包括英国前首相布莱尔，澳大利亚前总理陆克文，美国前国务卿基辛格、鲍威尔、赖斯等多位政要，以及世界银行前行长詹姆斯·沃尔芬森爵士、布鲁金斯学会主席约翰·桑顿等知名国际组织和智库的首脑。他们对书院的发展也给予了长期的关注和支持。

书院能够在短短几年内取得如此的发展更加离不开清华大学校友的支持，比如清华企业家协会的全体同人及几任主席吕大龙、潘建岳、张鸿飞、陈大同，北极光创投

董事长邓锋，国双科技 CEO 祁国晟，恒昌公司创始人秦洪涛，武岳峰资本创始人李峰等，他们以身作则，为书院发展提供各方面的支持和配合，为苏世民学者做出榜样示范。

项目创始理事苏世民（Stephen A. Schwarzman）表示："我衷心感谢我们的捐赠方。有了他们的慷慨解囊，'苏世民学者'项目方得以实现。他们的赠款让我们得以打造世界级的项目，确保我们每年都能支持一批才华横溢的学者，并将此做成永续的事业。尽管我们还有路要走，但是没有来自世界各地的慷慨的捐赠者，我们今天就无法迎来我们的首届学者。"

截至 2017 年 12 月 31 日，包括苏世民先生在内，全球已有 122 个公司及个人捐赠者慷慨支持或承诺支持书院发展，清华大学教育基金会专门设立的"苏世民书院发展基金"留本账户，以留本取息的运作方式保证项目长久稳定的发展。这些资金为苏世民书院的每一位学生提供了全额奖学金支持，并用于聘请世界一流水准的教师队伍、提供最先进的教学辅助设施、举办不同主题的系列讲座活动等。

正如习近平总书记所言，"上下同欲者胜"。书院能取得今天的成绩是清华同人上下同力、共同努力的结果，比如程建平老师发着高烧刚打完点滴，就立刻为书院的事情奔波；姜胜耀、李一兵老师心系书院发展，多次聆听书院的汇报工作；王希勤老师为书院在海外教师引进、双聘教师制度上给予了很多指导帮助；杨斌老师更是随时关心指导书院具体工作；邓卫老师出差开会路上还在聆听书院汇报；史宗恺老师为书院社会实践活动、指导学生工作上带来了很多宝贵经验……还有王守军、姚强、李家强、高虹、李冰、赵劲松等帮助书院各方面发展建设的老师们。感谢对书院给予帮助和支持的人们，正是因为大家的通力合作，书院才能一步步稳固发展。

李稻葵教授作为书院创始院长，带领团队从零开始走过了五年辛勤创业和不断创新的历程。在学校领导的全方位支持下，李老师牢牢把握办学方向，紧跟国家发展战略，为学校的国际化发展和国际影响力提升倾注了大量的心血，付出了艰辛的努力。2017 年 8 月，苏世民书院迎来了新一任书院院长王有强教授。在王有强院长的带领下，苏世民书院将继续走出一条具有中国特色的道路，为国家高等教育的发展、国际影响力的提升做出贡献。

时逢清华大学 105 周年校庆之时，习近平总书记给学校发来贺信，其中谈到对清华的要求，包括对中国教育的要求。习主席在贺信中说，站在新的起点上，清华大学要坚持正确方向、坚持立德树人、坚持服务国家、坚持改革创新，面向世界、勇于进取，树立自信、保持特色，广育祖国和人民需要的各类人才，深度参与创新驱动发展战略实施，努力在创建世界一流大学方面走在前列，为国家发展、人民幸福、人类文明进步做出新的更大的贡献。所以我们从战略上来讲，希望培养能够了解中国、理解中国、有世界眼光的人才，培养能够让世界了解中国的精英们，这是苏世民书院的使命。

清华大学原校长陈吉宁曾指出，"大学有责任为塑造未来的国际关系、促进人类文明进步发展发挥更加重要的作用"。

21世纪,随着中国的快速发展,世界政治经济格局正悄然改变,全球关注的目光都投向最具活力的亚太地区。作为地球村未来的主人,新一代年轻人只有学会从不同角度理解世界、思考问题、采取行动,才能切实肩负起开创人类美好明天的崇高使命和历史责任。为此,各国广大青年不但需要在政治、经济、文化等各方面拥有更丰富的知识和更广阔的视野,而且需要对不同文明有着更透彻的理解和更深刻的体验,相互之间建立起平等、尊重、包容、友善的亲密关系。

清华大学党委书记陈旭在十九大后表示,我国历史方位和社会主要矛盾的重大变化,对高校发展提出了新的更高要求。清华将坚持中国特色、世界一流,坚持立德树人根本任务,一方面深入探索扎根中国大地办大学、办社会主义大学内在规律,始终坚持质量、规模、结构、效益相统一,全面推动学校综合改革和"双一流"建设;另一方面,推进全球战略,推动高层次国际化办学和科技国际合作,把学生培养成具有全球胜任力的人才,谱写中国特色社会主义强国的高等教育篇章。

清华大学校长邱勇指出:扎实推进综合改革,努力在创建世界一流大学方面走在前列。中国正日益走近世界舞台的中央,大学要有建设中国特色世界一流大学的自信。一流大学不仅要引领世界科学技术的方向,更要影响思想文化的创新发展。一流也意味着独特性,一流大学都必须有自己独特的办学理念和大学文化。一流还意味着贡献和影响力,一流大学不仅要对所在国家、民族的发展做出突出贡献,还要为解决全人类共同面对的重要问题发挥作用。在经济全球化背景下,21世纪高等教育的重要特征是全球范围内的合作和竞争。大学要认真借鉴世界上先进的办学治学经验,不断提升学生的国际视野,努力培养学生的全球胜任力。大学更要坚定不移地加强党的领导,坚持和完善党委领导下的校长负责制。这是中国高等教育最大的特色,也是最大的优势。

书院将弘扬"行胜于言"的校风,努力为中国高等教育走向世界做出贡献。展望未来,50年后书院将培育出1万名来自世界各地的苏世民学者,他们将成为政治、商业、技术、社科等领域的杰出人才,他们理解并重视中国,将共同致力于推动一个更加繁荣和稳定的世界。最终书院是为了应对和塑造21世纪地缘政治的格局,为构建人类命运共同体,推进世界和平与发展,努力培养优秀国际人才。

参 考 文 献

[1][2] 韩亚菲. 中国高校国际化发展新动向[J]. 教育学术月刊,2017:14-19.

[3] 胡和平. 创先争优 在建设世界一流大学征程上[N],光明日报.2012:003.

[4] 尹佳,杨帆. 清华大学本科人才选拔目标与选拔方式的探索研究——以"新百年计划"为例[J]. 中国高教研究,2015(2):59-63.

［5］ 刘丽霞,刘惠琴. 加强国际化培养　提高研究生教育质量［J］.学位与研究生教育,2010：21-22.

［6］ 中共教育部党组.深入学习贯彻习近平总书记关于青年学生成长成才重要思想大力培养中国特色社会主义建设者和接班人［N］.光明日报,2017：9-8(1).

［7］ 袁本涛，潘一林.高等教育国际化与世界一流大学建设：清华大学的案例［J］.高等教育研究. 2009：30.

［8］ 习近平：广泛开展全民健身活动,加快推进体育强国建设［N］,人民网.2017-10-18.

［9］ 刘波,刘静民. 新形势下我国高校体育改革与创新研究——以清华大学长跑制度为例［J］.中国学校体育(高等教育),2016：51-55.

（作者单位：清华大学苏世民书院）

基于海外实践的全球胜任力课程开发研究

胡 钰 景嘉伊

摘 要：2017 年，清华大学新闻与传播学院联合校党委学生部、国际教育办公室开设全校通选课"全球胜任力海外实践课程"，首次以"全球胜任力"为主题，在全校范围内将课程教学与社会实践相结合，并赴肯尼亚、埃塞俄比亚、伊朗、阿联酋等地，取得了良好的育人效果与社会效应。本文系统阐述了"全球胜任力海外实践课程"的开发特点，从价值塑造、能力培养和知识传授的层面对课程效果进行了分析，并对全球胜任力人才的培养进行了反思。

关键词：全球胜任力；实践教学；跨文化传播；一带一路；课程开发

一、 课程开发的理论基础

（一）跨文化传播理论

跨文化传播（cross-cultural/intercultural communication），指的是两种或两种以上不同文化之间的传播。国际传播协会（International Communication Association）将其定义为传播学的 24 个具体分支之一。该概念最早出现于文化人类学家的讨论中，诸如关于"文化休克"（culture shock）、"跨文化紧张"（intercultural tensions）以及"跨文化问题"（intercultural problems）等概念的提出。1959 年，Edward T. Hall 在其经典著作《无声的语言》（*Silent language*）中首次提出"跨文化传播"的概念，对"美国人学会如何有效地与外国人交流"展开研究。20 世纪 60 年代美国民权运动和移民问题的涌现，客观上促进了跨文化传播的综合性研究，Robert T. Oliver1962 年出版的《文化与交流》（*Culture and Communication*）和 Alfred Smith1967 年主编的《交流与文化》（*Communication and Culture*）就是其中代表。20 世纪 70 年代，跨文化传播学开始形成独立学科，独立研究协会出现，专业刊物被广泛创办，学术著作大量出版，大专院校也开始开设相关课程。随后,一些政府部门和跨国公司也纷纷组建跨文化管理战略研究机构或培训班等,"焦虑和不确定性管理""面子-协商"等理论的建立提供了更为精细的研究范式。20世纪90年代,受全球化影响,跨文化传播呈现出多元发展趋势,实证主义、解释范式和批判范式涌现,由此丰富了学科构成。当前,学界多将研究集中于"实战""应用"层面,如语言学领域的"语言交际"、商业营销策略和主体国家的全球化战略等。

我国对这一学科的介绍始于20世纪80年代。1982年,中国台湾学者汪琪在《文化与传播:"世界村"里的沟通问题》书中首先提出这一理念。[3]1995年,中国大陆第一本跨文化传播学专业书籍《跨文化交流学》由关世杰在北京出版。作为该领域的元老人物,关世杰提出跨文化研究要对以下六个问题给予特别重视:两种文化的异同,两种文化的冲突点,科技对交流的影响,文化的延续与变迁,文化和交流的控制,文化依附和文化自立。[4]陈国明2003年出版的《文化间传播学》则为该学科提供了较为完整的内容轮廓。今天,随着中国"走出去",特别是"一带一路"倡议的推行,跨文化传播理论再次被重视。面对新形势和新挑战,中国学界必须关注中国在引领新一轮全球化环境下如何开展跨文化传播,为国家提供理论支撑、舆论支持和文化条件。但整体来看,我国对于该领域的研究仍显不足。

(二) 全球胜任力理论

全球胜任力(global competence,又称"全球竞争力"),目前尚无统一定义,通常指个体参与全球合作与竞争的能力。该理念可溯源到20世纪40年代的美国。"二战"结束初期,美国通过《富布莱特奖学金法案》(*Fulbright Act*)、《国防教育法》(*National Defense Education Act*)等条例来支持培养外语人才和区域问题专家,以维持其战后的世界领导地位。1988年,美国国际教育交流协会(Council on International Educational Exchange)在《为全球胜任力而教:国际教育交流咨询委员会报告》(*Educating for Global Competence:The Report of the Advisory Council for International Educational Exchange*)首次明确提出"全球胜任力",之后又在1998年的《为全球胜任力而教:美国的未来通行证》(*Educating for Global Competence:America's Passport to the Future*)再次强调该理念。[5]2012年,《美国教育部2012—2016国际战略》(*U. S. Department of Education International Strategy 2012—2016*)出台。该战略以"通过国际教育与合作在全球取得成功"(Succeeding Globally Through International Education and Engagement)为主题,提出"进入21世纪,全球胜任力不再是奢侈品,而是必需品。无论参与国际事务还是多元文化的本土事务,美国未来成功与否取决于国民的全球胜任力。全球胜任力必须成为从学前教育到研究生教育核心使命的组成部分。"[6]经济合作与发展组织(Organization for Economic Cooperation and Development)宣布从2018年起将全球胜任力纳入国际学生评估项目(IPSA)的考核框架中,并将其定义为"从多个角度批判地分析全球议题及跨文化议题的能力;理解差异如何影响观念、判断以及对自我和他人的认知能力;在尊重人类尊严的基础上,与不同背景的人进行开放、适宜、有效互动的能力[7]。"

对于全球胜任力的具体要素、培养与评价体系的界定也不尽相同。有学者将其分为知识、同理心、支持、外语能力和工作表现五大要素。[8] 也有学者根据对 133 名教师和 42 名跨国集团人力总监的问卷调查结果,将其概括为知识、技能/经历、态度等 3 个维度 17 项指标。[9] 2011 年,美国亚洲协会(Asia Society)联合哈佛大学发布的《为全球胜任力而教:使我们的青年一代为参与世界而准备》(*Educating for Global Competence:Prepare Our Youth to Engage the World*),将全球胜任力分为调查自身之外的世界、了解自己与他人观点、与各种不同的人有效交流自己的观点、将自己的观点付诸恰当的行动以改进现状四步骤。[10] 2014 年,联合国教科文组织发布《世界公民教育:培养学习型人才以应对 21 世纪的挑战》(*Global Citizenship Education:Preparing Learners for the Challenges of the 21th Century*),对全球人才教育提出要求,希望培养出具备开放态度并能理解国籍、文化、宗教信仰和种族的差异,深刻认识共同价值,具备批判思维、系统思考、创造性思维等认知技能和社交、沟通等非认知技能,同时兼具行为和协作能力的新型公民,以共同应对全球性问题[11]。 2017 年,经济合作与发展组织在工作报告《为了一个包容世界的全球胜任力》(*Global Competence for an Inclusive World*)中,将知识与理解力、技能、态度设为三个考查维度,具体包括分析和批判思考、对全球性议题的知识和理解、跨文化的知识和理解、开放性和尊重性等指标。[12]

中国也将全球胜任力纳入高等教育发展规划中。《国家中长期教育改革和发展规划纲要(2010—2020 年)》高屋建瓴地指出,高等教育要"适应国家经济社会对外开放的要求,培养大批具有国际视野、通晓国际规则、能够参与国际事务和国际竞争的国际化人才"[13]。作为中国高等教育的一面旗帜,2014 年 9 月,清华大学在学校章程第一章第五条中相应提出,学校要"致力于培养学生具备健全人格、宽厚基础、创新思维、全球视野和社会责任感,实现全面发展和个性发展相结合"。为将建设中国特色的世界一流大学落到实处,2016 年 7 月,清华大学首次制定并启动实施"全球战略",确立了建设世界顶尖大学的目标定位、三项中心任务和九大战略方向,通过整合国内外资源,坚定走内涵发展、特色建设道路。其中,战略方向的第一条便是将"全球胜任力"作为人才培养的核心目标之一,并融入学校教育体系。[14] 2017 年 4 月,亚洲大学联盟成立大会暨首届峰会在清华大学举行。国务院副总理刘延东出席大会并发表演讲,希望通过该平台扩大教育对外开放,培养具备国际视野、服务区域发展的杰出人才,为解决地区性和全球性问题贡献亚洲智慧。[15] 同年,清华大学国际教育办公室发布《全球胜任力:为走向世界作准备》,首次对"全球胜任力"的基本内涵与核心素养进行界定,即在国际与多元文化环境中有效学习、工作和与人相处的能力,具体包括三个层面的六种核心素养:一是认知(cognitive)层面,要学习世界文化与关注全球议题(world culture & global issues),掌握至少一门外语(language);二是人际(interpersonal)层面,要培养开放与尊重态度(openness & respect),并熟练运用不同文化背景下的沟通与协作技巧(communication & collaboration);三是个人(intrapersonal)层面,要秉持对自己民族文化的自觉与自信(self-awareness & self-confidence),坚守道德与责任(ethics & responsibility)。[16]

(三)实践教育理论

关于实践教育,清华大学顾秉林将其定义为"围绕教育教学活动目的而开展的、学生亲身体验的实践活动。它既包括为认识探索自然规律、掌握技术知识而开展的科学实验、生产实习等必要的验证性实验,也包括为解决实际的生产和社会问题,提高创新能力而开展的研究性、探索性、设计性、综合性实践,还包括以了解社会和国情、提高全面素质为宗旨的社会实践[17]"。1953年,清华大学第一次教学研讨会(教育工作讨论会前身)召开,首次将实践教学纳入教学体系。1958年,学校提出"教学、生产和科研三结合"思想,提倡"真刀真枪做毕业设计"。改革开放后为适应新时代要求,自1985年起,清华大学实行三学期制,增加了为期六周的夏季学期,系统安排社会调查、实习、劳动和大型实验等实践环节,该传统一直延续至今。[18]实践教育既是学生理解理论知识、形成主动学习精神、提升综合能力的重要途径,也是学生了解世情国情、开展自我教育、进行价值塑造的重要途径。

坚持实践教育不断线,将实践教育的育人理念通过培养方案和教学计划落实到学生的培养全过程,是清华大学实践教育的重要特色。一般而言,实践教学体系的建立需要遵循时代性、特色性、目标性、系统性和可操作性等原则,由目标体系、内容体系、保障体系和评价体系等共同发挥作用。[19]

课程是实践教育的核心。为实现高素质、高层次、多样化、创造性的人才培养目标,就必须进行新课程开发。美国学者Short E. C. 1983年提出课程开发三维模型:第一维是课程开发的活动场所,如外部机构、特定现场等;第二维是课程开发所需的专业人员,如教师、学生、行政管理人员、家长及相互间的协作关系等;第三维是课程开发过程中遵循的价值观念体系。[20]根据分类标准不同,课程资源可被分为校内和校外资源,自然资源和社会资源,文字资源、实物资源、活动资源和信息化资源,显性资源和隐性资源等。课程资源的价值体现在课程设计、实施和评价全过程中,受地域传统、文化背景、学校特点和师生差异等具体影响。通常来说,课程资源开发活动遵循开放性、经济型、针对性和个性原则,可从以下四个方面进行分析:第一,课程开发的幅度或范围,包括学校整体课程结构调整、部分课程开发、个别课程开发和隐形课程开发等;第二,课程开发的方式,包括课程引入、课程选择、课程改变、课程整合和课程创新等;第三,课程开发所涉及的课程性因素,包括目标确立、内容组织、课程方案设计、实施计划制定和效果评价等;第四,课程开发所持续的时间。常见的课程开发方式有实践体验式、问题探究式和情境浸润式等。[21]

二、 课程的实践教学特点

面对当前激烈的国际高等教育竞争与合作,创新成为核心驱动力。清华大学通过带领学生"走出去",探索出一套独特的实践育人模式。2017 年度,清华大学共有 69 支支队、692 人次在境外参与学生社会实践活动,足迹遍布五大洲的 24 个国家和地区,既包括美、英、日等发达国家,也包含伊朗、以色列、哈萨克斯坦、乌兹别克斯坦、柬埔寨、印度和斯里兰卡等"一带一路"沿线国家。[22]2018 年年初,清华大学党委书记陈旭在《光明日报》上发文提出,高校要培养具有全球胜任力的拔尖创新人才,主动服务国家对外开放重大需求,积极参与"一带一路"建设,树立世界眼光,密切人文交流,创新对外传播方式,增强国际话语权,助力我国国际地位和国际影响力持续提升。

由清华大学新闻与传播学院、党委学生部和海外教育办公室联合开设的 3 学分、96 学时的全校通选课——"全球胜任力海外实践课程"(*Global Competence on Belt and Road*),首次在全校范围内将教学计划与社会实践相结合。课程利用寒暑假时间组织学生赴海外进行实地探访,创造跨年级、跨学科、跨地域、跨国界、跨种族、跨文化的学习环境,通过参访式、体验式、讨论式教学方式,增进学生对世界多样性与人类命运共同体的认知,提升学生的跨文化沟通能力与全球胜任力,强化学生对中国发展道路和当代中国青年使命的认同。具体来说,《全球胜任力海外实践课程》具备以下特点。

(一)实践教学目标的全面性

教学目标是实践教学的基础。海外实践课程在目标设立上,遵循价值塑造、能力培养、知识传授"三位一体"的培养思路,不仅教授学生关于跨文化沟通的知识与技巧,更注重培养学生坚定的中国立场与真正的全球视野,引导学生树立"全球化不等于欧美化"的理念,掌握真诚的跨文化尊重而不是对弱者俯视、对强者仰视的跨文化摇摆。课程坚持将思想价值引领贯穿教学全过程,特别是在海外实践中开创性设立临时党支部,通过召开以"走出中国看中国,我为中国共产党提建议"为题的专题组织生活,让学生以海外见闻为出发点,以中国发展为着眼点,边走边看边思,走出中国看世界,站在世界看中国,致力于培养具有全球视野、中国立场、当代能力的优秀青年学生。

在阿联酋课程的专题组织生活中,师生们热烈地讨论,认为通过近距离观察阿联酋的政治、经济、社会和文化发展,一方面,看到了世界上不同国家选择多种道路的可能性、现实性与长期性;另一方面,也更加深刻地认识到全球化不等于欧美化、不等于资本主义化。面对世界的多样和复杂,需要提升理性和思辨性,需要坚定中国的道路自信。

中国企业在阿联酋和中东地区发展很快,但与"一带一路"建设的要求相比,还缺少很强的盈利能力和品牌影响力,因此也面临巨大的挑战。走访中的中国企业都对同学们发出了热情的邀请,可见其对青年人才的强烈需求。当代中国青年肩负着民族复兴的使命,面临难得的机遇,会大有作为,大学生要培养"火车头意识",做引领时代的火车头,提升引领意识,培养引领能力,发挥引领作用。

此行阿联酋,可以看到在大学、企业、政府机关、公共场所等地方都摆放着阿联酋国旗和当地领导人的头像图片,这些符号作为国家意识的重要载体,能够增强本国人甚至外来人口对当地文化的认同感。因此,对中国来说,在国内,要加强全民国家意识的培养,实现全方位、细节化、持续性的培养。在国外,"一带一路"建设上的文化传播不仅仅是经贸合作的补充,更应该作为同等重要的战略任务来对待。

(二)实践教学主体的多样性

教师和学生是开展实践教学的主体。梅贻琦曾谈到大学的"从游"文化:"学校就像是水,师生就像是鱼,他们的行动就像是游泳,大鱼前导,小鱼尾随,就是'从游',从游时间长了,日日观摩,即使不刻意追求,自然而然就会收到耳濡目染之效。"[24]本课程采用"从游"模式并进行放大,从校内放大到校外,从中国放大到世界,邀请校内相关领域教授全程带队参与,在三个多月的时间内,从实践地选取、主题规划、内容设计、实践过程把控和成果产出等方面全面指导。课程面向全校学生招募,采用手动选课方式加入培养计划,在函评、面试、调研计划提交的三轮选拔中着重考察跨文化沟通能力和学术调研能力等,特别鼓励跨学科、跨年级的多元团队,在师生互学、朋辈激励的过程中进行海外教学。更重要的是,在海外实践中,既有带队教师讲解,也有学生自己讲解,同时,邀请调研中的中资企业负责人、国外企业负责人、国外大学教师、国外政府官员、议员以及中国驻所在国的外交官等进行讲解,体现了移动课堂、多元学习的特点。

在赴伊朗之行前,课程邀请伊朗文化研究专家进行了三次主题培训,组织学生确立了"央企海外形象传播""中国国际新闻传播策略""孔子学院和中国软实力建设"等研究课题。课程中,同学们走访了中国驻伊朗大使馆、新华社伊朗分社、凤凰卫视伊朗分社、德黑兰大学孔子学院、中石油伊朗分公司、长安汽车伊朗项目部和中国葛洲坝集团伊朗分公司等中方机构,也与伊朗国会议员、谢里夫大学负责人、库姆宗教学者等进行座谈。

在赴阿联酋之行前,课程邀请国际教育办公室负责人、央企负责人等以"全球胜任力与国际教育""跨文化传播解析"和"中国建筑的国际化道路"为题进行专题讲解。在阿布扎比、迪拜、沙迦三个酋长国内,同学们走访了中国驻阿联酋大使馆、中国国际贸易促进委员会代表处、阿联酋中国商会等中方机构,并与阿联酋青年文化部、阿联酋大学、迪拜硅谷管理委员会、阿联酋第二大电信公司 DU 和中阿卫视等当地机构负责人座谈。

(三)实践教学内容的丰富性

教学内容是实践教学体系的核心。首先,注重调研实践主题的战略性。课程以"一带一路"倡议为核心,从政策沟通、设施联通、贸易畅通、资金融通、民心相通等方面规划,将学术研究与国家大政方针相结合,每次课程重点选择一个宏观主题与若干子课题进行设计。

其次,注重目的地选择的代表性。"一带一路"东连发展势头强劲的东亚圈,西达发达的欧洲经济圈进而辐射全球,沿线遍布着中华文明、印度文明、波斯文明、阿拉伯文明、欧洲文明、非洲文明等形态各异的人类文化形态。在"全球化不等于欧美化"的思想指导下,课程不仅引导学生关注西方发达经济体的发展模式,更鼓励学生关注发展中国家、新兴经济体的独特经验,在海外课堂目的地选择上聚集在学生不熟悉、不易接触且与中国邦交友好、社会环境稳定、在"一带一路"建设中影响力较大的国家进行实地教学。2017 年 7 月 6 日至 15 日,课程以"'一带一路'上的文明对话"为主题,前往伊朗的德黑兰、伊斯法罕、设拉子和卡尚四城。之所以选择伊朗,是因为伊朗在地区和国际舞台上都发挥着重要作用,是中国的全面战略伙伴,也是"丝绸之路"与"21 世纪海上丝绸之路"的交汇点和支点。2016 年年初,习近平主席在对伊朗进行国事访问时指出,中伊都是文明古国,两国人民 2000 多年前便通过丝绸之路展开友好交往,结下深厚友谊。日前,笔者已经带队去过的国家有肯尼亚、埃塞俄比亚、伊朗、阿联酋等地。

最后,注重调研对象的全面性。为真正把握中国与实践地所在国情况,课程精选中外两方具有代表性的机构进行走访,既包含中国政府驻外使馆、海外中资企业、文化教育机构,也包含国外政府部门、代表企业和一流高校等,保证调研中对不同经济体与文化多样性的深入了解。

(四)实践教学形式的先进性

课程积极打造教室外、校园外、国境外的课堂,根据不同国家、不同时间、不同环境的特点,开展灵活而生动的学习。首先,完善行前培训,邀请专业领域教授、校内相关部处负责人、调研国家中资企业负责人等进行国别主题讲解、文化与安全培训等;其次,组织行前自主学习,在出发前半个月左右建立微信群,要求每个同学围绕调研所在国的政治、经济、文化情况及课程主题进行自主学习,每天由一名同学进行学习资料与心得分享,保证同学们在出发前熟悉调研所在国情况、带着问题去;再次,采用参访式、体验式、讨论式海外教学方法,以此在有限调研时间内最大化课程效果,并适应每日奔波的社会实践特殊要求。白天,师生围绕调研环节走访相关机构、体验当地文化,晚上行程结束后,师生围坐召开例会总结,分享、探讨当日见闻所获。课程鼓励学生针对中国国家形象的海外建构进行量化研究,在当地居民聚集的社区进行问卷发放和街头采访,既能感受最真实的本土社区氛围,也锻炼学生交际沟通能力;最后,发挥学生主体作用,课程根据参与同学不同的专业背景、调研兴趣等分为2~3人小组,每组在教授的指导下确定调研选题,实践过程中重点收集选题相关内容。行程中,各组轮流担任每日行程召集人,一方面要结合个人专业对实践国某项议题进行深度剖析,如政治体制、立法机制、新闻环境、宗教建筑风格等;另一方面对所负责的行程进行基本介绍,并负责当日的会议组织、行程组织工作,以此让每位同学都能以主动姿态深度融入课程。

人文学院2015级本科生陈伯钧从中感受到了新型教学方法的力量:"尽管我们有着非常紧密的行程安排,每天夜里回到住处大家都十分疲倦。但是,几乎每个晚上,支队成员都会抽出一个小时围坐在一起,就当天调研走访的所见所闻进行分享和交流。在这一个小时中,我们不仅可以把当天学习了解到的知识进行总结和梳理;同时,我们实践调研中产生的灵感和想法也可以得到升华和沉淀;更可贵的是,在同学们的讨论中,往往会迸发出更新鲜的灵感和更深入的思考。这一切,都是这次实践课程中带给我最宝贵的财富。"

(五)实践教学成果的多样性

成果产出是实践教育成功与否的重要体现。在成果产出上,课程规定,参与学生需提交1万字以上的学术随笔,将学术思考与调研见闻相结合,同时鼓励学生将学习成果以多样化形态表现出来,包括但不局限于学术论文、政策建议、调研报告、新闻作品、影像作品等。课程将成绩评价贯穿至课程全过程,按照行前准备20%、调研过程40%、调研成果40%的比例进行课程分数评定。除此之外,课程结束后,授课教师积极鼓励同学们以实践教学中的成果参与各类赛事、活动,进行各类传播,帮助学生将实践成果效应最大化。

在2017年7月的伊朗课程后,经过同学们联络,伊朗最大的官方通讯社伊通社对此行专门刊发了报道并配发图片。同学们在《中国青年报》《中国教育报》等校内外知名媒体上发布17篇新闻报道,课程纪录片获得数以万计的点击量,并拟将出版同学们的学术随笔集《发现一个不同的伊朗》。同学们回国后受邀参加了"上海合作组织青年故事会"、北京卫视"我是演说家"等会议发言和节目录制活动,课程调研支队获评"团中央2017年优秀实践支队""清华大学2017年社会实践金奖支队"等荣誉,产生了较大的学术和社会影响力。

在2018年1月阿联酋课程中,阿联酋卫星电视台中阿卫视在知名栏目《中阿访谈录》中对同学们进行电视采访。课程结束后,同学们在各类媒体累计发布27篇新闻稿件,包括中国驻阿联酋大使馆官网、《人民日报》等官方平台。同学们以历史沿袭、国际化道路、政治体制、社会结构等为题,撰写了 10 万余字的学术随笔集,拍摄的纪录片《清华学子走进阿联酋大学》更是登上了阿联酋大学的各大社交平台,成为该校首部被广泛传播的中国学生视频作品。

三、 课程的育人效果

在清华大学实施全球战略的今天,各类海外课程学习、学术研究与交流、实习实践项目层出不穷,"全球胜任力海外实践课程"探索的"教学课程＋社会实践"互融模式,丰富了学生的海外学习渠道、资源与形式,是对当前学校全球胜任力培养体系的积极支撑,取得了显著的育人效果。

(一)增进学生对世界多样性与人类命运共同体的认知

在中国越来越走向世界舞台中央的时代里,中国的青年人越来越需要具备全球胜任力。什么是全球胜任力?几次课程下来,同学们一直在讨论,并且总结了十几条具体标准。这其中,同学们认为,最重要的是了解真实的全球! 在这个由少数国家强势媒体描绘的世界里,我们知晓的、想象的世界非常有限。只有用自己的脚来丈量,用自己的眼来观察,用自己的脑来思考,我们才能把握一个真实的全球。

记得访问伊朗国会时,一位议员在与我们一起座谈时说,许多人以为在伊朗没有吃的还要带罐头、没有汽车还要骑骆驼。他是当作笑话来说的,未曾想,我们一位同学当即回应说:"议员先生,我就带了罐头来。"引来全场人大笑、鼓掌,大家在笑声中、掌声中相视而会意点头。那个掌声、笑声的场面很热烈,也难以忘怀。笑声、掌声过后,大家安静下来。我告诉议员,此行回到中国,我们希望成为伊朗真实形象的传播者,成为中国、伊朗合作的推动者。

新闻学院 2014 级本科生冯婉婷在参与课程后对国际传播体系有了更深的认识:"课程深入当地社会各角落的环节设计,为我提供了生动翔实的案例和信息,让我明白了学术研究路径不能只重视欧美,还要关注国际传播信息流的末端国家,构建公正平衡的新世界传播秩序。这对有志于从事国际传播研究的我十分难得。"公管学院 2017 级硕士研究生陈鹤尹对全球化条件下的不同视角有了体会:"本次课程让我学会了从不同的视角看待当地市场环境与政治制度、发展现状与未来前景,我深刻体验到了全球化浪潮以及'一带一路'带来的新机遇与挑战。"教研院 2017 级硕士研究生王章宇掌握了看待世界的视角:"此次课程带给我的不仅是更加开阔的国际视野,更教会了我如何'端正视角'看世界、看中国。如果说知识的传授是在任何课堂上都能实现的目标的话,那么世界观和认识论的塑造就只有靠'行万里路'才能达到的理想状态。当来到这些为主流话语所忽略的国家和地区,看到那些不可被复制的社会和地缘条件,我才真切理解为什么说中国只能借鉴经验,但绝不能照搬制度。在我们睁眼看世界时,一定要牢记结合国情,具体问题具体分析。"

课程归来,让同学们对"一带一路"建设的战略意义和实现途径有了更多认识。在当前逆全球化趋势和贸易保护主义理念抬头的趋势下,"一带一路"倡议是一种纠正与平衡,体现了中国的大国担当与建设人类命运共同体的愿景,逐渐得到越来越多的国家和国际组织的响应和参与。中国积极推进"一带一路"建设,这不仅关乎全球财富再创造,更关乎人类发展新理念。

中国推动的"一带一路"建设是一个完全不同于美国主导的全球化进程,这一进程是以包容性发展、多样性文化、平等性参与为特征的。这种特征是千年前《礼记》中"天下大同"思想的当代延续,也是中国推动"一带一路"建设的文化优势所在。为此,在推动这一进程中,不仅要让优秀的中国企业获得世界的认同,还要让优秀的中国文化获得世界的认同。

(二)提升学生的跨文化沟通能力与全球胜任力

开设"全球胜任力海外实践课程",希望同学们以真正的全球视野看待全球,以文化多样性来看待中国以外的文化,掌握真诚的跨文化尊重,而不是对欠发达国家、受中国援助国家的俯视、对欧美等发达国家仰视的跨文化摇摆。在全球胜任力的要素中,在与不同文化、文明的交往过程中,提高"跨文化敏感度",保持不同文化间交流的平等、包容、尊重,已经成为至关重要的能力要求。

在访问阿联酋大学时,学校的专业接待水平令大家记忆深刻。从入校开始的合影拍照,到三辆电瓶车的贴心接送,到学校演播室的专访,甚至于我们还没有离开学校,我们到访的新闻已经上了大学的社交媒体主页,效率奇高。学校道旗上清晰地宣示着学校的办学理念:创造、独特、创新、卓越、幸福(creativity, uniqueness, innovation, excellence, happiness)。这几个关键词很耐人寻味,仔细想来,这不仅是这所大学的理念,也是整个国家的理念。这个国家极具特殊性,亲身接触后得到的认识远远超过媒体描绘的形象,在这个国家里,炫耀式发展与创新性发展并存,酋长制强势政府与国际化开放社会并存,伊斯兰宗教信仰与多样性世界文化并存。

新闻学院2013级本科生张进宝在参加了赴伊朗的课程后对文明包容有了认识:"在库姆神学院与宗教学者的对话,是绝无仅有的经历,也是绝无仅有的体验。从中国历史谈到伊朗伊斯兰历史,最终归结到两种文化内核之间的相似、相连,我们会发现,与人为善、道法自然是两种文化跨越时空的共同点,伟大的文明各有不同却又殊途同归,而文化的相互交流与理解是提升其他一切交往的文化根基。在这一点上,我们还在学习的路上。"

(三)强化学生对中国发展道路和当代中国青年使命的认同

"全球胜任力海外实践课程",让同学们看到了中国在海外的影响力,坚定了中国道路的认同感。在肯尼亚和埃塞俄比亚,从铁路到公路,从城市供电到供水,再到汽车、手机与日用品,乃至野生动物保护,中国元素在非洲无法回避。亚吉铁路是非洲第一条电气化铁路,全部采用中国标准和中国装备建设而成。当走进这条铁路的站台时,同学们都惊呼,从外部风格到内部标识,太"中国"了。当乘坐火车沿这条铁路行驶在非洲大地上,坐在明亮、整洁的车厢里,同学们都兴奋不已,自豪陡升。在内罗毕的贫民窟,同学们走访了当地中国民间组织捐赠的长青造梦小学,一进学校里,可爱的黑人孩子们就涌上来与同学们一起拍手、合影,嘴里还不停地说着"China,你好"。据介绍,埃塞俄比亚对中国道路非常认同,并积极从理论与实践上进行学习。而非洲当地组织进行的民调显示,中国在非洲的国家形象在所有国家中是最好的。

课程让同学们看到了当代中国青年的奋斗方向。在中国驻埃塞俄比亚大使馆内,腊翊凡大使与同学们进行了近3个小时的深度交流,他对清华大学组织师生走进非洲社会实践给予充分肯定,表示"带领优秀青年学子走进非洲是极有远见的举措","清华学生是中国驻埃塞使馆迎来的第一批大学生,希望你们之中未来有人能投身中非合作事业,推动走出一条互利多赢、共同发展的新道路"。2017年2月11日,时值中国元宵佳节,中国驻非盟使团大使旷伟霖在大使官邸与同学们会谈。他说,此次是驻非盟使团成立以来第一次接待国内大学生团,欢迎将来有更多青年学生参与中国驻非盟使团工作,在对非关系研究中发挥更大作用。

2018年1月18日,中国驻阿联酋大使倪坚在会见课程全体同学时说:"在中国日益走向世界舞台中央的今天,清华大学开设此门课程,是极具远见和富有战略意义的举措,对于学生深入了解当今世界、开拓国际视野具有积极意义。"倪坚表示,这是他第一次迎来国内的大学生调研团,希望清华大学利用自身一流学府的综合优势,开展对阿联酋的专题研究与交流合作,为深化中阿战略伙伴关系发展提供智力支持。

课程让同学们切实看到世界的多样与复杂,看到中国的机遇与挑战,了解当代青年的使命。青年问题关乎国家安全问题,青年发展才有国家发展。走出中国看世界,站在世界看中国,迈向民族伟大复兴的中国要有更多的优秀青年人真正地爱自己的国家、懂不同的国家,让中国在新时代成为更加美好的国家,并与他国一道建立更加美好的世界。

土木系2014级本科生安云龙从课程中明确了清华人的时代责任与使命:"十余年间,数千家中资企业在阿联酋站稳脚跟,传播中国品牌、中国文化,让我更清晰地体会到了自身肩负的使命。我要更加积极地弥补能力短板,发挥清华土木人的精神特质和专业素养,投身新一轮建设大潮。"同学们从国外情形反观中国发展道路和经验,经管学院2013级博士研究生赵闯提出"要想地里不长草,要先种上庄稼"。他总结了伊朗发展的经验教训,建议挖掘党的理论的生命力,真学真用真信,解决党员尤其是一些高级官员"不信马列信鬼神"的情况,逐步在中国人的心目中耕耘起自己的"庄稼"——构建起美好的文化、道德和信仰体系。教研院2016级硕士研究生狄迪则坚定了发展的自信："每个国家都在选择自己的道路，伊朗人对自己的道路很自信；面对已经取得的成绩，中国人、特别是我们党也应该有这种自信。中国共产党人要坚持道路自信、理论自信、制度自信、文化自信，并落地让每位国人都认可。"

四、 课程的反思与启示

清华大学校长邱勇提出，清华大学要"站在世界地图前"思考自己的发展定位。学校推进全球战略，力争在"走出去"的同时，能够代表国家的文化高度、教育高度、人才培养高度和创新高度。[25] 为此，清华大学新闻与传播学院联合校内有关机构从 2016 年下半年开始设计基于海外实践的全球胜任力培养课程，通过每个寒暑假的组织实施，不断在实践中总结经验进行改进，对此类课程的开设、开发形成一些思考。

（一）加大力度培养具备全球胜任力的新时代青年人才

自 1988 年在美国正式提出，培养具备全球胜任力的人才的理念已整整走过 30 年。但在中国高等教育界，这一概念仍处于研究和实施的起步阶段。在清华也不过是两年的发展历程。这一现状与进入新时代的中国在新一轮全球化中承担的国际使命是有极大距离的。通过过去两年的课程实施，笔者深切地认识到，要推进"一带一路"建设，在继续加强经贸合作的同时，还有两方面任务要加强：一方面，加强"一带一路"沿线国家的文化沟通，让不同文化、文明间的交流更加密切，既要推动中华文化的创意传播，也要以更积极的姿态了解、接纳其他民族的不同文化；另一方面，构建"一带一路"的话语体系，从国际政治、全球经济、人类文明发展的角度讲清楚这一倡议的合目的性与合规律性，打破殖民主义、"冷战"时期的话语体系。核心目标是增强"一带一路"的全球认同感。而要实现这一目标，急需要大批具有全球胜任力的青年人才。

（二）树立"全球化不等于欧美化"的世界观

全球胜任力的培养不仅是国际交际技能的训练，从根本上说是全球文化素养的养成。季羡林先生在其主编的《简明东方文学史》序言中，将世界划分为四大文化体系，包括中国文化体系、印度文化体系、伊斯兰文化体系和欧洲文化体系。[26] 当今世界的全球化正以全球战略中心东移、非西方世界的新兴国家崛起、民族宗教文化认同复兴为突出特征，广大新兴经济体和发展中国家正不断拓展生存和话语空间，由中国领导的"一带一路"倡议更是在深刻改变世界的地缘政治与经济格局。即便是像阿联酋这样的地区小国，在调研中能强烈感受到这个小国家的大志向、大作为，强烈的国家意识渗透在各个角落，其领导人"追求第一、不做第二"的理念异常突出。因此，仅关注以欧美为代表的传统西方发达国家，采用关于全球化认知的老观点、老思路、老办法,已远远不能适应全球治理的需求。具有全球胜任力的人才必须在熟悉中国文化的基础上,能够掌握多民族、多种族、多宗教、多文化的基本知识,在跨文化语境下处理复杂化、差异化和精细化问题。这就需要在全球胜任力的教育中秉持正确的道路观、义利观、文明观,使学生能树立看待世界的客观、全面视角。

(三)在"走出中国看中国"的过程中培养"四个自信"意识

带领学生们"走出去"的目的,既是为了看世界,也是为了看中国,后者带有更加根本的意义。在全球胜任力培养的海外实践中,要看到世界发展道路的多样性,看到资本主义、社会主义以及伊斯兰主义等不同民族、国家在道路选择中的历史经验与现实效果,善于以历史视角、文化视角、理性视角看待与比较不同国家的道路选择。要引导学生用中国理论阐释中国实践,用中国实践升华中国理论,为人类命运共同体的构建贡献中国智慧和方案,更好指导新时代中国特色社会主义的建设。课程开发要紧紧围绕为谁培养人、培养什么样的人、如何培养人的根本问题,引导学生成长为又红又专、德才兼备、全面发展的合格建设者和可靠接班人,而不是旁观者和反对派。因此,在全球胜任力课程开发与实施的过程中,要将思想价值引领贯穿至教育教学全过程,引导学生培养更加宽广的全球视角,更加坚定的中国立场,更加全面的自身能力,不断增强道路自信、理论自信、制度自信和文化自信。培养学生从基于文化多样性的比较中培养批判性思维。批判性思维不等于否定性思维,也不是旁观性状态,而是全面看待事物的发展,提出建设性的批评观点。

(四)通过资源整合持续优化课程设计

全球胜任力课程的开发还是新鲜事物,是教师个体自发探索的课程改革。在实践中,不仅要关注"学什么"的问题,也要关注"怎么学"的问题,更要关注"向谁学"的问题。要让这一课程能够持续健康并成为规模化的发展,还需要在资源整合的情况下进行持续的优化设计。从这两年的课程实施来看,学生们的需求是很旺盛的,每次课程的报名人数都十倍于最后录取的学生人数,而能够开设这样课程的老师和提供的资源还是很有限的。为此,在宏观层面上,学校要为课程开发提供平台,也要为课程的开发与实施主体——教师提供更多外部条件支持,诸如项目资金支持、针对教师的全球胜任力培养课程开设、跨院系沟通渠道建立、国内外高端合作平台搭建、海外实践基地开发等。在微观层面上,面对尚待开发的全球胜任力教育新领域,教师要在编排课程方面发挥主体引领作用,结合时代特征与国家战略理顺知识体系,合理设计教学环节,精细制定实施流程,创新发掘教学方法,畅通评价反馈机制,提高认识与自我认识。能够搭建起全球胜任力人才的培养框架,能够形成全球胜任力人才的培养规模,已经成为进入新时代的中国高等教育面临的重要机遇与使命。

参 考 文 献

[1]　爱德华・T. 霍尔著. 无声的语言[M], 刘建荣, 译. 上海: 上海人民出版社, 1973. 35.

[2]　姜飞. 美国跨文化传播研究形成发展的理论脉络[J]. 新闻与传播研究, 2010(3): 23.

[3]　姜飞. 中国跨文化传播研究三十年探讨(1978—2008)[J]. 新闻与传播研究, 2008(5): 16-21.

[4]　关世杰. 谈传播学的分支——跨文化交流学[J]. 新闻与传播研究, 1996(1): 67.

[5]　腾珺. 培养学生"全球胜任力", 怎么看? 怎么办? [J]. 上海教育, 2016(29): 49.

[6]　U. S Department of Education. Succeeding Globally through International Education and Engagement: U. S. Department of Education International Strategy for 2012-16[EB/OL]. http://www2. ed. gov/about/inits/ed/internationaled/international-strategy-2012-16. html, 2012-12-16.

[7]　具春林, 邵晶晶. 三重维度综合评估全球胜任力[N]. 中国教育报, 2018-01-26(7).

[8]　Richard D. Lambert. Educational Exchange and Global Competence(New York: International Councilon International EducationalExchange, 1993), 7-14, https://files. eric. ed. gov/fulltext/ED368275. pdf.

　　Keiny S. , Weiss T, "A case study of a school-based curriculum development as a model for INSET," Journal of Education for Teaching 12, no 2(January 1986): 156.

[9]　William D. Hunter. Knowledge, Skills, Attitudes, and Experiences Necessary to Become Globally Competent(Pennsylvania: Lehigh University, 2004), http://docplayer. net/47369150-Knowledge-skills-attitudes-and-experiences-necessary-to-become-globally-competent-william-d-hunter. html.

[10]　Asia Society. Educating for Global Competence: Prepare Our Youth to Engage the World[EB/OL]. https://asiasociety. org/education/educating-global-competence, 2011.

[11]　UNESCO. Global citizenship education[EB/OL]. https://en. unesco. org/themes/gced. 2014.

[12]　OECD. PISA 2018 Global Competence[EB/OL]. http://www. oecd. org/pisa/pisa-2018-global-competence. htm, 2018.

[13]　中华人民共和国教育部. 国家中长期教育改革和发展规划纲要(2010—2020 年)[EB/OL]. http://old. moe. gov. cn/publicfiles/business/htmlfiles/moe/info_list/201407/xxgk_171904. html, 2010-07-29.

[14]　清华大学国际合作与交流处. 清华大学全球战略解读: 九大战略方向[J]. 新清华, 2017(3): 2.

[15]　新华网. 刘延东: 携手共创亚洲高等教育的美好未来[EB/OL]. http://www. xinhuanet. com/2017-04/29/c_1120895129. htm, 2017-04-29.

[16]　清华大学国际教育办公室. 全球胜任力: 为走向世界做准备[EB/OL]. http://goglobal. tsinghua. edu. cn/competence. 2017.

[17]　顾秉林. 加强实践教育, 培养创新人才——在清华大学第 22 次教育工作研讨会开幕式上的讲话[J]. 清华大学教育研究, 2004(6): 1.

[18]　陈永灿, 邓俊辉, 张佐. 温故而知新, 践行以育人——清华大学实践教育浅析[J]. 清华大学教育研究, 2006(1): 8.

[19]　吴刚平. 课程资源的开发与利用[J]. 全球教育展望, 2010(8): 27.

[20]　Keiny S.，Weiss T，"A case study of a school-based curriculum development as a model for INSET,"Journal of Education for Teaching12，no 2(January 1986)：156.

[21]　徐玉珍.校本课程开发：概念解读[J].课程.教材.教法,2001(4)：14.

[22]　新华网.清华大学召开 2017 年学生社会实践年会[EB/OL].http：//www.xinhuanet.com/gongyi/2017-10/31/c_129729703.htm,2017-10-31.

[23]　陈旭.努力走在世界一流大学建设的前列[N].光明日报,2018-01-11(6).

[24]　梅贻琦.大学一解[J].清华学报,1941(1)：1.

[25]　清华大学新闻网.邱勇做客清华五道口科学企业家班,主讲"科技革命与产业变革"[EB/OL].http：//news.tsinghua.edu.cn/publish/thunews/9658/2018/20180119082838224308057/2018011908283-8224308057_.html，2018-01-19.

[26]　季羡林.简明东方文学史[M].北京：北京大学出版社,1987.5.

（作者单位：清华大学新闻与传播学院）

亚洲大学联盟的全球战略理念及实践

张传杰　方艳华

摘　要： 本文回顾了亚洲大学联盟从成立到运营一年多的工作，并以此为切入点探讨了清华大学全球战略理念与联盟工作之间的紧密关系。作为第一个由中国高校牵头成立的高级别、综合性、国际化的大学联盟，亚洲大学联盟是清华大学迈入世界一流大学前列的重要举措，是中国对外开放战略在高等教育领域的具体体现，也反映了现阶段亚洲高等教育发展的内在需求。联盟着重在四个方面推进成员高校的实质性合作，包括人员流动、科研合作、高等教育战略与政策、亚洲高等教育年度报告等。亚洲大学联盟的成立和发展顺应了时代潮流，也汇聚了各成员高校的期望和动力，在下一步的工作中，将着重在可持续发展等方面凝聚共识。

关键词： 全球战略；亚洲大学联盟；教育对外开放

一、 《清华大学全球战略》与亚洲大学联盟的创建

2015 年至 2016 年，清华大学全校师生经过一年的讨论，对学校在第二个百年的国际化发展目标与路径形成了普遍的共识。许多师生认为，在清华努力进入世界一流大学前列的过程中，学校需要明确自己的全球定位和发展思路，国际化战略则是建设具有中国特色世界一流大学的必要之举。纵观世界顶尖研究型大学，每一所学校均秉持开放办学的精神，将多个维度的国际化发展作为实现学校愿景、完成学校使命的核心手段。

以此共识为基础，学校于 2016 年 7 月制定了清华大学有史以来的第一份《清华大学全球战略》，并开始全面实施推进全球战略的各项措施。《清华大学全球战略》的诞生，建立在对全球高等教育发展趋势、国家全面深化改革开放和高等教育双一流建设

的战略布局以及清华大学自身发展阶段的准确分析与判断基础之上。《清华大学全球战略》包括人才培养、科学研究以及国际化办学能力和影响力等三个子目标,涵盖九个战略方向。其核心是在中国日益成为全球强国、走近世界舞台中央的过程中,继续扩大学校对外开放,将学校的发展置于更广阔的国家与世界舞台上,不仅为中国也为世界高等教育发展和人类文明进步做出贡献。

《清华大学全球战略》九个战略方向之一是建立全球合作伙伴体系。该战略方向明确指出,学校应该基于目前的发展阶段,站在全球的视野上,辨识海外战略合作伙伴、提升交流层次、拓展合作领域、深化合作内容,"形成层次合理、重点突出的合作新格局"。[1] 这为学校在新时期全面构建符合清华大学阶段发展需求和声誉的全球伙伴网络提出了更高层次的要求,其根本目的是为了推进学校在全球高等教育范围内的持续发展,通过全球伙伴网络促进人才培养、科学研究、社会服务、文化传承创新、国际交流合作等工作。

实际上,在全校上下就《清华大学全球战略》凝聚各方共识的过程中,学校领导已经开始在"走出去"方面上做了一些早期的调研和布局,这其中就包括了建设亚洲大学联盟的构想。2016 年春季,学校正式决定启动亚洲大学联盟筹建工作,得到了中央领导和教育部领导的大力支持。2016 年 3 月,清华大学在博鳌亚洲论坛 2016 年年会上宣布,将发起成立亚洲大学联盟,旨在促进亚洲大学间的全面合作和深入交流,发挥大学在解决区域性和全球性问题中的重要作用。2016 年 7 月,《清华大学全球战略》正式出台,为亚洲大学联盟的筹建工作提供了规划依据和政策支持,筹建工作也进入实质性推进阶段。为此,国际合作与交流处成立亚洲大学联盟筹备工作组,开始与亚洲各国知名高校沟通联络,策划联盟构想及活动方案,草拟联盟相关文件草案,为筹备会议及成立大会的召开,做好充分准备。

同年 9 月,来自清华大学、北京大学、香港科技大学、日本东京大学、韩国国立首尔大学、新加坡国立大学、印度尼西亚大学、泰国朱拉隆功大学、马来西亚马来亚大学、斯里兰卡科伦坡大学、哈萨克斯坦纳扎尔巴耶夫大学、阿联酋大学、沙特国王大学等有意加入亚洲大学联盟的 13 所亚洲高校代表齐聚清华园,就联盟章程、组织架构与运行模式、联盟活动安排、财务运营模式、成立大会事宜深入交换意见。博鳌亚洲论坛秘书处也派代表列席筹备会议。亚洲各校对这一即将诞生的联盟非常重视。其中,朱拉隆功大学和阿联酋大学校长亲自率领代表团到会,东京大学和纳扎尔巴耶夫大学也派出常务副校长带队的代表团。与会大学代表纷纷发言,表达对亚洲大学联盟的信心,期望各高校全力合作,将亚洲大学联盟构筑成为一个独特的教育平台,为亚洲的高等教育贡献力量。经过两天的磋商,所有高校最终在联盟章程草案的内容上达成一致,并同意在 2017 年春季之前完成加入亚洲大学联盟的批准手续。缅甸仰光大学代表团因故未能如期参会,但也表达了加入亚洲大学联盟的意愿,获得与会高校的欢迎。此外,会议建议邀请印度一所知名大学加入亚洲大学联盟。

　　会后,联盟筹备工作组根据筹备会议的建议继续完善相关制度文件草案,并积极调研、联络印度高校,最终建议邀请印度理工学院孟买分校作为印度高校代表加入亚洲大学联盟,此建议获得了所有其他高校的赞成。印度理工学院孟买分校欣然接受了邀请,并表示对此前筹备会议确定的联盟章程草案不持异议,将在校内立即启动签署联盟章程的审批程序。2017年春季,所有高校都正式确认完成了亚洲大学联盟章程的审批程序,历经一年的筹备工作进入尾声,亚洲大学联盟呼之欲出。

　　2017年4月29日,亚洲大学联盟成立大会在清华大学举行。来自亚洲14个国家和地区的15所最具有代表性的大学成为联盟创始成员,清华大学成为联盟创始主席单位。时任国务院副总理刘延东出席大会并发表了题为《携手共创亚洲高等教育的美好未来》的主旨演讲,希望亚洲大学联盟在以下五个方面发挥重要作用:作为教育理念和教育资源汇聚的平台,培养具备全球胜任力、能够为区域合作贡献才智的青年人才;作为科学研究的协作平台,提升亚洲高等教育在世界上的整体地位;作为学界、政府和企业之间良性互动的平台,推动产学研深度融合,促进科技成果的技术转移转化,服务社会;作为亚洲各国青年领略多彩文明的平台,增进不同文化之间的理解和包容,在各国民众之间搭建友谊的桥梁;作为国际合作与交流的平台,为解决地区性和全球性的问题贡献亚洲的智慧、提供亚洲的方案。[2]

　　根据《亚洲大学联盟章程》,联盟旨在通过加强成员高校间的合作,共同应对亚洲与世界面临的挑战,尤其是在高等教育、经济、科技发展中遇到的共性问题。联盟将探讨亚洲的价值与亚洲高等教育办学理念,促进亚洲高等教育领域的合作创新与文化交流,共同培养根植于亚洲多元文化环境的青年领袖人才,整体提升亚洲区域高等教育质量和科技创新能力,推动亚洲高等教育的崛起,加强亚洲大学在全球高等教育领域的影响力与话语权。

　　成立大会后,15所创始成员大学共同发表了一份联合声明,表示"高等教育在未来亚洲社会将发挥越来越重要的作用,经济全球化使得开放办学成为高校发展的大势所趋。亚洲大学联盟将顺应此趋势,在各成员大学之间以及成员大学与联盟以外大学之间建立更紧密的联系……将今天的期待变为明天的成果"。[3]

　　亚洲大学联盟的成立受到了境内外媒体的广泛关注。新华社、中央电视台、《人民日报》《光明日报》等报道了刘延东副总理在联盟成立大会上的主旨演讲。新浪、搜狐等国内门户网站对邱勇校长在成立大会和校长论坛上的发言也做了详细的报道。联盟成立大会及相关活动还得到了海外多个国家和地区媒体的报道。《印度时报》引述印度理工学院孟买分校副校长穆俊达的采访称,加入亚洲大学联盟,将帮助印度理工学院孟买分校与亚洲各大学在学生流动、教授交流及联合研究方面取得进展。联合研究将有利于利用各大学的专长,共同赢得更多的科研项目。[4]《世界大学新闻》指出,随着亚洲大学的迅速发展,一个区域性联盟可以鼓励人才在亚洲国家之间的流动,而非大规模流向欧美。[5]值得一提的是,美国之音新闻网站罕见地发布了3篇报道,分别是《中国领导的组织旨在提升亚洲大学地位》《中国成为新的亚洲大学联盟头领》和《亚洲大学联盟旨在与西方大学竞争》,报道还将亚洲大学联盟的成立与 2014 年中国倡议成立亚洲基础设施投资银行相提并论。

亚洲大学联盟的成立,与《清华大学全球战略》的诞生,有着密不可分的关系。联盟的成立符合《清华大学全球战略》规划中的战略方向;亚洲大学联盟筹建过程中全校凝聚的国际化发展共识,也准确地反映在了《清华大学全球战略》中。作为《清华大学全球战略》发布前后的一项国际合作与交流重点工作,亚洲大学联盟必将随着《清华大学全球战略》的深化落实而实现更大的发展。

二、 亚洲大学联盟的意义

自 2017 年 4 月亚洲大学联盟成立以来,经过一年的发展,联盟成员学校在联盟愿景、建设目标、机构制度、政策框架以及实施细则等方面汇聚了更多的共识,联盟在亚洲乃至世界范围内产生了较大的影响。建设亚洲大学联盟的意义在不同的实践维度上得到了较好的体现。

亚洲大学联盟是第一个由中国高校牵头成立的高级别、综合性、国际化的大学联盟。高级别指所有联盟成员学校均是其所在国家或地区的一流大学;综合性体现在全方位的合作交流,而非局限于某种形式或某个具体领域;国际化意味着各联盟学校来自于不同的国家,具有多元的文化背景和教育理念。实践表明,亚洲大学联盟是清华大学迈入世界一流大学前列的重要举措,是中国对外开放战略在高等教育领域的具体体现,也反映了现阶段亚洲高等教育发展的内在需求。

(一)亚洲大学联盟是清华建设全球顶尖大学过程中的重要国际合作交流里程碑,是清华大学进入世界一流大学前列的重要举措

《清华大学全球战略》首次明确了学校三个阶段的目标,"2020 年进入世界一流大学行列、2030 年迈入世界一流大学前列、2050 年前后成为世界顶尖大学"[6]。

自建校 107 周年以来,清华大学开创了中西融汇、古今贯通、文理渗透的办学风格。中西融汇中的"西"字更多强调的是欧美。从中华人民共和国成立前派出庚款留学生,到中华人民共和国成立后改革开放前夜邓小平做出扩大派遣留学生的重要战略决策,清华大学都是见证者和亲历者,也一直是中国与西方之间教育交流和文化沟通的桥梁。这个传统是历史上形成的,很好地反映了清华大学在中华民族 100 多年以来谋自强、谋复兴、谋幸福进程中所担负的历史使命。进入 21 世纪,随着中国逐渐成为全球强国,在日益走近世界舞台中央的过程中,我们发现广大的亚非拉世界,特别是我们的近邻国家,为中国与世界的发展提供了更多的潜力,这些国家与中国可以形成更紧密的命运共同体。因此,以亚洲大学联盟为契机,在与欧美名校加强交流的同

时，深度拓展与广大亚非拉国家大学的交流合作，可以使清华大学全球战略的蓝图更加完整。

清华大学在迈向世界一流大学的过程中，要与不同层次的国外高校相互学习、取长补短。既要学习欧美世界一流高校的成功经验，也要重视与中国高校处在相似发展阶段的国外大学，还要善于将自己的发展经验变为可借鉴的高等教育发展模式，从而成为一些有巨大潜力的国外重点高校的学习标杆。纵观当今世界顶尖大学，无一不是在这三个维度上都有很好的体现。在与顶尖高校相互学习的同时也引领一大批高校的发展，这才是真正的世界一流高校应该具备的软实力。亚洲大学联盟也为清华大学提供了这三个维度的机会，学习优秀经验、携手共同进步、引领教育发展。

（二）亚洲大学联盟是教育对外开放战略中具有典型意义的重要国际合作与交流项目，也是国家对外开放战略在高等教育领域的具体体现

中国四十年以来的高速发展，使得整个国家发生了翻天覆地的变化，这一切都得益于中国共产党领导和改革开放的坚持不动摇。高等教育也是在改革开放中取得了史无前例的成就。开放才能促发展，也只有建立在开放基础上的发展才更有活力和持续性，21世纪高等教育的最重要特征正是开放。

教育对外开放是双向开放，既包括"引进来"也包括"走出去"，一方面是吸引国外优质教育资源、高质量地培养更多留学生、完善海外人才引进工作；另一方面是做好出国留学工作、扩大教育话语权、丰富中外人文交流。国际大学联盟的建设，可以为实现"引进来"和"走出去"的各项目标提供一个综合平台，因此被明确为新时期国家教育对外开放工作的一项内容。[7]亚洲大学联盟紧紧围绕教育对外开放工作的具体要求，有利于促进亚洲及全球高等教育的开放式发展，有利于通过开放办学提升包括清华大学在内的亚洲大学在全球高等教育中的影响力和话语权。

此外，亚洲大学联盟与中央对周边外交工作和对发展中国家外交工作的方针相一致，也是落实"一带一路"教育行动的具体抓手。中国在周边外交中秉持"亲、诚、惠、容"理念，坚持与邻为善、以邻为伴，坚持睦邻、安邻、富邻。好邻居常来常往，亚洲周边国家与中国的发展紧密交织。亚洲大学联盟成员学校的国家既是中国的邻居，它们中的绝大多数也是"一带一路"倡议的参与国、共建国。联盟在促进亚洲国家高等教育的互联互通、互利合作、民心相通等方面有着不可替代的作用。成立一年以来，亚洲大学联盟成员大学的师生先后汇聚在中国、印度尼西亚、泰国、韩国等地，彼此心连心；东亚、东南亚、南亚、西亚、中亚的大学在一起建设高等教育亚洲命运共同体，携手谋发展。

（三）亚洲大学联盟是亚洲高等教育发展的内在需求，为全球高等教育贡献亚洲智慧和亚洲方案

在过去的几十年里，亚洲的经济充满活力，成为世界经济发展的重要引擎，拥有

世界三分之一的经济总量。在世界舞台上,亚洲代表了一股独特而又重要的力量。然而,亚洲高等教育发展的步伐还没有完全跟上经济高速发展的节奏,亚洲高等教育尚未像亚洲经济一样令人瞩目。联盟成员高校一致认为,亚洲悠久的历史孕育了丰富的文明与教育理念,可以为全球高等教育提供独特的智慧。

早在2016年亚洲大学联盟筹备阶段,筹备工作组一直反复斟酌亚洲大学联盟章程草案的文字,为凝聚共识寻求最大公约数。鉴于亚洲拥有众多不同的文明、历史和社会制度,工作组在联盟章程讨论稿中使用了"亚洲身份"的提法,以代替可能引发分歧的"亚洲价值"这一表述。然而,在筹备会现场,某外方高校代表主动提出希望在联盟章程中加入亚洲价值观的说法,并举例说明传统上亚洲社会普遍重视教育的发展,这些价值本身就是对全球高等教育理念的重要贡献。这一看法得到了所有大学的赞同。于是,在联盟章程最终稿的表述中,明确写道:"亚洲大学联盟在实现其使命的过程中认可并将促进共同的身份认同和价值。"[8]

建立在共同身份认同和价值基础上的亚洲大学联盟,有利于在全球高等教育中更好地发挥亚洲的影响力、更好地发出亚洲的声音。新加坡国立大学校长陈永财(TAN Eng Chye)认为,面对日益激烈的国际竞争,亚洲大学之间的合作将进一步提升亚洲在全球高等教育领域的影响力。印度尼西亚大学校长穆罕默德·阿尼斯(Muhammad Anis)则表示,联盟让成员大学能够一起探寻亚洲高等教育的多元价值并提升亚洲大学在全球的地位。

三、 亚洲大学联盟的运行机制

为保障联盟的有效运行,联盟设立主席单位与执行主席单位,并设计了理事会、执行委员会、秘书处三级工作机制。理事会是亚洲大学联盟的最高决策机构,由成员大学的校长组成,原则上每年召开一次理事会会议。理事会的职权包括决定会员地位、批准联盟预算和决算、审批项目提案及其他重要事项。执行委员会由成员大学的国际合作相关部门负责人组成,负责就联盟运行事务展开磋商,并向理事会提出建议。联盟设主席单位,每届任期三年,负责承办联盟理事会和校长论坛,主席单位校长作为亚洲大学联盟主席对外代表联盟;同时,每年度选举一所大学作为执行主席单位,负责承办执行委员会会议和青年论坛,执行主席单位校长作为亚洲大学联盟执行主席可以对外代表联盟。亚洲大学联盟日常工作由秘书处负责,秘书处设在主席单位或理事会指定的单位。

《亚洲大学联盟2017—2020发展框架》在2017年4月召开的第一次理事会会议上获得通过。发展框架由四个项目模块与三个学科主题构成,形成一个4×3的矩阵(见图1)。每个模块下开设若干个项目,联盟成员大学可按照相关的要求设计具体的项目方案并申请承办。联盟对承办项目的大学给予一定的资助。

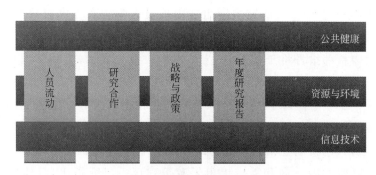

图 1　亚洲大学联盟发展框架(2017—2020)

　　根据《亚洲大学联盟 2017—2020 发展框架》,联盟将着重在四个方面推进成员大学的实质性合作,包括人员流动、科研合作、高等教育战略与政策、亚洲高等教育年度报告等。

　　(一)人员流动包括支持学生、教师和职员在成员大学之间短期流动的各类专项。其中学生流动是重点支持类别。联盟每年策划一次"亚洲文化浸润项目",邀请所有高校的学生在一所联盟大学学习两周,深度理解所在国家的政治、经济、社会和文化。此外,联盟还举办青年论坛、海外短期学习活动以及文化和体育交流活动。过去的一年,通过联盟组织的学生活动,来自亚洲各地区的学生先后汇聚在清华大学、印度尼西亚大学、泰国朱拉隆功大学、韩国国立首尔大学等学校,彼此交流、相互学习,积极构建对亚洲大学联盟的共同身份认同。学者流动方面,设立亚洲大学联盟学者资助计划,每年支持每所学校邀请联盟内其他高校的四位学者来访。同时,为了更好地促进各校负责亚洲大学联盟事务的工作人员彼此交流工作,特别是为了让其他学校的工作人员能够与秘书处沟通工作事宜,还专门设立了职员交换计划,每年支持每所学校一位职员访问联盟其他成员单位。

　　(二)为鼓励各学校学者之间开展学术合作,联盟每年资助两场由成员学校组织且邀请其他成员学校学者参加的学术会议。同时,联盟将承担科研信息中心的角色,推动各校图书馆的信息资源共享,发布学术合作信息,帮助在联盟内寻找科研合作伙伴。

　　(三)联盟定期组织有关高等教育战略与政策的讨论,促进成员大学之间彼此交流办学经验,并寻找合作机会。校长论坛是联盟大学共商教育发展战略、扩大联盟对外影响的平台。在联盟首届校长论坛上,各校领导围绕"全球化背景下的高等教育发展目标""大学国际声誉及影响力提升"等主题共话亚洲高等教育发展。联盟第二届校长论坛于 2018 年 4 月举办,各联盟成员大学校长受邀参加了博鳌亚洲论坛年会的"亚洲大学的崛起"教育圆桌会议,围绕亚洲大学的责任与使命、亚洲大学在第四次工业革命中的作用、创新与技术转移等议题展开深入讨论,共绘亚洲高等教育的美好蓝图。

（四）联盟每年围绕一个研究主题组建由成员大学教育专家组成的课题组,研究亚洲大学发展趋势以及亚洲大学在全球高等教育中的提升策略,发布亚洲高等教育年度报告。联盟首部报告将于 2018 年 7 月出版。报告显示,全球学术重心正在向崛起中的亚洲移动。亚洲是世界上高等教育在学规模最大的地区,经过 20 多年的发展,亚洲正在形成一个具有全球影响力的高水平研究和创新中心。诸多亚洲国家都对高等教育发展战略与资源投入做出了坚定承诺。亚洲高等教育大发展也是人口持续增长、经济活力强劲、创新创业精神提升和深刻社会变革共同驱动的结果。报告在结论中就亚洲大学联盟发展方向和需求提出了政策建议。研究指出,联盟成员可在教育质量保障、全球问题研究与政策咨询、公共关系发展、大数据跟踪评估联盟发展等方面加强合作交流。

围绕以上联盟发展框架内的四类项目,联盟各校踊跃提案,积极参与联盟建设。阿联酋大学还提出了不寻求联盟资助的访问学者计划,希望邀请联盟其他学校的学者访问阿联酋大学,由后者全额资助费用。这一计划获得了联盟学校的广泛支持,经理事会批准成为亚洲大学联盟-阿联酋大学访问学者项目。此外,清华大学、泰国朱拉隆功大学和印度尼西亚大学还联合提议举办研究生教育论坛,探讨研究生教育政策及双学位和联合培养项目,这也是在亚洲大学联盟发展框架下第一个由多个学校共同发起的提案。在 2018 年的第二届理事会上,共有八个联盟成员学校的十四项提案获得理事会批准(见表 1)。

表 1　亚洲大学联盟 2018—2019 年部分项目

项 目 名 称	提案(承办)学校
人员流动	
亚洲文化浸润项目:走进哈萨克斯坦	纳扎尔巴耶夫大学
海外短期学习项目:21 世纪全球治理学生竞赛	纳扎尔巴耶夫大学
海外短期学习项目:创新创业学生挑战赛	阿联酋大学
短期海外学习项目:超大城市的环境与资源管理	朱拉隆功大学
海外短期学习项目:水下生物研究	印度尼西亚大学
海外短期学习项目:医疗卫生机构实习	科伦坡大学
文化体育交流项目:热带夏令营	马来亚大学
AUA-UAEU 访问学者项目	阿联酋大学
研究合作	
学术会议:信息技术研究生学术论坛	清华大学
学术会议:亚洲环境与资源管理	朱拉隆功大学
学术会议:水资源保护与可持续发展	仰光大学

续表

项 目 名 称	提案（承办）学校
AUA 馆际互借与文献传递	清华大学
AUA-UAEU 合作研究课题	阿联酋大学
战略与政策	
AUA 研究生教育论坛	清华大学、朱拉隆功大学、印度尼西亚大学

四、 亚洲大学联盟的机遇与挑战

正如前文所述，亚洲大学联盟是第一个由中国大学牵头组织的高级别、综合性、国际化的大学联盟。所有的工作对于清华大学来说都是从零开始，边摸索、边推进、边总结。亚洲大学联盟开局良好，发展势头强劲，成员高校的积极性高涨。联盟为所有高校提供了国际合作与交流历史机遇的同时，也面临一些挑战，需要集思广益找到解决方案，从而保障联盟的可持续运转。

纵观亚洲大学联盟的筹备、成立和运转过程，有利于联盟发展的因素非常显著。

首先，中国和平发展的态势是建设亚洲大学联盟最牢固的基石。由于中国坚持改革开放的政策与和平发展的战略，随着中国硬实力的上升，中国在本地区的影响力也在迅速增长。许多亚洲国家对中国的发展表示高度认可，背靠国家的软硬实力才使得亚洲大学联盟能够水到渠成。另外，我国的"一带一路"倡议也为建设亚洲大学联盟提供了很好的机遇，亚洲大学联盟成员高校所在国家中的绝大多数也是"一带一路"倡议的参与国。联盟可以发挥教育在人文交流中的先导性和基础性的作用，促进亚洲各国之间的教育互联和民心相通。

其次，中国大学在本地区乃至世界范围内的崛起，为清华大学牵头成立亚洲大学联盟提供了适当的时机。如果研究一下近几十年以来世界大学排名的数据就会发现，日本东京大学、新加坡国立大学、韩国国立首尔大学曾经在相当长的一段时间里，其发展和国际排名要领先于中国的大学。而最近十年以来，中国高校在人才培养、科研、国际化方面有了长足的发展，在世界大学排名中也出现了整体快速提升的态势，几所学校在多个维度上已经跻身世界一流大学行列。中国的大学正在从追赶者变为引领者，亚洲大学联盟正是这种转型期的产物，既体现了中国大学的崛起，也为中国大学发挥领导力提供了可能。正如联盟 2018—2019 年执行主席、印度尼西亚大学校长穆罕默德·阿尼斯所说，清华大学在牵头发起亚洲大学联盟过程中显示出了强有力的领导力，让成员大学能够一起寻求提升亚洲大学在全球的地位。

第三，亚洲地区悠久的历史、多样的文化和充满活力的经济是亚洲大学联盟繁荣发展的内在动力。联盟学校从发展阶段上是不均衡的，亚洲大学联盟里既包括了已经迈入世界一流大学行列的高校,也包括拥有悠久办学历史、独特办学理念和巨大发展潜力的高校。尽管如此,每所大学在本国或本地区都是领先的学校,承担着为本国或本地区培养人才的重任,也都处在上升的轨道中。这也是为什么所有成员对亚洲大学联盟都满怀巨大的热情和殷切的期待,每所学校都想为亚洲大学联盟的发展贡献力量,同时也希望联盟能够在世界舞台上发挥更大的作用。

综上所述,亚洲大学联盟的成立和发展顺应了时代潮流,也汇聚了各成员高校的期望和动力。当然,任何新生事物在发展中都会遇到一些挑战,亚洲大学联盟也是如此,特别是在会员(观察员)设置以及财务可持续性方面。

联盟章程规定,来自一个国家或地区的成员学校上限是两所,即理论上,亚洲大学联盟最大会员数为亚洲国家数量的两倍。然而,所有学校在这个问题上都表示要谨慎吸纳新会员,建议在联盟最初的几年内,暂时冻结新会员发展以便在起步阶段专心奠定好联盟发展的基础。关于观察员的设置和权责,各校也希望暂时冻结观察员,建议成立一个工作小组来制定观察员准入资格和推荐名单。实际上,多数学校在这些问题上选择了较为稳妥的立场,一个重要原因是大家对哪个国家或本国哪所高校未来有可能成为观察员甚至会员并没有统一的意见,为了避免可能的分歧,都希望此问题待今后再商议。此外,也有很多意见认为目前 15 所学校的规模已经较为饱和,不希望因为联盟规模在短期内继续扩大而导致交流质量出现下滑。

第二个挑战是联盟财务可持续性的问题。由于联盟成员各校的资源差别较大,所以在联盟筹备阶段,每年会费标准设置较低,以保证会费不会对任何创始成员学校造成财政负担。另外,联盟发展框架内的交流与合作项目需要一定的资助,低水平的会费以及联盟成员数量的冻结,会导致联盟资金上产生一定的缺口。各校都认识到联盟有必要通过接受捐赠或募款设立可持续使用的资金池,但以联盟的名义接受捐赠或募款,会涉及各校品牌使用、捐赠来源、资金存放等一系列问题,需要仔细思考如何出台所有学校都能同意的接受捐赠或募款细则。从两次理事会和一次执行委员会会议就此问题的讨论来看,恐怕还需要一个长期的凝聚共识的过程。

以上问题是所有大学联盟都会面临的挑战,需要各校本着相互尊重、合作共赢的精神在发展中找到实际的解决办法。展望未来,亚洲大学联盟还将进一步完善各种内部机制并调动各方积极性,为可持续的实质性校际合作创造条件。与此同时,联盟作为一个整体,将逐步扩大与其他知名国际大学联盟和第三方机构的交流,加强对外宣传、塑造品牌形象、扩大全球影响。正如亚洲大学联盟主席、清华大学校长邱勇所指出的一样,世界高等教育不应该只有一种声音,大学也不应该只有一种发展模式,全球高等教育一定能从亚洲大学的理念中获益。

参 考 文 献

[1] 清华大学国际合作与交流处《清华大学全球战略》解读：九大战略方向[N]. 新清华，2017-04-25（全球战略专刊 02）.

[2] 刘延东在亚洲大学联盟成立大会暨首届峰会上强调携手共创亚洲高等教育的美好未来[N]. 人民日报，2017-04-30(4).

[3] 亚洲大学联盟创始大学联合声明[EB/OL]. ,2017-04-29. ,http：//news. tsinghua. edu. cn/publish/thunews/9658/20170430191209703805906/1493551443861. pdf.

[4] IIT，Bombay joins China-sponsored universities[EB/OL]. 2017-04-30. https：//timesofindia. indiatimes. com/home/education/iit-bombay-joins-china-sponsored-universities-alliance/articleshow/58447572. cms.

[5] Yojana Sharma. New Asian universities' alliance to increase mobility. [EB/OL].*University World News*，2017-05-04.

[6] 邓晖. 清华绘就一流大学建设路线图[N]. 光明日报，2017-12-29(16).

[7] 中办国办印发《关于做好新时期教育对外开放工作的若干意见》开创更有质量更高水平的教育对外开放新局面[N]. 人民日报，2016-04-30(1).

[8] 亚洲大学联盟章程. 2017-04-28.

（作者单位：国际合作与交流处）

从引入经验到输出模式

——建筑学院推进全球战略的理论与实践探索

庄惟敏　刘　健　郑晓笛

摘　要：清华大学建筑学院拥有悠久的国际化传统,其国际化发展在全国建筑院校中始终处于领先地位。在 70 余年的发展历程中,清华大学建筑学院秉承高起点的国际化建筑教育传统,积极开拓全方位的国际合作与交流,从引入经验到输出模式,不断创新国际化战略。在"保持世界一流,引领中国模式"发展目标指导下,推进包括师资力量、课程资源、学位教育、学习交流、素质拓展、科学研究和服务管理等在内的全方位国际化发展,全面提升国际化办学能力与全球影响力。

关键词：清华大学建筑学院;全球战略;国际化建筑教育

清华大学建筑学院拥有悠久的国际化传统,其国际化发展在全国建筑院校中始终处于领先地位,也是清华大学国际合作与交流工作的先进单位。在 70 余年的发展历程中,清华大学建筑学院秉承高起点的国际化建筑教育传统,积极开拓全方位的国际合作与交流,从引入经验到输出模式,不断创新国际化战略,始终在中国建筑教育领域处于领导地位,并在国际上建立起重要的学术声望,在立足中国特色、培养建筑帅才的基础上,努力跻身世界一流。

一、 国际化是学科发展的悠久传统

（一）建系之初确定国际化特色

清华大学的建筑教育在开创伊始即被赋予国际化特点。建筑学院创办者梁思成先生作为中国建筑教育的奠基人之一,国学深厚,又曾赴美求学,堪称学贯中西。他在 1946 年创建清华大学建筑系时,引入了巴黎美术学院的建筑教学体系以及包豪斯的建筑教育方法,使清华大学建筑系紧随当时世界建筑学科发展的最新趋势,具有很高的办学起点。在建系初期任职的教师当中,更有多位拥有国外的教育和工作背景,他们的国际视野为确保清华大学的建筑教育与世界建筑学科发展保持同步奠定了重要基础。例如,汪坦先生 1947 年毕业于美国,师从著名建筑大师弗兰克·劳埃德·赖特;周卜颐先生于 1949 年毕业于美国伊利诺伊工学院;吴良镛先生 1950 年毕业于美国匡溪艺术学院建筑与城市设计系,师从著名建筑大师伊利尔·沙里宁,并曾兼任劳伦斯理工学院建筑系教员;朱畅中先生 1957 年毕业于苏联莫斯科建筑学院。凡此等等,不一而足。

(二)改革开放后扩大国际声望

20 世纪 80 年代以来,清华大学建筑学院为了积极应对国家改革开放和世界全球化发展带来的全新挑战,不断加强在建筑教育领域的国际合作与交流,在紧密联系中国建设实践的同时,密切关注世界建筑学科的最新发展,保持了在中国建筑教育领域的领导地位,并不断提高在国际建筑领域的地位和声望。始于 1985 年的 MIT-清华北京联合城市设计教学,成为国内制度化国际联合教学的首创,且一直延续至今。1999 年,国际建筑师协会第 20 届大会在北京召开,清华大学建筑学院在新时期的学术带头人吴良镛先生作为大会科学委员会主席,执笔起草了《北京宪章》,向世界建筑学术领域清晰地阐述了他基于梁思成先生的"体形环境论"以及当代中国的建设实践,创造性地提出的"广义建筑学"和"人居环境科学"理论;《北京宪章》在第 20 届国际建筑师大会上获得一致通过,标志着清华大学的建筑教育站上了一个更高的国际平台。

(三)21 世纪以来巩固国际地位

进入 21 世纪,面对全球化的巨大挑战,建筑学院坚持"一个基础、两个关注、三项结合"的办学思想,即以人居环境科学为基础,关注国家建设需要、关注学科发展前沿,教学、科研和实践相结合,同时根据新时期人才培养和学科发展的需要,逐步建立起以国际化教学、合作教学与研究、人员交流与互访、国际会议与展览为主要形式的国际合作交流机制,积极开展多形式、高层次、全方位和重实效的国际合作与交流,从引入国际经验到输出中国模式,使建筑学院的国际声望和国际地位得到显著提高。在 2010 年开展的首次清华大学建筑学科国际评估中,建筑学院的学科发展被认为"已经达到世界高水平"。2014 年 QS 全球学科排名首次将建筑学(含建环、规划领域)纳入其人文社会科学学科群予以排名,清华大学建筑学排名全球第 8,在亚洲各大学中仅落后于新加坡国立大学排名第二。2015 年 QS 全球学科排名中,清华大学建筑学保持了排名第 8 的位置,取代新加坡国立大学在亚洲各大学中排名第一。

二、 全球化战略的理论探索

2015 年 4 月 17 日,邱勇校长在国际处调研时指出,学校当前进入新的发展阶段,国际合作与交流工作具有战略意义,要求国际处进一步提高认识,围绕学校综合改革方案和整体发展目标,制定战略、明确目标、聚焦战略意图。随后,施一公副校长于2015 年 5 月 27 日主持召开清华大学国际合作与交流战略规划研讨启动会,拉开了学校研讨制定全球战略的序幕。在此后长达一年的时间里,经过学校和院系层面的充分酝酿和讨论,经过学校务虚会和暑期干部工作会上的多次研讨和修改,学校于 2016年 7 月审议批准了具有里程碑意义的《清华大学全球战略》,确立了建设世界顶尖大学的目标定位,标志着清华大学开始全面实施全球战略。其中,明确了三项中心任务,即"着力培养具有全球胜任力的创新型人才,切实开展服务国家和世界的研究,全面提升国际化办学能力与全球影响力";指明了九大战略方向,即"全球胜任力、全球学程、全球学生、全球师资、全球研究、全球合作、卓越管理、国际化校园、全球声誉"。在此框架下,建筑学院结合学科发展,开启了全球化战略的新探索。

(一)发展目标

针对《清华大学全球战略》提出的"建设中国的全球顶尖大学"的发展目标,建筑学院在《建筑学院"十三五"规划纲要》和《建筑学科群(建筑学、城乡规划学、风景园林学)建设方案》中提出了"保持世界一流,引领中国模式"的发展目标,以"稳健体系、优化机制、循序渐进、创新发展"为指导思想,指导建筑学院各学科在"十三五"期间及中长期的发展与建设,总体上把建筑学院建设成为引领世界建筑类学科群的建设与创新发展、支撑中国人居环境建设与发展转型的重要学术与教育中心。

(二)发展思路

在国际化发展思路上,建筑学院把搭建面向世界的学生培养平台、建立国际化人才培养体系作为核心,围绕具有全球胜任力的创新型人才培养,推进包括师资力量、课程资源、学位教育、学习交流、素质拓展、科学研究和服务管理等在内的全方位国际化发展,全面提升国际化办学能力与全球影响力(见图 1)。

(三)发展计划

建筑学院的国际化发展计划主要包括以下几个方面:

1)战略研究:筹备成立国际咨询委员会和战略发展委员会,逐步开展国际战略研讨,为建筑学科群的长远发展出谋划策;积极参与筹建清华大学深圳国际研究生院,设立可持续建成环境学院,构建国际化发展的新平台。

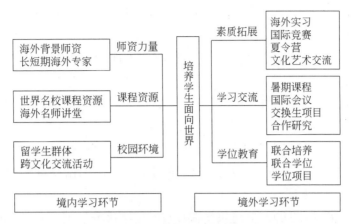

图1　建筑学院的国际化发展思路

2）师资力量：结合学科发展需要，有序引进国际人才，包括聘请外籍教师、海外背景师资、海外访学专家等，扩大师资队伍，优化师资结构。

3）课程资源：结合英文项目和双学位项目以及MOOC建设，增开相应的英文专业课程，充实英文课程体系；同时增设海外名师讲堂。

4）学位教育：在现有建筑学硕士英文项目基础上，逐步启动城市规划（城市设计）和风景园林两个学科的英文项目建设；扩大现有的建筑学和风景园林学硕士双学位项目的规模，并拓展城市规划和建筑技术科学两个学科的双学位项目；积极探索和启动联合博士学位项目；升级传统的联合设计教学，根据国家发展需要，选择具有战略意义的国家和地区以及国际合作伙伴，逐步形成持续的、面向国际的研究性教学。

5）学习交流：借助学校和学院两个层面的协议平台，为学生提供更多的长期交换学习机会；同时鼓励学生积极参与国家和学校层面的长期出国联合培养项目，以及教师的国际合作研究，并积极参加国际学术会议。

6）素质拓展：结合建筑学科群的专业教学要求，与国际知名建筑事务所长期合作，建立学生专业实习的海外基地；鼓励学生积极参与国际竞赛，展现清华学生风采；

7）科学研究：结合国家的"一带一路"战略，积极开展服务国家和世界的研究，大力推广中国的建筑模式和城市模式。

三、 从引入经验到输出模式——推进全球化战略的实践探索

（一）从吸引交换生到开设国际班

在学生交流方面，清华大学建筑学院积极推动以学生交换和公派留学为主要形式的学生交流项目，除借助国家留学基金委和清华大学提供的学生交流平台外，还先后与美国、英国、德国、法国、意大利、荷兰、丹麦、西班牙、比利时、瑞士、日本、韩国等

国家的 20 余所世界知名大学的建筑学院合作，定期派出包括博士研究生、硕士研究生和本科生在内的在读学生赴海外进行交换学习，同时接收来自协议伙伴院校的学生作为访问学生，为双方学生拓展国际视野、接触学术前沿创造了机会。2012—2016 年共接收国际交换生 61 人，来自 12 个国家和地区。2017 年，建筑学院学生因公出国出境 714 人次，前往 30 个国家和地区；其中，长期 115 人次，以交换学习、海外实习、联合培养、合作研究为主；短期 599 人次，以国际会议、联合设计、学术交流、短期课程文化交流、国际竞赛、合作研究为主。教师因公出国出境 426 人次；其中，长期 7 人次，以访问进修、合作研究为主；短期 419 人次，以国际会议、学术交流、访问考察、进修培训、短期讲学、合作研究为主。

更为有特色的是，清华大学建筑学院于 2008 年秋季学期开设"建筑学硕士英文班"，针对面向全球招收的国际学生，设置了专门的教学计划。这是中国大陆第一个面向全球招生的全英文建筑学硕士项目，也是迄今为止中国大陆唯一的建筑学硕士英文项目；即使在非英语的发达国家，也是最近才开始出现此类项目，且有迅速发展。截至 2017 年 9 月底，清华大学建筑学院的建筑学硕士英文项目共录取 103 名留学生，来自 34 个国家和地区，包括美国、加拿大、哥伦比亚、澳大利亚、韩国、新加坡、马来西亚、泰国、伊朗等。其中，67 人已顺利通过硕士论文答辩，获得建筑学专业设计硕士学位。

（二）联合设计——从单一地点到中外两个地点

在联合设计方面，国际化的"联合设计专题"是清华大学建筑学院设计教学的重要内容，也是其主要特色，涉及建筑与城市设计、城市规划与设计、景观规划与设计、遗产保护规划与修复设计、建筑物理环境设计等不同专业方向，以及研究生和本科等不同教学阶段，在组织形式上也是多种多样。早期的联合设计，多为外方学校赴清华进行的单一地点联合设计专题，例如与美国麻省理工学院建筑规划学院联合举办的"清华-MIT 北京城市设计专题"，从 1985 年创办开始每两年举办一次。现在则多为在中外两个地点、为期一个学期的持续性联合设计专题，例如与意大利都灵理工大学合作的联合设计专题先后在北京和都灵两地举行，在中意学生分头工作期间，双方师生充分利用先进的网络技术进行沟通和交流。再如与西班牙加泰罗尼亚理工学院合作的联合设计课自 2011 年开展以来，已持续进行了 7 年，每次联合设计期间双方师生互访，分别在北京与巴塞罗那举行集中设计工作营，历年来分别以纪念景观、滑坡地改造、集市设计、后工业再生等为题，进行了卓有成效的合作与探索。

此外，也有不定期举办的特别联合设计专题，例如 2008 年春季学期借北京奥运召开之机，以北京奥运场馆赛后利用为题，与意大利都灵理工大学建筑学院合作进行的联合设计专题，并在当年于都灵召开的第 23 届国际建筑师大会上进行展示，之后又以中、英、意三种文字正式出版。清华大学建筑学院还结合建筑专业独具特色的必修课程——建筑师业务实践，先后与美国 Robert Stern、KPF、Frank Gehry、LLA 等建筑事务所和新加坡 CPG 集团等开展合作，建立建筑师业务实践海外基地，派出本科生赴海外实习，极大地拓宽了本科生的学术视野；同时，积极拓展面向专业学位研究生的海外实习，参与 Renzo Piano 和 Sasaki 等世界顶级建筑事务所的实习项目，让学生们受益良多，同时在国际化项目中展现清华建筑学院学生的风采。

2017 年，清华大学建筑学院继续与耶鲁大学、普林斯顿、加州大学、都灵理工、维也纳工大、柏林工大、六国十校、新加坡国立大学、东京大学、早稻田、加泰罗尼亚理工等学校保持稳定合作，在建筑和景观领域开展研究生联合设计教学 15 次，参与联合设计教学的中方教师 20 人次、学生约 150 人次。同时根据国家新的战略需要，积极拓展在重点地区建立新的联合设计教学的可能，例如正在协商中的以色列特拉维夫大学、阿根廷布宜诺斯艾利斯大学等。

（三）教师互访、聘任及输出

近年来，为了满足国际化教学和国际合作教学的需要，清华大学建筑学院不断加强教师队伍建设。一方面通过国家、学校和学院三级平台，连续多年公派在职青年教师出国进修，使近 2/3 的教师拥有连续半年以上的海外学习和工作经历，涉及美、英、德、法、意、日、韩、俄、荷等多个国家及相关语种；另一方面，充分利用国家和学校提供的各种可能渠道，通过特别授予客座教授、公开招聘任职教师和特别邀请访问学者等方式，积极引进高水平的外籍教师，努力提高外籍教师数量占任职教师总数的比重。而高水平的国际化教师队伍则成为开展国际化教学、国际合作教学以及国际合作研究的重要人才基础。

2003 年创办景观学系时，聘请美国科学院院士、哈佛大学景观学系前系主任、宾夕法尼亚大学 Laurie Olin 教授为第一任系主任，并以其为核心组成"讲席教授组"，制定了具有世界领先水平的风景园林学专业硕士培养方案，从而使清华大学建筑学院的风景园林学专业在成立之初即被赋予了较高的学术水平；在为期 3 年的聘期中，共有 9 名世界著名的风景园林学教授和专家被聘为"讲席教授组"成员，先后 16 人次来院完成具体的教学任务，取得显著的教学成果。其中作为讲习教授组成员的 Ron Henderson 副教授在 2011 年聘期结束后，于当年受聘成为美国宾州州立大学风景园林学专业的学科负责人，将其在清华教学研究中所积累的经验运用于美国高校的教学与管理中，是学院的重要人才输出。

自 2010 年起，学院先后聘请世界一流建筑院校的知名学者担任客座教授，从而拓宽了学生学术视野、让学生有更多的机会接触学术前沿、了解学术大师，对学生的国际化培养起到了重要作用。学院聘请的客座教授有德国慕尼黑工业大学建筑系前系主任 Thomas Herzog 教授、荷兰代尔夫特工业大学建筑学院 Alexander Tzonis 教授、美国哈佛大学设计学院 Joan Busquets 教授、美国宾夕法尼亚大学建筑学院前任院长

Gary Hack 教授、荷兰代尔夫特工业大学建筑学院前任院长 Jurgen Roseman 教授等。2017 年,清华大学建筑学院聘请哈佛大学设计学院前任院长 Peter Rowe 为名誉教授、香港大学教授叶嘉安、美国罗格斯大学教授 Charles Weschler 为杰出访问教授;聘请德国城市设计师 Andrea von Mansberg、日本国士馆大学教授 George Kunihiro、美国特拉华大学教授 Vimalin Rujivacharakul 等三人为访问教授。聘请建筑界诺贝尔奖——普利兹克奖获得者授予清华大学荣誉学衔的工作也正在有序进行中。

此外,学院通过聘任外籍教师和邀请访问学者等方式,先后聘请来自美国、加拿大、德国、英国、西班牙和日本的十几位外籍教师主持或参与设计教学,大大提升了学院国际化教学水平,开拓了学生的学术视野。其中,来自美国的 Terrence Curry 于 2009 年应聘成为清华大学建筑学院的副教授,参与本科二年级建筑设计、三年级建筑建构专题和五年级毕业设计教学,广受学生喜爱;自 2010 年起,荷兰 Henco Bekkering 教授、美国 Gary Hack 教授、德国城市设计师 Andrea von Mansberg 教授、意大利 Michele Bonino 副教授等先后参与了城市规划系研究生的城市设计教学,对开拓学生设计思路发挥了重要作用。

(四)联合学位

作为更加制度化和长期的国际合作培养方式,清华大学建筑学院已与多所海外高校建立了双硕士学位项目。2008 年 12 月 8 日,清华大学建筑学院与日本千叶大学园艺学院签订工学硕士双学位项目协议,两校每年分别派出 1 名风景园林学硕士研究生参加双硕士学位项目。项目旨在培养具有综合解决景观规划设计问题的能力,具有较高的规划设计水平,有潜力成为景观规划设计行业中优秀的设计师、规划师、科学研究人员、教学和高级管理人员。入选该项目的学生将分别在清华建筑学院和千叶园艺学院学习一年,双方互相承认学分,完成培养方案的学生可以获得两校的硕士学位。其后,清华大学建筑学院分别与意大利都灵理工大学、柏林工业大学、成功大学(中国台湾)签订了建筑学双硕士学位项目合作协议。第一个合作五年期内每年双方互派交换生 2～4 人,交换硕士生采用 2.5～3 年学制。完成项目培养方案的交换生将获得清华大学授予的建筑学硕士学位(Master of Architecture)和协议方学校的硕士学位,分别为都灵理工大学授予的建筑学(含建造与城市)科学硕士学位(Master of Science in Architecture-Construction and City)、柏林工业大学授予的建筑学科学硕士学位(Master of Science in Architecture)、台湾成功大学授予的建筑学硕士学位(Master of Architecture)。

截至目前,已经有 9 位清华学生获得了硕士双学位。通过交换学习,合作双方的学生增加了国际阅历、拓宽了国际视野,加深了对交换学习所在国家环境和文化的认识和理解;通过联合培养,双方指导教师之间有了更多学术交流的机会。来自都灵理工的首批硕士双学位交换生之一 Badiaa Hamama,2016—2017 年在清华交换学习期间,基于两校联合指导教师在此之前开展的关于北京单位社区的合作研究,完成了针对中国"门禁社区"的论文研究,顺利通过了在清华和都灵理工的论文答辩,获得了两校分别颁发的硕士学位,学位论文还被都灵理工评选为优秀论文。此后,她继续申请在清华大学攻读博士学位,她在硕士双学位期间的两位联合指导教师也继续合作,共同参与了中欧可持续城镇化的合作研究,为她的博士论文研究创造了新的机会。

从 2016 年开始,基于双方长期的坚实合作基础,特别是双学位硕士项目的顺利进展,清华大学建筑学院与都灵理工大学建筑学院开始探讨进一步开展更高层次联合教学的可能,并于 2018 年签署联合培养博士研究生的合作协议,计划从 2019 年开始,合作双方每年各派出 1～4 名博士研究生,由双方教授共同组成联合指导小组进行指导,在 3～4 年学制内完成项目培养方案,分别授予相应专业的博士学位。这一项目的实施标志着建筑学院的国际化联合培养项目进入一个新的高度。

(五)高水平会议与展览

国际会议与展览是加强对外宣传、促进中外交流的重要平台;多年来,建筑学院紧密结合自身的教学与科研实践,充分利用各种可能的机会和平台,以不同方式在国内外主办或承办各种形式的国际性学术会议和展览,成为建筑学院对外展示学科发展成果的重要途径,也为建筑领域的中外学者搭建起高水平的学术交流平台;与此同时,建筑学院还积极创造条件,鼓励师生出境参加各类国际学术会议、展览和设计竞赛,帮助他们活跃思维、开阔视野,并在国际舞台上展现风采。

例如,2006 年 10 月,清华大学建筑学院举办了一系列国际性学术活动庆祝建院 60 周年,其中包括与德国柏林工业大学联合举办"城市可持续发展国际会议",接待中外会议代表近 200 人;与荷兰代尔夫特工业大学联合举办"现代化与地域性国际会议",接待中外与会代表近 300 人;与美国麻省理工学院建筑规划学院联合举办"清华-麻省理工学院城市设计合作教学二十年回顾展",纪念两个建筑院校通过 20 年的长期合作,在研究生城市设计教学上取得的丰硕成果。再如 2008 年 6 月,清华大学建筑学院在意大利都灵理工大学建筑学院的大力协助下,在于都灵召开的第 23 届国际建筑师大会上成功举办"清华大学建筑学院教学成果、教师作品和吴良镛人居环境科学成果展",开创国内建筑院校在境外举行的国际建筑师大会上举办学术展览的首例;同年 11 月,在于南京召开的联合国人居署第四届"世界城市论坛"上,清华大学建筑学院与东南大学和江苏省建设厅联合承办"2008 年世界人类聚居学会(WSE)年会",就"和谐的人居环境建设"问题展开广泛讨论。此外,清华大学建筑学院还先后与爱尔兰、哥伦比亚等各国驻华大使馆合作,联合举办相关国家和地区的建筑展览。2017 年,建筑学院共举办 6 次国际会议,包括无障碍国际论坛、2017 年亚洲规划院校联盟会议、青藏高原地区农户生活用能干预措施对室内空气质量/人员健康及环境综合改善效果研究项目总结会、中国农村地区影响心血管健康的环境及膳食营养因素分析项目总结会、数字建筑设计国际会议及数字设计建造工作营、国际能源署 Annex 66 国际科技合作项目：建筑中人行为定义与模拟第六次工作期专家会议。

在主办或承办大型国际学术会议和展览的同时，清华大学建筑学院还积极创造条件，鼓励师生出境参加各类国际学术会议、展览和设计竞赛，帮助他们活跃思维、开阔视野，并在国际舞台上展现风采。例如，2007 年 5 月，荷兰鹿特丹国际建筑双年展首次举办"国际大师班设计竞赛"，邀请了包括美国哥伦比亚大学和麻省理工学院、瑞士苏黎世高工、荷兰代尔夫特工业大学、中国清华大学等在内的全球十余所顶尖大学的建筑院系参加；在为期两周的现场设计竞赛中，清华大学建筑学院的设计团队在各路强手中脱颖而出，获得竞赛第一名，充分展示了清华大学建筑学院的教学水平。2017 年共举办 4 次国际展览，包括畏研吾设计作品展、普利兹克海报展、哈利·塞德勒从绘画走向建筑展、Emilio Ambasz：Architecture Toward Nature 展等。

四、 困难与挑战

近年来，建筑学院的 3 个一级学科不仅在国内保持着引领地位，也已逐渐在国际上跻身先进行列。建筑学院所面临的竞争态势不再局限在国内，更是主要面向全球竞争。清华建筑学院的身份诉求已不再是以中国最好的建筑学院的身份受到国际建筑学界的重视，更是以世界最好的建筑学院之一的身份形成全球建筑领域的独树一帜的引领力量。与西方发达国家老牌的、领先的建筑学院相比，清华建筑学院特别需要迅速增强以国际化的方式招募优秀人才，以学科优势共享的方式发展深度国际合作，并且以国际语言讲述中国故事的方式传播自己的学术价值观念，积极参与全球关于建成空间环境未来的讨论。在这方面，"走出去、讲出去、做出去"的学术影响力辐射是必不可少的关键途径，这里既包括对发达国家传统建筑学院的逆向输出，更包括对发展中国家新兴建筑学院的进取式影响。

就现状而言，建筑学院在实施全球化战略中面临的挑战主要来自三个方面。一是全球化背景下，其他国家院校扩大对中国学生的招生，并且纷纷进入国内办学，成为新的竞争对手；二是国内兄弟院校成长迅速，并且凭借规模优势成为有力竞争对手；三是学校全面改革的制度背景下，从老师到学生都对国际化发展有了新的认识，需要予以关注。

（作者单位：清华大学建筑学院）

注：感谢清华大学建筑学院外事办公室联合主任王毅、国际事务助理张晓红、留学生及交换生助理刘莎对本文的贡献。

GIX——"走入美国的清华园"，探索创新教育模式

史元春

摘　要：GIX 是全球化进程中清华大学与华盛顿大学联合创立的国际协同创新教研平台，也是中国高校在美国设立的第一个实体校区，"走入美国的清华园"承载着清华大学实施全球战略的使命。GIX 首创项目实践驱动的 TED 学科交叉国际化人才培养模式，全球招收学业优秀、视野开阔、充满活力的学子，培养具有全球胜任力的技术创新领军人才。GIX 打造科技创新新地标，基于"智慧互联"人才培养项目，面向 IT、教育、交通、健康、能源、环境等战略性创新领域，与业界共建吸引世界顶尖科技人才的创新实验室。

关键词：GIX 走入美国的清华园；创新项目驱动；TED 学科交叉

一、中国高校首创在美国办学实体

想象有这么一个地方——来自世界各地的师生可以通力合作、共同创新，那里既充满大学学术的无限活力，也满载业界拼搏的实践真知。这正是全球创新学院 GIX (Global Innovation eXchange Institute)创立的愿景。当地时间 2015 年 6 月 18 日，在美国西海岸的西雅图，清华大学携手美国华盛顿大学(University of Washington)，在微软公司的初始创办资金的支持下，宣布合作创建 GIX，标志着清华大学国际化迈出了非同寻常的重要一步。

两校校长都充分表达了 GIX 的战略意义。"全球创新学院是中国大学首次在美国有了一个实体立足点。"华盛顿大学校长安娜·科斯(Ana Mari Cauce)说。邱勇校长则表示："这一举措将中美合作办大学推向了一个全新的层面：中国高校首次在美国建立实体教育机构。此举标志着中国高等教育国际化发展的一个重要里程碑；这也反映处在全球化背景下，世界高等教育资源融合办学的新趋势。"

GIX 的创办引起了中美两国主流媒体的广泛关注。包括美国的《纽约时报》《华尔街日报》《西雅图时报》等主流媒体,中国的中央电视台《人民日报》、新华社等多家媒体纷纷报道,称这是中国大学第一次到美国创立办学实体。

国际化是大学服务国家战略的使命要求,是世界一流大学的基本特征。国际化是一个不断发展的概念,靠创新实践不断深化和拓展。事实上,此次清华"走出去",是自 2014 年清华大学综合改革方案获批后,国际化战略部署中里程碑式的一步。不同于改革开放近四十年来,引进国外师资和送出国内学生的国际化方式,这是国际化的第一阶段的模式,GIX 是中国研究型大学首次走向高等教育的领先国家,以 GIX 为标志的国际化发展新阶段更加体现"走出去",主动参与国际合作与交流,这样会有更加深度的融合,更加密切的合作,是国际化第二阶段的新形式。

"国运兴衰,系于教育"。伴随着艰难国运而生的清华,自成立以来,就肩负着对于国家与民族的重任和历史担当。经济全球化背景下的民族复兴国家战略中,建设"走入美国的清华园"GIX,是清华主动适应全球创新模式变化的具体实践和使命担当。邱勇说:"衡量一个大学是不是世界一流、全球化水平怎么样,要看它能不能立足中国、放眼全球。既能讲好中国故事,又能理解全球故事,是一所大学必备的素质。"

GIX 的创立,也受到国家领导人的重视。2015 年 9 月 23 日,国家主席习近平在西雅图向全球创新学院赠送了一棵水杉树苗,祝愿 GIX 茁壮成长。水杉是中国特有的"活化石"树种,水杉的科学发现为中国植物学走向世界开辟了道路,习近平主席将水杉赠送给 GIX,寓意中国高等教育"走出去"的自信。

清华大学将建设世界顶尖大学确立为发展目标,建设好 GIX,成为 2016 年制定的《清华大学全球战略》中,"拓展优质国际化办学资源,构建科研教育全球伙伴体系和基地"的具体举措和重要任务。2015 年年底,清华大学校务委员会已通过成立清华大学全球创新学院(简称清华 GIX),作为落实清华大学与华盛顿大学在西雅图联合创办 GIX 各项职能的校内实体学院,翌年,清华 GIX 北美发展中心在西雅图注册成立,作为清华在美国发展 GIX 业务的工作机构。

GIX 校区将建设在华盛顿州大西雅图地区贝尔维尤市(Bellevue)。在美国落地办学,首选经济发达、交通方便的东西海岸线。美国东海岸历史悠久,私立大学遍布,实力强劲。西海岸,加州的高等教育能力也超出当地社会需求。相比之下,同样位于西海岸的华盛顿州大西雅图地区,对中国交通方便,坐落着 IT 界翘楚微软公司、亚马逊公司的总部及谷歌、脸书等公司的重要分支机构,同时也是大制造业的代表——波音公司的孕育之地,甚至还有餐饮连锁企业星巴克的总部,具有创新行业多样性的特质,也是中国高科技公司纷纷在美落地的热点地区。同时,1861 年建校的华盛顿大学是享有全球声誉的综合性研究型大学,美国公立常春藤盟校之一,在生命医学、计算机科学、物理、数学、教育、公共关系等领域具有很强的实力。清华大学选择在西雅图与华盛顿大学合作创办 GIX,具有明显的综合优势。

华盛顿州州长杰伊·英斯利（Jay Inslee）在 GIX 创办之初即盛赞 GIX 将为华盛顿州、中国乃至全球人才创造全新机遇，这是一件可以庆祝 100 年的事情。2017 年 8 月，GIX 在西雅图的首栋教研大楼落成启用前夕，清华大学再次出现在美国主流媒体上，并第一次首位出现在报纸标题上，表达了西雅图对清华大学与华盛顿大学合作的 GIX 将为本地区发展带来创新活力的期待。

二、 TED 学科交叉的项目实践培养模式

GIX 的创办，不仅承载着中国高等教育"走出去"的历史使命，也是清华主动适应全球创新模式变化的具体实践。在人才培养上，GIX 提出的创新驱动的培养模式的主要特征包括：

1. 面向战略创新领域：面向智能硬件、智慧城市、医疗健康、清洁能源等全球性挑战问题设置教研项目。

2. 学科交叉项目实践：来自世界各地的学生以团队方式、在多学科交叉的项目实践中培养视角和能力全面的适应性创新者。

3. 优质资源深度融合：两校教师合作研究、共同授课，合作企业参与人才培养，既充满大学学术的无限活力，也满载业界拼搏的实践真知。

4. 营造创新生态系统：面向 IT、教育、交通、健康、能源、环境等战略性创新领域，与业界共建吸引世界顶尖科技人才的创新实验室，支撑教育项目的同时、推动太平洋地区创新生态圈的蓬勃发展。

（一）双硕士学位项目"智慧互联"

GIX 面向战略性创新领域设置人才培养项目，培养科技创新的领军人才。物联网、普适计算、穿戴计算和智能硬件等不断增长的热点领域，均聚焦于可互联互通、提供智慧服务的智能设备，是连接现实世界和人类活动，实现信息化、智能化的载体，为之发明新的技术和应用需要一大批具有技术、原型、设计和经营能力的领军人才。因此，智慧互联（connected devices）作为这些热点领域的关键共性技术，成为 GIX 设立的首个学位项目，并且是双硕士学位项目，学生完成培养项目要求，将获得美国华盛顿大学颁发的科学与技术创新硕士学位（Master of Science in Technology Innovation，MSTI）与清华大学颁发的数据科学与信息技术学术硕士学位（Master of Engineering in Data Science and Information Technology，MEDSIT）。结合应用方向和特定的技术领域，智慧互联项目内部，将设置相应的分支方向，如智能交互、智慧交通、清洁能源、健康医护等，并与产业合作。

GIX 成立伊始，两校在充分交流和协商的基础上，在几个月内协商了"智慧互联"双硕士学位项目的培养方案，于 2015 年 11 月初在北京签署了合作培养协议。该项目

当年实现了招生,面向全球选拔学业优秀、具有强烈创新创业意识、视野开阔、富有责任感和使命感的世界优秀大学生,目前已经招收了两届来自 7 个国家的 30 位研究生,学生同时注册清华大学和华盛顿大学。该项目的培养过程采用双基地的方式,2/3 的培养环节在西雅图、1/3 的培养环节在北京完成,学生将在两年内至少在两个国家获得至少两个著名高校的创新培养。

(二)创新项目驱动与 TED 学科交叉

在创造中才能获得创新能力的培养,GIX 为此设计了"创新项目驱动(project-based training)"的培养模式,以前沿研究工作为支撑,以创新项目为主线,科研、项目与课程紧密配合实现课程知识与项目实践的紧密结合,并配置学术界、工业界导师实现学生创新性、实用性的双重能力培养。同时,为了培养学生团队合作的能力,所设创新项目采用学生团队合作的方式开展讨论、设计、研发,同时实现学科交叉背景下创新人才的团队协作能力培养。

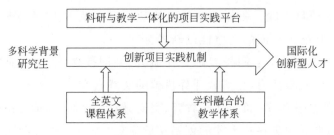

图 1　GIX 培养模式

GIX 课程体系的设置,凸显创新人才在技术创新(technology)、创业管理(entrepreneurship)与创意设计(design)三方面能力的培养,课程和培养环节覆盖软硬件信息技术(包括传感原理、人机交互技术、数据处理与信号分析等课程)、设计思维(包括科技导向的设计思维、科技发展历史与未来等课程)以及创业管理技能培养(包括创业核心要素、公司运营与知识产权管理等课程),TED 课程交叉融合成为 GIX 课体系的特色,并且,在项目实践的培养过程中,三方面的能力都将在具体的项目实践中得以培养和运用。TED 课程体系的设置还具有如下特点:

1. 基础性:通过课程基础理论知识的系统学习,为其创新思维提供多学科的知识体系,并为其科研、项目实践以及未来工作奠定坚实的学科基础。

2. 先进性:领域前沿与实践紧密结合,保持课程内容的先进性与挑战性。

3. 启发性:课程的启发性,能提升研究生对课程所传授的领域知识兴趣,培养学生拓展学习的能力。

4. 适应性:跨学科的特点导致学生背景知识体系区分度大,课程设置需要综合衡量所面向授课学生进行课程适应性调整,综合基础性、实用性与先进性以及启发性,设置适应性课程体系支撑跨学科融合的教学目标。

双硕士培养项目第一届 10 个学生在这种模式的培养下,一年多以来,学院研究生经历了"自拟创新项目""大型技术企业项目(如微软)"以及"初创技术驱动型公司项目(如驭势科技)"三种不同项目驱动的培养环节,获得了 14 项国际大奖,并发表国际顶级会议论文,申请了 9 项知识产权。这种创新型项目驱动的课程实践不仅提升了学生动手实践能力,更是可以做到以项目带动知识学习的目的,结合完善的教学体系,提升了学生理论结合实践的能力。

(三)本科生 GIX 专业实践与高中生创新体验营

基于清华大学"全球战略"、面向培养学生的"全球胜任力",作为清华大学重点建设的高水平国际化研究生培养项目,GIX 将其创新项目驱动的国际化新型教学模式延伸至本科生培养环节,甚至高中生。

2017 年年底 GIX 面向清华大学本科三年级学生开设暑期访学项目。项目以创新性项目驱动为主线,以"智慧互联"(connected devices)为主题,重点培养学生技术创新、创业管理与创意设计等方面的综合能力。学生将通过课程学习、专题讨论、企业参观等方式参与到项目中。项目将于 2018 年 7 月在西雅图启动,任课教师来自清华大学、华盛顿大学,以及 GIX 学术网络的国际大学(目前有北美、亚洲、欧洲等 8 所高校)和当地知名企业。

为了让中学生深入体验清华大学国际化、跨学科、跨领域的教育特色,激发中学生的科研兴趣和创新意识,GIX 已面向全国的优秀高中生举办"全球创新体验营"。体验营从全国优秀中学生,尤其是平时综合学业成绩优秀且有志于投身信息学科相关交叉领域研究的高二和高一年级学生中报名选拔,参营学生应具备基本的英语听说交流能力,优先选拔有信息学特长或相关科创发明成果的学生参加。在西雅图为期 10 天的体验营,通过交流和项目竞赛,开阔了学生们的视野、拓展了综合能力和创新思维,最重要的是,激发了学生们的好奇心和创新激情。

本科生、高中生,以及清华大学的高管培训的海外环节,业已成为 GIX 常设非学位教育项目,成为清华大学培养学生全球胜任力的基地。

三、 设施一流的科技创新空间

(一)GIX 教研大楼的创新空间

当地时间 2017 年 9 月 14 日,GIX 首栋教研大楼在美国西雅图贝尔维尤落成启用。清华大学校长邱勇,华盛顿大学校长 Ana Mari Cauce,中国驻旧金山总领事罗林泉,华盛顿州州长 Jay Inslee,华盛顿州前州长、前美国驻华大使骆家辉,华盛顿州前州长 Christine Gregoire,微软公司前任首席执行官 Steven Ballmer,微软总裁 Brad

Smith,微软首席执行官 Satya Nadella,以及高校、政府、企业、机构等数百嘉宾和 GIX 的师生共同见证了这个激动人心的时刻。

GIX 大楼于 2016 年 6 月开土动工,耗时 15 个月建成,大楼的设计施工过程,华大 GIX 项目团队和清华 GIX 学院深度参与。在大楼揭幕仪式上,罗林泉总领事评论道,GIX 大楼的建设堪比中国的深圳速度。

GIX 大楼由美国著名建筑公司 NBBJ 与 Bora 共同设计完成。大楼外观由 NBBJ 建筑设计公司设计,亚马逊公司的许多办公楼以及腾讯公司深圳新总部的设计都出自于这家公司。设计师们花费了近一年的时间完成设计工作。设计工作是在和 GIX 密切合作中完成的,目的是为 GIX 设计一个符合其创新教育模式的物理空间。今年 3 月,《西雅图时报》还专门以"To breed innovative idea, start with an innovative space"为题介绍了非同寻常的 GIX 创新空间。

大楼整体包括地下两层的停车场,以及地面部分的三层结构,也就是 GIX 的创新空间,使用面积约 1 万平方米。其中第一层设有多功能教室、会议室、虚拟现实(VR)和增强现实(AR)工作室,开放式教职工办公室、餐饮区,大型活动厅(event space)不但可以与上述室内空间和高达 40 平方米的超大幅面触摸屏所连接的外部虚拟空间形成互动,还能通过灵活开启的透明卷帘门与室外空间形成互动,一楼还设有"清华厅"。第二层由四间巨大的工作室(workshop)教学区以及西雅图地区最大的综合性创客空间构成,配置有先进的计算、电子、机械、增减材成型等软硬件实验设施。第三层是研究空间和学生团队的工作区,以及教授和助教的研究室。所有楼层中还分布着各式会议室、团队讨论间和电话室,支持多种形式的沟通与交流方式。大楼的二楼、三楼的大面积阳台,可远眺西雅图的标志性雪山,雷涅尔雪山,是师生在更自然的环境中休息和讨论的空间。

GIX 大楼的整体设计理念为"创意仓库(creative warehouse)",一个孕育创新意识和灵感的地方。大楼拥有开放和灵活的楼层设计,建筑系统本身也是设计的一部分,内部创意创新设施一流,营造出一个开放的、富有启发性的创新氛围。学生们能够利用工业级的设备制造产品原型,从模拟工具、建议与先进的增材/减材制造,材料与电子器件原型制作,到产品级的电子器件制造和物理加工,其中一台大型激光切割机是全世界仅有的五台之一。

而此前一年,GIX 清华校内的教研设施和办公环境设置在李兆基科技大楼内,于 2016 年暑假建成启用,为 GIX 学生提供在清华的课程学习和创新项目实践空间。其中包括了 GIX 研制的远程智能教室,是一个支持 GIX 多学科创新教育模式的远程、沉浸式智能教室原型系统,由 GIX 师生研制,支持 VR/AR 交互的超高分辨大幅触摸屏幕,可以实时连接远隔太平洋的中美两地师生流畅对话和互动。

(二)GIX 大楼的清华厅

GIX 大楼除了教研、办公,还为清华大学特别预留了专属的展示和交流空间,命名为"清华厅"。清华厅的设计处处体现着清华大学的校园特征，展示室中，大礼堂的大幅照片墙前，有一座等比例建造的日晷——意寓着将"行胜于言"的清华校风植入GIX，厅内一个长达 10 米的屏幕以手绘长卷上的互动方式介绍清华大学的历史、人物与成就；走进接待交流室则仿佛身处图书馆老馆和教室，充满学术气息。身处清华厅，虽远在海外，仍能沉浸在清华美丽隽永的校园气氛中。目前，GIX 大楼和清华厅，已经成为清华大学在美国的展示窗口和交流平台。

贝尔维尤市还首次颁发了用中文表示的地名指示牌，已经安装在到达全球创新学院 GIX 的主要干道沿线。

四、 国际化创新创业教育平台

GIX 创办两年多来，不仅积极建设了学院的设施环境和人才培养项目，还正在学院资源的基础上，建设国际化的创新创业教育平台，以期能够发挥更大的作用。

（一）国家双创示范基地

2016 年 5 月，国务院发布《关于建设大众创业万众创新示范基地的实施意见》（国办发〔2016〕35 号），清华大学入选首批国家双创示范基地，其中 GIX 获批建设"清华大学服务于双创教育的国际化创新创业平台"项目。项目依托 GIX，发挥其国际化、项目化、融合化的突出特色，建立多元资源深度融合机制，形成从跨学科创新创业能力培养到项目孵化的全环节实训新模式，打造培育战略性原始创新和国际化创新创业领军人才的示范基地。

项目建设内容涵盖全球创新智能空间，项目实训中心、机电与机器人实验中心、设计仿真与数据分析软件库与国际创新创业加速器等，在中美两地打造培育战略性原始创新和国际化创新创业领军人才的示范基地。先进、丰富的软硬件设施作为技术创新的基础功能，平台机电设计与实验中心提供一流的机械、电工电子硬件实践开发资源，不断丰富的软件库支持大型设计仿真与数据分析。国际上，最优秀的孵化空间是加速器，由对行业和技术有深刻理解的优秀创业者组成导师团，辅导与孵化相结合，匹配优质行业生态等资源，提供国际化创新创业精神、技能、创新力、领导力、知识产权、科技政策的培养与多元化科技服务。

清华大学国际化创新创业平台在美国和清华两地联合建设，通过提供先进的技术支撑、降低智能信息领域创新创业的门槛，使更多有潜力的高技术含量项目有机会得到进一步的技术完善、最终实现产品化，能够大力地支持和促进国际化创新创业活动的发展，并起到引领示范作用，对落实"大众创新，万众创业"、推进创新型社会的建设具有重要意义。

这个平台的建设，同时也增强了 GIX 创新项目实践的培养模式。创新与创业的结合就是科研和业界结合的一种体现,创业过程是对学生的一个锻炼。学生在创业途中,需要经历确定市场目标、考虑产品功能和外观、设计人机交互、制定方案与市场匹配、自行筹集资金、计算投入产出、思考产品是否适合在两个甚至更多国家发布等过程。这样的创业过程可以将学生的创新想法、应用与市场实践紧密结合。在学期间,学生利用这个平台,将接受实际的创新创业训练和获得实际的支持。

(二)GIX 创新大赛

创办 GIX 创新大赛(GIX Innovation Competition)既是为了在国际上向青年学生宣传 GIX,也作为国际化双创教育示范平台的一个建设载体。自 2016 年创办以来,已成功在中美两地举办两届决赛,分别征集了来自数十个国家的 299、485 个创新项目,通过多轮角逐和辅导、展示等环节,共有 18 个项目获奖,包括为阿兹海默症患者设计的步行辅助设备,致力于降低功耗的无电池房屋安全检测系统等,更多项目获得技术支持和孵化支持。

2018 年 GIX 创新大赛的主题是"智慧互联·源头创新·改变世界"。大赛正在面向全球范围启动项目招募,征集"智慧互联"(connected devices)原始创新参赛项目,既具有科技前瞻性(如物联网、穿戴设备、智能硬件、VR、AR、普适计算、智能感知、自然交互等方面,能传感或反馈用户或环境的技术创新),也面向现实需求(如教育、环保、健康医疗、交通、健身、家居、娱乐、信息无障碍等),致力于让世界更美好。

原始创新从来都是国际化、战略性的,国际化的实体机构是开展原始技术创新、取得丰硕创业成果最为活跃有效的组织形式。尤其是对于作为发展中国家,基于一流大学的教研实力,与国际先进大学、企业建立高端合作,是提升我国创新创业水平、打造国际先进水平的创新创业平台、培养具有全球胜任力的创新人才的必要途径。近些年,清华大学以创新型人才培养为核心,深度参与创新驱动发展战略实施,在创新人才培养、创新成果产出与转化等方面有了快速、长足的发展。GIX 融合世界先进的创新资源,汇聚来自不同领域的知名领域专家,创建基于创新项目驱动的 TED 学科交叉的新型培养模式,培养具有全球视野的创新型科技领军人才。

GIX 犹如一个创新实验室,从某种意义上来说,也是新型高等教育模式的实践基地。对于国人而言,不久的将来,正如邱勇校长在 GIX 启动仪式上所说:西雅图将因为 GIX 而被人们所熟知。

(作者单位:清华大学全球创新学院)

创先争优——高校引智工作
助力"双一流"建设

殷 琦 彭 赟 张传杰

摘　要：本文结合清华大学"双一流"建设和实施全球战略的背景,回顾和介绍了清华大学引智工作的理论和实践探索及成效。此外,随着国际形势的变化和国家一系列重大战略的出台,引进外国人才和智力工作政策发生了新的变化,作者分析了引智政策的变化以及由此给高校引智工作带来的新机遇和挑战,并提出相关政策建议,以期引智工作更好地服务高校"双一流"建设。

关键词：清华大学；双一流；全球战略；引智；

一、 清华大学"双一流"建设和全球战略

党的十九大报告中提出要"加强一流大学和一流学科建设,实现高等教育内涵式发展"。清华大学于 2017 年 12 月制定了"双一流"建设的中长期目标:到 2020 年,一批学科达到世界一流水平,若干学科进入世界一流前列,形成卓越的创新人才培养体系、科学技术创新体系、社会服务支撑体系、文化传承创新体系、国际交流合作体系;基本形成具有中国特色的现代大学治理体系;学校综合实力、办学质量显著提升,为实施"四个全面"战略布局、实现"第一个百年"奋斗目标做出突出贡献,达到世界一流大学水平。

到 2030 年,更多优势学科进入世界一流学科前列,部分学科达到世界顶尖水平,服务国家战略的能力更加突出,在国际学术领域的地位显著提升,迈入世界一流大学前列。

到 2050 年前后,办学声誉获得世界公认,成为学术大师和各国优秀学子向往的高

等学府,形成具有中国特色的大学发展新模式,为实现"第二个百年"奋斗目标和中华民族伟大复兴的中国梦、为促进人类文明进步做出重大贡献,成为世界顶尖大学。

学校坚持立德树人,把强化育人的核心地位作为"双一流"建设的重点,明确规划了培养拔尖创新人才、建设一流师资队伍、提升科学研究水平、传承创新优秀文化、着力推进成果转化、加强基础设施及平台建设等六大建设任务。其中在师资队伍建设上,学校将进一步深化人事制度改革,加强师德建设,加强杰出人才和拔尖人才引进力度,建立支持各类人才和青年人才脱颖而出的体制机制,形成一支与世界一流大学相对应的、有理想信念、有道德情操、有扎实学识、有仁爱之心的高水平教师队伍。

面向"双一流"建设,清华大学抓住机遇,主动作为,将建设世界顶尖大学确立为发展目标,于2016年7月制定并开始实施具有里程碑意义的《清华大学全球战略》。《清华大学全球战略》确定了清华在全球化时代的发展目标和教育理念,确定了"着力培养具备'全球胜任力'的拔尖创新型人才""切实开展服务国家和世界的研究""全面提升国际化办学能力与全球影响力"三大中心任务和九大战略方向,通过整合国内外资源,坚定地走内涵发展、特色建设的道路。

《清华大学全球战略》的九大重要战略方向之一就是"全球师资"。全球师资这一战略目标的核心内容可以概述为以下三个方面:

深入推进人事制度改革,聘用和培养具备国际化竞争力的师资,建设符合国家发展战略的高水平师资队伍。

强化高层次人才的支撑引领作用,加快培养和引进一批活跃在国际学术前沿、满足国家重大战略需求的一流学者、科学家、学科领军人物和创新团队,聚集世界优秀人才。

通过多种渠道加强中青年教师的国际竞争力和影响力的建设,培育跨国、跨校、跨学科、跨领域的创新团队,增强人才队伍可持续发展能力。

基于中国的国情和我校的实际情况,全球师资既包括了我校从国外引进的外籍优秀人才,又包括我校自己培养的具有海外长期学术或专业经历的中国籍教师,既有"请进来",也有"走出去"。

我校实施全球师资战略将依托以下三个行动方案来实现:

建立健全海外引进人才的管理和服务机制。完善国际化人才招聘体系;积极落实国家级引智计划,加大海外杰出人才和高层次人才引进力度;努力争取国家和北京市现有涉外人才政策的突破。

提升中青年教师的国际竞争力。改进教师聘任和评估管理办法。坚持人才培养与引进并重,建立青年教师国际化职业发展机制,促进优秀青年人才成长。鼓励和支持教师参与国际合作项目和国际研究、参与国际事务和国际学术组织,在国际机构中任职。鼓励教师和科研人员参与学校海外基地的教学与管理。

构建高质量多元化的国际师资队伍。改进外籍教师聘任和管理办法,提高国际师资和博士后比例。重点吸纳优秀海外博士后和中青年科研骨干。进一步扩大"讲席教授"团队,实施"清华大学杰出访问教授/访问教授计划"

1983 年 7 月 8 日,邓小平同志发表"利用外国智力和扩大对外开放"重要讲话,引进国外智力(简称引智)的概念首次被正式提出。高校引智,即通过我国的高校平台引进我国高等教育领域所需的高层次人才以及先进的科学技术和管理经验,通过引入的人才和技术增强我国高校的专业建设,提高学校的学科水平,弥补我国高校在教学、科研、管理等方面的不足。

进入 21 世纪以来,引进国外智力已成为中国高校国际化的一条主线,多数高校已经把引进国外尖端智力资源、引进高层次外国专家作为学校国际化发展的重要手段。通过引进学校重点学科、新兴学科、交叉学科、边缘学科发展所需的国外智力,推动学科建设、人才培养,引智工作从"锦上添花"变为高校发展和高等教育国际化的核心工作。

众所周知,要实施全球战略的三大中心任务,无论是"着力培养具备'全球胜任力'的拔尖创新型人才",或是"切实开展服务国家和世界的研究",还是"全面提升国际化办学能力与全球影响力",都离不开卓越的全球师资,建设全球师资,引智工作是最重要的推手之一,因此引智工作是贯穿全球战略的一条主线;而建设世界一流大学的关键是打造一支高水平的师资服务。"双一流"建设和"全球战略"的推进,将对引智工作提出更高的要求,引智工作将从注重引进人才的数量化表层转变为聚焦需求和质量的高端人才引入,使引智工作切实服务好"双一流"建设。

二、 清华大学引智工作的实践探索

纵观一百多年来清华大学的发展历史,从早年清华学校独立创办大学教育,最早清华学校的 17 名"洋教习",到海外名师荟萃积极吸引海外留学人才、创办国学研究院的清华大学发展的初期和西南联大时期(1925—1949 年),到新中国成立初期建设新的院系,到 50 年代学习苏联经验的教学改革,直至改革开放以来建设世界一流大学,清华大学始终秉承自建校以来的"延揽名师""广纳贤才"的开放办学方针,注重引进国际上的著名专家和学者,合理地学习国外先进的教育资源和办学思想,消化吸收并有所创新。在一百多年的历史中,清华大学曾聘请过近万名外国专家学者和外籍教师来校任教、讲学或合作科研,在学校的人才培养、科技研发和学科建设中做出了杰出的贡献。这既体现了清华教育与生俱来的对外开放的特点,也反映了清华大学在发展建设中吸收外来文化、借鉴国际办学经验、始终与国际教育界、学术界接轨的办学理念。

清华大学引智工作的理念

清华大学多年来积极探索，解放思想，大胆创新，引智工作在长期的摸索中已形成了独特的工作思路和模式，在学校建设世界一流大学的发展建设中发挥了突出作用。清华大学引智工作的理念可以概括为围绕"一个目标"，面向"五大群体"，统筹"五种渠道"和建设"一个平台"。

"一个目标"是引智工作的目标：建设高水平师资队伍，聚集世界优秀人才；"五种渠道"是引智资源的渠道：国家计划、部委项目、校级项目、教师自筹和外部资源；"一个平台"是外国高端人才引进的管理和服务平台：包括政策法规、引智资源、聘请渠道、软硬环境建设、服务管理。"五个群体"是引进的对象：学术大师，骨干人才，外专团队、长期外专、短期外专。

第一个群体是学术大师的引进。"引进一位大师、带来一个团队、引领一个学科"，瞄准国际顶级学者，引领学科快速发展，是清华引进海外人才的重要方针。以诺贝尔奖获得者杨振宁、图灵奖获得者姚期智、菲尔兹奖获得者丘成桐等为代表的一批世界杰出学术大师落户清华，成为学校高水平教师队伍和学科快速发展的亮点。依托国际著名学术大师，我校先后成立了"清华大学高等研究中心"、"清华大学交叉信息研究院"和"丘成桐数学科学研究中心"。这些研究中心通过开放的机制，广纳才俊，迅速吸引及汇聚了世界各地优秀人才以及一批中青年领军人才，努力打造国际高水平基础研究和人才培养基地，提升中国相关学科至国际一流水平。

第二个群体是通过国家部委、北京市、我校各类"引才计划"引进优秀海外学者，提升国际师资水平。在国家实施的海外高层次人才引进计划（简称"千人计划"）中，我校已有350人入选，其中"千人计划"外国专家项目入选10人，"千人计划"青年项目入选223人。

第三个群体是积极探索和实施长期合作、长效机制、成效显著的团队引进，例如教育部和国家外国专家局自2006年开始实施的"高等学校学科创新引智基地"建设计划（简称"111"计划）以及我校讲席教授团组、"校级重点学科高水平国际合作创新团队支持项目"。自2001年开始，清华大学开始实施"讲席教授制度"，在世界范围内公开招聘著名学者。受聘的"讲席教授"可以采取全时在校工作或分阶段来校工作的模式，该人才引进模式通过在短时间内提升团队的国际交流频率和层次来使我校相关学科快速成长并接近该学科的世界一流水平，解决了顶尖专家只能短期来华的矛盾而有利于充分发挥专家组的长期作用，把智力引进工作提升到新的高度。至今已有40个讲席教授团组450余位国际著名和知名学者来我校交流合作。

第四个群体是长期全职来校工作外籍专家和教师，近年来每年在我校长期工作的外籍专家和教师已达300多人，来自40多个国家。从外籍专家国别分布来看，主要来自美国、英国、日本、德国等高等教育较为发达的国家，其中来自欧洲和北美洲的外籍专家约占 60% 以上;来自"一带一路"沿线国家和地区的外籍专家和教师占总数的近 25%,主要为博士后研究人员,并逐年呈上升趋势,其中来自印度、巴基斯坦、伊朗的外籍专家居前三位,"一带一路"国家的外籍专家和教师主要分布在化学、物理、环境、材料、水利、生命医学等理工院系。我校长期聘请的外籍专家中,具有副教授及以上专业技术职称的占总数的 37%,具有博士学位的达 78%。全职在校工作的外籍专家和教师对我校的人才培养、科研工作、国际合作与交流发挥着不可替代的作用。

第五个群体是量大面广、短期来访的海外专家,2017 年已达近 2300 余人次,来自100 多个国家和地区,以欧美日韩发达国家为主。近年来,来自"一带一路"沿线国家的海外学者数量增长较快。海外短期专家来访主要是和我校相关院系建立学术联系,培育合作基础,交流研究成果,探讨合作可能,做客高端讲坛,主讲暑期课程,合作研究发表论文,申请项目,联合举办国际学术会议等,一部分专家由短期来华转为长期工作。

清华大学引智工作的亮点和成效

改革开放四十年来特别是进入 21 世纪以来,学校有计划、有步骤地引进世界级学术大师,创建一流学术机构;赋予杰出海外专家领导责任,引领新兴学科实现跨越式发展;引进高水平国际学术团队,推动重点学科建设;聘请外专参与科研项目,促进重大科技研发快速突破;授予海外杰出人士名誉学位和名誉学衔,提升学校国际影响力。通过全方位、多渠道、多模式地引进国际一流学术大师、教学名师和科技领军人才,将国际合作与交流的优势转化为人才培养、科学研究、学科创新和服务社会等方面的优势,为创建高水平的国际化师资队伍和建设世界一流大学发挥了实质性作用。

改革开放四十年来,清华大学建设国际化师资队伍的理念不断明确,学校坚持引进与培养并重,通过"引进来"荟萃群英,打造国际化的学术殿堂。清华大学始终跟踪瞄准世界学术前沿,先后邀请了 27 000 多人次的外国著名专家学者和 170 多位诺贝尔奖、图灵奖、菲尔兹奖获得者等学术大师来校进行讲学、学术交流和合作研究,并授予名誉博士 24 人,聘请名誉教授、客座教授、杰出访问教授、顾问教授等 490 多人。由于对我国和我校发展和建设做出的重大贡献,杨振宁、萨文迪、姚期智、维尔纳·艾姆斯伯格等 17 位著名学者和知名人士入选国家"友谊奖"和北京市"长城友谊奖"。

进入新百年之后,清华大学以高层次人才工作为重点,实施人才强校战略。"十二五"期间,我校累计邀请聘请海外专家 6800 多人次,其中长期来校工作的海外专家为1600 多人次,聘请海外专家的规模和层次显著提升。截至"十二五"末,学校师资队伍中院士、千人计划人才、长江学者、国家杰出青年科学基金获得者、国家优秀青年科学基金获得者、人文社科优秀骨干等各类人才数量,比 5 年前有了很大增长,实现了骨干教师数量倍增的目标。

我校结合国家外国专家局各类外国文教专家项目、学校学科建设和人才培养需要,分阶段、分年度制定工作规划,以国家重点专项为引领,以学校重点项目为主体,分层次设计和实施外国专家项目,逐步形成了全方位、多层次、多渠道的引智工作体系,取得了以下显著成效。

争取国家级引智引才项目,引进"高精尖缺"人才。 近 10 年来国家级高层次引才和引智项目稳步增长,提质增效。"十一五"和"十二五"期间,通过积极组织申报,学校从国家外国专家局、教育部争取聘请外国文教专家计划(引智)专项经费 1.17 亿元,为我校拓展和实施各类聘请外国文教专家计划奠定了良好的基础,有力支持我校各类长短期海外专家来校开展教学和科研合作。截至 2018 年,我校累计获批国家级项目 139 项,其中"国家千人计划外专项目"10 项、高端外国专家项目 50 项、学校特色项目 8 项、海外名师项目 13 项、千人转高端项目 19 人、外国青年人才引进项目 8 项、国家重大科技专项外国人才引进计划 6 项、引进海外高层次人才支持计划 8 项、诺奖学者校园行 8 项、"一带一路"教科文卫引智项目 2 项,通过上述国家级引智项目,以点带面,以引智项目带动相应学科的国际科研合作平台建设。

"高等学校学科创新引智计划"基地建设成果显著。 目前我校在建基地为 7 个,分别是"智能与网络化系统学科创新引智基地""环境污染控制和质量改善创新引智基地""数学科学中的若干前沿问题及其应用学科创新引智基地""先进燃烧能源科学与技术学科创新引智基地""纳米科学与催化工程创新引智基地""生物制造与体外生命系统工程交叉学科创新引智基地""生态河流动力学学科创新引智基地"。上述七个基地聘请美国、法国的科学院院士担任海外学术大师,吸纳多位高水平外籍教授学者担任骨干,在信息、能源、机械、环境、数学、化学、自动化等多个学科领域实现了长效机制的海外高水平团队的人才引进。基地的海外高水平外籍学者在校期间为学生开课,开展联合科研,培养青年教师,参与学科规划与评估,为国家重大科技项目提供决策支持、推动与国外一流大学的国际合作,对相应学科的发展和学校的发展影响深远,国际科研合作和学术影响力迅速提升。例如"先进燃烧能源科学与技术学科创新引智基地"建设 5 年多来,累计引进海外学术大师美国工程院院士,美国人文与科学院院士、普林斯顿大学教授罗忠敬;引进海外学术骨干 40 多名,其中包括:国家"千人计划"入选专家 4 人,"青年千人计划"9 人,培养国内骨干,"万人计划"领军人才 1 人,"杰出青年"1 人。目前承担了国家"973"项目、国家重点研发计划、国家自然科学基金项目、国际科技合作项目和专项项目,在燃烧学领域的前沿进行科学研究,发表了一系列高水平的学术论文。

助力国家重大科研项目和重点工程,更好服务国家重大战略需求。 我校 2018 年获批国家重大科技专项外国人才引进计划 6 项,分别资助来自美国、加拿大、德国、韩国、白俄罗斯、澳大利亚等国家的 6 位顶尖专家来校工作,在高端装备制造、水环境、木结构、新能源和新材料领域、核能技术、集成电路等国家当前重大战略需求的工程领域发挥关键作用,以点带面,有力推动国家级科技和人才合作平台建设,开展科学联合攻关,推动外国专家参与重点学科、重点实验室的建设和发展,增强学校科研成果产出质量,引领和支撑世界一流大学和一流学科建设,增强服务国家战略和科研成果转化的能力。

创新引智体制机制建设,营造人才发展良好软环境。在引智制度建设方面,长期以来,清华大学建立了"学校战略指导、中层行政部门协作、发挥院系和主请教授作用"的校内三级管理体系,以学院为主体,教授为主角,项目为纽带,对于项目和聘请邀请外籍人员逐级申报、审批,保证了对外专学术能力与工作岗位要求的契合,以及来校工作条件的落实;同时各院系配备专门的外专工作领导和工作人员配合日常管理工作,学校始终致力于建设一支专业的外事管理队伍,通过举办培训和研讨会,提升院系外事管理干部素质,强化良好的交流互动沟通机制。学校中层各行政部门积极协作,在校内积极营造良好的外国专家和外籍教师工作软硬环境,这些措施有力保证了引智工作的顺利运行。

清华大学还逐步建立、健全了各项引智项目、外籍文教专家管理、经费使用的规章制度,近年来先后出台了《清华大学名誉学位和荣誉职衔管理规定》《清华大学海外学者邀请(聘请)支持计划实施办法(试行)》《清华大学外国专家突发事件应急预案》《清华大学外国文教专家经费管理实施细则》等规章制度,在外专聘请管理、证照管理、住宿管理、档案管理、应急管理、奖励评优等方面都建立了一整套合理、简便、高效的工作程序,以实现外国专家管理工作的"规范化、制度化、科学化",更好地发挥对全校引智工作的引导和支撑服务作用。

为进一步完善全球高端人才来校工作的管理和服务机制,2017年适应行政审批改革的要求,配合全国外籍人员来华工作"两证合一"工作,学校积极为我校当年新入职的90%以上的外籍专家和教师成功申请获批"A"类高层次外国专家的资质,享受相关优惠政策和出入境便利;充分利用北京市和海淀区中关村的人才优惠政策,为学校高层次长期外籍专家申请办理在华永久居留和人才签证提供绿色通道,已经累计为70多人办理了人才签证和中国"绿卡"。外籍人士及家属团体医疗保险取得重大突破,我校于2018年年初推动和落实为我校海外高层次人才及其家属提供团体医疗保险,该团体医疗保险覆盖了各年龄段外籍专家及家属在境内的医疗需求。

我校还为在校海外教师和专家组织入校迎新会、"梦-中国文化浸润活动""汉语课程""国际学者俱乐部""外籍专家建言献策"等一系列促进中外教师融合交流、有助于海外教师和家属了解中国文化和清华传统的活动,加深海外教师对中国文化和清华品格的了解与认同。

三、 清华引智工作的机遇、挑战和对策

国家近年来出台了一系列战略布局:如创新驱动发展战略布局、人才优先发展战

略、新时期教育对外开放的战略任务以及加快实施"一带一路"教育行动,上述国家战略赋予了高校引智工作新的机遇。近年来随着国家教育领域对外开放的不断深入和扩大,引进外国人才和智力工作政策发生了新的变化:引智工作更加注重提升引智质量和效益;引智结构不断优化,引智渠道持续拓宽;引智管理工作的主体责任更加明确,高校在引进外国人才和管理工作方面逐渐走向主动;引智工作纳入"法制化"轨道;引智政策为建设创新型国家服务,侧重促进"高精尖缺"人才的引进和创新型国家的建设。

同时面对日趋激烈的全球性人才竞争,面对全球政治和经济危机带来的新机遇新挑战,我们也清醒地看到,吸引和留住全球顶尖人才已成为世界一流大学以及全球顶尖大学的主要标志和优先发展战略,当今全球高等教育人才与资源的集中度日渐加剧,我校与世界顶尖大学在师资队伍整体水平上依然存在着一定的差距,高校引智工作面临新的形势和新的定位,高校引智工作将进入一个高端引领、改革创新、优化环境、全面提升的新阶段。笔者有如下思考和建议:

1. 高校要加强顶层设计和规划,服务国家战略需求。面对国际高等教育竞争,以及日趋激烈的国内高校竞争,高校应紧密围绕国家创新驱动发展战略、人才优先发展战略、新时期教育对外开放的战略、"一带一路"战略,找准自身定位,明确战略目标,合理规划,加强对外国人才工作的统一领导,更好地统筹引进外国人才工作,明确学校发展优势定位,突出重点,以我为主,使引进人才的规模、质量和结构与高校发展和"双一流"建设要求相适应。

2. 坚持"高精尖缺"人才导向,明确引才重点领域。"十三五"期间,国家将突出"高精尖缺"人才导向,着力引进具有重大原始创新能力的科学家、具有推动重大技术革新能力的科技领军人才,力求引才规模、质量、结构更加科学合理。围绕推进"中国制造2025"和创新型国家建设,重点支持高端装备制造、生物工程、新能源、新材料、人工智能、大数据等战略性新兴产业引进高端人才,推动我国在关键核心技术上实现突破。作为引进海外高端人才的主要平台,高校需要结合本校学科建设,在上述相关学科领域有所部署和规划。

3. 健全机制与队伍建设是重要保障。从国家层面,高校希望政府部门能够与时俱进、完善政策、简化流程、健全专家在华的医疗、退休、子女入学、购房等保障,提供本人及家属的签证、居留许可的种类及办理的便利,提供有利于其配偶、子女融入社会的软环境,提升城市的国际化水平,完善外籍专家建言机制等。从学校层面,学校应从整体战略出发,在外籍人力资源管理的体制和机制上有所创新,从海外招聘到外籍教师工作和生活的管理,尽量做到与国际接轨。建立外籍教师管理校内联席会议制度,定期召开会议,解决涉及外籍教师和专家招聘、签证、居留许可、科研、生活服务、后勤等各方面的事务;加强校园国际化支撑体系建设,推进校园国际化环境建设,改善外籍专家的工作条件和生活设施,尽可能地提供双语服务,营造多元文化氛围,创造有利于外专外教工作和生活的良好环境;学校在校、学院两级配备一支专业的外籍人力资源管理工作队伍,工作人员除了熟练掌握外语,还需树立国际化的管理理念,具备跨文化交流能力,通晓人力资源管理的基本理念和方法,了解国家、教育部、学校对外籍人士管理的政策法规、手续流程等。

4. 资源筹措与新技术手段是重要支撑。高校引智资源跟不上发展的速度,引智经费的可持续发展是亟待解决的一个重要难题。高校争取社会各界力量,和多渠道筹措并合理配置引智资源。同时信息化时代为引智工作提供了前所未有的有利条件,高校需要充分利用互联网和自媒体等新技术手段,利用无线网络技术推动实时互动课堂建设和国际科研合作,利用网上注册与支付系统为海外教师提供电子化办公条件与一站式生活服务,这些都将成为引智工作的重要支撑条件。

展望未来,在全球化和中国高等教育快速发展的大背景下,在建设"双一流"的今天,清华大学正以更坚定的决心,服务国家战略需求,实施人才强校战略,建设"面向全球"的人才队伍与管理服务体系,朝着世界一流大学的目标扎实迈进。

参 考 文 献

[1] 殷琦,李宇红.一流大学的探索与实践:清华大学聘请外籍教师百年回顾[J].清华大学教育研究,2009(11):59-66.

[2] 王辉耀.中国高校需在国际人才竞争时代抢占先机——论教育国际化人才引进策略[J].大学国际,2015(4):9-15.

[3] 清华大学.清华大学全球战略.2016.

[4] 清华大学一流大学建设高校建设方案(精编版)[R/OL].(2018-01-08)[2018-03-11]http://news.tsinghua.edu.cn/publish/thunews/9658/2018/20180108144930424642173/20180108144930424642173_.html.

[5] 张益川,罗国良.高校引智工作的机遇挑战及对策研究[R].大学国际,2017(2):17-20.

[6] 陈旭.扎根中国大地 聚力改革创新 为迈入世界一流大学前列而奋斗——在中国共产党清华大学第十四次党员代表大会上的报告[R].北京,2017.

[7] 国家外国专家局教科文卫专家司.扎实推进引进专家工作,服务高校双一流建设[J].大学国际,2017(3):8-12.

[8] 夏红卫,白燕,朱洁媛.探索引才机制改革,谋划引智工作创新——引进国外智力工作分会专题报告.[M]//中国高等教育学会.高等教育改革发展专题观察报告(2017).北京:北京理工大学出版社,2018:60-90.

(作者单位:清华大学国际合作与交流处)

高校全球战略的一线探索与实践

——以清华大学交叉信息研究院为例

常予莹　吕厦敏　宋梦婷

摘　要：自 2015 年清华大学提出全球战略以来，交叉信息研究院就以其为基本指导，积极实施相关国际化举措，立足于高端、多元、双向三大定位，从师资建设、人才培养、国际交流、合作研究等多方面进行深入的国际化探索与实践。本文将以交叉信息研究院为例，围绕全球战略的思路以及相关实践经验展开论述，并梳理相关探索思考，以期能为清华大学的全球战略贡献一己之力。

关键词：全球战略；交叉信息研究院；国际化；高端；多元；双向

随着经济全球化的深入以及中国在国际社会中影响力的加深与扩大，尤其是在"一带一路"提出之后，中国高校与国外高校的合作与交流也以更开放的姿态随之加强与推进。在这一新形势下，基于国家全面深化改革及创新驱动的发展战略，清华大学全面深化人事制度改革、创新人才培养模式、健全学科发展机制等综合改革工作有序展开。其中，"全球战略"作为此轮改革创新的重要关键词之一和学校整体战略的重要组成部分，继承和发扬了清华大学"开放式办学"的优良传统，正在深刻促进清华大学建设世界一流大学的整体进程。

清华大学在过去几年一直坚持"开放式办学"，并以人才培养国际化作为核心特色，从全球师资引进、科学水平国际接轨、国际竞争意识激发和全球校际合作等多渠道创造优势全球资源，促进学生参与到高端国际合作交流项目中，助力高水平人才培养中心工作。其中，清华大学交叉信息研究院始终走在改革前列。

清华大学交叉信息研究院，简称交叉信息院，成立于 2010 年，由世界著名计算机学家、2000 年计算机科学最高奖图灵奖得主、中国科学院院士、美国科学院外籍院士、美国艺术与科学学院外籍院士姚期智领导。交叉信息院是国内首个致力于交叉信息科学研究的教学科研单位，目标为建设世界一流的交叉信息研究中心和人才培养基地,推动计算机科学和量子信息科学的发展,培养具有广阔学科背景、独特学术视角和高度国际竞争力的拔尖创新人才。由于建院伊始就广泛融合了多方面国际化元素,多年来交叉信息院在全球战略的一线探索与实践方面均积淀了一定的经验。

一、 全球战略思路：三大定位构建国际化工作格局

全球战略的实施与国际化实践密不可分,而国际化这一概念已深入到各国高等教育的方方面面,同时也是体现教育质量和竞争力的一项重要指标。加拿大学者奈特认为,高等教育的国际化是将国际的、跨文化的和全球性的维度融入高等教育的目的、职能和实施的过程。[1] 在 2015 年清华大学全球战略启动会上,施一公教授也提到国际化体系建设是学校长期建设的目标,包括人才培养体系、学术交流体系、合作研究体系、师资队伍体系和服务支撑体系。完整的国际化实践体系构建了全球战略的核心内涵。

国际化离不开时代的大背景。随着全球计算机学科的快速跃迁式发展,围绕信息科学的新兴领域和交叉领域叠出不穷,极大带动了全球计算机科学领域的学术活力,也给交叉信息院不断提升国际化办学水平带来一系列机遇与挑战。正如姚期智院士所指出的,计算机科学正迎来一个新的黄金时代,信息科学愈发展现行业主导趋势,尤其是人工智能正在愈发深刻地影响世界的经济生态。计算机科学发展趋势的跃迁,给中国科技缩短与国际一流水准的差距,创造了弯道超车的历史机遇。基于对学科发展的全局把握,交叉信息院将全球化视野与"三位一体"的拔尖人才培养模式紧密结合,挑战在价值塑造、能力培养和知识传授各环节都强化国际化办学思路,致力于培养奉献国家发展与人类文明进步的全球性拔尖人才。

基于这一内涵与背景,交叉信息院在姚期智院士卓著的国际影响力下,一直以来就以国际化作为学科建设与人才培养的核心特色与目标。凭借学科发展背景与过去几年的学科建设积累,交叉信息院的全球战略思路具有积极主动性,以建设世界一流计算机教学科研机构为目标,立足高端、多元、双向三大定位,并将其整合至师资建设、人才培养、科学研究、对外交流等各方面,探索并形成具有学科特色的全球战略实践思路。

三大定位促成了院系层面上全球战略从顶层设计到落地实践的转化。其中,"高端"定位着眼于引进高水平海外人才、打造高层次跨国合作项目以及培养高水准国际人才;多元定位着眼于通过设立长效联合培养机制、开设联合中心项目、资助顶级国际会议参会等多元平台拓宽国际化交流渠道;双向定位着眼于吸引顶级学者来访、派遣优秀学生出访,打造双向、积极、深度的国际合作与交流。三大定位从深度、广度、精度三方面维度奠定了全球战略的顶层设计思路。承接于清华大学的全球战略框架,得益于清华大学国际处的大力支持,交叉信息院积极开展外事活动、推动国际合

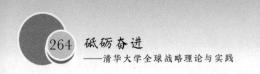

作与交流,为提升清华大学的整体国际交流地位贡献了力量。

二、　全球战略实践:五大国际化工作特色

　　在这一全球战略思路的指导下,交叉信息院主要从师资建设、人才培养、国际交流、合作研究、国际会议这五大方面开展国际化实践,并将高端、多元、双向这三大定位贯穿于整个实践过程中,逐渐形成了立足学科背景的工作特色。

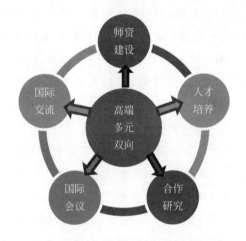

(一)积极引进高端教研师资,建设国际化师资队伍

　　清华大学老校长梅贻琦有句名言:所谓大学者,非谓有大楼之谓也,有大师之谓也。交叉信息院一贯致力于积极引进高端教学研究师资,扩大外籍教师队伍,打造国际化师资团队。自2011年起,交叉信息院启动大规模招聘,运用多途径加大海外师资招聘力度,结合网络招聘、应邀宣讲、邀请来访等多种途径吸引海外优秀人才加入交叉信息院的师资队伍,提供全职教授、讲席教授、兼职教授、博士后、访问教授等多平台吸引优秀海外人才和外籍教师。在人才引进程序中施行国际化评审办法,即由申请人提供的国际同领域专家的推荐,以及由委员会会商选定的独立评审人的推荐。这一办法不仅保证了招聘的公平公正性,同时也有助于遴选出合适的优秀人才。目前,交叉信息院教师引进以留学回国人员和外籍人员为主,100%具备国际一流高校的教育背景及工作经历。其中,外籍/中国港澳台教师(含讲席教授)共17人,千人计划2人,青年千人计划9人。

　　海外人才的加入为师资队伍建设注入了新鲜活力,强化了学科交叉建设实力。在研究方面,国际化师资不仅带来了多元化的前沿知识,同时还具备国际视野以及研究创新意识,极大丰富了交叉信息院的研究领域;在教学方面,国际化师资对教学理念、教学方法、教学内容和指导研究生的国际化程度都起到了主导与促进作用。而另一方面,在职教师的海外背景也使他们在海外人脉关系和国际学术活动上具有较大

的优势。据统计，交叉信息院教师年均海外学术访问及会议出访近 100 人次，形成了高度活跃的国际学术交流氛围，为进一步发展成为世界知名的交叉信息科研机构奠定了更为坚实的基础。

国际化师资队伍的建设，不仅仅要引进海外人才，还需要建设相关教师管理制度，才能保障教师队伍的可持续发展。交叉信息院率先进行人事制度改革，与国际接轨，采用 Tenure-track 系列与研究系列，其中，Tenure-track 系列确定非升即走的流动机制，引进国际评审机制进行聘任期满考核。在这种考评制度的激励下，教师的科研及教学已硕果累累。截至 2017 年年底，计算机学科团队已在领域前四名的顶级国际会议（STOC，FOCS，CCC，SODA）上发表 48 篇论文，达到世界前十名高校水平；在密码学领域两大会议（Crypto，Eurocrypt）上发表论文 14 篇，达到世界先进水平；物理学科团队依托量子信息中心的金刚石色心量子计算、离子量子计算、超导量子计算、光量子网络等多个实验室平台，取得了一系列重要创新性成果，包括《自然》及《自然》子刊 10 篇，*Physical Review Letters* 30 多篇。这不仅大大提升了教师，尤其是青年教师的工作积极性，同时也有助于吸引更多的海外人才（包括外籍教师）的加入。

（二）建立全球视野的培养模式，推动人才培养国际化

培养国际化人才是高校开放式办学的根本任务。交叉信息院一贯致力于建立全球视野的培养模式，借鉴国际先进的培养方案，矢志培养与美国麻省理工学院、普林斯顿大学等世界一流高校学生具有同等、甚至更高竞争力的领跑国际拔尖创新计算机科学人才。

课程设置是体现教育国际化程度的重要指标之一。交叉信息院设置全英文教学专业课程，覆盖信息科学前沿领域。以姚期智班课程为例，本科生开设 25 门专业课程（其中包括 5 门核心课程和可选修课程）（第 1～6 学期，每学期开设 1～5 门课程），以强化科学基础训练。第四学年（第 7、8 学期）学生将在清华大学或国内外著名科研院所从事实际专题研究与实践。课程内容填补国内相关课程设置在理论基础方面的空白，涵盖计算机学科的全球热点与前沿领域，并根据学科的发展与时俱进，吐故纳新，如 2018 年春季学期增开的"自动驾驶"课程就属于当前国际热门的人工智能领域。此外，授课老师也不仅仅局限于交叉信息院在职教师，同时还邀请境外知名高校的知名学者前来讲授，如 2017 年春季学期的"言语科学技术及创新应用"课程即是邀请香港中文大学的 P. C. Ching 教授等人开设。

基于人才培养的全球视野，交叉信息院还建立了多层次、立体化的高端国际联合培养基地，制度化支持专项国际交流项目，定期选派优秀学生出访交流参会，包括本科姚班学生大三集体赴澳冬令营、大四全年科研实践、预研计划交流选拔、顶级国际会议参会资助等。依托预研计划，交叉信息院选拔具有特殊潜力的优秀学生，施行个性化培养、因材施教，预研生 100％ 选派至欧美、澳洲、日本等一流高校交流访问；依托

清华大学交叉信息研究院与美国麻省理工学院、美国密歇根大学、加拿大滑铁卢大学、丹麦奥胡斯大学、香港中文大学建立的联合中心平台，以及和伯克利大学共建的西蒙斯研究院，交叉信息院建立国际联合培养基地，接收方给予免学费并提供住宿的待遇，为学生国际化培养、接触科研领域前沿、参与科研实践创造良好条件，鼓励学生在本科期间就收获学术论文成果。目前，交叉信息院年均派出学生近 200 人次，姚期智班学生大三年级的大学期长期出访率已达到 100％。值得一提的是，截至 2017 年 12 月底，交叉信息院资助本科姚班学生出国参加 STOC、FOCS、CVPR、AAMAS 等顶级国际会议并宣讲论文达 65 人次，并在国际大学生程序设计竞赛，国际信息学奥林匹克竞赛等一些国际赛事上拔得头筹。多元化的高端国际交流机会为学生拓展国际视野、接触科研最前沿提供了便利条件。

（三）创办与举办高端国际会议，打造国际交流合作窗口

举办国际会议是展示高校科研实力的重要对外窗口，同时也能进一步为高校赢得国际学术声誉。2007 年至今，交叉信息院共举办国际学术会议近 50 场，共吸引海内外参会学者千余人，赢得了国际学术领域的高度评价。凭借中国计算机科学 2020 研讨会、中国理论计算机科学人才培养研讨会、计算机科学创新研讨会、2016 年交叉信息科学国际研讨会等一系列高端国际会议平台，交叉信息院师生更有机会在清华园内与图灵奖得主、奈望林纳奖得主、哥德尔奖得主等顶级领域学者零距离交流和探讨。

尤其值得一提的是，交叉信息院建立了两大国际学术会议品牌：理论计算机科学明日之星交流会（CTW）和计算机科学创新研讨会（ICS）。理论计算机科学明日之星交流会是理论计算机科学领域内一年一度的盛会，已连续举办了 11 届，前四届在清华大学举办，2011 年开始走向丹麦奥胡斯大学等国际知名高校，累计吸引来自全球超过 1000 位青年学者参会，已在国际知名高校博士生中享誉口碑，见证了一批理论计算机科学领域的优秀青年人才从博士生到科学家的成长历程。正如多位参会学生所评价的："CTW 是一个了不起的理念，让参会者有机会真正见识有趣的人。"计算机科学创新研讨会由姚期智院士创办，头两届（ICS2010 和 ICS2011）都在清华大学召开，会议论文集由清华大学出版社独立出版。自 2012 年第三届起，ICS 研讨会更名 ITCS，在美国麻省理工学院等国际顶级高校延续影响力。而在此之前，国内学生甚至学者在世界理论计算机科学领域的学术活跃度并不可观，CTW 和 ICS 品牌的建立充分展示了国内在该领域积极主动的发展。

交叉信息院除了自己主办、创办国际会议之外，还积极参与国际性系列学术会议的组织与举办，增加其在国际领域的关注度，提升国际学术地位和影响力。如 2013 年，交叉信息院申请主办了"量子信息处理国际会议（Quantum Information Processing，简称 QIP）"。QIP 会议是量子信息领域内的顶级国际会议，自 1998 年首

次在丹麦奥胡斯举办以来,2013 年首次在中国和清华大学举办。此次会议大大提升了清华乃至中国在国际量子领域中的影响力,也带来了业内更多合作与交流的机会。此外,交叉信息院还注重同国外高校合作举办学术会议,从而进一步深化双方在特定领域内的科研合作。如 2015 年举办的 CIFAR-中国量子信息科学项目年会以及 2016 年举办的清华大学-康奈尔大学网络空间安全与密码研讨会,不仅共享了双方的学术成果,也都在不同程度上推进了双方今后的深度合作与交流。

(四) 吸引顶级国际学者来访,缔结国际交流合作纽带

国际交流合作纽带的缔结依赖于国际学者的互访,尤其是高层次顶级学者间活跃的学术交流,对于营造积极的国际化学术氛围大有助力。

交叉信息院积极鼓励院内教师作为主请人邀请其海外的合作伙伴前来清华进行学术交流与访问,并在一定程度上提供资金支持。借助姚期智院士在国际上的学术影响力以及依托交叉信息院教师的海外学习或工作背景,院海外来访人员 80% 来自美国的知名高校,如麻省理工学院、斯坦福大学、加州大学伯克利分校等,这些学校大都以计算机学科著称,而来访人员中也不乏院士、国际奖得主。截至 2017 年年底,交叉信息院共接待来自世界一流大学的知名学者 800 多人次,其中包括 9 位图灵奖得主和 3 位奈望林纳奖得主,如 John Hopcroft 教授(1986 年图灵奖得主),Silvio Micali(2012 年图灵奖得主),Avi Wigderson 教授(1994 年奈望林纳奖得主),Christos Papadimitriou 教授(2012 年哥德尔奖得主)等。

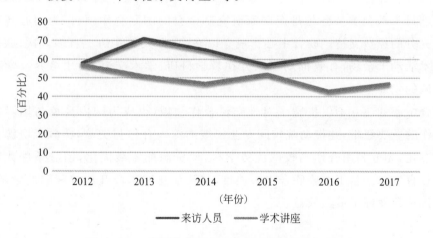

2012—2017 年国际来访人员与国际学术讲座比较图

海外人员的来访极大丰富了交叉信息院的学术活动,截至 2017 年年底,主讲院系讲座已达 500 多场。据上图所示,交叉信息院的来访人员和学术讲座频度近几年都维持在一个较高的水平,国际学术交流气氛相当活跃,同时也可看出,70% 以上的来访人员都会受邀做学术讲座。交叉信息院也凭借这些大师的来访,建立了院高端学术讲座品牌"图灵讲座"和"姚班文化素质讲座"。此外,来访学者在清华期间还多方参

与课程体系建设,并亲自授课、零距离指导学生科研,担任科研导师,通过潜移默化、言传身教将学生带向学术前沿。包括图灵奖得主 Robert Tarjan 教授在内的一批国际名师都曾做客交叉信息院的讲座系列与姚班课堂。借鉴世界一流大学拔尖创新人才培养理念、模式和方法,来访学者积极引导学生积极参与国际交流与合作,提供建设性的宝贵意见,为交叉信息院不断提高人才培养质量和培养效率提供优化方向。

(五) 开展高端多元的国际合作项目,拓展国际交流合作渠道

建立国际合作伙伴关系和开展国际合作项目,对于加强科研能力、促进人才培养国际化以及对高校教育资源优化配置都有极其重要的意义。借助院系师资资源,交叉信息院致力于在计算机科学与技术和物理学两大学科方向上开展交叉建设,积极寻求开发国际合作项目,与海外知名高校建立合作研究关系,先后建成 5 个联合中心项目,包括清华大学-麻省理工学院-香港中文大学理论计算机科学研究中心、清华-密西根量子信息联合中心、清华-滑铁卢量子计算联合中心、清华-奥胡斯交互计算理论中心,以及加州大学伯克利分校海外联合培养基地——西蒙斯计算理论研究院。

联合中心的合作领域多集中在新兴与交叉学科上,从内涵丰富的理论科学相关课题,如算法设计、量子计算、量子密码等,到与国计民生息息相关的现代科学研究课题,如计算生物学、机器学习、量子网络、量子通信等。合作交流形式也力求多元化,包括:举办暑期研讨班,举办学术研讨会,双方教授、学者和学生互访,邀请合作学校教授前来开设课程等。另外值得一提的是,清华-奥胡斯交互计算理论中心依托中国国家自然科学基金委员会与丹麦国家研究基金会的国际合作项目,为中心各项工作获得了充分的经费支持。联合中心自成立以来,双方人员互访二百多人次,联合举办各种学术活动十余场,有效推动了双方在教学科研、学术交流、人才培养及学科建设等多领域的发展。

联合中心的建立不仅扩宽了对外交流合作领域,也成为国内高校与国际院校间战略合作的重要纽带,并带动院校间专业领域的深入合作与交流,在教育资源上也实现了共享化,充分利用合作高校的优势学科,使资源配置最优化,创造条件让师生获得优质教育资源。基于上述联合中心项目,交叉信息院积极开展校际间的学术互动,促使合作项目发挥了最大效益。

三、 几点思考:全球视野下的机遇与挑战

在推进高等教育国际化的进程中,交叉信息研究院始终立足于高端、多元、双向这三大全球战略定位,引进海外高端师资人才,开展高水平国际合作项目,提供多元平台进行国际化人才培养以及打造双向的国际合作交流模式。无论是师资建设,人才培养,还是合作研究,学术交流,这些都是国际化体系的重要组成部分,缺一不可。

从另一方面来说,它们之间又都相辅相成,相互促进。比如教师队伍的国际化也会对学生培养的国际化产生影响。曾满超等提到,教师在课堂和学术活动中的角色起到了鼓励或抑制学生参与国际化活动的作用。[2]而更多的学术交流也会带来更多合作研究的机会。因此,在制定政策和执行中,需要从大局出发,综合考量,而不能厚此薄彼,以避免"木桶短板效应"。只有各方面得到均衡发展,互促互利,才能推动国际化的整体进程。

从学科发展的趋势看,新兴领域和交叉领域正在引领更为活跃的国际化合作交流格局,这也是当下信息科学等相关学科的全球战略所面临的机遇与挑战背景。具体而言,未来的探索可以从以下三个方面重点发力。

(一)强化国际化师资队伍的可持续发展能力

国际化师资队伍建设是全球战略的重要推进力量,但一个普遍面临的问题是长期外籍专家流动性较大。以交叉信息院为例,先后引进13位外籍助理教授,外籍专家人数比例曾高达1/3,而目前在院的外籍教师仅为2人(不含外籍博士后)。根据调研,外籍教师离职的主要原因为家庭和环境,但更深层次的原因还在于国际高水平学术人才环境的激烈竞争,尤其是在计算机的黄金时代。在全球师资人才的市场内,与国际其他一流高校,诸如MIT、普林斯顿等,竞争引进高端人才,尤其是学科带头人,是一项极具挑战性的工作。而人才引进后,如何能将人才留住,这不仅要有"硬环境"的支持,还需要有"软环境"的支撑,包括适配全球形势的薪酬体系以及健全的人才管理和服务机制和学术环境等。对于外籍专家,友好的生活环境,包括空气质量、居住条件、家属安置、子女入学、对周围汉语氛围与中国文化的适应与融入程度,以及国家对外籍人士的相关政策等,也都是影响他们是否能长期在中国工作的重要原因。除了外籍专家,持续引进高水平的海外学科领军人物也是国际化师资队伍建设的重要着力点。未来要抢占全球人才高地,需要立足全球战略,不断强化国际化师资队伍的可持续发展能力。

(二)拓宽国际学生招生格局、提升国际人才培养质量

培养国际化人才是全球战略的重要落脚点之一,中外学生的交流融合与共同发展始终备受关注。与此同时,拓宽国际生招生格局在国际化层面上会对院系提出更高、更具体化的要求,从而更有利于促进院系的国际化进程的发展,例如,教师在课堂上需站在国际视野的角度,学生工作也需全面考虑国际生的需求。以交叉信息院为例,目前国际学生比例相对来说较低,生源结构以韩裔和华裔为主。但随着清华大学不断深化国际化办学理念,国际学生的分布格局将日趋多样化,招生规模也将逐步扩大。从优势转化的角度看,交叉信息院已具备较高的国际生培养起点,如全英文课程和国际化学习环境,对外交流平台的国际活跃度,教师队伍的国际性,以及行政队伍

的高英文素质等。除此之外,国际学生的选拔培养仍需充分借助学校的大平台,拓展招生宣讲途径,发挥国际化师资队伍优势,提升国际学生生源的多样性,加强国际学生管理水平和服务质量,促进中外学生的交流融合与共同发展,更好地培养具备全球竞争力的青年人才。

(三) 立足跨学科布局、延展全球学术合作网络

国际化学术科研交流与合作直观上构筑了全球战略的国际网络,对于交叉学科与新兴领域而言,全球学术网络的延展尤为重要。交叉信息院先后建成 5 个联合中心,通过开展师生互访、举办学术研讨会议等一系列方式,均在促进学院国际学术合作交流与提升领域国际影响力上发挥了积极的作用。随着青年教师陆续成长,学院层面的国际学术合作网络不断延展,合作领域要逐步从双边发展为多边,打破"一对一"的固定合作模式,多渠道、多方位开展国际合作。基于跨学科布局需求,仍需不断推动国际产学研联合项目的开发,不停探索如何保持国际学术合作项目的长效活力,寻求更深层次的合作模式,主动融入清华大学全球战略共同体,进一步提升院校国际学术声誉。

总而言之,全球战略不是一朝一夕的布局,推进国际化进程也不能一蹴而就。优势源于积淀,机遇与挑战仍然并存。如何围绕高端、多元、双向三大全球战略定位原则,继续探索优化国际合作交流的广度、深度与精度,将是一项持久而长远的课题。

参 考 文 献

[1] Knight J. (2017). Global: Five Truths About Internationalization. In: Mihut G., Altbach P. G., Wit H. (eds). Understanding Higher Education Internationalization. Global Perspectives on Higher Education. SensePublishers, Rotterdam.

[2] 曾满超,王美欣,蔺乐. 美国、英国、澳大利亚的高等教育国际化[J]. 北京大学教育评论,2009(4).

(作者单位:清华大学交叉信息研究院)

探索新时期中国援外教育模式
——以清华大学公共管理学院经验为例

秦 勤

摘 要：高等教育国际化已成为全世界各国的普遍战略，由此衍生的政府主导、官方援助、高校承办的高等教育援助也成为政治经济大国的公共外交的手段之一。我国一些高校利用自身国际化优势，开展高等教育援助，得到受援国学员的称赞。自党的十八大报告首次提出"要倡导人类命运共同体意识"以来，习近平主席提出要坚持正确义利观，做好对外援助工作，并在十九大报告上提到"加大对发展中国家特别是最不发达国家的援助力度，促进缩小南北差距"。清华大学作为高等教育国际化和高等教育援助的"排头兵"，深入研究各国高等教育援助的机制，积极探索我国高等教育援助的最终目标、培养机制和工作理念。本文以清华大学公共管理学院为例，总结了在高等教育援助中的实践经验。最后提出我国未来高等教育援助的发展建议，为相关单位提供借鉴。

关键词：高等教育国际化；国际教育援助；高校高等教育援助

一、 引言

随着全球化趋势深度发展，高等教育的国际交流合作日益频繁，高等教育国际化成为全世界各国的普遍战略，由此衍生的政府主导、官方援助、高校承办的高等教育援助也成为政治经济大国的公共外交的手段之一。我国已经形成了以商务部为主导，高等院校承接的格局。商务部作为国务院授权的我国对外援助培训的主管部门，主要负责制定援外培训相关的政策制度、培训计划、培训项目审批及其实施的监管。

我国部分高校作为高等教育援助的承办单位,利用在高等教育国际化中积累的大量实践和理论经验,通过教学培训,在一定程度上为发展中国家做出了贡献,并得到了受援国学员的感谢和称赞。

自党的十八大报告首次提出"要倡导人类命运共同体意识"①,党和国家领导人足迹遍及各大洲,中国和国际社会一道,深化合作共赢,构建人类命运共同体。2015 年习近平主席在南南合作圆桌会上作重要讲话,提到未来 5 年中国将向发展中国家提供"6 个 100"项目支持,帮助发展中国家发展经济、改善民生;提供 12 万个来华培训和 15 万个奖学金名额,为发展中国家培养 50 万名职业技术人员,中国将设立南南合作与发展学院。② 在十九大报告中,习近平主席提出要"加大对发展中国家特别是最不发达国家的援助力度,促进缩小南北差距"和"积极参与全球治理体系改革和建设,不断贡献中国智慧和力量"的要求。

人类命运共同体理论为我国高校的高等教育援助发展赋予了新的使命。各高校不仅需要从自身高等教育国际化经验出发,协调校内国际化资源,做好高等教育援助工作;还要认识到在现有国际秩序下,特别是西方文化和价值观已经渗透发展中国家的政治经济中,西方的精英高等教育也得到发展中国家民众普遍认同,我国高校在探索和实施高等教育援助中,需要了解各政治经济大国共同参与的全世界高等教育援助舞台,然后深入思考如何借助我国经济社会发展的独特经验,做好人才培养;为最终增强受援国自主发展能力,促进缩小南北差距,共同推进世界的和平和发展积极探索,并提炼出有效的指导理论。

二、 美、英、日高校高等教育援助概况

笔者以美国、英国、日本的高校参与的政府主导、官方援助,并针对培养发展中国家未来领导者的高等教育援助项目为研究样本,通过介绍各国高校高等教育援助机制、办学宗旨、承办主体等进行整理,帮助大家了解各国高校参与的高等教育援助的发展历史和现状,理解国际高等教育援助的多样性和复杂性,为我国在华领域的理论探索提供现实借鉴。

---

① 胡锦涛.坚定不移沿着中国特色社会主义道路前进为 全面建成小康社会而奋斗——中国共产党第十八次全国代表大会上的报告,北京:人民出版社,2012:47.

② 习近平联合国演讲. 7 项承诺及"6 个 100"项目支持,2015-09-26,人民网国际频道,2015-09-28,http://world.people.com.cn/n/2015/0928/c1002-27642788.html.

表 1　美、英、日高校参与的高等教育援助概况

	援助机制	成立时间、培养目标、录取标准	承办院校
美国汉弗莱奖学金项目（Hubert H. Humphrey Fellowship Program）	由美国国务院出资，并由国际教育协会与来自工商、教育和政府部门的代表组成的全国顾问委员会协商进行管理。由总统授权任命的美国威廉·富布赖特外国奖学金委员会在美国全面负责汉弗莱学者的最终选拔。	自 1978 年以来，全世界 157 个国家的 4 700 多名学者参加了汉弗莱项目，其中 140 多名来自中国。 培养目标： (1) 建立和加强美国公民和世界其他地方个人之间长期的生产伙伴关系； (2) 通过接触美国的价值观、模型和思想来培养知识和技能的领导者，他们将对社会产生倍增效应； (3) 扩大和改进国际交流和培训项目的范围； (4) 提高美国公民对国际问题和其他文化和社会的认识和了解。 录取标准： 汉弗莱项目通过严格审查，选出年轻有为，且具领袖潜质、至少 5 年工作经验、有公务服务记录的中层专业人员。	由麻省理工学院、康奈尔大学、波士顿大学、锡拉丘兹大学等 13 所大学院系承办
英国志奋领项目（Chevening Program）	由英国外交和联邦事务部和其他相关机构出资，由英国大使馆和世界各地的高等委员会选拔。	项目从 1984 年开始，共资助全世界范围内 48 000 余名领导者和影响力人物，其中来自中国的有 3500 多名。 培养目标： 志奋领的目的是支持外交政策的优先事项和通过与未来领导者、影响者和决策者创造持久而积极的关系，实现外交与联邦目标。 录取标准： 针对发展中国家的领导者志奋领奖学金项目（Chevening scholarship）要求至少 2 年以上工作经验（不同国家具体要求不同）；志奋领助学金项目（Chevening Fellowship）要求 5～7 年工作经验（不同国家具体要求不同）	由牛津、剑桥、伦敦政经学院等不同院校承办
日本（Young Leaders' Program）	年轻领导者项目是由文部省出资，由日本大使馆根据成绩选出候选者并向日本文部省推荐。经文部省考察最终决定奖学金获得者。	项目从 2001 年启动，培养来自于亚洲和其他国家的未来领导者。 培养目标： 通过加深对日本的了解，在各国之间建立友好关系，并在各国领导者之间建立网络以改善政策规划活动 录取标准： 项目向 29 个发展中国家开放，邀请国家机关和企（事）业单位就职的有较大发展前景的优秀青年骨干。	包括政策研究大学院大学、九州大学、一桥大学等五所大学

资料来源：汉弗莱奖学金项目网站、志奋领项目网站、日本文部省网站和其他相关网站。

三、 我国高校高等教育援外探索

由表 1 可见，美、英、日在高校高等教育援助战略上，都已发展了严格完善的人才选拔与培养的成熟运行机制，而且他们作为经济大国和文化大国，高等教育援助项目

也一直争取吸引发展中国家优秀生源。我国高校在全世界高等教育援助的同台竞技和合作上，需要充分理解高等教育援助，认清高等教育援助与高等教育国际化的区别，归纳高等教育援助的培养目标、培养机制、管理的工作理念，最终实现发挥我国高校教育资源，促进共同发展的目的。

（一）高等教育国际化与高校高等教育援助

承担高等教育援助工作的高校，能否单纯凭借高等教育国际化积累的经验，对高等教育援助项目和其他国际化项目进行简单的趋同管理？为了回答上面的问题，我们需要充分理解高等教育援助与高等教育国际化的关系。

首先，我们先从定义上来区分：高等教育国际化主要指教育观念国际化、教育内容国际化、人才国际化、科研成果国际化、教育资源国际化等，[①]要求大学进行国际间的交流和共享，以提高人才培养的质量，促进大学的发展。国际教育援助是指国际组织和富裕先进国家对贫穷落后国家和地区的援助，以帮助这些地区和国家改善生产、经济、卫生、教育和公共福利。它是以外援、技术援助、发展援助和国际发展教育等名义进行的人力、物力和财力，以及技术上的援助和支持。[②] 我们在这里所说的高校高等教育援助是由政府主导、官方援助、各高校作为承办单位，提供教育资源，承担国家对受援国的教育援助任务。

其次，从高等教育国际化与高校高等教育援助的对象来讲：高等教育国际化面向多样化的全球学生；而高等教育援助则是针对减少贫困、缩小国家差距。有现实需要的发展中国家的学员，在教育实施中：一要考虑到受援国不同的民族性，对其国情和国家发展现实需要充分了解；二要考虑到西方的"普适"和道德诉求，强迫或潜移默化了发展中国家民众认同了某种世界观和价值观念，在传递中国声音和介绍中国经验中，要具有世界的视角，结合中西文化，不能生硬刻板；三在全球高等教育援助竞争合作中，要切实提高我国高等教育援助的水平，培养能解决实际问题的专业领军人才，增强发展中国家的自主发展能力。

因此，从关系上来讲：高校高等教育援助是教育国际化的组成部分，要纳入学校的国际化发展战略，但是各高校的高等教育援助与其他国际化教育项目相比，具有特殊性，对承办单位提出了更高的要求。

（二）我国高校高等教育援助的最终目标

我国的高校高等教育援助将"建立人类命运共同体"作为最终目标。从我国对外援助发展来看，我国坚持奉行不附加任何政治条件的原则，坚持帮助受援国提高自主发展能力，坚持平等互利、共同发展。从我国的发展历史上来看，与其他发展中国家

① 夏辽源.我国高等教育国际化问题研究[D],长春：东北师范大学,2006.
② 徐辉.战后国际教育援助的影响、问题及趋势[J],外国教育研究,2000(1)：35.

一样,我们有着相同的命运和遭遇,在国际上有共同的维护主权独立和发展国家经济的立场。从十九大报告中,我国新时代外交内容是高举和平、发展、合作、共赢的旗帜,恪守维护世界和平、促进共同发展的外交政策宗旨,坚定不移地在和平共处五项原则基础上发展同各国的友好合作,推动建设相互尊重、公平正义、合作共赢的新型国际关系。从全世界共识来看,2017 年 2 月,联合国社会发展委员会首次将"构建人类命运共同体"理念载入联合国决议,这表明构建人类命运共同体理念得到国际社会的普遍认同。

(三)培养机制

高等教育援助需要遵循高等教育国际化的国际机制:尤其是随着高等教育全球化,各国大学都可以在国际排名中找出定位,在既有通用的衡量标准上,比如高水平的师资建设、国际化的课程设置、高层次的研究成果,这些衡量一所大学实力的重要指标,表明各个大学的高等教育国际化的参与程度。高排名有助于树立我国文化大国的先进形象,并进一步影响对生源的吸引力和国际影响力。

高等教育援助的人才培养要具有中国特色:要在符合受援国经济发展所在阶段的实际需要下,充分借鉴我国的现实经验。绝不能依赖于发达国家的教育模式,要鼓励深入研究国情,为其他发展中国家的社会发展提供中国的智力支持,为全球治理提供中国方案。

高等教育援助要树立开放性思维:援助发展不是单纯的由外到内。援助方培养方案要与受援国发展现状、未来发展规划和优先发展领域进行充分的结合,援助教育内容力争统一到受援国主导的框架目标和内容下,将教育科研成果转化为支撑发展中国家的发展能力,使教育援助效果深远化、可持续化。

(四)工作理念

2013 年 3 月 25 日,习近平主席在达累斯萨拉姆尼雷尔国际会议中心发表题为《永远做可靠朋友和真诚伙伴》的重要演讲,全面阐述新时期中非共谋和平、同促发展的政策主张——对待非洲朋友,我们讲一个"真"字;开展对非合作,我们讲一个"实"字;加强中非友好,我们讲一个"亲"字;解决合作中的问题,我们讲一个"诚"字。"真、实、亲、诚"四个字不仅全面地阐释了中非关系,更是对我国对外援助的模式与成效的科学表述与总结,在高等教育援助工作中,我们也要按照这四个字认真思考和执行。

"真、实、亲、诚"不是抽象的,是建立在真诚换位思考的基础之上。许多受援国学员来华,都是第一次远离熟悉环境来到中国,薄弱的教育基础不仅在日常上课中会有力不从心的情况出现;在平时生活中,面对新奇的现代化便利,也与原来生活有一定差距。在生活和学习初期,都有若干不适应、甚至不稳定的情况。作为教育工作者和管理者,在尊重差异的基础上,适当安排课程,并组织活动,积极引导融入生活,同时要注意工作方式,意识到受援国学员,虽然基础较差,但是自尊心较强、学习意愿较强烈,我们要友善地与各受援国学员相处,建立一个以人为本的真诚友善的公平管理机制,传递友好和合作的意愿,避免意外事件的发生。

"真、实、亲、诚",意味着不应该将教育援外单纯看成服务援助国经济与政治的一种工具。援外教育要求教育工作者和管理者要认真履行援外工作职责,授课老师和项目管理人员在援外教育中加强对西方各种观点的辨析和引导,善于解疑释惑;在结合受援国学员已建立的西方文化价值观的基础上,结合中国传统文化,在轻松融洽的过程中讲好中国故事、传播中国声音。

"真、实、亲、诚"不是"大包大揽",也不是"拔苗助长"。援外教育水平要与受援国学生相匹配,规模与质量相结合,在发展中国家减贫发展中,在保证数量中,培养学员要具有广泛的参与能力,在突出质量中,致力于该国业务骨干和学术带头人才的教育。在减贫设计、实施、监督、评价的链条中,促进不同层次的可持续发展和相互结合,促进受援国的自力更生能力。

四、 清华大学公共管理学院援外教育项目实践

(一)学校优势

清华大学是中国高层次人才培养和科学技术研究的重要基地,清华品牌享誉全球。建校 106 年来,清华大学与国家命运、新时期发展紧密相连,不仅培养了多位党和国家领导人,在各行各业也突出涌现出一大批领军人物,在教育、科技等国家重大领域做出了大量的不可替代的贡献。学校坚持推进"双一流"建设方案,在 2017 年 7 月份,清华大学召开学校的第十四次党代会提出"到 2020 进入世界一流,到 2030 进入世界一流前列,到 2050 要建成世界顶尖大学"的奋斗目标。伴随着国家的强大,作为中国的高校要走到世界舞台中央,清华大学制定了首个全球战略,深化战略实施,推动高层次国际化办学、科技方面国际合作,全面提升国际合作水平,把学生培养成有全球胜任力的人才,与"更加积极地促进和平、参与国际事务、共同发展"国家战略保持一致。

(二)学科优势

清华大学公共管理学院建院 17 年来,秉持明德为公、知行合一的理念,努力培养引领国家发展与人类进步的公共事务领导者和思想者,结合国家重大战略需求开展政策研究,并致力于为中国及全球治理的改善做出知识贡献。学院于 2003 年首批获得全国公共管理一级学科授权,并在随后的第二、第三轮全国公共管理一级学科评估中分获第四、第二名。2013 年学院公共管理硕士(MPA)成为美国之外首例通过公共

管理院校联盟（NASPAA）国际认证的公共管理硕士学位项目，开启了国际一流公共管理学科建设的先河。2017年最新一轮学科评估获评为 A＋级学科，标志着清华公管学科在国际一流公共管理学科建设中的一个新起点。

（三）援外项目管理与教学培养实施

自 2008 年起，公管学院承担实施了我国首届全英文授课的商务部援外教育学历学位项目（国际公共管理硕士，International Master of Public Administration，简称IMPA）。至 2017 年为各发展中国家培养了具有扎实理论基础和独立研究能力的公共治理高级专门人才共计 294 名（来自 6 大洲 72 个国家）。2015 年起，清华大学承办了第二个商务部援外教育学历学位项目（国际发展与治理硕士，Master of Public Administration in International Development and Governance，简称 MIDG）。该援外学位项目的重点是为各发展中国家培养一批高水平国际发展与国际治理专门人才。清华大学这两个援外项目在 2017 年 2 月完成的商务部援外学历学位项目绩效评价中受到工作组的一致好评，被称为是"全国援外学历学位项目的标杆和表率"。

清华公管学院结合清华大学建设世界一流大学的实际要求，积极发展高层次的国际学生教育，着力优化教学结构，稳步提升项目质量。我院坚决贯彻学校对于英文硕士学位项目"高端定位，中国视角，清华特色"的原则，将清华公管特色和国际公共管理教育经验相结合，在援外项目的全英文课程教学和培养环节设计突出了"针对性、精师资、重实践、促分析、强论文、立人文"的特点。

针对性

在建立援外教育课程中，在专业教育的基础上加入国际性内容和渗透人文精神。清华大学公管学院重视以下四个方面：一是在公共基础课中加入国际教育和人文、文化教育部分作为通识教育的一部分，如中文、中国传统文化、中国外交与战略、国际政治等。二是加强外语教学，使用外语教材。三是在本专业、本学科的教学内容中强调提高专业素养和拓展延伸知识结构，每位任课老师针对学生特点精心设计课程大纲，编写教案教义和组织教学。四是通过发掘学校、学院内部蕴藏的丰富优质的智库力量，立足于本土特色，聚焦有关南南合作的事关全局的重大战略和我国长远发展的重大问题，分享研究成果，拓宽学生的视野。

精师资

学院着重援外教育不仅要求授课老师具有扎实理论基础和丰富实践经验，更需要了解发展中国家政治经济文化等具体情况的国别人才。由于授课和指导过程中涉及范围非常广泛，有政治问题、经济问题，还有社会、安全、财务、法律、民族、宗教以及民众风俗习惯等方方面面。为此，学院一方面建立了以教学名师、特聘教授为核心，包括薛澜、胡鞍钢、于安、楚树龙等国家级卓越师资队伍，还大力培养骨干的中青年学术带头人，努力使我院援外项目的师资队伍建设跃上一个新台阶。同时，学院加强协同合作,聘请国内外具有丰富实践经验、较高管理研究水平和参加过重要决策过程的政府官员和研究学者,全时或半时为学生讲授公共管理与公共政策相关的实务课程,深化学生对政府实际运作和公共政策过程的了解。如学院引进或聘请美国麻省理工学院斯隆管理学院彼得·圣吉教授和奥托·夏莫教授、中国国防大学国际防务学院副院长郭新宁教授,还有来自金砖国家的前部级官员为学生授课。

为了配合课堂教学,有效地将学术活动与学习生活结合,促进留学生与其他中国学生的交流,学院定期为援外项目留学生安排海内外的高端学术讲座,邀请对象既包括来自诺贝尔奖的获得者和知名研究学者,也包括西方国家和发展中国家的各国政要,还有来自联合国、UNDP 等国际组织的负责人。

重实践

为了优化人才培养模式,在培养方案和课程教学大纲中,清华大学公管学院根据人才特性和专业方向注重实践考察,特别是由于参与援外教育的学员大多是本国资深专家或有较高潜力的初级管理人员,很多人在课堂学习中,甚至来华前,积累了一定实践经验,需要结合和安排内容丰富、形式多样的实践考察活动,理解知识与社会生活的内在联系,使各门学科的相关内容在实践考察中延伸、综合、重组和提升。

从 2013 年至今,受援国学员不仅参访了我国经济发达的上海市政府部门和企业,更深入安徽、江西、广西、陕西等中西部省区了解中国发展实践,特别是在减贫、教育、城镇化、基层治理、可持续发展等领域所面临的复杂挑战。形成《中国的公务员培训:对乌干达的启示》(*Civil Servants' Training in China, Lessons for Uganda*)、《江西上清古镇与桑给巴尔石头城的世界文化遗产比较研究》(*A Comparative Study-Shangqing World Heritage and Zanzibar Stone Town World Heritage*)、《上海市与江西省的公路网络对南苏丹的启示》(*Shanghai and Jiangxi Road Network: Lessons for South Sudan*)、《中国农业的成功发展对埃塞俄比亚的启示》(*China's Success in Agricultural Development: a Lesson to Ethiopia*)、《上海市与陕西省农村与社区发展的经验:对解决加纳街头售卖问题的启示》(*Rural and Community Development in Shanghai and Shanxi-a Solution for Ghana's Problem of Street Hawking*)、《朱家角水乡旅游创新:对治理加纳阿克拉河多发性洪水的启示》(*Zhujiajiao Ancient Water Town Tourism Innovation: Lessons for Perennial Flooding of Adaw River in Accra, Ghana*)、《上海经验和柬埔寨经济发展实践的比较研究》(*A Comparative Study between Shanghai's experiences and economic developmental practices of Cambodia*)和《中国农业政策、行政能力对和非洲的意义》(*China agricultural policies and administrative capacity and its implication to Africa*)等多篇实践报告。从实践课程报告中可以看出援外学生对中国的改革开放和政治、经济、社会发展以及文化传统有了更具象的认识,强化了国际学生对中国发展实践的理解,引发他们与本国政党政治、政府运行、公共政策制定等领域的深度思考。

促分析

清华大学公共管理学院案例中心作为学院的教学、科研和培训支撑机构,不仅吸收引进了国外知名大学的经典公共管理案例,更立足中国的经济社会发展和公共管理实践,专门开发了具有时效性、本土性和典型性的高质量教学案例,截至目前,已开发450个中文案例,50个英文案例和160个多媒体案例。开发发展中国家的案例已作为工作重点,服务于援外项目课程的教学需要。案例教学聚焦具有代表性的典型个案,让援外学生在课堂上置身于真实的决策困境,站在不同利益相关者的角度深入剖析、探讨和研究公共管理问题,切实提升运用理论分析和解决实际问题的能力。

强论文

清华大学公管学院的教师具有较高的公共管理的科研水平,在各自领域都有不同程度的建树。为了让教育援助有效的配合受援国发展的现实情况和未来发展,受援国学员与论文指导老师积极联系,共同努力,将受援国具体部门进行充分的研究,论文选题面向实际公用管理领域,论文类型既有政策评估报告也有管理案例分析,公共管理问题对策研究。学生可以在做论文的同时,检验相应知识结构、解决分析问题的能力结构以及水平标准,解决方法具有应用性,极大地调动了学生应用中国经验解决本国治理问题的积极性。

表2　援外项目历年获得清华大学校级优秀论文和清华大学公管学院院级优秀论文列表

级别	姓 名	国籍	论 文 题 目
校优	J. Ochillo Oyugi	肯尼亚	肯尼亚民主化进程研究(1885—2009) Review of the Democratization Process from the Colonial to the Post-Colonial Period (1885—2009)
校优	H. D. Chandima Janaki	斯里兰卡	斯里兰卡政府组织在减少绝对贫困中的作用研究 Role of the Bureaucracy in Alleviating Absolute Poverty in Sri Lanka
校优	Erdenebaatar Dulguun	蒙古	蒙古公共服务改革研究：一站式概念的引入 A Study on Mongolian Public Service Delivery：Introducing One-Stop-Shop Concept
校优	Charles Nchore Ondieki	肯尼亚	肯尼亚公共投诉委员会的问题与前景分析 Rethinking The Public Complaints Standing Committee of Kenya：Inadequacies Versus Prospects
校优	Mpandawana Walter	津巴布韦	津巴布韦绩效评估系统实施中的挑战 Challenges in Implementing Performance Appraisal System：The Case of Public Service Commission Secretariat, Zimbabwe
校优	Mchenga Christopher Yotamu	马拉维	马拉维经济学家流失的影响因素分析：以内政部为例 Economists Voluntary Turnover in the Malawi Economic Common Service(2000—2009)

续表

级别	姓　名	国籍	论文题目
校优	Mekprayoonthong Manika	泰国	绩效管理体系对公务员行为的影响：以泰国外交部为案例 The Effects of Performance Management System on Civil Servant's Behavior：The Case Study of MFA in Thailand
校优	Bobb-Semple，Natalya Andrea Eva	圭亚那	关于如何留住圭亚那大学的教学人员的实证研究 An Empirical Review：Retention of Academic Staff at the University of Guyana
院优	Pakote，Moses	纳米比亚	国家在农村经济发展中的作用：中国经验对纳米比亚的启示 The Role of the State in Rural Economic Development in China：Lessons for NAMIBIA
院优	Kraffa，Blaise	科特迪瓦	公共管理中的健康领域管理者所需能力研究：以科特迪瓦公共健康部门为例 The Required Skills for Health Managers in Public Management：Case Study of Cote d'Ivoire' Public Health System
校优	Titareva，Tatjana	拉脱维亚	决定拉脱维亚女性领导成功的价值及影响因素 Values and Influential Factors That Determine Success of Female Leaders in Latvia
校优	Mubau，Paul	津巴布韦	津巴布韦教师流失的原因及其后果分析（2005 至 2008 年）A Study Of The Causes And Effects Of Teacher Turnover In Zimbabwe During The Period 2005—2008
院优	Clarke，Keera Mellonie	牙买加	牙买加与欧盟农业伙伴关系的预期收益：农产品加工业实证研究 Reaping the Prospective Benefits from the Jamaica-European Union Partnership in the Development of Agriculture：An Empirical Study of Agro-Processing
院优	Singh Ryan Christopher	圭亚那	关于圭亚那公共基础设施项目的分析：基于公私伙伴关系的视角 Analyzing Projects of Public Infrastructure in Guyana：PPP Perspective
院优	Mrutu Lukio Lawrence	坦桑尼亚	坦桑尼亚地方政府选举中选民人口特征与选举意向：基于 Kigonigoni 村庄的案例分析 Voter's Demographic Characteristics and Their Voting Intention in Tanzania Local Government Election：A Case of Kigonigoni Village
院优	Negera Bonsa Bavissa	埃塞俄比亚	埃塞俄比亚减贫政策分析 Policy Analysis of Poverty Alleviation in Ethiopia
校优	Johnson Shuwana Jamelia	牙买加	纳米比亚高度收入不平等决定因素研究 Deterministic Factors of High Income Inequality in Namibia

续表

级别	姓　　名	国籍	论　文　题　目
校优	Mwandiringana Edmore	津巴布韦	津巴布韦 NGO 农村扶贫有效性研究：关达地区的案例 The Effectiveness of NGOs in rural poverty alleviation in Zimbabwe：The Case of Gwanda District
院优	Kaonza Martin Kaonzo	纳米比亚	牙买加电子政府发展评估研究 Evaluating Egovernment Practice in Jamaica

立人文

清华大学公管学院的人文关怀建立在老师和学生自觉和自律之上。从承办第一期项目开始,学院结合学校的实际情况,摸索改进,形成了一本较为完整的《ISO 9001项目管理实施细则》,注重"为人师表""以身作则""躬行实践",这些规章制度成为每个人自觉遵守、自我约束的和谐基础。

在"教育"学生的过程中,在尊重个体的需求中,既容纳西方普遍价值,也结合中国传统文化理念。学院发挥清华大学"地势坤,君子以厚德载物"的博大胸怀,为国家社会发展做出突出贡献的院友积极支持,在听闻卢旺达驻联合国一等参赞 Sana Maboneza 援外院友意外身故后,学院在微信公众号里发表悼念文章,邀请了当年毕业论文指导老师和教学老师回顾以前学习的点滴生活,并引用了其他国家外长和大使悼词,补充了学员从 IMPA 项目毕业后的对本国和平与安全方面的优秀外交工作经历,不仅向学员的亲属表达了诚挚的慰问,还对受援国学员树立了未来工作的榜样。学院秉承清华大学"天行健,君子以自强不息"的人生进取精神,向身患重大疾病或遭遇突发事件的学院援外项目学员,以院友发展基金为资金来源,特设援外项目学员紧急救助金,妥善照顾学员,做到"不是亲人,胜似亲人",帮助其渡过难关,安心学业。当学员在华学习期间得知本国单位有重要的职场晋升机会,学院帮助学员连接视频设备参加远程面试,为其晋升助一臂之力。

经过在清华大学公共管理学院的学习,援外学生对学院的高度评价数不胜数,援外学生 2015 级苏丹籍学员 Mugtaba Tag Elsir Elyas Mohamed 曾专门给学院留言:"我用所有美好的词去描绘我所在的由最美丽和最优秀的人组成的学校的最美丽的时光。并且我感谢所有的教授和所有清华的敬业工作人员。经过学习,我现在认识到领导者在政策决策中应该是更包容,从确立目标,应用技巧和工具,实施到政策评估。IMPA 项目是一个非常重要的媒介,它能帮助发展中国家转变经济发展模式和达成发展目标。我希望有机会能回应这个美丽时光,它会在我脑海里回忆千百次。感谢清华大学!"

五、 高校高等教育援助未来发展建议

文末我们需要再一次强调,对外援助虽然是维护各国政治、经济发展的重要手段,客观上很难独立于各国的国际利益。我国政府一直坚持提供以互惠性为主的平等合作性援助,单纯"利我"援助或干预援助,无法体现引领发展中国家共同发展的道义责任和正当性,更不符合我国倡导建立"新型大国关系",推动构建"人类命运共同体"的外交定位。基于此,高校高等教育援外项目与其他国际化教育项目相比,具有特殊性,这些差异要求政府管理者和高校承办方提出了更高的要求,各方的专业性都有待进一步加强。

(一) 对外援助是综合机制,高等教育援助需与我国其他援外项目发挥协同效应

高等教育对于推动经济发展、减少贫困、促进公共治理的作用已得到普遍共识。但是高等教育援助,如何紧密联系,发挥协同效应上要有深入思考。我方管理部门,需要深入调研各受援国实际情况和未来发展目标,建立对外援助综合体制的国别方案,将高等教育援助、援外工程项目、优惠贷款等不同措施与受援国国家发展规划协调一致,同时促使学成回国的受援国学员,与我国在该国的援助企业、援助项目相联系,配合和支撑该国与我国在援外项目的共同合作。

(二) 高校要利用合作交流基础,找差距,练内功

高校要借用在合作交流的基础,一方面要积极了解全球顶尖大学在援外相关教育项目的管理机制、课程设置、师资建设先进因素,努力找出自身差距;另一方面要努力练好内功,提高项目质量,并拓展校外资源。高校不仅可以利用自身的优势,与发展中国家的一流院校、科研机构或政府机关签订合作协议,进行教学和科研合作,或开办学位项目、联合学位教育、双学位方式,加大教育的互联互通。为了保证援外教育项目的足够吸引力,还需要积极拓展奖学金的多样来源,满足来自发展中国家优秀学生或中高级政府官员的生活学习需要。以哈佛大学肯尼迪政治学院举例,为了吸引优秀学员,该学院奖学金不仅包括政府资助,还有私人公司、NGO、慈善基金会的捐助和大学之间的校级协议等。

(三) 亟须大众媒体对国民引导并树立丰富立体的全球视角,提高受援国学员在我国的融入体验,促进民心相通

"国之交在于民相亲,民相亲在于心相通。"民间的友好交流和交往,促进受援国学员在我国良好的融入体验,是援外项目不可忽视的一面。受援国学员来华,语言障碍是交流的主要困难,其他差异因素也不容忽视,比如由于价值观和宗教文化的差异,国人会发现他们的思想观念、行为方式有很大不同;在是非判定、行动纪律方面也要有适当的调整和改变。在中国学习和生活期间,官方宣传、学校教育和民间沟通中,需要格外注意。在今年春晚的个别小品,已经引发了广泛的热议。即使我国人民

在语言交流中障碍日益变小,但是在民心相通中,如何体现我国优良文化传统,如何展现我国文明包容程度,大众媒体也要引导并提高国民树立丰富立体的全球视角,促进受援国学生在我国融入体验,从而有利于我国与受援国之间的平等、友善、包容的长久关系维护。

参 考 文 献

[1] Patrick O'Meara,Howard D. Mehlinger,Roxana Ma Newman,Changing Perspectives on International Education,Indiana University Press,2001.

[2] 彭文平.日本的高等教育对外援助[J].日本问题研究,2016,30(4):49-57.

[3] 丁兆中.战后日本文化外交战略的发展趋势[J].日本学刊,2006(1):118-128.

[4] 孙立新.中国援外培训背景、现状及成果[J].世界农业,2009(5):48-50.

[5] 邱昌情,刘二伟.政治大国视域下的印度对非洲经济外交探析[J].南亚研究 2012(1):30-44.

[6] 周作宇,马佳妮.以人类命运共同体引领高等教育国际合作[N].中国教育报,2017-11-09.

[7] 任丽娟.新时期我国高等教育国际化策略分析[J].渤海大学学报(哲学社会科学版),2014(3):99-102.

[8] 程伟华.中国对非洲智力援助:理论、成效与对策[D].南京:南京农业大学,2012.

[9] 冯惠玲,胡娟,惠新宇.高等教育国际化:内涵、挑战与取向[J].中国高等教育,2011(11):5-5.

(作者单位:清华大学公共管理学院)

校企融合，携手创新

——清华大学国际产学研合作的探索和实践

吕　磊　姜永镔　周　丽　卢霄峻　马　军

摘　要：《国家中长期科学和技术发展规划纲要》专门提出建立以企业为主体、产学研相结合的技术创新体系。产学研合作体现在教育合作、学科培养、科研合作、人才培养、技术转移等多个维度。在清华大学多元的产学合作体系中，清华大学与企业合作委员会发挥了独特的桥梁与纽带作用。本文基于实务，结合案例介绍了清华大学多方位开展校企合作、促进学校和产业双赢发展的探索和实践，重点体现在开展重大项目、建立联合研究机构、促进学科交叉、推动学科发展、服务创新型人才培养等多方面的实质合作。

关键词：产学研；高校；企业；国际科技合作

官、产、学三螺旋理论[①]指出政府、企业与大学是知识经济社会内部创新制度环境的三大要素，它们根据市场需求而联结起来，形成了三种力量交叉影响的三螺旋关系。三者相互作用、互惠互利，彼此重叠，共同给社会创造价值。三股螺旋在创新中相互作用，缠结向上、互动能促进它们彼此的提升，同时促进区域创新、产业发展和经济增长。自金融危机爆发后世界经济复苏乏力、全球性问题加剧，如何有效促进产学研合作和技术转移，通过科技创新激发经济活力，是世界各国关心的重大课题。

在我国实施人才强国战略、科技强国、创新驱动发展战略、建设创新型国家的大背景下，作为人才、知识和科技源泉的高校在国家创新体系中发挥着重要的作用。习近平总书记在党的十九大报告中提到"深化科技体制改革，建立以企业为主体、市场为导向、产学研深度融合的技术创新体系，加强对中小企业创新的支持，促进科技成果转化"。正所谓"能用众力，则无敌于天下；能用众智，则无畏于圣人"，在快速变化、

[①]　官、产、学三螺旋理论是由纽约州立大学的社会学家亨利·埃茨科威兹和阿姆斯特丹科技学院的罗伊特·雷德斯多夫教授于90年代中期提出。

充满挑战的时代，谁能够打开视野和疆界、开放协同创新，才能勇立潮头。

作为我国高校的排头兵，清华百余年的发展历程正是通过团结、汇集政府、社会、企业各界的力量，进行以人才和科技服务国家发展的探索和实践。清华大学在建设综合性、研究型、开放式的世界一流大学的进程中，非常重视与产业界的紧密联系与合作。早在 1995 年，时任清华大学校长王大中院士在考察 MIT 的 ILP（Industry Liaison Program）①项目后，结合中国国情和清华实际情况，亲自倡导并发起成立清华大学与企业合作委员会（以下简称"企合委"），宗旨是推动科技成果转化与产业化，加速技术转移，提供各种科技、人才、教育等服务，促进学校与国内外企业合作。现任校长邱勇院士也非常重视校企合作，指出新时期、新形势下大学与产业界的合作意义重大：与国内企业合作是清华大学深入参与、实施创新驱动发展战略的出发点和落脚点，清华大学在中国企业做大做强、走向世界的过程中要发挥更大作用；与国外企业合作是清华大学全球化战略的重要组成部分，应结合学校的科研创新、学科发展、人才、就业等来推动国际产学研合作。

从企业角度，"欲流之远者，必浚其泉源"，国内外的领军企业也非常重视和人才与科技源头的高校、特别是清华大学的合作，通过战略企划部、高校合作部、研究开发部等加强与高校的联系与合作，例如，IBM 公司的大学合作部，宝洁公司 Connect＋Development 部门，西门子公司的 Center of Knowledge Interchange，华为公司的对外合作部等都肩负着与大学等合作的职能。

校企合作内容丰富，涉及面广。在清华大学多元的产学合作体系中，企合委发挥了独特的桥梁与纽带作用。企合委采用会员制的组织形式，重点面向国际知名企业、国有大型企业、行业龙头和骨干企业开展产学研合作。企合委秘书处设在科研院，清华与国内企业合作由科技开发部负责，与国外企业合作由海外项目部负责。截至 2017 年年底，企合委共有 190 余家成员单位，其中国内成员单位 150 余家，包括国家开发投资公司、国家电力投资集团有限公司、中国商飞、一汽集团、国家电网、中国电信、中石化、中国电科等国内知名企业；海外成员单位 40 余家，包括丰田汽车、日立、英特尔、宝洁、微软、西门子等知名跨国企业。作为清华大学和企业界交流的重要载体，企合委始终发挥着校企合作的桥梁和纽带作用，推动并促成学校与一批企业在基础研究和应用研究方面的重要项目合作，也助力学校与国内外企业在设立博士后流动站、就业、培训及社会实践等人才培养方面的合作。

---

① 麻省理工学院全球产业联盟（ILP）创办于 1948 年，缘于"二战"期间美国政府委托 MIT 进行重大技术研发，并将成果授权予企业开发。这是美国和全球第一家高校与产业界开展全面合作的战略联盟，至今仍是世界上最大的同类项目，致力于建立和加强 MIT 与全球企业之间的互动双赢关系。

一、 开展若干重大科研项目，产出重大成果

《国家中长期科学和技术发展规划纲要》专门提出建立以企业为主体、产学研相结合的技术创新体系。为什么必须坚持产学研合作？其中一个主要原因在于我国企业研发机构少，整体上创新能力不足，这种情况在近 10 年并没有大的改观，2006 年我国规模以上企业[①]开展科技活动的占比 25%，2016 年年末升反而略降到 23%[②]。另一方面，高校和科研机构自行开展的研究开发活动，往往关注技术导向，注重技术指标的先进性，但缺乏对市场需求的调研，成果往往难以转化为生产力。这些情况，凸显了产学研合作在我国技术创新体系建设中不可或缺的作用。

在清华综合性学科布局中，工科一直是优势和强项。清华工科在 US News 世界大学工程学科 2016 年、2017 年排名中蝉联首位；教育部学位与研究生教育发展中心组织开展的全国第四轮学科评估中，清华大学参评 23 个，进入 A 类 20 个，获得 A+ 14 个，在工科领域继续领跑全国高校……这些从一个侧面体现了清华在工科领域的综合实力。正是依托综合性学科布局和工科优势，清华大学与国内外企业针对产业需求和科技难点开展了深入科技合作。近十年来，国内外企业与清华大学的科技合作项目平均每年约为 2000 余项，2017 年清华大学科研经费达到 55 亿元，其中来自国内外产业界科研经费超过 17 亿元，涉外科研经费 5 亿元，50% 以上涉外科研项目是与 500 强国外企业合作开展的；清华共申请国内专利 2636 件，授权 1761 件，约 40% 的专利与企业联合申请；美国授权专利 209 件，与加州大学总校、麻省理工学院、斯坦福大学等共同连续四年居全球大学美国专利授权排行榜的前 5 名；新转化 79 项科技成果（含 405 件专利技术），成果转化经费超过 4.5 亿元（不含销售额提成），新成立衍生企业 34 家，直接服务产业和区域经济发展。这些项目、专利等数据反映出清华与国内外产业界合作的活跃度。一些产学合作的旗舰项目快速转化，引领产业发展，取得巨大经济和社会效益。例如，由清华大学、东方电气集团东方锅炉股份有限公司、神华集团等 30 余家单位共同参与研发 600 兆瓦"超临界循环流化床锅炉技术"，以更高的效率、更少的污染、更强的燃料适应性、更低的污染控制成本，成为劣质煤经济规模化利用的最佳选择，解决了我国新时期经济发展的关键技术需求，拿到了 600 兆瓦超临界循环流化床工程世界第一，意味着世界超临界循环流化床锅炉技术中心彻底从欧美转向了中国。清华大学的一些先进技术通过技术许可迅速转化，例如天奈公司（Cnano Technology）获得清华碳纳米管有关的专利技术独家许可，从美国风投机构融资建成世界上最大的碳纳米管生产线，实现了纳米碳管在先进能源的应用，尤其是锂

[①] 规模以上企业：指主营业务收入 2000 万元以上的企业.

[②] 2016 年我国企业创新活动特征统计分析，http://www.most.gov.cn/kjtj/201803/t20180320_138657.htm.

电池、导电塑料及力学结构上的应用。

二、 共建多所联合研究中心，构建产学创新平台

基于项目合作基础，培育共建联合研究机构，是产学合作的重要模式。

联合研究机构一期3年或5年，中心的架构使得合作在研究队伍、科研经费、科研设施、研究方向等方面确有保障，有利于校企双方建立长期、稳定、紧密、长效的战略性合作。联合实验室的设计重点放在职能定位、权益责任、组织结构和过程管理等方面。联合机构的管理一般采取管委会领导下的主任负责制，由双方高层领导、技术负责人等组成管委会、学术委员会来统筹规划合作学科布局和重点，审批确定课题，平衡合作各方的兴趣和利益。主任负责日常运行和管委会决议的实施，协调规范项目管理，降低了管理成本，提高了效率。相比项目合作，联合中心使合作从分散向集群方式转变，确保学校从学科和项目布局上能进行协调整合形成合力，围绕着学科发展和产业前沿目标，校企双方优势互补、有的放矢地开展合作，有助于提高创新能力，实现技术的快速应用与转化。截至2017年年底，清华与国内外企业共建联合机构约100余家。清华与联合技术、波音、丰田、三菱重工、东芝、戴姆勒、三星、微软、沃尔沃、太古、拜耳等多家跨国企业成立联合研究中心，开展长期、战略性合作研究。来自国际产业前沿技术的需求牵引、带动教师从事前沿技术研究，对学生进行系统科研训练，培养独立解决问题的能力，促进了国际视野创新型人才的培养。联合研究中心产出并转化了系列杰出成果。以清华-丰田研究中心为例，在近十年的合作研究中，双方合作申请了多项专利，发表论文百余篇，环境领域研究成果应用到北京奥运会、上海世博会、Apec会议的空气质量控制等方面；对中国的驾驶行为和乘员模型等研究，有助于提高汽车安全；能源、材料方面也开展了不少战略性、前沿性的基础研究，对丰田公司长期战略性规划和布局提供了重要的支撑。一些联合研究中心有效地促进了学科交叉，例如清华大学-联合技术公司（UTC）建筑节能、安全、控制联合研究中心汇集了来自建筑科学技术系、自动化系、公管安全研究中心等骨干研究力量，将建筑节能技术、自动控制、安全管控等技术集成应用到大型建筑平台上，促进了交叉合作研究。一些院系级联合中心在具体领域内深耕，助力企业的技术创新和产品研发，比如清华大学-大金研究中心的高性能换热管、离心风机叶片设计等成功应用到空调产品中；清华-中科大讯飞语音技术实验室的嵌入式识别引擎，其性能已超过世界技术最先进语音识别公司的中文引擎。

三、 产教融合，促进学校办学和学科发展

除技术合作外，产教融合推动学科发展方面清华大学也进行了积极探索，取得明

显实效。极深暗物质研究实验室的设立就是一个产学合作的典范。地下实验室是开展粒子物理学、天体物理学及宇宙学等领域重大前沿基础课题实验研究的重要场所。清华大学从 2000 年开始参与暗物质研究,但境内缺乏相关实验条件,只能通过联合韩国首尔大学、"台湾中研院",在对方实验室开展探测研究。直到 2009 年在企业的帮助下才取得突破。雅砻江流域水电开发有限公司(前身是二滩水电站)是企业合作委员会成员单位。该公司为建设大型水电站而修建了两条交通隧道,全长 17.5 公里,岩石覆盖厚度大于 1500 米的部分超过 70%,其中垂直岩石覆盖最深的地方达 2400 米,这是非常理想的极深地下实验室建设场所。基于企业合作委员会的合作平台,清华大学与雅砻江流域水电开发有限公司于 2009 年 5 月 8 日签订战略合作协议,决定在锦屏山隧道建设我国境内第一个极深地下实验室,并于 2010 年 12 月联合建成我国首个极深地下实验室。实验室拥有世界上独一无二的低宇宙线通量,为开展暗物质探测等稀有物理实验提供了得天独厚的平台,目前清华大学主持的"中国暗物质探测实验"(CDEX)和上海交通大学主持的 PANDAX 实验均在该实验室进行。极深暗物质研究实验室推动了我国包括暗物质直接探测实验、双贝塔衰变实验等重大基础前沿研究的开展,使得我国在极低本底重大基础前沿研究方面形成了良好的发展势头。

国际企业也对清华大学教学、科研给予了强力支持。在清华大学申报高端装备创新设计制造国际联合实验室时,实验室与西门子、大众、壳牌石油等知名国际企业多项科研合作令专家评委印象深刻;他们在评价中专门指出,学术研究与产业界紧密互动,是清华大学有别于其他兄弟高校国际联合实验的独有优势。

四、 产学携手,培养具备国际视野的创新型人才

人才是创新生态系统的核心要素。人才培养一直是校企合作的重要内容之一。除学校向企业输送优秀人才、为企业培训在职骨干外,校企双方还在人才招聘、奖学金设立、科技竞赛、实习实践、企业家演讲等方面有着互动合作。产学携手为社会经济与科技发展提供了具有实践能力的优质人力资源。尤其近年来清华大学与国际领军企业在信息技术等前沿领域深度合作,培养杰出英才。例如,图灵奖获得者姚期智先生主导并与微软亚洲研究院合作在清华成立"计算机科学实验班",教师与微软亚洲研究院的专家专门为实验班同学精心设置了八门核心课程。比如,微软亚洲研究院派出具有大型软件系统设计经验的专家,引导学生制作和创造大型的软件系统;通过设立"杰出访问学者"项目,微软出面每年邀请一位世界知名的计算机专家如美国麻省理工学院的弗朗斯·凯斯霍德教授等到清华讲学。在产学资深专家的联合指导下,学生三年级时就要做研究工作的准备,四年级时整年从事前沿研究。实验班学生在计算机理论和计算机软件的设计等方面达到世界一流水平,部分学生成果在 ACM 计算理论年会、国际电子与电气工程师协会计算机科学基础年会等计算机领域顶尖

的际会议上发表。

企业界在学生的创新创业教育和培养方面也是强大后盾。例如，清华 x-lab 是创意创新创业人才发现和培养的教育平台，以创新人才培养为核心，围绕"学习""活动""网络资源"和"培育"四个功能领域开展工作，为创意创新创业团队提供实践场所，组织学习、交流、实践活动。驻校企业家和驻校天使为团队提供咨询服务，资深投资专家和合作企业为团队提供创新创业的指导和资源，这是创新创业育成不可或缺的环节。

2017 年年底，国务院专门发文部署产教融合工作，指出"深化产教融合，促进教育链、人才链与产业链、创新链有机衔接，是当前推进人力资源供给侧结构性改革的迫切要求，对新形势下全面提高教育质量、扩大就业创业、推进经济转型升级、培育经济发展新动能具有重要意义"①。在国家产教融合的布局中，既需要职业学校与企业界合作培养实战型技术人员，也需要产学融合培育高端人才，不同学校的定位是不同的。作为综合性、研究型大学，清华大学的产教融合是在国际坐标系内来布局谋篇，与一流大学、产业界领军企业、著名企业家等多方合作集聚各类资源，定位高远。近几年来在清华大学综合改革、实施全球化战略的大背景下，清华大学校领导挂帅，先行先试，积极探索产学合作国际化办学方面的新范式，这些重大项目都有来自国内外战略企业合作伙伴的强力支持，从项目定位设计、学术资源、社会资源、经济资源等给予了全方位的支持。例如，全球创新学院是由清华大学联合华盛顿大学和微软公司共同在美国建立的教育与科研平台，苏世民学者项目得到黑石集团的大力支持，清华伯克利深圳研究生院得到腾讯等多家企业的支持……这些重大办学项目或定位于培养全球未来政治经济社会与科技领袖，或致力于产学携手，通过跨界交叉、科技创新来解决人类面临的共同挑战，均在全球取得重大积极影响。

五、组织高层次年会，凝聚产业界伙伴、扩大影响力

除上述教学、科研与人才培养合作外，企合委定期组织年会，定位在"热点话题、焦点人物、前沿科技"，围绕教育、经济、科技的热点问题，汇集国内外企业领袖与学者专家，通过跨界思想碰撞，分享真知灼见。例如，2017 年企合委年会定位在特朗普执政后的世界经济形势，会议邀请了国际货币基金组织（IMF）前副总裁、清华大学国家金融研究院院长朱民作题为《世界经济结构变局、特朗普冲击和政策拐点》的大会报告；智能汽车专场则聚集中国智能汽车领域的知名专家李克强和美日欧汽车企业高管，共议智能汽车的发展。2016 年企合委年会的关键词为"双智"——智能制造、人工智能。智能制造、无人系统的专家吴澄院士，以及西门子、微软、英特尔等技术高管在

---

① 《国务院办公厅关于深化产教融合的若干意见》国办发〔2017〕95 号.

会上分析、分享学术界、产业界在智能制造、人工智能领域的研发路线图、科技动态和最新进展。企合委年会成为校企高层互议合作、构建合作网络的品牌活动。

六、 定制活动，人才科技助力企业发展

企合委还通过定制活动来加深校企的理解与合作。飞利浦公司、波音、西门子等在清华大学举办"飞利浦日""波音日"和"西门子日"，为传播企业形象、扩展合作发挥了重要作用。根据企业需求的不同，这些定制活动可能包含了科研、人才交流、高层演讲、校园招聘等多方面的内容。企合委与企业共同制定整体活动方案，牵头组织活动，联合相关部处，整合校内可使用资源，延伸并拓展了合作。

以上从六个方面扼要介绍了清华大学产学合作的主要形式和正面成效。

七、 产学合作与教研的平衡

学术界肯定产学合作服务社会科技与经济发展的同时，也有不同的观点，一些学者对产学合作是否会影响高校的学术研究进行探讨。有基于 SciVal 数据进行论文分析的文献计量学研究显示校企合作可能对论文质量产生负面影响，分析原因可能在于，校企合作往往偏重知识运用，偏重短期效益，可能对强调理论创新的学术研究产生负面影响；对相关文献的梳理也发现校企合作存在着研究成果受限无法出版、研究议题不受学术界关注等问题，有可能降低校企合作论文的学术价值。但该研究同时显示，国际合作对论文质量产生正面影响，显著提升了篇均引用数和高引论文占比。

上述的研究主要基于论文角度。客观来看，学术论文并不是校企合作的主要成果形式，校企合作的效益主要体现为知识运用层面的专利、技术、产品的革新，因此若从知识创新角度来考察校企合作，其作用很可能就是负面的。从清华大学国际产学研合作的实务来看，效果是正面的。国际企业的研究开发布局多具有前瞻性，分工明确，既有部门负责短期 3～5 年的应用研究开发，也有部门从事 5～10 年甚至更长时间的前沿性研究，后者往往设置在总部研发部门。清华大学与国外公司研发部门的合作比例很高，合作课题具备挑战性。调研显示，一些国际合作活跃的教师认为通过国际科技合作能够保持教师对产业界最前沿技术信息、产品的接触，获得国内纵向和横向项目难以接触到的技术信息、实验材料、设备、先进的理念和务实的技术观点，也常产生国际专利和高水平论文。有些院士认为通过与跨国公司技术领导人交流，能了解产业界领导人对新技术发展的判断，使我校专家在为国家技术战略咨询、技术规划时能立足技术国际前沿，更好发挥战略咨询作用。

当然，高校的第一任务是人才培养。在开展校企合作的过程中，必须处理好坚守科研本职和服务社会之间的关系。为此，清华大学出台了《关于教师校外兼职活动的

若干规定》等管理文件，规范教师的校外兼职活动，建立合理标准和审批流程，避免教师因过多活动而懈怠其教育和研究的本职工作，以促进校企合作与教研工作的平衡，实现良性有序发展。

清华大学正在进行综合改革，教师人事制度改革、科研改革的框架下，教师更主要的精力放在教育教学和原创性高水平科研上。校企合作的方式也会有所变化。在科技成果转化方面，成果与知识产权管理办公室、技术转移研究院、清华控股及其关联企业、清华科技园，以及坐落于珠三角、长三角、京津冀、西部等中国经济重点区域的四家地方研究院和十三家派出研究院等将会承接部分学校实验室的研究成果，组织队伍进一步开发、集成和转化。

清芬俊秀，华夏增辉。伴随着中国经济社会的发展，在清华大学进行双一流建设、实施全球化战略的背景下，今后产学合作应从学校发展的大局出发，通过建立全球合作伙伴体系，借助跨国公司在国际、特别是母国的影响力，通过产学深度合作，探索新模式，携手创新，培育富有创新能力的人才，产出创新成果。此外，动态调整校企合作的定位和工作着力点，合作重点从美日欧等发达国家逐步扩展至发展中国家，探索科技在发展中国家的应用与转化。产教融合、校企合作，为提升国家创新能力、解决全球重大挑战贡献力量。

参 考 文 献

[1] 洪煜. 大学协同创新对学术产出质量的影响机制研究. 清华大学教育研究,2016(9)：33-44.
[2] 徐冠华.关于自护创新的几个重大问题. 中国软科学,2006(4)：2-7.

（作者单位：清华大学科研院海外部）

清华大学全球战略背景下的院系国际化建设初探

——以计算机系为例

刘　丹　朱文武　刘奕群

摘　要：院系是大学国际化的具体实现者和推进者，是促成学校建设世界一流大学、一流学科的生力军。因此，院系国际化建设能够有效反映出大学的国际化发展的程度和效果。本文以计算机系为例，以清华大学全球战略中与院系密切相关的 6 大方向即全球声誉、全球学程、全球学生、全球师资、全球科研和合作为考察维度，对计算机系近年来国际化建设的发展情况进行梳理和反思，认为院系进一步加强国际化建设需要应对以下 5 个方面挑战：一是构建更加国际化的创新性学生培养环境；二是从学科发展视角做好国际化建设的整体布局；三是重视对院系教学、科研等显性要素国际化建设的同时，注重对清华文化的传承；四是学校在统筹管理的基础上，通过适当放权等措施，提升院系自主性和灵活性；五是积极探索健全外事工作联动机制，促进外事工作效能最大化。

关键词：高等教育；国际化；全球战略；院系国际化建设

一、 问题提出

随着高等教育全球化进程的不断深入，从全球发展视角来思考学校发展的系列问题成为大学自身发展的内在需求。清华大学自建校以来，就肩负着适应国家战略需要和社会发展的使命。如何努力办好中国特色的世界一流大学，在全球教育竞争激烈的情况下，为国家发展、人民幸福和人类文明进步做出新的应有贡献，一代又一代的清华人为此坚持不懈的进行求索。在当今国家发展战略需求和高等教育发生重大变革的新时期，清华大学紧随时代发展要求，以建设世界顶尖大学为发展目标，经过多次讨论、论证,在 2016 年颁布了具有划时代意义的《清华大学全球战略》(以下简称《全球战略》),作为清华大学整体战略的重要组成部分,从战略管理研究的角度为全校国际化发展建设指明了方向。该战略以"立足中国、面向世界、传承创新、卓越发展"为原则,探索推动高等教育体制创新、人才培养、科学研究、资源配置等的新模式和新机制。而院系正是实施和促进这种改革创新的具体实施单位和重要力量。

作为承载着推动学科发展和人才培养、教学科研等重任的院系,同时也是促成学校建设世界顶尖大学、顶尖学科的生力军和推动力,院系建设的国际化水平直接反映出大学的国际化程度、效果和水平。因此,建设世界顶尖大学的基础离不开建设世界顶尖的学科,落实到实践层面就是离不开一流、顶尖的院系。计算机系作为建设清华大学计算机学科的重要组成部分,自 1958 年建系以来,将近 60 年的不懈奋斗,在中国计算机事业的发展乃至国民经济建设中发挥着重要作用。如今,在高等教育国际化的大背景下,计算机系紧随时代发展步伐,在学校整体规划指导下,在外部环境发生日新月异变化的时代大潮中,始终秉持既要争创"世界一流",也要满足"国家急需"的发展使命,积极研讨、不断创新以期应对各种挑战和机遇。

二、 计算机系国际化建设主要举措

(一) 成立顾问委员会,汇集精英智慧,助力跻身一流

随着党中央、国务院做出统筹"推进世界一流大学和一流学科"建设的重大战略决策的实施和《清华大学全球战略》的推进,全面推动与国际一流大学、科研机构和企业的合作成为计算机系建设"双一流"的内在需要。为此,计算机系推动成立清华大学计算机学科顾问委员会,经过两年多的筹备,顾问委员会的组织结构、使命任务、委员邀请、运行方式等经多方商讨,最终得以确定。顾问委员会主席由中国人民政治协商会议第十二届全国委员会副主席陈元担任,顾问委员会委员包括世界知名学术大家、大师,清华计算机学科杰出校友及国内外产业界领军人物。

顾问委员会成立仪式暨第一次会议于 2017 年 9 月 30 日举行,顾问委员会主席、副主席及来自海内外的 18 位顾问委员会成员汇聚清华,针对计算机学科的发展进行了深入讨论,对计算机学科的建设和发展提出战略性建议。顾问委员会主席陈元表示:"我会带领委员会承担好为计算机学科发展提出战略性建议的使命,为清华大学建设世界一流大学、清华计算机学科建设世界一流学科贡献力量。"期间,顾问委员会成员,来自加州大学伯克利分校的迈克尔·乔丹(Michael I. Jordan)院士和麻省理工学院的弗朗斯·凯斯霍德(Frans Kaashoek)院士还作了大会特邀报告,为师生们带来最前沿的学术盛宴。未来,顾问委员们将通过定期开会,结合世界发展形势和清华计算机学科的实际进行分期会诊,给出战略性建议和具体实施意见,从而促进并帮助清

华计算机学科早日跻身世界一流学科,迅速成为全球领先的计算机学科。

(二)国际化教师队伍建设

建设世界一流的学科,离不开世界一流的教师队伍。教师的教学水平直接决定了其教育对象学生群体的素质能力,而学生培养效果是反映该学科建设的基础标准;另一方面教师的科研水平直接体现了学科的科研水平,而学科科研水平是反映该学科建设的核心之一。从这个角度说,教师队伍国际化是世界一流大学的基本特征,同时也是建设"双一流"大学的重要基础。因此,要想争创一流的学科,必须有一支具有国际一流水平的教师队伍。计算机系教师的国际化建设,在学校"引进与培养并举"的方针指引下,一方面注重本系教师实现国际一流水平的培养;另一方面鼓励对国际顶级人才的引进。

第一,以人事制度改革为抓手,促进本系教师国际化建设。2012年,清华大学率先做出以人事制度改革为突破口,迈出全面深化综合改革的第一步,正式全面推进教师人事制度改革。计算机系紧随学校人事制度改革步伐,逐步完成人事制度改革,对教研、研究、教学三大系列的老师试用不同的评价体系和发展路径,在加强人才培养的基础上,通过加强队伍规划、加强团队建设、加强国际同行评估等途径,通过改革逐步解决突破本系教师队伍发展的束缚,建设一支世界一流的教师队伍。同时,通过准聘、长聘制度,将有学术志趣和潜力的国际一流人才汇聚一起,给予配套的保障和激励机制,使其能够安心的、全心的投身于长期的、基础性和前沿性的研究,最终实现全面推动教育教学、科学研究、人才培养等的发展。

第二,引进国际顶尖师资,丰富师资队伍组成形式。一方面,积极探索与国际顶尖学者建立稳定、长效合作机制。计算机系聘请学术造诣高、在计算机学科研究领域取得重大成就的科学家为杰出访问教授,以促进人才培养、学术研究及学科建设等的国际交流与合作。杰出访问教授的聘期一般3年,一经聘请后,都会按照合同要求认真投入系内的教研工作。比如聘请的新加坡国立大学教授蔡达成(CHUA Tat-Seng)、加拿大西蒙弗雷泽(Simon Fraser)大学教授裴健(Pei Jian)都在计算机系的学科发展中发挥着重要作用。对那些有突出贡献的外国专家,还积极为他们申报外专"千人计划"或者申报"友谊奖"等高层次、高水平奖励。另外,计算机系先后聘请了4个讲席教授团队(现均已圆满完成研究工作)参与科研和教学工作,其中既有理论计算科学讲席教授组(姚期智讲席教授组)、智能信息处理讲席教授组(黄煦涛讲席教授组)和神经与认知计算讲席教授组(美国科学院院士Michael Merzenich教授组),还有由美国工程院院士、美国麻省理工学院教授FransKaashoek为首席教授的计算机体系结构(EMC)讲席教授组。每个讲席教授组都由国际学术大师组成,每年通过讲授一定数量的课程、学术报告与本系师生深入接触;通过科研合作等方式,实现与本系科研力量的紧密结合。这些讲席教授的工作,对本系国际水平的提升都发挥了应有作用。另一方面,积极邀请国际专家学者到系内进行短期学术访问或交流。通过短期访问学者计划,平均每年有近百名的国际知名学者参与到本系的教学和科研中,为本系学科发展建设做出重要贡献。

(三) 以"中外学生"为本的人才培养国际化发展策略

人才培养是各级各类教育的根本任务,社会发展、科技创新、文化传播与传承皆依靠人来得以实现。在建设世界一流大学的过程中培养什么样的人、怎么培养人,是值得人们深思的重要命题。如何在高等教育全球化、大众化、国际化发展时期,探寻与之相适应的人才培养模式,以适应层出不穷的新挑战也是摆在人们面前亟待解决的难题。

计算机系在人才培养国际化的过程中,以全球的视角,一方面,积极为本系学生创造开拓国际视野的平台和机会,探索与国际知名大学开展联合培养项目,创新联合培养教育模式。同时,鼓励学生积极参加海外合作研究、实习、参加国际会议、申请交换生项目等,增强国际交流的程度和广度,培养学生以全球化视角和国际化胸怀来思考学业、生活与人生等重要问题,将国际视野和跨文化交流、认知、了解等渗透对学生的价值塑造、能力培养和知识传授中。另一方面,重视探索招生、选拔渠道,面向全球招生,增强对留学生的培养和教育,在本土创建全球多元文化氛围。

(四) 与全球知名科研单位共建研究机构,组织顶尖科研项目

积极探索深化与国际顶尖科研院校建立实质性科研合作项目,是计算机系探索国际化发展的重要方面。通过与世界一流科研院所建立长期、稳定的合作关系,不仅为本系师生提供了丰富的国际交流机会,促进师生发展途径多样化,实现解放思想、拓展思路,在国际环境中碰撞智慧火花。更为重要的是还有益于自身增强创新能力,从而实现服务社会、造福人民的社会使命,因为创新离不开科研,只有科学研究才能使创新成为可能。具有一流的科研水平、占领国际学术最前沿,才能使我们的国家和民族在国际舞台上发挥领军作用。

为了促进本系科学研究、加强本系学生培养和学科建设,计算机系积极与世界一流大学或机构建立起合作关系,充分发挥双方领先优势,先后建立了清华大学媒体与网络技术教育部-微软重点实验室、清华大学(计算机系)-思科系统研发有限公司绿色科技联合研究中心、清华大学-滑铁卢大学互联网信息获取联合研究中心、清华大学-新加坡国立大学下一代搜索技术研究中心、清华大学-悉尼科技大学量子计算与人工智能联合研究中心、清华大学(计算机系)-三星智能媒体计算联合实验室等。这些科研机构的建立,一方面凝聚了国际先进科研力量开展科研创新和攻坚活动;另一方面,也为本系师生进行教学和科研提供了良好的科研环境和场所。这些研究机构的智慧结晶对于推动人类社会的进步也具有重要的作用。

此外，为促进清华与伯克利的深入合作，计算机系专家学者大力支持推进清华-伯克利深圳学院的建设，在下一代网络实验室等核心机构负责领导工作。在与美国华盛顿大学开展的合作方面，很多青年老师还承担了全球创新学院的部分教学工作。

在联合开展国际重大科研项目合作方面，在已有的国际合作研究机构的支持下，我们开展了很多国际顶尖的科研项目。计算机系在探寻世界重大科学发现活动中发挥着越来越大的作用。

三、 计算机系国际化建设情况及成效——全球战略的视角

《清华大学全球战略》确定了建设世界顶尖大学的目标和定位，明确了三项中心任务和九大战略方向。下文将从其中九大战略方向中的全球声誉、全球学程、全球学生、全球师资、全球科研和合作几个方面来梳理和反思计算机系近年来国际化建设的发展情况。

第一，全球声誉：学科世界排名和学生质量认可度稳步提升。一方面，计算机学科近年在 *U.S.News* 和 QS 推出的世界大学计算机学科排名中稳步提升，从某种程度上可以反映出计算机系在建设世界一流的计算机系进程中，在建立和完善学科发展方面做出了一定努力。

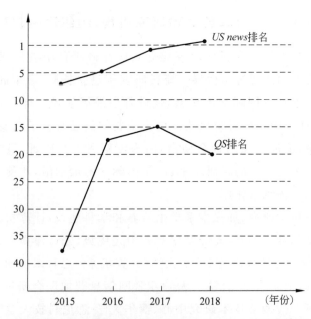

近年清华大学计算机学科在 *U.S.News* 和 QS 上的排名情况

另外一方面，计算机系培养的学生在国际上的影响力日益提升。布朗大学计算机系一团队之前发布的全美大学排名前 50 的计算机系教授的本科教育出身排行榜，清华大学并列全球第 6～8 位，领先 Stanford、Yale、UIUC、UCLA 等计算机领域高水

平院校。该研究对教授本科毕业院校,研究方向分布,各计算机系的规模等角度行了详尽的分析。其分析结果说明,以美国主流学术界标准衡量,清华大学计算机系本科生培养质量处于领先地位。

第二,全球学程:积极拓展人才培养海外渠道,推进跨文化培养新模式。计算机系重视拓展人才培养的海外渠道,积极探索与国外顶尖大学开发海内外学位、联合培养等项目的开发模式。在2012年,计算机系与美国大学计算机专业排名第一的卡内基梅隆(CMU)大学共同开展双硕士学位项目,联合招收计算机科学与技术专业硕士,参加项目的学生分别在清华大学和CMU学习一年,最后获得两校的硕士学位。这对进一步增强我校计算机学科在国际上的影响力、提升人才培养的水平具有重要意义。2016年双方为进一步深化双学位项目、进一步加强在教学科研领域中的合作,双方还在联合培养博士生项目、教师互访、学术研讨会等方面进行了探讨。此外,自2006年起还与加拿大滑铁卢大学计算机学院开展了3+X双学位项目,连接清华的本科教育与滑铁卢大学的研究生教育,创新联合教育项目的模式。另外,计算机系尝试多种形式的教育教学交流项目,例如与台湾新竹清华大学电机系和资工系开展两岸清华暑期学校项目,项目中双方派遣教师和学生赴对方学校进行暑期课程教学,进一步加强了两岸计算机教育的交流和学习。

另外,在推进跨文化培养方面,计算机系启动了亚洲首个混合式教育的硕士学位项目——"数据科学与工程"专业硕士学位项目,通过在MOOC平台上的研发和在线课程资源建设,目前在学堂在线以及edx平台上共上线中英文课程20余门,全球选课人数累计达到50余万人次,优质课程也向各大院校推广,目前已有40余所大学采用清华计算机慕课课程开展混合式教学。

第三,全球学生:国际学生生源地遍布世界,提供精英化教育。计算机系积极推进国际学生招收和培养工作,为招收到优质的国际生源,积极探索新的方式和方法。在本科生招生方面,通过每年举办面向全球的专业领域国际学生夏令营活动,吸引来自于欧洲、亚洲、非洲等多个国家的学生积极参加。这些学生多分布在帝国理工、亚琛、米兰理工等各国名校,这些学生中的很多人在毕业后都选择来计算机系攻读学位,同时也为研究生英文项目的招生打下了良好的基础。2017年,选择到计算机系留学的本科生有30名,分别来自于美国、加拿大、日本、韩国、新加坡、泰国、马来西亚、老挝等国家。

在研究生招生方面,计算机系在2010年设置"先进计算"全英文硕士项目面向全球招生,学生中既有英国剑桥、帝国理工、美国密歇根大学的毕业生也有法国A类工程师学校的学生。生源地范围包括亚洲、欧洲、北美、非洲、大洋洲等地。目前共招收84名硕士留学生,接受64名交换生,毕业43名学生。计算机系精心开设13门全英文课程,组建高水平的教师团队,全英文授课,对优质生源进行精英化教育。学生们在良好的培养机制下,在国际顶尖会议上纷纷发表论文,其中也不乏留学生获得校级

优秀硕士毕业论文,在国际大赛中也能看到他们的身影。比如在国际标准测评
NTCIR-10 INTENT-2 项目的英文意图挖掘任务中,来自计算机系的法国留学生就曾
经取得第一名的好成绩。

第四,全球师资:师资队伍结构优化、国际竞争影响力日益提升。近年来,计算机
系在学校"引进与培养并举"的方针指引下,培育和凝聚了一批结构优化、水平一流的
专家和学者。目前系内有中国两院院士 4 人,IEEE Fellow 6 人,长江学者特聘教授 7
人,青年长江学者 3 人,国家杰出青年科学基金获得者 11 人。此外还通过多种渠道,
积极引进国外高水平科研单位人员,如引进国家海外高层次人才引进计划 2 人,国家
海外高层次人才引进计划(青年项目)1 人,国家高层次人才特殊支持计划(万人计划)
3 人。这些教师凭借着自强不息、永攀高峰的精神,正逐步成为行业发展的领军人物,
获得越来越多的国际认可,在国际舞台上散发着璀璨光芒。系主任吴建平院士以其
在引领中国和亚太地区的互联网技术、部署和教育发展上发挥的重要作用,入选 2017
互联网名人堂"推动全球互联者"名录。互联网名人堂由国际互联网协会为表彰和纪
念那些获得全世界认同的、为全球互联网的发展和完善做出重要贡献的杰出人物。
千人计划教授朱文武当选的 AAAS Fellow,成为我校首位在信息领域获得该荣誉的
教授。青年长江学者获得者李国良获得 VLDB 青年贡献奖、IEEE 数据工程领域杰出
新人奖,万人计划获得者朱军入选 IEEE AI's 10 to Watch,还有很多教师在顶尖国际
期刊担任主编或编委等。

通过短期访问学者计划参与到计算机系的教学和科研中的国际学者,在本系的
学科发展建设中,在各自的领域中发挥着重要作用。国际 CAD 与图形学领域著名学
者,反向工程技术的主要发明人拉尔夫·罗伯特·马丁(Ralph Robert Martin)在作为
计算机系客座教授期间,以其卓越的工作成绩,荣获了我国为有突出贡献的外国专家
设立的最高荣誉奖项——国家"友谊奖",并代表在华优秀专家受到了国家领导人的
亲切会见。

第五,全球研究和全球合作:在国际顶尖研究中的主动性和影响力日益增强。一
方面,计算机系重视以国际合作研究机构为载体,联合开展国际顶尖、重大的科研合
作。比如在中国自然科学基金委和德国科学基金会共同支持下的重大国际合作项目
中,由计算机系教师作为中方总负责人的团队,在创新性、科学突破的潜力和组织能
力等方面受到了项目评审团的充分肯定。在与新加坡联合设立的清华-NUS 联合研
究中心中,为进一步推进 NExT 的联合研究工作,在圆满结束第一期研究工作的基础
上,继续开展了第二期的科研合作,而且在第二期中,还引入了在这个研究方向上处
于国际领先的英国南安普顿大学的加盟。同时,在做好已有科研合作项目基础上,计
算机系更是在不断探索、从全球视角整体布局。比如,在 2018 年,计算机系将与挪威
科技大学计算机系就双方在挪威国家科学基金委资助下开展的合作项目 IPIT(软件
工程教育与科研国际合作)及未来长期的合作计划进行深入讨论。

另一方面,鼓励和支持系内教师瞄准国际重大学术问题,以科研成果向世界展示出卓越的科研水准。全系师生在各自的科研领域不断发奋图强,取得了很多优秀的科研成果。比如我们负责运营的国产超算系统"神威·太湖之光"在全球超级计算大会上荣获四连冠。我们和清华大学地学系组成的交叉学科研究团队连续两次获得高性能计算应用领域最高奖"戈登·贝尔"奖。在相关领域的高水平期刊和国际会议上,计算机系师生发表了一系列高水平论文,其中多篇论文获得大会优秀论文奖,很多本科生也开始在世界级的尖端会议上崭露头角,与行业顶尖的专家学者共同探讨学术前沿、热点话题。在国际赛场上更是活跃着计算机系师生的身影,比如本科生超算团队曾创造出 2015 年世界三大超算竞赛(ASC,ISC,SC)冠军"大满贯"的好成绩。在世界机器人大会、国际智能机器人与系统大会等比赛上,计算机系研制的成果也是屡夺桂冠,勇创佳绩。

四、 进一步加强院系国际化建设需应对的挑战

第一,构建更加国际化的创新性学生培养环境。高水平毕业生在世界一流大学的任教情况已成为世界一流学科发展水平的重要指标之一。清华大学计算机学科顾问委员会在第一次会议上就如何构建更加国际化的一流大学和一流计算机学科的问题,一致认为要切实将构建更加国际化的创新性学生培养环境作为提升计算机学科发展水平的重要举措。专家们认为,与世界一流大学、特别是世界一流计算机学科相比较,清华大学计算机学科仍然缺乏来自不同文化背景之间学生和教师密切交流的国际化创新性学生培养环境,清华大学在学生出国交换学习、国外企业实习、国际学生招生、海外教师招聘等方面应提出更为有效的实施策略,以创造更加国际化的学生培养环境。

第二,从学科发展视角做好国际化建设的整体布局。2015 年 11 月,国务院正式印发《统筹推进世界一流大学和一流学科建设总体方案》,在推进国际交流与合作方面,指出"加强与世界一流大学和学术机构的实质性合作,将国外优质教育资源有效融合到教学科研全过程,开展高水平人才联合培养和科学联合攻关。加强国际协同创新,积极参与或牵头组织国际和区域性重大科学计划和科学工程。营造良好的国际化教学科研环境,增强对外籍优秀教师和高水平留学生的吸引力。积极参与国际教育规则制定、国际教育教学评估和认证,切实提高我国高等教育的国际竞争力和话语权……"①这无疑是对学科国际化建设提出了具体要求。要实现这些要求,作为学科发展载体的院系,应从学科发展的视角对全系教师、学生、科研、课程、教学和管理

① 国务院关于印发统筹推进世界一流大学和一流学科建设总体方案的通知[Z].国发〔2015〕64 号,2015 年 10 月 24 日[EB/OL].http://www.gov.cn/zhengce/content/2015-11/05/content_10269.htm.

等方面的更加科学化布局进行积极有效的探索，为早日实现双一流而不懈奋斗。

第三，重视对院系教学、科研等显性要素国际化建设的同时，注重对清华文化的传承，彰显"世界一流、中国特色、清华风格"。院系国际化是大学国际化的具体实现者和推进者。要想实现大学的国际化，首先要实现院系的国际化。而要实现院系的国际化，不仅要重视对教学、科研、学生、教师和课程等能够展现院系硬实力的显性要素的建设，还要重视对浸润于院系学科发展各个方面的文化建设。而院系作为清华大学发展的生力军，在文化建设过程中，不仅要着眼于世界，立足于本国，更要归根于清华。历经百年风云的清华大学在发展过程中所凝结、积淀的清华精神，如"自强不息、厚德载物"的校训、"行胜于言"的校风、"爱国奉献、追求卓越"的文化传统都要充分继承和发扬光大。只有基于清华优秀的文化传统，建设以中国文化为主导，多元文化兼收并蓄、兼容并包的文化氛围，使得中外学生和谐相处，才有可能推进立足于校情、国情和世情的国际化建设，培养出既能心系国家和人民，也能引领世界前沿的国际化栋梁之材，实现百年清华所肩负的国家期许和人民期望。

第四，做好院系国际化建设，需要学校在统筹管理的同时，通过适当放权等措施，提升院系自主性和灵活性。院系国际化建设作为大学国际化建设的具体落实单位，是大学国际化的重要组成部分。无论院系国际化建设程度有多么深入，措施多么具有创新性，其根本理念和原则都是高度一致的。因此，在鼓励院系做好国际化建设的同时，学校在进行统筹管理的基础上，应适当给予院系一定的灵活性，这样才能够避免出现大学内部管理与院系自我管理之间的矛盾，从而减少管理成本。院系在学科建设、人才引进、科研合作、组织管理等方面有了一定的灵活性，才能挖掘出院系国际化建设的自主性和蓬勃活力，从而做到立足本学科的实际情况，瞄准国际前沿，形成准确的国际化办学格局。

第五，对于院系内部而言，要积极探索健全外事工作联动机制，促进外事工作效能最大化。一方面，院系外事工作承担着贯彻落实学校外事政策、服务院系国际化建设的基本职责，其工作所对接的部门不仅涉及国际处的各个办公室，还会与研究生院等学校其他部处发生业务关联。因此，从学校层面来说，应该建立一种必要机制，让从事外事工作的同事也能够了解和掌握到相关职能部门对师生在有关方面的政策或规定。比如说对学生的培养机制、科研的管理机制等。另一方面，对于院系来说，外事工作不仅是因公派出等外事手续上的一个基本环节，更应该是能够全面了解全系学生、教师、教学、科研、培养等学科发展情况的信息库，在外事领导提出外事工作规划方案时能够提供准确、翔实、可靠的全系国际化基本材料或者数据。要想实现这一点，首先应当在院系行政工作层面，建立健全外事工作与其他业务部门的联动机制，不断探索能够将外事工作与院系的教学、科研、人才等核心工作有效结合在一起的新型工作机制，以最大程度地实现外事工作效能。

参 考 文 献

［1］ 清华大学计算机学科顾问委员会成立［EB/OL］. http：//news. tsinghua. edu. cn/publish/thunews/10303/2017/20170930192001578520842/20170930192001578520842_. html.

［2］ 清华大学计算机学科顾问委员会第一次会议. 清华大学计算机学科顾问委员会章程［Z］. 2017 年9 月 30 日.

［3］ 全美 Top 50 计算机教授血统排行，清华位列中国榜首［EB/OL］. http：//www. tsinghua. edu. cn/publish/cs/4853/2014/20140427134934864117766/20140427134934864117766_. html.

［4］ 肖红缨，姜胜耀. 全球化视野下的清华大学发展战略［J］. 清华大学教育研究，2015(1)：41-52.

［5］ 清华大学国际合作与交流处.《清华大学全球战略》解读：九大战略方向［N］. 新清华，2017(3).

（作者单位：清华大学计算机系）

以国际化视野推动生命学科
进入世界一流前列

欧光朔　叶慧燕

摘　要：近几年,我校的生命科学发展势头良好,尤其是在国际合作交流上取得了引人瞩目的成绩。21世纪是生命科学的世纪,要让清华大学的生命科学达到世界一流前列水平,更要加强与国际交流合作,认真学习借鉴国外先进的经验,积极吸引更多的国外知名学者参与指导研究、教学工作。本文将就进一步加快国际化进程,有效提升生命科学国际知名度的途径和措施进行探讨。

关键词：生命科学;国际交流合作;国际化视野

大学教育国际合作,是当今世界各国大学教育的一种发展趋势,是现代大学的重要特征及发展理念。高水平的国际交流与合作已经成为衡量是否一流大学的重要标志。[1]如何在经济日趋一体化而文化愈加多元化的时期,进一步拓展与世界著名大学的国际交流合作,了解和吸收各国、各民族发展与进步的成果,同时也让世界了解清华,已经成为一个广泛关注的课题,本文试从生命科学对外交流层面阐述这一课题。

一、 生命科学国际交流合作的战略意义

全球化是20世纪80年代以来在世界范围日益凸显的新现象,是当今时代的基本特征。全球化最显著的特征就是经济全球化,经济全球化成为当今世界经济发展的主要趋势,并且使世界各国政治、经济、文化、科技、教育等领域的联系日益密切,世界进入了"牵一发而动全身"的历史发展阶段。全球化改变着世界的经济秩序与生产方式,影响着人们的价值观念与生活方式,当然也不可避免地影响着世界各国的教育发展,尤其是大学教育的发展。

教育与经济历来有特殊的相互依存、相互制约的关系,当经济全球化已成为现实和必然后,势必对教育产生深刻而广泛的影响。伴随着经济全球化的发展,大学教育必然会走向国际化。20 世纪 90 年代以来,大学教育国际化就成了国际大学教育发展的热点问题。可以说,经济全球化直接推动了大学教育的国际交流与合作,而大学教育国际交流与合作又进一步推动了世界经济一体化和全球化。因而研究大学教育国际交流与合作有着很强的实效意义。

在知识经济时代,国际竞争越来越表现为科学技术的竞争,而科技的竞争归根结底是教育的竞争、人才的竞争,尤其是高层次人才的竞争和创新能力的竞争。这就要求大学的教师和学生要适应国际竞争的需要,突破文化差异的障碍,在教学和科研等方面加强国际交流与合作。在世界范围内高校之间互相增进彼此了解,互相承认学历和学位,成为大学教育发展的必然趋势。在这一时期,发达国家通过充分利用本国大学教育资源的优势,大量招收优秀留学生,向世界各地输出教师,形成了大学教育国际化产业。而发展中国家则通过派遣人员到发达国家学习,为本国引入先进的科学技术,为本国经济建设服务。这种知识型经济社会要求大学必须培养出具有国际视野和国际竞争力的人才,要培养出具有国际竞争力的人才,就要求我们的大学不能关起门来搞人才培养和创新,而要以开放的心态在世界范围内寻求发展与合作。

知识经济社会使得大学教育的社会职能也随之有了新的拓展。1996 年由雅克德洛尔任主席的国际 21 世纪教育委员会向联合国教科文组织提交的报告《教育——财富蕴藏其中》就已明确地提出了:"大学聚集了与知识的发展和传播相结合的所有传统职能,最近几年变得越来越重要的另一项职能即国际合作,亦应增加到这职能之中。"大学教育的社会职能是随着社会经济、科技和文化的发展而不断扩展的,教育要培养适应 21 世纪的公民,它本身必然既是民族的,又是面向世界的,教育应该在促进各国人民参与国际合作与竞争方面发挥特殊作用。因而,国际交流与合作作为大学教育的第四职能的思想应运而生。国际交流与合作作为新时期大学的新职能,是应当得到重视的新课题。

大学教育国际交流与合作的研究是高校发展的迫切需要。早在 1985 年,我国就提出了创建世界一流大学和高水平大学的目标,但我国至今还没有真正意义上居于世界大学排行榜前列的世界一流大学。在多方面开展大学教育国际交流与合作是提高我国大学国际竞争力的一条重要途径。新时期中国的国际交流与合作,不再是单纯的"走出去"了,而是会"请进来"与"走出去"相结合的双向发展;也不能只是游离在高校工作的中心之外,不能一直处于边缘化的地位。而是应该进入高校工作的中心,应当成为高校的"一把手工程",就如同"知识经济时代,大学应当进入社会中心"一样。

大学职能的发展与社会文化变迁紧密相连,是大学生存发展的内在规律和要求,也是社会进步发展对大学的希望。从历史的角度来看,无论是在农业社会时期、工业社会时期还是现在的知识经济社会时期,大学都承担了国际交流与合作的任务,并且这一职责在不断加强,甚至在推动经济、科技全球化、建立国际政治新秩序中发挥着重要作用。国际交流与合作不再是可有可无的事,也不仅是锦上添花,而应当是知识经济时代的一个新的历史使命。

历史证明,一个国家要实现从大国向强国转变,要靠教育发展和全民素质的提高。中国汉唐时期既是经济强国又是教育强国,周边国家来留学的甚多,典章制度也"一本唐制"。因此我国大学现阶段的任务就是"创建世界一流大学和高水平大学",培养出"大批具有国际视野、通晓国际规则、能够参与国际事务和国际竞争的国际化人才",从加强大学教育国际交流与合作入手,通过"强教"达到"强国"的目的。

我国对高校提出了"加快创建世界一流大学和高水平大学的步伐,培养一批拔尖创新人才,形成一批世界一流学科,产生一批国际领先的原创性成果"的要求,使高校在开展国际交流与合作的过程中有明确的目标和动力,"为提升我国综合国力贡献力量"明确了我国大学在建设祖国的伟大事业中发挥着重要的作用,使大学拥有强烈的社会责任感和历史使命感,对于开展国际交流与合作具有良性促进作用。另外,大学教育国际交流与合作在大学发展的历史中都与大学三大职能相辅相成,它的一些内涵看起来似乎可以通过大学教育原有的三大职能予以实现,但实际上其内涵与外延要宽泛得多,它将远远超出原有三大职能的覆盖范围,很值得我们深入研究与探索。

21世纪是生命科学的世纪,在过去的几十年里,生命科学界的国际交流与合作显得尤为重要。以人类基因组计划(human genome project,HGP)为例,这一计划由美国科学家在1985年提出,于1990年正式启动。美国、英国、法兰西共和国、德意志联邦共和国、日本和我国科学家共同参与了这一价值达30亿美元的人类基因组计划。从这也可以看出,随着知识经济、网络时代及全球化趋势的来临,跨学校、跨国界的生命科学间的合作与交流尤其显得重要,我校的生命科学发展必须顺应时代的要求,解放思想,加大国际交流与合作的力度,促进自身快速、全面发展。

为此,我们首先应具备国际化视野,培养学生国际意识,使之了解全球多元文化,通晓国际交流规则,具有分析世界问题的洞察力。为了使学生能熟练地阅读外文文献,了解国际最新研究进展,深造时较快适应环境,和国外学者进行直接对话,学院开设的主干课程"生物化学""微生物学""遗传学""分子生物学"等采用全英文授课的形式。自2010年开始,开展本科生国际交流。这些交流包括去国外进行一个学期的交换学习,寒暑假期间在国外大学进行科研训练,参加短期培训课程等。在2013—2017年,共有432人次到国外进行交换学习或科研训练。此外,对于科研工作出色的学生,学院还资助其参加在国内外召开的国际学术会议。学院积极鼓励学生们参加"国际基因工程机器大赛"(International Genetic Engineering Machinery,iGEM)。在过去5年中,共获得了4枚金牌、1枚银牌的优异成绩。学院还邀请多位国际知名科学家,包括多名诺贝尔奖获得者开设学术前沿讲座,并与本科生进行直接的座谈交流。

此外,学院于2010年建立了"清华学堂生命科学实验班"(Tsinghua Xuetang Life

Science Program)(以下简称学堂班),作为探索新的人才培养模式的一种尝试。学堂班的宗旨是为对生命科学具有强烈兴趣,并立志在生命科学研究领域有所成就的学生提供一个独特的学习平台。通过灵活的课程设置、富有挑战性的科研实践,优秀科学家的指导,及多种渠道的国际化交流等手段,力争使其培养成未来生命科学领域的杰出研究人才。目前学堂班已有 7 届学员共 102 人毕业,其中 1 人转入协和医学院,5人读硕士,96 人读博士。国外留学 86 人,留在清华读研 16 人,北京大学读研 1 人。各届学堂班学生毕业后去向如表 1 所示。

表　1

2012 年	Stanford University (1), Cornell University (2), Johns Hopkins University (2), UCSD (2) King's College London (1), University of Melbourne (1), UT Austin (1), Tsinghua University (3), Peking Union Medical College (1).
2013 年	Princeton University (1), Yale University (2), Columbia University (1), Cornell University (1), UT Southwestern Medical Center (1), New York University (1), UIUC (1), University of Michigan (1), University of Oklahoma (1), Texas A & M University(1).
2014 年	MIT(1), Harvard University (1), University of Cambridge (1), Columbia University (1), U Penn (1), Caltech (1), UCSD (1), Memorial Sloan-Kettering Cancer Center (1), Wash U (1), UT Southwestern Medical Center (2), New York University (1), Brandish University (1), UT Austin (1), University of Southern California (1), Tsinghua University (3).
2015 年	Harvard University (2), Stanford University (2), Yale University (2), Columbia University (1), University of Michigan (1), UT Southwestern Medical Center (1), Wash U (1), Tsinghua University (6).
2016 年	Harvard University (1), Oxford University (1), Yale University (3), Princeton University (2), UT Southwestern Medical Center (1), University of Chicago (1), Johns Hopkins University (1), Tsinghua University (1), Peking University (1).
2017 年	Harvard University (2), Oxford University (1), Stanford University (1), Yale University (4), Columbia University (1), HHMI Janelia Institute (1), Cold Spring Harbor Laboratory (1), University of Michigan (1), University of Wisconsin-Madison (1), University of Chicago (1), UCLA (1), Ohio State University (1), Carnegie Melon University (1), National University of Singapore (1).
2018 年	Stanford University (1), Yale (2), Princeton University (1), The Rockefeller University (1), UCSF (1), Johns Hopkins University (1), Wash U (1), Cornell University (1), Max-Planck Institute (1), University of Toronto (1), Swiss Federal Institute of Technology Zurich (1), Tsinghua University (3).

为进一步加强我校生命学科的国际交流与合作,我院积极鼓励学生参加国际学术会议和交流,提供资源支持研究生到国外实验室和国际会议中交流和学习。近 5年,本学科共有 69 人次(生命学院 31 人次,医学院 29 人次,药学院 9 人次)研究生利用国家留学基金到国外实验室开展合作研究;在学校、学院、各研究中心以及导师科研经费的资助下,过去 5 年,本学科共有 290 人次研究生出国参加国际会议(生命学院

230 人次,医学院 54 人次,药学院 6 人次);其中,获得学校提供的会议资助 80 万元(生命学院 49.2 万元,医学院 27.2 万元,药学院 3.6 万元)。

为了提升本学科的国际影响力,让师生近距离接触学术前沿热点,激发学术志趣,过去 5 年,本学科共举办国际学术会议 38 次(生命学院 14 次,医学院 21 次,药学院 3 次),共有 10 余位诺贝尔奖获得者,40 余位美国科学院院士参会交流,为研究生提供了充分的与学术大师接触的机会。2013—2017 年本学科举办的重要国际学术会议如表 2 所示。

表 2　2013—2017 年本学科举办的部分重要国际学术会议列表

单位:人·次

国际/双边会议名称	召 开 时 间	参会人数
RNA and Neuroscience	2015 年 4 月 20 日	100
2015 Tsinghua Symposium on Immunity and Inflammation	2015 年 5 月 18—19 日	400
代谢与疾病国际会议	2015 年 5 月 28—30 日	97
代谢工程峰会	2015 年 11 月 30 日—12 月 2 日	200
国际剪接体学术交流大会	2016 年 4 月 21—22 日	380
第二届分子植物国际学术研讨会	2016 年 8 月 11 日	130
Scientific Forum on Global Health and Infectious Diseases	2016 年 11 月 3 日	80
2016 FAIR	2016 年 11 月 21 日	240
Frontier of Cancer Research	2017 年 3 月 5 日	280
2017 国际结构生物学大会	2017 年 4 月 15—16 日	580
2017 中国药物化学学术会议及中欧药物化学研讨会	2017 年 8 月 27—30 日	1700
2017 Tsinghua Symposium on Advanced Immunology	2017 年 11 月 11 日	268
清华大学医学院 2017 年全球健康与传染病论坛	2017 年 11 月 11—12 日	120

资料来源:清华大学生命学院.

在师资方面,我院积极引进国内外优秀的生命科学研究人才。自 2009 年成立学院以来,生命学院作为清华大学第一个试点单位启动人事制度改革。随着改革的逐步深化与发展,学院师资队伍的整体学术水平快速向国际一流大学迈进。目前学院拥有中科院院士 6 人,"千人计划"6 人,教育部"长江学者特聘教授"15 人,国家级教学名师 1 人,国家"杰出青年基金"获得者 25 人,国家"973"项目首席科学家 5 人,重大计划首席科学家 9 人,青年千人 24 人,长江青年学者 1 人和优秀青年科学基金获得者 10 人。新的人事制度促进和保证了整个学科的活力与竞争力,并吸引了大量海内外才俊的加盟。学院在加强自身队伍建设的同时,还聘请校内医学院、化学系和自动化系的 25 位教授为校内兼职教授,借助教授午餐会经常进行学术交流,促进科研合作与多学科交叉发展。同时还聘请了来自中科院、北京大学、解放军军事科学院的多位院士和教授担任双聘教授和兼职教授。他们都有着丰富的海外学习和工作经验,为我院带来了大量的国际学术交流机会,拓宽了我院师生的国际视野,对我们的科研能了和科研进展起到了巨大的提升和推动作用。

此外,生命学院从 2003 年就聘请了几位国外一流大学生物学方面的知名教授成立了讲席教授组,他们在人才引进、学科规划与建设、人才培养和科研协作等方面做出了重要的贡献。

教研系列人员以人才培养与科学研究为主要任务,并承担公共服务工作。生命学院的人事制度改革是一个整体性的全员改革,所以在人员组成结构上比较多样,教研系列中除长聘教授、长聘副教授、准聘副教授和准聘助理教授之外,还存在改革前已经是教授职称,根据工作合同分为已签订无固定期限合同和仍然为固定期限合同的教师,统称为 Track 教授。2013—2017 年,学院共组织了 7 次长聘评审工作,共计聘任了 10 位长聘教授和 11 位长聘副教授。

生命学院目前的教研系列人员基本分布在六个大的研究方向:一、细胞、发育和遗传方向;二、生理和分子医学方向;三、生物物理、生物化学与分子生物学方向;四、交叉学科(系统生物学、生物信息学、合成生物学等);五、神经生物学方向;六、植物方向。每一个研究方向都充分考虑了年龄布局的合理性,形成了多个年轻化且富有战斗力的优秀科研梯队。

清华大学生命学院经过一段时间的积累和沉淀,目前也在逐渐打破传统的植物学、动物学及分类,建立包含有遗传学、免疫学、发育学、肿瘤学、微生物学、神经科学等新学科,首先在架构上做到与国际接轨,与其他院系不同的是,为适应生命科学专业性的要求,我院的外事人员有着扎实的专业背景,而不仅仅要求优异的外语能力,而在工作内容方面,除涵盖外事接待、会议组织、协调等基本外事任务外,很重要的一项工作是配合协调海外合作项目,生命科学不同于工科的一个特点是,生命科学研究耗资大,周期长,产业化速度慢,国内的生命科学起步较晚,在一些技术、仪器设备上仍有欠缺,因此加强与海外合作,将有利于弥补这一劣势,充分发挥我们的人才优势,从而加快研究进程。这几年我院的对外交流和合作不断扩大,内容也从单一的学术交流拓展到科研合作项目、国际会议的召开。2017 年,我院共接待外事来访人员 60人次以上,来访人员多为知名大学学者和企业高层人士,参与协助组织了 5 次国际会议。同时,我院加强与企业的科研合作,以医研院牵头,延续清华-拜耳在创新药物研发上的合作,并和赛默飞在冷冻电子显微镜方向上建立了合作关系。

二、 适应国际形势新挑战,充分认清在国际合作过程中的矛盾问题

随着高校国际化的发展,外事成为各个院系的工作重点,但有些问题和矛盾仍很

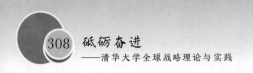

突出,需要进一步的协调和解决。

(一)外事与科研、教学合作不够充分

以往对外事的定义仅仅局限于学术交流,负责迎来送往,但在我们生命科学领域,外事很重要的一个组成部分就是国际科研与合作。以新药研发为例,作为基础研究一方,我们可能会发现一个有意义的化合物,然后由国外实力雄厚的制药公司负责开发,转化为实际药物。这其中与国外公司之间的沟通,不仅需要出色的英语应用能力,还需要一定的专业背景,这也对我们外事人员提出了更高的要求。同时,在留学生、交流生方面,我们院系由教务在负责,但外事人员经常也会收到相关问题的咨询,因此如何在教学和外事人员之间搭建桥梁,或者更好地配合,也成为一个亟待解决的问题。

(二)各院系之间外事合作意识不强

当代的生命科学并不限于传统的植物学、动物学及分类,随着人类对生命本源的探索,其定义也不断延伸,生命科技的进步,也向数学、物理、化学以及技术学科提出了许多问题,形成了物理、化学、数学、信息科学与生物科学的交叉学科。生物学日益显示出成为 21 世纪的一门带头学科的趋势。因此,在外事接待中,我们更应该注意院系之间的配合,充分整合各个院系的优势资源,尤其是在大型国际会议的准备过程中,依靠某一院系的力量比较单薄,因此在院系之间要加强合作,协助完成一些重要的外事活动。

(三)外事宣传工作仍不到位

目前,虽然外事活动不断呈上升趋势,但在后续的存档、宣传方面仍有欠缺,例如,在一些重要的外事活动之后,没有及时地整理照片及录像,进行存档,有些活动结束后,也没有及时在校内网站及院系网站上公布,自然也没有起到相应的宣传效果,因此在今后的工作中,做好外事接待工作的同时,也要积极参与到后续的宣传工作。

三、 开创清华生命科学对外交流的新局面

我校生命科学现正处于加速成长的关键时期,要搭建与国际接轨的平台,要求我们在某些重点研究方向上要达到世界一流,要重视和发展前沿学科,要引进科学的评估体系,要在充分的国际交流和合作中体现自身优势。在这几年的国际交流合作的基础上,我们提出以下几条建议:

(一)进一步加强学术交流合作

我国加入 WTO 之后,大学面临一个更加开放的国际、国内发展环境,大学开展国

际合作与交流的能力是大学综合实力的一部分,只有那些高层次大规模地开展国际交流与合作的大学才可能真正发展成为一流大学。我们协助组织了生物论坛课程,从国内外邀请各个领域出色的学者,介绍生命科学最新的进展,从而为我院的学术研究与国际接轨奠定了基础。

(二)进一步加强国际科研项目合作,尤其是积极参与到大的国际项目中

生命科学的研究尤其强调国际间的合作,这其中以与国际大型跨国公司间的合作为特点,学校有充足的基础研究资源,但缺少产业化平台,因此加强与跨国企业的合作,将促进科研成果的产业化,然而在这一过程中,需要外事人员参与到其中的协调过程中,这不仅要求具备常规的外事接待技巧,更要求熟悉其中涉及产权、国家利益等一系列问题,对外事人员提出了更高的要求。随着国外合作项目的不断增加,也要求外事要加强专业学习,对院系里相关的科研项目有个很好的把握,才能更好地在学校与企业之间搭建一座桥梁。

(三)加强与国内外媒体的合作,提升在国内外的知名度

随着我院生命科学的发展,我院的国际地位不断提升,我们的外事工作遇到了前所未有的机遇和挑战,国外媒体对我院更加关注,采访不断增加。因此,如何进一步把接待境外记者采访的工作做好,把握好国际话语权,通过国外媒体,了解清华大学生命科学发展及留学回国的顶尖生命科学人才的现状,是摆在我们面前的新任务。

要建立一流的大学,就要进一步加强国际交流与合作,通过国际合作,有效地促进我院高校外事人员的知识更新,缩短与发达国家在学术水平和科学研究方面的差距,为建设世界一流大学而努力。

参 考 文 献

[1]　张庆滨,丁学忠.新世纪大学国际合作与创新发展[J].大学教育研究,2008(6).
[2]　赵煜坤.论研究大学教育国际交流与合作的重要意义[J].学园,2012(1).

(作者单位:清华大学生命科学学院)

新闻传播教育国际化的探索

杭　敏　李红霞　马琤琤

摘　要：清华大学新闻与传播学院致力于建设世界一流的新闻与传播学院，国际化办学是实现这一宗旨与目标的重要途径之一。全球财经新闻硕士项目和国际新闻传播项目作为学院国际化办学格局的重要组成部分，其主要特色体现为国际化、跨学科和前沿性。本文梳理了新闻与传播学院国际化探索方面的具体做法，即形成专业化的教学特色定位与核心竞争力，完成新媒体素养与跨学科知识建构，设计中外融通协作的教育模式，建设新闻传播全英文专业教育规范等；阐明了学院新闻传播教育国际化改革与探索中的特点，介绍了学院在新闻传播国际化教育探索中取得的显著成果：学院知名校友通过多媒体途径讲述中国故事、传播中国正能量声音；通过国际认证和评估获得国际学界与业界赞誉；推广财经新闻教学成果，以及引领新闻传播国际化教育发展。这些探索及其成果在业界获得了广泛影响和一致好评。最后，文章总结了新闻与传播学院在教育国际化探索方面的三点体会，即：专业定位必须国际前沿，中外团队力求精诚合作，中外学生应该融合培养，为国际化教育的进一步发展提供启示。

关键词：新闻传播教育国际化；全球财经新闻硕士项目；特色与成果；探索与启示

　　清华大学新闻与传播学院的发展宗旨与目标是致力于建设世界一流的新闻与传播学院，国际化办学是实现这一宗旨与目标的重要途径之一。近年来，学院坚持"素质为本、实践为用、面向主流、培养高手"的理念，在国际化办学与人才培养方面进行了探索，取得了一定成效，也获得了国内外有关方面的高度认可。学院在立足中国国情的同时，形成了鲜明的国际化办学特色，成为国内新闻传播教育国际化的引领者。本文就新闻与传播学院在国际教育探索方面的具体做法进行了梳理，总结特点与经验，提出教育发展的思考与启示。

一、 新闻传播国际化教育发展的基本情况

2007 年清华大学新闻与传播学院成功开办了全球财经新闻英文硕士项目（Global Business Journalism，简称 GBJ），成为国际化办学格局中的一个重要组成部分。经过探索与实践，GBJ 项目现已发展成为国内领先和国际一流的财经新闻项目，受到国内外业界和学界的赞誉，也得到了国际与国内主流媒体的支持，形成了国际性、前沿性和专业性的新闻教育与合作平台。

2009 年，根据教育部为中国主流媒体培养国际新闻传播高端人才的要求，清华大学新闻与传播学院设立了国际新闻传播硕士项目，现已招收九届学生。该项目主要为中央电视台、新华社、《人民日报》《中国日报》和中国国际广播电台等中央外宣媒体培养国际新闻传播高端人才，在招生、教学、实习和就业等方面得到了有关部委和媒体的大力支持。学院邀请了一批曾在《人民日报》《中国日报》和中央电视台担任过高级编辑、高级记者和节目主持人的资深媒体工作者担任授课老师，同时还聘请了来自国新办、新华社、《中国日报》和国际台等新闻单位的高级记者和专家担任客座教授。国际新闻传播硕士项目与全球财经新闻项目优势互补，形成了学院国际化教育中资源共享，相互支撑的良好格局。

针对全球财经新闻硕士项目和国际新闻传播项目，清华大学新闻与传播学院与美国国际记者中心（International Center for Journalists）合作，开设了一系列与财经新闻前沿实践接轨的专业课程。学生们可以在项目中学习有关财会和金融领域的专业技能，以及新闻写作、评论、媒介经营与管理等方面的知识。全球财经新闻硕士项目还与国际主流媒体和财经组织建立了长期合作关系，彭博社为项目设立了全球最大的彭博数据终端实验室，路透社、《商业周刊》《纽约时报》《金融时报》和美国有线新闻网络等为项目提供了师资和设备支持，部分国际媒体和传播公司还为项目学生提供了宝贵的实习机会。全球财经新闻硕士的目标是培养聪颖、娴熟的记者、编辑和公关人员，从而促进中国乃至整个世界的经济发展，以及中国和各个国家的经济合作。GBJ 是目前中国大陆唯一一个全英文教学的新闻学研究生项目，也是清华大学新闻与传播学院新闻教育国际化中的精品项目，其主要特色体现在以下三点。

（一）国际化

新闻传播学院国际项目的师生构成充分体现了国际化和多样化特色。自 2007 年开办以来，项目已经招收了十一届学生，其中国际学生分别来自美国、英国、德国、法国、加拿大、新西兰、新加坡、西班牙、意大利、俄罗斯、波兰、蒙古、巴基斯坦、印度、泰国、缅甸、菲律宾、马来西亚、韩国、以色列、摩洛哥、也门、澳大利亚、巴西、喀麦隆、厄

立特里亚、莱索托、乌干达、马拉维、津巴布韦、赞比亚等50多个国家；同时，毕业于名校的申请者数量也逐年增加。

由于构建了良好的国际合作平台，GBJ项目和国际新闻传播项目也得到了很多拥有丰富国际报道经验的海外专家的支持，其中包括《时代周刊》欧洲版前总编、路透社资深记者等。此外，项目还经常邀请财经企业界领袖人物前来演讲和交流。在学院层面上，为该项目授课的中方教师都精通英语，多数教师具有海外留学或访问的经历，在全英文授课及跨文化沟通方面完全没有障碍。

（二）跨学科

全球财经新闻硕士项目（GBJ）针对中外学生的特点及专业需要，设立了一系列与财经新闻前沿实践接轨的专业性课程。除了基本的新闻专业采访写作课程之外，项目中还包括了很多跨学科的课程，从经济、管理、社会学、多媒体技术和数字处理等不同方面来为学生构建多元化的知识体系。

在上述专业课程外，学生们还可以选择一些实践性的课程。通过这些课程，中外学生走出课堂，走进校园、走进社会进行实地采访、写作和报道训练，加深了国际学生对中国社会的了解，也帮助中国学生更好地洞察与报道社会发展现状，取得理论学习与实践训练相结合的效果。此外，新闻与传播学院还拥有先进的实验室和实践教学设备。彭博新闻社赞助的财经终端和学院的摄影室、摄影编辑室、印刷室、报刊编辑室等都为国际化教学提供了一流的技术支持。除了安排专门的教师和技术人员指导学生如何使用这些设备外，学院还邀请了彭博社亚太区总编为学生讲解如何更好地利用数据库取得有效信息，并组织学生前往彭博北京公司进行培训。学生通过这些指导和培训，有效地掌握了使用数据库和数字设备的实操技能，提高了学习的兴趣，也培养了实践中的专业能力。

（三）前沿性

新闻与传播学院除了开设一系列与前沿实践接轨的专业化课程之外，还邀请了国内外专家担任项目特聘教授，高质量的外援师资队伍为项目教学提供了精彩的前沿观点、多元视角和深度见解。

同时，学院积极为中外学生寻找与企事业单位合作的机会，目前已与彭博新闻社、《环球时报》《经济观察报》《财经》杂志、《中国青年报》、人民网等建立了长期实习合作的关系。学生们通过在这些媒体机构的实习，实践了专业知识，提高了实践业务技能，也锻炼了实际交往中的素质和能力。另外，学院每年有学生通过奖学金的形式去联合国机构实习，同时，学院也与不少欧美大学建立了合作关系，学生获得了去海外交流学习的机会。

二、　新闻传播教育国际化探索中的具体做法

以下我们将新闻与传播学院在国际化教育与发展中的思考与具体做法进行了梳理。

（一）形成专业化的教学特色定位，提高核心竞争力

在培养新闻与传播国际人才的探索中，新闻与传播学院将建设与发展英文特色教学作为实施的重点，那么，如何定位我们的特色教学方向呢？为此，我们进行了认真的调研与分析：首先，中国经济的快速崛起与发展吸引了全世界的关注，市场急需了解中国社会与经济发展，急需接受过新闻传播专业培训的高素质人才，以理性、客观与专业的态度向世界传播中国经济发展的全方位信息；第二，财经报道与经济信息传播是新闻传播领域中快速发展的核心领域，专业人才匮乏；第三，中国新闻教育的国际化需要寻找一个合适的入口，以专业性与前沿性的议题吸引中外学生关注，使中国新闻教育成为受到国际学生欢迎，以及国际社会认可的学习新闻与传播专业知识的前沿阵地。

基于以上考虑，我们在国际化教学中将财经新闻教育设为全英文国际化教学的专业特色。"全球财经新闻项目"由于其教学定位明确，专业特色显著，从一开始就吸引了大批中外学生，培养出一批财经新闻专业人才，活跃于国际财经报道与传播领域的主流阵地，强化了我们在国际化教学与人才培养中的核心竞争力。

（二）新媒体素养与跨学科知识建构

如何合理地设计课程体系，提升学生媒介融合情境下的国际传播素养是我们在国际化探索中所面对的另一个核心问题。这需要我们培养学生具有跨学科的媒体技术应用能力，也需要我们及时了解国际新闻报道发展的最新趋势，不断更新课程设计，迅速追踪市场动态，掌握多媒体报道的新技术。为此，我们邀请了国内外业界专家与学院教师团队合作，开发了一系列以财经专业全英文新媒体报道课程、系列讲座与实践工作坊。

例如，从 2009 年开始，我们就追踪国外数据新闻发展的新趋势，开设了"Data Mining and Analysis"的创新课程，利用彭博数据终端实验室，提供数据挖掘与分析方面的专业教育，这是国内新闻院校中开设的第一个新闻数据分析英文课程。我们还邀请美国记者协会专家与学院教师合作，开设了"Multimedia Business Reporting"课程工作坊，利用小班教学的方式，培训学生掌握多媒体报道的新技能。我们也结合数据分析与新闻可视化呈现的最新案例，邀请华盛顿邮报的数据设计专家，开设了"Data Visualization"系列讲座，讲述国际主流媒体在数据可视化

报道方面的成功经验。在这一系列的课程设计中,我们一直引领国内新闻教育数字化和数据化发展的趋势,很多课程都是国内第一,或者至今仍然是唯一的国际接轨英文前沿课程。

(三)设计中外融通协作的教育模式,建设新闻传播全英文专业教育规范

如何实现真正的中外融通是我们在国际化教育过程中面对的第三个核心问题。为此,我们进行了"中外学生融合"以及"中外教师协作"的教学组织设计。国际化教育的学生构成中既包括国际学生也包括中国学生。在教学团队设计中,由学院中国教师与外聘国际教师共同协作,组成中外教学课组,合作开设了"财经新闻英文专业"系列课程。在教学中,中外教师不断沟通,互相借鉴,出版完成了"财经新闻系列教材"和"数据新闻操作手册"等系列专业教材与成果。

在这一过程中,我们逐步形成了专业化的英文教学规范,并通过定期召开研讨会、组织工作坊等形式,来向国内外新闻传播教育界同行介绍和推广我们的教学成果。每年五月份召开的清华财经新闻论坛成为国内外同行探讨新闻传播国际化、专业化教学成果、分享教学经验的重要活动;清华财经新闻教育的全英文系列教材也将于近期由 Springer 出版社编辑出版。

三、 新闻传播教育国际化探索中的特点

在新闻传播国际化教育的探索中,我们逐步形成了自己的特点,主要体现在以下方面。

(一)坚持新闻国际化教育中的"三结合"原则

在深入调研国内外新闻传播教育现状和全球新闻传播发展态势的基础上,我们在人才培养中注重中国国情与全球视野的有机融合,把实践教学和英语教学相结合,将课堂教学、实习和就业与提升人才国际传播能力的总体战略目标相结合,使新闻传播专业的人才培养更好地适应国家和社会的需要,更好地适应信息全球化和媒介融合的变局。

(二)重点建设全媒体时代的国际化专业化的师资队伍

这其中主要有三个途径:一、大力引进具有海外背景的、具有新闻实践经验和深厚研究功底的师资力量;二、建立"项目客座教授"制度,聘请在中外媒体一线工作的资深全媒体记者编辑执教;三、利用海外资助建立高水平外国专家队伍,巩固我院在财经新闻和全球传播方向的教学与科研优势。在国内同行中率先推动新闻传播专业

的全英文课程建设,形成中外师生共同学习研讨的多元文化氛围,建设开放包容的学院文化。

(三)突出"全英文＋专业性＋全媒体"的理念,强化学生的英语专业能力和跨文化沟通素养。

以财经新闻报道作为切入点,培养学生在多媒体平台上进行新闻采写编译与全媒体报道的能力。同时,在人才培养模式的创新上突出了"国际发展＋专业延伸＋学界/业界双导师"的举措,使新闻传播全英文国际化教育的探索更有针对性和可操作性。

通过这样的国际化教学设计与全媒体培养,学生得以在毕业之后很快显示出国际化与全媒体方面的卓越素质,在双语报道、国际传播和媒介融合报道等方面取得了很多突出成果。在中国经济"新常态"发展、"一带一路"规划和中美中欧经济合作发展等专题报道中成了中国主流外宣媒体与国际媒体中的年轻骨干人才。下图详示了新闻与传播学院全英文教学模式的构建情况。

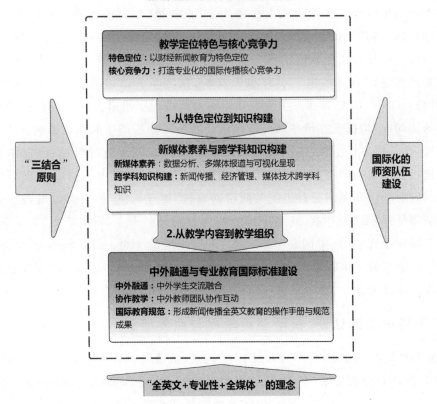

新闻传播全英文特色教学模式

四、 新闻传播国际化教育探索中的主要成果

（一）讲述中国故事，传播"正能量"声音

经过几年来持续不断的全英文国际化教学探索，我们培养出了一批服务于国家建设与社会经济发展的全媒体新闻传播人才。在国际教学项目中有 60％ 以上的毕业生在对外传播媒体和政府外宣部门工作，涵盖了新华社、《人民日报》、央视、国际台、《中国日报》、中国网等六大中央级对外传播媒体。很多学生毕业后即担任主流媒体的驻外报道工作，取得了令人瞩目的成绩。例如，2009 级硕士生李斐然同学在新华社驻开罗分社实习期间，正逢埃及发生政治动荡，她与分社记者冒着生命危险深入一线采访，完成了近百篇消息报道以及几十篇内参稿件，成为主流媒体对外传播工作中的优秀骨干人才。新传 11 级毕业生刘少华进入《人民日报》社海外部，向世界积极传播和报道中国，他作为核心成员，还倡导成立了"学习小组"等新媒体公号，体现出了年轻人的创新视角、多媒体素质和责任担当。

很多项目中的国际学生也成为传播中国"正能量"的核心力量。例如，韩国学生朴晋范毕业后在韩国 KBS 电视台制作了 7 集纪录片《超级中国》，讲述中国发展故事，从人口、经济、外交和文化软实力等方面，对中国的发展现状及对世界的影响做了全面而客观的报道。节目播出后引起很大反响，在国际上迅速掀起了一股"中国热"，《纽约时报》、CNN、BBC 等西方主流媒体相继对此进行了报道。朴晋范在接受多家中外媒体的访问中，均提及在清华新闻学院求学经历对他所产生的重要影响。

此外，还有很多学生在《中国日报》《环球时报》、CNN、《南华早报》等媒体发表了各类报道、评论、视频等。其中来自美国的 Nick Compton 与中国同学刘志华合写的关于中国政府部门和民间公益组织共同帮助农村"留守儿童"的调查报道，被《中国日报》和《南华早报》采用，并被 20 多家国外媒体和网站转载。Nick 于 2013 年毕业，现在任职于国家外文局的《中国非洲》杂志。来自印度的 Himanshu Sethia（希曼舒）在《环球时报》上发表了多篇有关印度政治、经济和文化以及中印关系的评论，也获得了国外媒体的广泛关注。

（二）通过国际认证，获得国际学界与业界赞誉

新闻与传播学院于 2011 年完成了国际认证，邀请了由哥伦比亚大学新闻学院教授、普利策奖评委会前主席、美国《纽约时报》前执行总编 Seymore Topping 率领的专家组对我院进行了国际评估。这是中国内地的新闻学院首次进行国际评估。专家们对我院在新闻传播国际化教育方面所取得的成绩给予了充分的肯定："教师们致力于建设世界一流（world-class）的新闻传播学科。新闻学院的学生质量很高，新闻学院的

毕业生的就职成功率及工作岗位的质量，足以让许多包括欧美在内的世界一流高校（top universities）羡慕。新闻学院的英文课程设置和教学质量与美国及世界其他国家很多优秀传播院系不相上下。新闻学院的教师开创了影响深远的实践教学与专业教学模式，其追求卓越的发展速度令人印象深刻。"

此外，近年来，美国高等教育界的权威期刊《学府》（*Academe*）和哈佛大学尼曼新闻基金会出版的《尼曼报告》（*Nieman Report*）等海外媒体均发表专文介绍我院在新闻传播专业国际化探索和英文教学方面所取得的成就；《商业周刊》更是评价我院的国际财经新闻全英文教学项目"Setting the standards of business journalism education"（设定了财经新闻教育的规范）。

（三）推广财经新闻教学成果，引领新闻传播国际化教育发展

学院的国际化教学探索开展以来，经过持续不断的建设与发展，清华大学新闻与传播学院已成为国内新闻教育国际化和专业化方面的引领者。我院全英文教学 5 本教材（《财经新闻报道与写作》《多媒体融合报道》《数据可视化新闻》《数据挖掘与分析》，以及《新闻记者经济学基础》）已列入 Springer 世界重点大学学术教材系列，将于近期出版。每年五月份，学院以全球财经新闻教育为落脚点，组织"清华财经新闻论坛"，介绍与推广我们在全英文国际化和专业化教育中的成果。这一论坛至今已召开八届，成为国内新闻国际化专业化教育与培训的核心平台，来自国内外新闻院校的教师还倡导成立了以清华为龙头的教学资源共享联盟，分享全英文国际化教学中的成果。同时，我们还与路透社、彭博社等知名媒体合作举办专业记者培训等活动，为中国新闻媒体的新媒体变革和全球化发展提供教学与教育上的支持，在业界获得了广泛的影响和一致的好评。

五、 新闻传播教育国际化探索中的思考与启示

清华大学新闻与传播学院的国际化教育至今已培养了来自 50 多个国家的国际学生，学院氛围清新向上，文化环境多元包容，被业界学界称为新闻传播教育界的"小联合国"。结合国际化教育探索中的实践，我们的具体思考与体会集中在以下三个方面。

（一）专业定位国际前沿

新闻与传播学院在国际化教育发展中以财经新闻作为专业定位点是结合国内外人才培养的需求的审慎选择。事实证明，这样的专业定位既有利于我们吸引一流的国际生源，也有利于我们建设具有学理深度和实践高度的特色领域。清华全球财经已经成为一张亮丽的名片，为新闻与传播学院的国际化发展奠定了良好的基础。因

此，在国际化教育中，做好充分的调研，找准专业定位点，集中持久发力是重要的前提条件。

（二）中外团队精诚合作

有了精准定位之后，中外协作、优势互补的国际化团队是教育发展顺利推进的重要保障。在新闻与传播学院的实践探索中，我们与美国的专业化记者培训组织合作，吸引具有丰富经验的国际财经记者与培训专家来清华授课，并成为我们国际化团队的精英人才。同时，在授课安排中，中外教师的教学内容相互呼应，分别从国际和国内的视角来讲授财经议题的报道，在理论和实践的层面上来探讨经济传播的规律。这样的探索有助于学生获得多元的视角，取得了良好的教学效果，也成为我们国际教育发展中的重要经验。

（三）中外学生融合培养

在国际化教学和管理团队之外，新闻和传播学院还力图打造中外融合的教育环境。在课堂中我们不主张单独为国际学生开设课程，而是鼓励中外学生同堂学习。在教学中，我们也建议授课老师创造更多让中外学生合作共同完成小组工作的机会。在相互学习中，中外学生深度协作，既激发了学生的学习热情，也推进了学院国际化融合发展的良好态势。因此，中外学生融合培养，方能打造真正的国际化教育氛围，这是我们在国际化教育探索中得到的又一启示。

参 考 文 献

[1] 袁驷，罗立胜，吴运新. 国际化人才培养战略研究与实践[C]. 北京：清华大学出版社，2012：6-7.

[2] 谢维和. 国际化人才培养战略研究与实践[C]. 北京：清华大学出版社，2012：12-14.

[3] 杭敏，李红霞. 国际化人才培养战略研究与实践[C]. 北京：清华大学出版社，2012：124-128.

（作者单位：清华大学新闻与传播学院）

探索世界一流大学的国际化实践

——清华大学工程物理系

郭琳达

摘　要：清华大学工程物理系通过促进学生的国际化培养与交流，打造前沿创新平台，推动产学研合作等多种方式，积极开展国际交流与合作，提升了自身的核心能力，扩大了学术影响力。在具体实践过程中，清华大学工程物理系以明确的国际化战略愿景为指引，以国际化人才战略为核心，以全方位的国际化战略举措，探索世界一流大学的国际化新途径。

关键词：大学；国际化战略；清华大学；工程物理系

当前，全球化进程已经成为时代发展的巨大推动力，经济市场和劳动力市场的全球化都对高等教育提出国际化的要求，高等教育的国际化成为影响国家财政、外交乃至社会文化的重要因素。"二战结束后，尤其是 20 世纪 90 年代以后，随着国际形势的变化和全球问题的凸现，世界范围内兴起了新一轮高等教育国际化浪潮，推动大学的国际化发展不仅成为各国政府的共识，也成为大学增强自身学术水平和国际影响力的现实选择"[1]。因此，当今大学的国际化，是大学面向世界发展的一种趋势和过程，是将国际维度融入大学教育的目的、功能和传递中的过程，它是高等教育国际化在机构层面的一种体现。"较高的国际化水平已经成为衡量一所大学综合实力的重要指标，也成为许多大学尤其是一流大学竞相追求的目标"[2]。

清华大学工程物理系（以下简称工物系）坚持热情友好、适度开放的原则，吸引国际一流人才充实教学科研队伍，扩大外国留学生规模，将培养国际领军人才与学生的国际化培养与交流紧密地结合在一起；积极开拓配合"一路一带"国家重大决策的对外交流新局面，促进在前沿领域的科研合作；深化产学研合作，使产业发展与学术研究相互促进，进一步提升国际影响力。

一、 抓住机遇：清华大学国际化战略的背景

清华大学对外交流与合作，有着源远流长的历史。由于特殊的历史原因，从清华建校伊始，就与国外教育界、学术界、科技界建立了联系。[3]国际化培养既是实践开放式办学、提高人才培养质量的内在需求，又是顺应经济全球化和高等教育国际化发展趋势、面向人力资源强国建设的外在要求。站在清华新百年的起点，学校进一步明确国际化培养是清华大学人才培养不可或缺的重要组成部分。[4]1993年，清华大学明确提出创建世界一流大学的奋斗目标，并确立了综合性、研究型、开放式的办学模式。[5]

工程物理系积极贯彻"教育要面向现代化，面向世界，面向未来"的号召，把加强国际交流与合作作为实现国际化的重要战略，学习借鉴发达国家教育管理和人才培养的成功经验，不断拓展国际交流与合作的渠道和资源，大力引进国际顶尖专家学者，推进重点学科建设和科学研究，探索出一条既顺应教育全球化发展趋势又具有中国特色的办学之路。近年来，工程物理系响应学校号召，为实现建设综合性、研究型、开放式世界一流大学这一目标，进一步加强了国际合作与交流。

工程物理系根据自身学科发展的方向、科学研究的特点和人才培养的需求，不断扩大和加强与海内外高校与科研院所的交流与合作。近十年来，与海内外五十余个单位建立了双边交流合作关系。与此同时，工程物理系注重加强海外交流与合作。近十年主办、承办、协办各类国际会议40余场；师生出国参加国际会议的人数、频次不断增加，不仅展示了我系的科研成果，也获取了国际最前沿的科学技术进展信息，创造了更多的合作机会。此外，我系教师积极邀请国际知名专家来访、讲学，共同探讨科技前沿问题。近十年来，来访专家达500余人次，系内教师和研究生应邀到各国进行讲学、访问、参加学术会议达1000余人次，签署国际科研合作、人才培养协议、备忘录40余个。

清华大学在开拓渠道整合资源，推进人才培养国际化、培养与引进并重，推进师资队伍国际化、开展高层次实质性合作，推进学科建设国际化、搭建交流平台，加强学术交流以及促进国际交往，提升学校海外知名度等方面都做出了卓越的成绩。工程物理系紧抓机遇，以清华大学国际化战略为背景，通过全方位的国家化战略举措，成功地实现了国际化。

二、 全面实践：工物系国际化战略举措

国际化培养自清华大学建校之初就已确立，并始终贯穿于各个时期的人才培养战略之中，逐渐形成了"中西融汇，古今贯通，文理渗透"的传统。[5]建设中国特色的世界一流大学，是一代代清华人的梦想。今日清华，比历史上任何时候都更加接近这个

梦想。当前,中国高等教育正处在新的重要历史阶段。[5]清华大学校长邱勇在博鳌亚洲论坛 2017 年年会上提出:"大学的发展要不断采取措施提升办学质量,这需要对现有问题进行改进,需要把握未来的发展趋势。未来的教育会有很多新的特征,我个人认为未来大学最大的特征应该是开放性。我们都知道,现在在谈论经济全球化的同时,大家也在讲教育的国际化,尤其是大学的国际化。"[4]

工程物理系国际化发展将紧密结合国家、学校的战略,服务于双一流学科建设,抓住国家创新驱动发展战略机遇期,面向工物系所支撑的核科学与技术、安全科学与工程、物理学三个一级学科的前沿研究,响应国家重大需求,加强师资队伍、人才的国际化培养,建设一批一流科学平台与科研基地,巩固与培育若干学科制高点,形成国际学术影响力与行业产业引领力。

通过全球化的发展,实现如下目标:

- 面向国家、学校战略与科学前沿培养输送具有国际视野的高层次人才;
- 建设具有国际影响力的科学平台与研究设施,巩固与培育学科制高点;
- 建设具有国际国内影响力的师资队伍。

经过多年发展,工程物理系逐步形成了以核科学与技术为主体,涵盖核科学与技术、安全科学与工程、物理学等三个一级学科的学科布局。在人才培养方面,我们坚持"理工结合"的人才培养理念,逐步完善了"宽厚基础"的人才培养方案,近年来逐渐加强人才的国际化培养环节,创新培养模式并成功实践为国家培养与输送高层次人才;在科学研究方面,承担一批国家重大项目和国际合作重大项目,初步建成了一批国际化一流的科学平台,推动了基础研究与原始创新的迅速发展,国际影响力逐渐提升。同时,一批科研成果经过产业化,培育了安全检测和安全应急领域的高科技企业,相关技术和产品广泛应用于国内外大型活动和重要场所,提升了我国在相关领域的影响力和地位。

(一)坚持国际化的人才培养

在工程物理系国际化的诸多战略举措中,学生始终是国际化的核心。即国际化的众多工作,始终是围绕学生开展的,如学生的个体能力与视野的国际化、学生来源的国际化等方面。

积极鼓励和发展学生海外交流项目是工程物理系办学的特色之一。近年来,工程物理系采取多种措施,在师资力量、交换学习、双语教学等方面积极与海外高校合作,学生可通过交换生项目到美国、加拿大、英国、德国、法国、澳大利亚、韩国等十余个国家和地区的 60 余所合作院校进行短期交流,如斯坦福大学、伦斯勒理工学院、普度大学、英属哥伦比亚大学、亚琛工业大学、慕尼黑工业大学、曼彻斯特大学、新加坡国立大学、澳大利亚国立大学、墨尔本大学、首尔国立大学、中央大学、香港大学、新竹清华大学等。

为进一步加强学生海外实践学习，扩大学生国际视野，组织开展了一系列国际化人才培养教学活动。由工程物理系发起，在中国核工业集团公司国际交流基金、中国工程物理研究院国际交流基金和何东昌奖励学金三大基金的支持下，组织开展国际化人才培养。

在组织宣传方面，工物系每学年一次的本科生国际交流/交换宣传会，特邀国际合作与交流处的老师介绍我校开展的海外教育项目和遴选流程及要求；特邀教务处老师介绍我校国际化人才培养的总体情况和学生交流交换过程在课程学习方面常见的问题和注意事项，使每名同学都能够及时了解学校政策，珍惜在读期间的出国交流/交换的机会。

工程物理系的国际化人才培养项目分为品牌建设和自主立项两类。在海外教育教学的品牌建设项目中，海峡两岸暨香港"低碳绿能"暑期学校最具特色。该项目根据 2012 年 2 月 28 日签署的《北京清华大学、新竹清华大学与香港城市大学合作备忘录》精神，针对核学科在海峡两岸暨香港的发展情况，工物系联合中国广东核电集团、香港城市大学科学及工程学院和新竹清华大学原子科学院共同举办海峡两岸暨香港"低碳绿能"暑期学校。[6]该项目旨在鼓励所属师生积极互访，加强两岸青年学生的交流，促进教学和科技研发服务项目等合作，增进民众对核电站的直观认知。工物系通过此项活动进一步加强了本科生培养方案中的实践环节，增强了学生对核能的直观认识并开阔学生的视野。该项目的成功举办为三所学校更紧密的合作打下了坚实的基础，2017 年签订了两岸清华及香港城市大学核学科硕士生的共同培养协议，进一步加强了学生之间的交流/交换工作。近 5 年，两岸清华及香港城市大学核学科交流学生总计为 125 人，2017 年海峡两岸暨香港"低碳绿能"暑期学校学员总计 62 人，海外学员总计 34 人。

在我国核电大发展及"走出去"的国家战略背景下，进一步加强高校与企业在人才培养和科学研究合作非常重要。2017 年 1 月工程物理系携手三大核电集团启动国际核电人才联合培养项目，来自 8 个国家的 24 名新生参与该项目，并于 2017 年 9 月迎来首届核电工程与管理国际人才培养专业学位硕士班开学典礼[7]。该项目是在 2015 年我校与中广核集团、香港城市大学签订了《中国广核集团有限公司、清华大学、香港城市大学三方战略合作协议书》的基础上，促进多方深化合作，立足长远、优势互补、多方共赢，共同推动我国核事业的蓬勃发展。此外，该项目以"国家战略、引领卓越、高端合作"为原则，在以中核、国电投、中广核为代表的中国核电企业支持与配合下，强化工程实践环节的培养，旨在培养一批了解核电行业发展方向、具备优秀的工程素养和专业特长、认同我国核电技术与能力的国际化复合型领军人才和工程技术骨干人才。为促进高层次人才培养，教育部和国家能源局于 2016 年签署了《国际核电人才培养合作备忘录》，发挥和整合政府、企业、高校等各方面的优势和资源，建立国际核电高层次人才培养合作机制。该项目自 2017 年起，每年面向海外招收 30 名左右核电硕士留学生。[7]此次启动核能与核技术工程领域专业学位硕士国际人才培养,将进一步推动清华大学面向国家重大战略需求,培养全球化、高层次的国际核电人才。

另外"工物系-同方威视海外联合实践"是在国家"一带一路"背景下,面向清华大学全校学生,依托同方威视公司举办的"核'新'技术,中国'智'造"海外实践活动,是工物系高科技成果产学研获得成功之后,转化为学生培养的优质、特色资源的尝试。通过让清华大学的学生在世界各地深入了解最前沿的、世界一流核技术产品——大型集装箱检测设备,全面拓展学生的创新能力、强化学生全面素质,培养学生的全球领导力与全球胜任力。目前,联合海外实践活动共支持了来自 7 个院系的 80 余名学生前往波兰、以色列、德国、南非等 8 个国家,实地调研源自工物系的核技术装备如何走出国门,成为世界一流,亲身体验国际竞争下的创新与创业。这大大增加了学生的专业自豪感和专业向心力,同时帮助学生开阔了国际视野,正确认识世界和中国的发展大势。

2017 年 9 月,教育部高等学校核工程类专业教学指导委员会全国首次"核不扩散与核安保"课程建设暑期研讨会成功举办。来自全国 16 所高校、10 个相关涉核企业和研究院、清华大学核电工程与管理国际班的共计 70 余名学员,以及我系邀请了欧盟 7 位特聘专家和部分工程物理系教师参加了此次课程研讨会与开幕式。[8]本次研讨会的成功举办不仅为"核不扩散与核安保"事业培养了优秀人才,同时也为将来创造一个安全、和平的世界做出了卓越的贡献。

同时,我系利用自己的科研关系联系海外知名大学和国家重点实验室,开展具有专业针对性的项目,对于这类型自行联系出国的学生,经过审核,给予资金上的支持。2017 学年度,我系自主立项的项目共 19 个,出访地包括美国麻省理工学院,CERN,德国 DESY 实验室,日本东京大学和台湾新竹清华大学共 13 个国家和地区的知名院校和国家重点实验室,有 68 名学生参与其中,并取得优秀成绩,获得国外导师的一致好评。另外,我们鼓励学生在本科期间参加与专业相关的国际会议,以便了解所学专业在国际中的地位,对在国际会议中展示 poster 或者发表学术文章,还将给与一定的奖励。

2011 年以前,我系交流/交换的本科生还不超过 5 名。近五年,在工程物理系全体教职员工的共同努力下,我系 2017 年共派出 111 人次本科生,参与了 23 个国家和地区的校级、系级国际交流/交换项目,使本科生出国人数翻倍增长,提前达到四年级本科生海外交流人数比例接近 50% 的目标。海外指导教师返回的项目评估报告高度评价了我系学生在专业知识与工程技能方面的优势,学生通过海外实习项目,确定了自己未来发展的目标。

(二)打造前沿创新平台

1. 成立全球公共安全研究中心

2017 年 9 月,清华大学与伍斯特理工学院共建全球公共安全研究中心。清华大学校长邱勇、美国伍斯特理工学院校长劳瑞·莱森（Laurie Leshin）出席，并为两校共建的全球公共安全研究中心成立揭幕。[9]依托工程物理系的清华大学公共安全研究中心自从成立以来，已在包括 2008 奥运会等重大领域、重要事件中做出了积极贡献。清华大学和伍斯特理工学院共同建立全球公共安全研究中心，将大大促进两校共享防灾减灾方面的科技专业知识，成为防灾减灾方面开展多学科、多领域、多形式国际合作的典范。

2. 建设国际暗物质研究的重要基地和国际合作平台

工物系面向国家在暗物质研究的战略需求和我校学科建设的实际情况，建立了世界最深、空间最大的极深地下实验室——中国锦屏地下实验室（CJPL），形成具有重大国际影响的实验物理前沿国际合作研究平台，推动"以我为主"、由清华大学牵头的重大国际合作研究项目。同时立足于培养高水平的暗物质研究人才，开展国际先进水平的中国暗物质实验（CDEX）研究，推动中国和国际暗物质研究取得重要突破，使我国成为国际暗物质研究的重要基地和国际合作平台。2014 年起，中方清华大学牵头、德方慕尼黑马普物理研究所牵头，联合中德多个单位，面向暗物质和中微子衰变重大前沿课题技术需求，开展先进高纯锗探测器技术研究；2017 年美国 NSF、中国科技部支持的美中欧三方科学家联合开展高纯锗探测器及前沿物理中的应用研究；2017 年中国 CDEX、欧洲 GERDA、美国 Majorana 的科学家组建新的 LEGeND 合作组，希望推动吨级高纯锗探测实验。

（三）推动产学研合作

工程物理系始终以满足国家重大需求为己任，积极探索产学研一体的技术创新体制机制，促进了科研成果的快速转化和持续的技术创新。源于工物系的高科技企业：同方威视技术股份有限公司（简称"同方威视"）以及北京辰安科技股份有限公司（简称"辰安科技"）成为业界的知名品牌，为国际范围内的安全检测、安全应急提供整体解决方案和技术产品。2017 年，同方威视护航国际刑警组织第 86 届全体大会，为玻利维亚海关提供车载移动式安检设备及人体安检设备，为第 14 届中国-东盟博览会保驾护航，圆满完成 2017 年阿斯塔纳世博会安保任务等。2016 年，辰安研发的国家安全指挥控制系统（ECU911）为厄瓜多尔提供了重要的安全保障。2017 年，辰安为安哥拉公共安全一体化平台项目提供技术服务，负责金砖会晤的安全保障工作。

（四）在国际合作科学研究中做出重要贡献

LHCb 是欧洲核子研究中心（CERN）大型强子对撞机（LHC）上的一个大型粒子物理国际合作项目，来自 16 个国家、68 个单位的 1114 名科学家参与。清华大学于 2000 年 5 月成为 LHCb 国际合作的正式成员，2002 年 10 月由清华大学与 CERN 签署了关于清华大学参加 LHCb 国际合作的谅解备忘录。2017 年 7 月,欧洲核子研究中心(CERN)大型强子对撞机(LHC)上的底夸克探测器(LHCb)实验组宣布发现双粲重子,欧洲核子研究中心专门对该研究成果进行了新闻发布,清华大学工程物理系高原宁、杨振伟、张黎明和朱相雷等组成的研究团队在发现新粒子中做出重要贡献。底夸克探测器国际合作组已将研究论文提交至《物理评论快报》(*Physical Review Letters*)。多年来,底夸克探测器中国组坚持理论和实验相结合,始终与国内的粒子物理理论家保持着密切的合作关系,国内理论家对双粲重子的发现同样功不可没,获得了底夸克探测器国际合作组的尊重。底夸克探测器国际合作组发言人、意大利国家核物理研究院(INFN)著名学者乔瓦尼·帕萨洛瓦教授评价说:"中国的理论家也提供了重要帮助,他们的关键建议引导该分析在正确的方向上取得了突破。"

(五)举办国际会议

近五年,工程物理系成功举办的国际会议包括:"高梯度加速结构国际研讨会(*Symposium on High Gradient Accelerating Structures*)""微等离子体国际研讨会(*The International Workshop on Microplasmas*)""第二届中日韩(A3)前瞻项目球形环研讨会暨研究协调会(*The Second A3 Foresight Workshop on Spherical Torus and Research Coordination Meeting*)""第 12 届阻性板室及相关探测器国际研讨会(Ⅻ *Workshop on Resistive Plate Chamber and Related Detectors*)""先进蒙卡方法研讨会——蒙卡维兰德方法及截面产生(*Workshop on the Advanced Monte Carlo Methodology—MC Wielandt Method and Cross Section Generation*)""中德高纯锗探测器应用研讨会(*Sino-Germany Workshop on HPGe Detector Application*)""中国锦屏地下实验室发展国际专家研讨会(*Workshop on the Development China Jinping Underground Laboratory*)""射频击穿物理及高加速梯度国际研讨会(*International Workshop on Breakdown Science and High Gradient Technology*(HG2015))""第五届中日韩(A3)前瞻项目球形环研讨会暨研究协调会(*The Fifth A3 Foresight Workshop on Spherical Tours and Research Coordination Meeting*)""第十届中法粒子物理实验室研讨会(*10th Workshop of the France China Particle Physics Laboratory*)""未来光子对撞机研讨会(*ICFA Mini-Workshop on Future gamma-gamma Collider*)""三维图像重建的现状和发展(*The Current & Future for Tomographic Image Reconstruction*)"。

(六)开展全球国际交流合作

目前工程物理系已与亚洲、欧洲、美洲、大洋洲、非洲等十多个国家约二十多所单位结成合作伙伴关系。首先,工物系先后与俄罗斯托木斯克理工大学、美国伍斯特理工大学、瑞士日内瓦大学、美国麻省理工学院、法国国立高等先进技术学院、法国萨克雷大学、马来西亚国立大学、英国谢菲尔德大学、孟加拉国科技大学、纳扎尔巴耶夫大学、香港大学等多所世界顶尖名校就教育和培训等可能的合作进行深入探讨,并长期保持学术交流。

其次,工物系先后与日本高能物理研究所、加拿大国际粒子物理与核物理实验室、日本东京大学、瑞典皇家理工学院、美国伍斯特大学、法国巴黎-萨克雷大学、欧洲原子能机构、俄罗斯托木斯克理工大学无损检测学院、美国阿贡实验室等机构签订了合作协议,在学术交流、人才培养、合作研究等方面达成合作共识。

最后,工物系不断扩展与国际上的联系,加强与国外高校的学术交流。近五年,我系成功举办了 202 期"工物学术论坛",先后邀请了来自美国阿贡国家实验室、法国巴黎十一大学直线加速器实验室、国家科学院马赛粒子物理研究所、法国奥赛核物理研究所、法国劳厄郎之万研究所、布鲁克海文国家实验室、悉尼大学、英国牛津大学、美国芝加哥大学、德国美因茨大学、美国密歇根大学、国际原子能委员会等 200 多名外国专家。"工物学术论坛"针对学科领域内最新的科研成果、前沿课题、应用技术等方面展开论述,报告内容丰富翔实;在促进国际交流的同时,也扩展了工程物理系的国际知名度。

(七)师资队伍国际化建设

近五年,我系短期访问外籍教师 4 人,研究领域涉及粒子物理与核物理、医学影像物理、先进加速器原理、高梯度加速结构及对撞机正电子源等。我系博士后流动站在站或出站外籍博士后两人,分别从事 LHC 信号的唯象研究、大气压脉冲放电等离子体源研究、等离子体与材料表面相互作用的研究、引力波探测研究工作。

三、 总结

发展至今,工程物理系继续深化实施了全方位国际化战略举措。从实践过程和结果看,这些战略都以明确的国际化愿景为指引,是全面而有效的。

站在清华大学新百年的新起点,恰逢核科学技术与诸多学科前沿广泛交叉,中国核能蓄势待发,公共安全产业、核技术应用产业方兴未艾,工程物理系将更加坚定地顺应学科发展趋势,根据国家战略需求,强化优势,拓展交叉,优化学科布局;坚持基础前沿与产业应用并重,深入开展协同创新,以高水平科研引领学科与行业发展方向;实施国际化的人才培养计划,努力建设创新型、复合型人才培养基地,培养科学前沿拔尖创新人才和行业领域领军人才;为创建世界一流大学,实现科教兴国、人才强国的伟大事业做出更大的贡献。

参 考 文 献

[1] 吴莉娜. 耶鲁大学的国际化战略及启示[J]. 高教探索，2011(5)：39.

[2] 冯倬琳，刘念才. 世界一流大学国际化战略的特征分析[J]. 高等教育研究，2013,34(6)：2.

[3] 清华大学战略布局总体概况. http：//www. tsinghua. edu. cn/publish/gjhzyjlc/8803/index. html.

[4] 清华大学国际化人才培养模式. http：//www. tsinghua. edu. cn/publish/gjhzyjlc/8805/index. html.

[5] 清华大学战略规划. http：//www. tsinghua. edu. cn/publish/gjhzyjlc/8804/index. html.

[6] 海峡两岸暨香港"低碳绿能"暑期学校. http：//www. tsinghua. edu. cn/publish/inet/4019/2013/20130107131808015697548/20130107131808015697548_. html.

[7] 清华大学举行首届核电工程与管理国际人才培养专业学位硕士班开学典礼. http：//www. ep. tsinghua. edu. cn/essay/93/541. html.

[8] 欧洲安保研究及发展协会官员访问我系——清华大学工程物理系. http：//www. ep. tsinghua. edu. cn/publish/ep/1231/2016/20161213102436703707261/2016121-3102436703707261_. html.

[9] 清华大学与伍斯特理工学院共建全球公共安全研究中心. http：//www. tsinghua. edu. cn/publish/thunews/10303/2017/20170904220909933899259/20170904220909933899259_. html.

（作者单位：清华大学工程物理系）

从美术学院国际合作办学看
清华大学全球战略

焦继珍

摘　要：2016 年，基于对世界高等教育发展趋势、国家发展所处宏观环境及
学校自身发展阶段的深刻分析，清华大学首次制订并启动实施《清华大学全
球战略》，提出全面提升学校国际化办学水平。近年来，美术学院一直积极
探索全球化背景下国际艺术设计类人才培养的模式，并勇于尝试国际合作
办学方式，其理念符合清华大学全球战略，也是清华大学全球战略的具体实
践之一。

关键词：国际合作办学；全球战略；艺术设计

一、 清华大学全球战略与国际合作办学

（一）清华大学全球战略解读

全球新一轮的科技和产业变革正在发生，随着全球化进程不断推进，教育国际化
已经成为我国对外合作与交流的重要组成部分，也是提高高等教育质量和人才培养
质量的重要途径之一。2015 年，国务院印发《统筹推进世界一流大学和一流学科建设
总体方案》，指出"双一流"建设坚持中国特色、世界一流，支持高校在学习借鉴国际先
进教育理念经验基础上，积极参与国际竞争，扩大国际交流合作，服务国家重大战略，
不断提升开放办学水平。

2016 年 7 月，基于对世界高等教育发展趋势、国家发展所处宏观环境及学校自身
发展阶段的深刻分析，清华大学首次制订并启动实施"全球战略"，该战略的实施助力
我国高等教育国际化的推进。全球战略描述了清华在全球化时代的发展目标和教育
理念，确立了三大中心任务和和九大战略方向，通过整合国内外资源，坚定地走内涵
发展、特色建设的道路，全面提升学校国际化办学水平，卓越地服务国家、贡献世界。

清华大学全球战略明确指出建立世界顶尖大学的目标定位,本着立足中国、面向世界、传承创新和卓越发展的原则,提出着力培养具备"全球胜任力"的拔尖创新型人才,切实开展服务国家和世界的研究,全面提升国际化办学能力和全球影响力等三大中心任务。

（二）国际合作办学

根据教育部发布的《中外合作办学条例》《中外合作办学条例实施办法》对中外合作办学项目的定义,中外合作办学通常是指国外教育机构与中国教育机构在中国境内合作举办的以中国公民为主要招生对象的教育机构。中外合作办学属于公益性事业,是中国教育事业的组成部分。

成功的国际合作办学项目能真正实现高校教育国际化,主要体现在:一是教育观念的国际化。通过跨国界和跨文化的观点和气氛与大学教学、科研和社会服务等主要功能的相结合,不仅产生了学校内部的变化,也提高了高校的国际影响力。二是师资队伍的国际化。通过与国外先进的教学理念、模式和方法的碰撞,引进高水平国际师资,推动国际化师资队伍的建设。三是人才培养的国际化。通过跨文化和跨地域的课程设置和全球学程的培养方式,提高学生的专业水平,拓展学生的国际视野和认知能力。

（三）清华大学国际战略与国际合作办学的关系

国际合作办学能引进国外优质教育资源,加深国际交流和科研合作,不仅是教育观念的国际化,也有利于培养具有"全球胜任力"的人才,促进师资和管理人员队伍的发展,有助于提高教育国际化的整体水平。

《清华大学全球战略》的九大方向分别为:全球胜任力,全球学程,全球学生,全球师资,全球研究,全球合作,卓越管理,国际化校园,全球声誉。国际合作办学对学校办学理念、目标、师资、教学、课程、科研合作、管理等各方面会产生重大而深远的影响。国际合作办学是清华大学全球战略实施的有效途径之一,也是最直接的方式。

二、 艺术设计类国际合作办学的现状

目前,经过教育部和地方政府部门批准和复核通过的艺术设计类国际合作项目和机构共 211 个。其中,国际合作办学机构为 33 所,上海、浙江、江苏排在前 3 位,分别达到 7、5 和 4 个。国际合作办学项目为 178 个,江苏、河南、湖北排在前 3 位,分别达到 21、19 和 18 个。合作方排在前列的国家依次是英国、美国、德国和韩国。

目前,教育部批准的高等教育院校艺术设计类国际合作办学项目和机构共 141 个,占总数的 67％。其中,举办艺术类国际合作办学的高校有 111 所。"985 工程"

"211工程"高水平大学22所设立项目占总数的19％。

截至2017年底,经教育部和地方行政部门批准和复核通过的国际合作项目和机构共2543个,艺术设计类的国际合作项目和机构只占8.4％。

而教育部和地方政府部门批准或符合通过的项目只占一部分,还有基于中外院校合作协议基础上开展的合作办学项目,以上海同济大学为例,经教育部审批的艺术设计类项目为"同济大学与意大利米兰理工大学、意大利都灵理工大学合作举办机械设计制造及其自动化专业本科教育项目",而其现运行的双硕士项目为7个,双博士项目1个(见表1)。

表1 同济大学设计创意学院国际合作办学项目统计表

序号	项目名称	备注
1	意大利米兰理工大学("产品服务体系设计"方向 Product Service System Design)	
2	意大利米兰理工大学("室内设计"方向 Interior Design)	
3	意大利都灵理工大学("系统设计"方向 System Design)	
4	芬兰阿尔托大学("国际设计商业管理"方向 International Design Business Management)	双硕士项目
5	瑞典查尔姆斯理工大学("工业设计工程"方向 Industrial Design Engineering)	
6	德国包豪斯大学("数字环境交互与界面"方向 Interactions and Interfaces for Digital Environments)	
7	德国科隆国际设计学院("城市转型设计"方向 Designing Urban Transformations)	
8	香港理工大学、澳大利亚斯威本科技大学(Swinburne University of Technology)合作建立了双博士学位项目	

《国家中长期教育改革和发展规划纲要(2010—2020年)》明确指出,要加强国际交流与合作,引进优质教育资源,提高交流合作水平,提高我国教育国际化水平。适应国家经济社会对外开放要求,培养大批具有国际视野、通晓国际规则、能够参与国际事务和国际竞争的人才,是高校的责任与使命。目前,艺术设计类院校的国际合作办学机构和项目总量比较少,起步比较晚,还有很大的可发展空间。艺术设计类院校的国际合作办学机构和项目质量参差不齐,需要引进优质的教育资源,提高办学水平。

三、 清华大学-米兰理工大学联合培养项目实践

(一)清华大学-米兰理工大学联合培养项目介绍

清华大学-米兰理工大学联合培养项目是美术学院自1999年并入清华大学以来

对于国际合作办学的大胆尝试。2009 年,美术学院与米兰理工设计学院签订《与意大利米兰理工大学设计学院意向书》,意向书列明意大利米兰理工大学和清华大学美术学院共同举办"室内设计"双硕士学位的项目。本着为学生和学校负责的态度,美术学院与米兰理工大学设计学院反复沟通并制定完备的培养计划和课程安排,于 2011 年 9 月正式启动该项目。该项目采取清华大学美术学院与米兰理工大学设计学院联合培养的方式。培养目标硕士学位获得者应符合国家需要,具有国际视野,具有综合解决环境设计、产品设计、服装设计及信息艺术相关领域问题的能力,具有较高的设计水平,有潜力成为环境设计、产品设计、服装设计及信息艺术相关行业领域中优秀的设计师、研究人员、教学和高级管理人员。

清华大学-米兰理工大学联合培养项目采取导师组负责制,由清华大学和米兰理工大学教师组成导师组。硕士培养年限为 3 年,双方学校的学生在母校就读两年,在对方学校就读一年,完成整个培养环节后,分别申请双方学校的硕士学位并进行学位论文答辩和毕业设计展览,达到两校硕士学位授予要求,可获得清华大学艺术学硕士(M. A)学位和意大利米兰理工大学工程硕士(M. S)学位。

(二)清华大学-米兰理工大学联合培养项目实施情况和成效

自 2011 年 9 月运行,清华大学-米兰理工大学联合培养项目一期开设的专业研究方向为室内设计。2016 年 11 月双方签署了新的协议,培养范围扩大到环境艺术设计、产品设计、服装艺术设计、信息艺术设计等四个方向。该项目为教师和学生提供了优质的国际化教学平台,截至 2017 年 9 月(6 年期间)共计录取 77 名学生,其中,意大利学生 27 位,中国学生 50 位。毕业授予学位的学生 58 人。

在课程建设中,美术学院通过开设英文授课、举办国际学术讲座、召开国际学术研讨会和举办国际化设计作品展的方式,提高学生的专业素质,扩宽学生的国际视野,增加跨文化的认知力和外语能力。在学生培养的过程中,要求英文课程学习和学位论文答辩,开设夏季学期国外考察课程,开设国际工作坊,并提供实习机会。通过该项目的实施倒逼美术学院师资建设和授课方式的变化,不仅引进国际高水平师资,还与米兰理工大学通过互派授课,实施"走出去,请进来"的教学模式,为美术学院教师提供了优质的国际合作和交流平台。

四、 全球创新设计研究生 (Global Innovation Design. GID) 联合培养项目实践

(一)GID 联合培养项目介绍

全球创新设计研究生(Global Innovation Design. GID)联合培养项目是清华大学

美术学院与英国皇家艺术学院、帝国理工学院合作共建的研究生联合培养课程项目，旨在跨学科、跨地域和跨文化的环境下，培养全球化背景下创新型领导型人才。该项目于 2015 年签约，2016 年正式启动，2017 年在继续深化与英国皇家艺术学院和帝国理工学院合作的同时，制定完善了全新的 GID 人才培养方案和课程体系。

英国皇家艺术学院成立于 1837 年，曾被 PPAPER 杂志誉为"史上最难申请进入的艺术学院"，2015—2018 年蝉联 QS 世界大学排名艺术设计类第一。皇家艺术学院是世界上唯一在校生全部为研究生的艺术设计学院，下设应用艺术学院、建筑与设计学院、传达学院、设计制造学院、时尚与纺织品学院、美术学院和人文学院，不同于英国其他大学硕士学制一年，皇家艺术学院学制为两年。

帝国理工学院成立于 1907 年，是一所世界顶尖研究型大学，英国金砖五校之一，2015—2018 年稳居 QS 世界大学综合排名前十位。

GID 项目设置中，瞄准世界顶尖的艺术设计院校和高等学府，通过与高水平院校的交流与合作，为学院师生搭建国际化顶尖学术与交流平台，提供国际领先的人才培养环境。

（二）GID 联合培养项目培养目标

为了应对全球化经济文化带来的对复合型创新设计领导人才的新需求，GID 项目由中国清华大学、英国皇家艺术学院和帝国理工学院共同合作建立，是一个国际化设计创新研究生交换联合培养项目。通过整合亚洲（中国清华大学）、欧洲（英国皇家艺术学院和帝国理工学院）重要的设计、文化、产业中心的优势资源，GID 项目旨在创造一个独特的跨文化和跨专业的高层次复合型创新人才培养模式。该项目由上述三所大学共同建设管理，将国际领先的艺术、设计、工程、技术、商业等专业知识进行整合与教学。学生不仅在自己入学的大学学习，同时将有一个学期时间分别被交换到项目合作方国家的院校进行学习。不同于传统的学生交换模式，这种培养方式通过 GID 国际联合课程，将每所参与学院所具有的优势学科和教学资源进行一体化整合，即共同制定和分享统一的培养方案和教学大纲，又发挥各自独特的学科与文化优势，有助于培养出全球化的创新设计领袖，为推动未来的社会进步与社会创新提供人才与知识的催化剂（见图 1）。

GID 项目培养具有高端理解力、创造力和知识技能的交叉复合型创新设计人才，以适应全球化所带来的挑战。培养能够在企业、公共性或非营利性部门进行创新的人才和能够承担重要职位的创新人才。他们能够在跨国公司、政府部门、非政府组织担任国际化企业家、创意总监、设计战略领导者等重要的职位。培养能够应对 21 世纪社会、环境、文化、经济全新挑战的创新型设计人才。该项目通过硕士项目的联合培养，加强参与 GID 项目合作院校之间在学术、教学、研究领域的深入交流与协作。

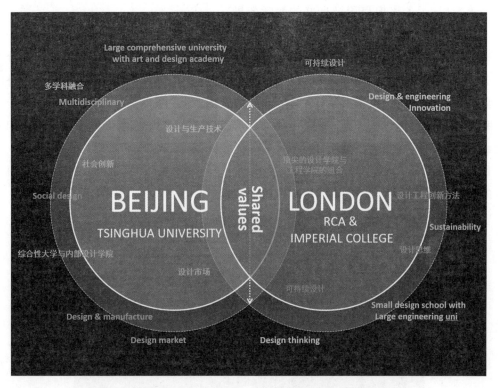

图 1　跨文化和跨学科的复合型设计创新研究生培养模式

（三）GID 联合培养项目实施情况与项目成效

该项目自 2016 年正式立项实施，项目课程采取模块化的授课模式，教学过程涵盖了课堂教学、工作室实践教学和考察实习等方式，在中国和英国的课程时间均为十二周。设计培养方案从三个方面关注对复合型设计领导人才的培养，通过项目制实践教学，强调"做中学"的创新实践理念，帮助学生在不同文化中构建文化传承与创新的设计能力、解决社会可持续发展的创新能力、面向智能制造的和产业升级的设计能力（见图 2）。教学过程中，来自清华大学和产业界的资深教师团队，引导学生与非遗传承人进行协同创新，深入中车集团、海信集团、联想集团、小米、海尔集团等不同产业中，与企业的设计、技术、生产环节的部门进行互动学习，通过参观、实践、工作坊、成果展览等教学手段，帮助参与项目的中外学生构建全面的设计创新知识体系。

截至 2018 年 3 月底，已经分别派出 26 名清华大学的研究生到英国皇家艺术学院和帝国理工学院学习，这些学生分别来自工业设计、服装设计、信息艺术设计、科普创意与设计、艺术史理论、视觉传达设计、环境艺术设计等不同的专业。项目已经接收来自皇家艺术学院和帝国理工学院的研究生 19 名来清华大学学习。

经过该项目的建设实施，清华大学参与 GID 的学生有的进入 BMW 等国际领先企业的设计部门工作、有的保送博士生继续学习、众多在校学生获得国内外设计竞赛奖项表彰,显示了该项目积极良好的教学效果。

美术学院设计学科在国内一直处于领先地位,在 2017 年全国第四了科学中评为 A＋学科。美术学院在 2016 年、2017 年、2018 年 QS 世界大学排名艺术设计类中分别排名第 23 位、第 25 位、第 23 位,位列国际高水平。本项目借助美术学院设计学科的优势地位,在中国进行的课程设置中,强调师资本土化,选取清华大学优质的教师资源和产业界的资深教师团队,让国外顶尖学府的学生了解中国设计观、中国文化和产业、科技发展情况,是中国设计自信的体现,也是中国设计观和文化的输出项目。该项目的课程体系受到英国合作方院校的高度评价,中外学生从中不仅体验了中国特有的文化,也深度学习了中国社会和产业的发展。

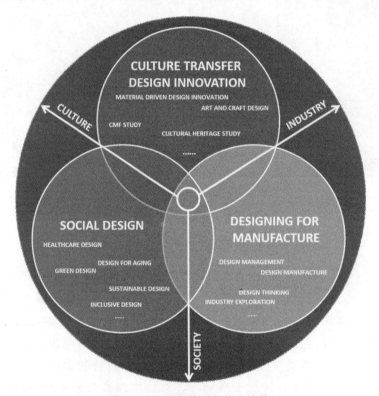

图 2 GID 课程体系和能力培养

五、 清华大学米兰艺术设计学院项目

(一) 清华大学米兰艺术设计学院介绍

清华大学米兰艺术设计学院[Tsinghua Arts and Design Institute in Milan;简称清华米兰设计学院(ADIM)]是基于中意两国元首见证下,清华大学与米兰理工大学签署的建立中意设计创新基地的协议上成立,是中意设计创新基地的重要组成部分。

2017年11月13日,清华大学米兰艺术设计学院揭牌仪式在清华大学美术学院举办,标志着清华米兰设计学院正式成立。

清华米兰设计学院将依托清华大学美术学院,联合米兰理工大学展开研究生双学位人才培养项目、本部学生海外研修项目、高端人才培训项目等,学院坚持艺术设计学科为主要方向的学科设置思路,融合多个优势学科,拓展交叉学科,聚焦时尚设计与生活方式、环境设计与可持续发展、工业设计与智能制造、文化遗产保护与修复等专业方向。学院将以清华大学与米兰理工大学的师资力量为基础,面向全球聘任教师。教学场地与实验设备以学院与米兰理工大学相结合,创造开放包容的创新文化氛围,以及国际一流的教学和科研环境。

(二)清华米兰艺术设计学院成立背景

清华大学美术学院长期与意大利的院校和组织保持良好的合作关系,近年来开展了一系列持续和全面深入的交流与合作,取得了丰硕的成果。2009年,美术学院与米兰理工大学开展的联合培养双学位硕士生项目,已培养中意学生58人。2015年米兰世博会,美术学院教师担纲建筑、景观、室内、展陈、视觉导视等设计工作的中国国家馆,让中国文化随中国设计真正"走出去"。2016年,"对话列奥纳多·达·芬奇第四届艺术与科学国际作品展"在清华大学艺术博物馆举办,是达·芬奇《大西洋古抄本》真迹在意大利境外规模最大的一次公开展示。近几年来,美术学院师生持续参加米兰设计周、时尚周、设计三年展等在意大利举办的展览,并与意大利新美术学院共同举办服装与服饰设计联合发布会。

清华大学与米兰理工大学是重要合作伙伴,两校利用在设计领域的共同优势,在人才培养、教师交流、联合研究等领域加强合作。2017年2月22日下午,在中国国家主席习近平和意大利总统马塔雷拉(Sergio Mattarella)的共同见证下,清华大学校长邱勇与米兰理工大学校长费卢奇奥·内斯塔(Ferruccio Resta)在人民大会堂签署协议,双方将在意大利米兰合作建立中意设计创新基地。该基地是清华大学在欧洲设立的首个教育科研基地,践行国家"走出去"战略,打造国际化设计创新合作综合性平台。

意大利是极具艺术与设计创意的国家,米兰更是被誉为"世界设计之都",有着浓厚的设计氛围和成熟的设计生态。米兰理工大学创建于1863年,在意大利工科排名第一,其艺术与设计学科位列世界第七。意大利设计专业毕业生中,有近一半来自米兰理工大学。

清华米兰设计学院的建立,恰逢中国"一带一路"倡议和"中国制造2025"规划与"意大利工业4.0"战略对接、中意互利共赢的历史机遇,将引领中国设计产业实现从"中国制造"到"中国智造"的提升,助力中国制造业转型升级,为中意两国的教育、科研和文化交流做出积极的贡献。

（三）清华米兰设计学院成立经验总结

清华米兰设计学院是基于清华大学与意方的长期、深入、成功的合作基础上，结合国际的发展形势和两国的实际需求，对于现有合作模式进行探索与尝试而应运而生的。它的成立体现出清华人心系国家、不断探索的精神。

清华米兰设计学院是清华大学国际化人才培养模式新的探索，通过整合欧美的优势学科、教育资源，为学生提供具有国际视野、跨学科、跨文化的学习实践机会，培养其具有整合创新能力和知识体系，以适应全球化所带来的挑战并能引领中国产业转型及满足巨大设计创新的需求。

清华米兰设计学院是清华大学设计学科跻身世界一流学科前列的重要举措，也是建设世界一流大学的重要步伐，必将在推动清华设计学科国内排名第一的情况下走向世界。

清华米兰设计学院的成立，标志着清华大学全球战略又迈出重要一步，是清华践行"更创新、更国际、更人文"的重要举措之一，也是配合中国政府实施"一带一路"发展倡议，在人才培养、文化交流、学术往来上的具体实施项目之一。

六、 结语

近年来，随着美术学院对于国际合作办学的大力推进，全面提升了美术学院教育国际化的水平，增进了国际合作与交流的广度与深度，推动了学院的师资队伍建设。近 5 年，美术学院累计邀请 500 余位外籍专家，累计参与课程 141 门，开设讲座 200 余场；组织各类型国际会议 32 次，包括艺术与科学国际作品展暨学术研讨会等；派出师生 1860 余人次前往世界 40 余个国家和地区进行各类学术和文化交流活动；近百位师生获得各类国际奖项和荣誉。

美术学院国际合作办学的项目实践在曲折中前进，目前在各项目的实施中，都遇到了不同程度的资金、人员、学生名额等条件的限制与制约，在学院上下和项目参与教师们的全力推进和不懈努力下，才保证了项目的平稳运行并不断壮大，助力清华大学设计学科跻身世界一流设计学科并不断提升清华大学的国际影响力。

国际合作办学是中外双方教育理念与内涵的碰撞，这是一个包罗万象的变化过程，既有学校内部的变化，又有学校外部的变化；既有自下而上的，又有自下而上的。它与清华大学全球战略的理念保持高度的一致。美术学院具体实施国际合作办学的过程，也是进一步深化清华大学全球战略的过程，并切实推动了高等教育国际化水平的提高和"双一流"学科的建设。

参 考 文 献

韩旭.艺术设计高校国际化人才培养探究——以清华大学与米兰理工大学双学位硕士联合培养为例
[J].美术大观.2016(3)：152.

（作者单位：清华大学美术学院）

高校联盟创立之初如何有效运行？

——亚洲大学联盟的一些经验

王娅茜　韩卓莘

摘　要：亚洲大学联盟从筹备、创立到第一年的发展，借鉴了其他大学联盟的很多宝贵经验。联盟的发起方，也是联盟的创始主席单位清华大学，对世界上其他知名高校联盟的运行方式进行了大量的调研工作。然而，彼时并没有由中国大学主导的有影响力的国际性大学联盟，清华牵头发起亚洲大学联盟，是一项具有战略意义的举措。在联盟筹备和运行的很多具体事务上，并无现成的经验可以借鉴，只能在摸索中前进，在多种可能的方案中寻找解决问题的最优方案。联盟成立一年多以来，联盟秘书处在推进联盟建设的具体实践中积累了一定的经验。本文回顾了联盟建设一年以来的主要工作，希望能够为其他大学创建高校联盟提供早期发展的一些经验。

关键词：亚洲大学联盟；联盟制度；联盟建设

一、 联盟制度文件的建设

1. 《亚洲大学联盟章程》

亚洲大学联盟制度文件的建设，始于联盟筹备之初。早在 2016 年清华大学国际合作与交流处成立亚洲大学联盟筹备工作组开始，联盟的第一部制度文件，也是联盟的根本性制度文件《亚洲大学联盟章程》（以下简称《章程》）便在逐步起草中。《章程》共 8 页，陈述了 8 个主要条款。虽然篇幅简短，但《章程》对联盟创立之初以及日后发展的一系列基础的、根本性的问题做出了规定，包括联盟的名称、使命、会员身份、组织结构、会费、章程修订办法、联盟的创始成员等。

联盟在筹备期间，各创始成员对《章程》草案应该包含哪些内容，如何精确地阐述

《章程》所要表达的内容，贡献了自己的意见和建议。《章程》的成稿凝聚了所有联盟创始成员对于联盟创立的最初共识。《章程》还起到了联盟与成员之间协议的作用，对《章程》的正式确认与认同是创始成员加入联盟的重要标志，也是加入联盟的必要过程。2017 年 4 月，亚洲大学联盟全部 15 所创始成员大学以书面确认的方式，正式表示了对《章程》的认同，并作为创始成员单位加入亚洲大学联盟。至此，亚洲大学联盟成立的条件已经完全成熟。

联盟成立以后，《章程》在联盟活动的组织中发挥着根本性的作用；联盟主要组织结构与职能部门的设置均参照《章程》规定执行。《章程》规定，亚洲大学联盟理事会为联盟的最高管理和决策机构，由各成员大学的校长组成。联盟设置主席单位与执行主席单位；每个成员单位须指定执行委员参与执行委员会议；联盟主席单位须组建秘书处。[①]

遵照《章程》的规定，亚洲大学联盟理事会自 2017 年 4 月联盟成立以来，每年举办一次理事会会议，会议处理联盟的各项重大事务，对联盟在工作层面上遇到的问题和分歧进行讨论并做出决定。[②] 联盟理事会选举清华大学作为联盟创始主席单位；并选举朱拉隆功大学为 2017—2018 年度执行主席单位，选举印度尼西亚大学为 2018—2019 年度执行主席单位，选举科伦坡大学为 2019—2020 年执行主席单位。联盟主席清华大学按照《章程》规定于 2017 年正式组建联盟秘书处，处理联盟运行的各项日常事务。

2. 《亚洲大学联盟 2017—2020 年发展框架》

《章程》从根本上回答了"什么是亚洲大学联盟"这个最基本的问题。亚洲大学联盟将具体开展哪些实质性的工作，如何实现联盟的愿景和目标，联盟成员将参与联盟哪些具体事务，还需要进一步明确。联盟正式成立以后，联盟迫切需要一个总体规划，描绘联盟未来发展的蓝图，为联盟的各项具体工作提供方向。

2017 年 4 月，亚洲大学联盟创始主席、清华大学校长邱勇在联盟的首次理事会上总体介绍了联盟未来三年的发展框架。邱勇提出，联盟的发展框架分为两个维度，一个维度是三大学科主题；另一个维度是联盟将要开展的四个具体项目模块。联盟应根据各个项目模块的总体要求开展各项活动，而各项活动的内容应尽量围绕三大学科主题展开。框架的设计得到全体理事会成员的一致通过。理事会成员还就框架中的细节提供了很多有价值的建议。亚洲大学联盟秘书处根据主席单位的提案和理事会会议对于框架的建议，起草了《亚洲大学联盟 2017—2020 年发展框架》（以下简称《框架》）。

《框架》全文共 22 页，全面细致地介绍了 2017—2020 年亚洲大学联盟关注的三大

---

① 亚洲大学联盟. 亚洲大学联盟章程,2017.4.28.
② 亚洲大学联盟. 亚洲大学联盟章程,2017.4.28.

学科主题,即"公共健康""资源与环境"和"信息技术";并且为联盟如何在"人员流动""研究合作""战略与政策"和"年度研究报告"这四个既定模块下开发子项目和举办活动提供了行动指南。比如,联盟在"人员流动"模块下设置了"海外学习项目",《框架》阐述了设立"海外学习项目"的背景和意义,成员大学如何申办该项目,项目的资助方案、举办时间与地点、项目的内容要求,以及项目实施的总体流程等。

《框架》从文本上落实了联盟的发展规划,为每一个具体的学科主题和项目模块做了充分的解释和说明。对于各个成员大学和联盟秘书处而言,《框架》是了解联盟发展规划的实用手册,是各成员大学申办和参与联盟活动的指导性文件,同时也为各成员大学总结和评估联盟的发展提供了一个依据。

"框架"内容的提出与《框架》文件的起草是联盟思考自身发展路径的一个重要过程。在《框架》起草的过程中,联盟秘书处也遇到了很多具体的问题,比如《框架》所提供的信息需要细致到何种程度,内容是否具有可操作性,在各个成员大学可能产生分歧的地方如何进行处理等。《框架》文件成稿之后,当它开始对联盟活动的运行发挥作用的时候,也显现了一些问题。比如,个别条款的规定初衷是好的,但由于过于细化,没有为成员大学的特殊性留出弹性空间,成员大学在根据《框架》具体执行时会遇到一些问题。以某个学生项目为例,《框架》提供的资助方案是既资助参与学生,也资助主办单位。对于某些成员大学来说,作为主办单位接受资助是很容易的事情,然而要求他们将资助款发放给学生时,他们由于自身财务制度所限难以履行这个规定,在项目的具体执行上遇到了一些困难。

对于一个新成立或者正在成长的高校联盟而言,一部阐述发展规划的制度性文件是非常必要的,它使各个成员大学更好地了解组织的近期目标、发展步骤、自身定位和参与组织事务的办法。如果没有这样一部制度性文件,联盟将在团结和动员联盟成员参与联盟事务时遇到较大困难,沟通成本或将大大提高,并有可能导致联盟发展的停滞。然而,在起草此类文件时,在有条件的情况下,应充分考虑各个联盟成员的具体情况,包括各自大学的发展目标、发展阶段、财务制度、院系设置、部处设置、人员结构等;并在此基础上,站在求同存异的立场上,建立有利于所有成员大学参与联盟事务的规划和细则,为可能出现不同的情况留有更多的弹性空间。

3. 《亚洲大学联盟运行制度(2017—2010)》

亚洲大学联盟正式成立以后,联盟秘书处便开始执行联盟于首次理事会上所做的决定,组织协调联盟成员开展各项活动。在这个过程中,秘书处逐渐意识到,尽管《框架》为联盟操作具体项目提供了详细的说明和组织流程,但联盟对很多一般性事务的执行办法并无章可依,比如,联盟的收入如何管理,联盟完成一笔支出需要哪些材料,联盟对一个活动如何进行新闻报道。在缺乏相关制度和政策的情况下,秘书处时常收到各成员大学对于类似具体情况的询问。例如,有的成员大学曾经向秘书处咨询，根据《框架》规定，各成员大学可以申请以联盟的名义举办学术会议并获得资助，假如他们想要举办一次这样的学术会议，所收的会议费如何处理，是必须用于会议举办，还是需要上交给秘书处，还是可以自行处理。有的成员大学在举办一个联盟活动前询问秘书处，活动的宣传材料是由秘书处来进行设计还是由主办单位设计；如果联盟网站将刊登对于活动的新闻报道，那么新闻稿是由秘书处来写，还是由主办单位供稿。

秘书处在处理上述问题时，只能针对具体情况进行逐个分析，并给出一个解决方案。秘书处也发现，这其中的有些问题，并非是秘书处有权决定的，比如比较敏感的财务问题、会员吸纳问题等，需要交给联盟的主席单位、执行主席单位甚至理事会来做决定。当秘书处试图从现有的制度文件如《章程》中寻找解决方案的时候，秘书处发现，《章程》虽然规定了理事会、主席单位，执行主席单位以及秘书处的总体定位，但对于哪些事项需要理事会决定，哪些事项需要主席单位或执行主席单位来考量，并未有具体的条款进行规定。

综合考虑《章程》和《框架》在指导联盟工作中所反映出的局限，以及秘书处在联盟运营过程中所发现的制度性问题，秘书处于 2017 年 8 月决定起草一部更为详细的制度文件，即《亚洲大学联盟运行制度（2017—2020）》（以下简称《制度》）来规定联盟一般性事务的具体执行标准，并提交各成员单位以及联盟理事会审议。

《制度》对《章程》中覆盖的内容做了进一步的解释，对《框架》中未规定的联盟某些具体工作流程做了补充。《制度》全文共 18 页，分为 8 个部分，分别就联盟的管理、运行周期、联盟成员与观察员、联盟项目的运行、联盟参与第三方活动、联盟财务、联盟的沟通与公关工作等方面制定了具体细则，为联盟在运行过程中遇到的职责分工与工作流程问题提供了一套解决方案。例如，《章程》规定了理事会的地位、成员组成和理事会决议如何产生；而《制度》则进一步阐述了具体哪些事务需要提交理事会审议并决定。再比如，《框架》中规定了联盟对某个项目的资助方案，即受资助方是谁，资助多少额度；而《制度》进一步说明，秘书处在向某个项目划拨资助款项时的具体步骤，需要项目主办单位提供哪些材料等。可以说，《制度》很大程度上明晰了联盟各个组织机构的责任，也为联盟的运转提供了更具操作性的工作标准和更明确的制度依据。

《制度》文件设定了一个期限，即现行文件仅用于在 2017 年至 2020 年期间指导联盟的具体事务。主要考虑的是，虽然相比《框架》这样的发展规划类文件，《制度》文件规定的内容应具有更长的实效性，但由于联盟尚处于发展初期，运行的项目和活动还比较少，在项目运行期间暴露的问题和需要协调的地方还不够多，现行《制度》文件中一定还存在很多不足之处。比如，各个成员大学未来可能会对某些条款持不同意见，项目运行过程中某些条款可能难以执行等。《制度》文件未来会经历多次修订，逐渐适应联盟在各个阶段的发展情况，更好地为联盟的运行提供制度依据。

4. 其他制度文件

　　除了《章程》《框架》和《制度》这三个主要文件,联盟还根据某些具体项目的实际运行情况,制定了与之相适应的制度性文件。例如,2018 年 3 月,为配合"亚洲大学联盟访问学者项目"的推出,联盟发布了《亚洲大学联盟访问学者项目指南》;2018 年 4 月,联盟发布了《亚洲大学联盟职员交换项目指南》;2018 年 7 月起,联盟将向所有入选"亚洲大学联盟访问学者项目"的学者提供《亚洲大学联盟学者手册》,为学者了解项目政策、更加顺利地完成学术访问提供支持。

　　回顾亚洲大学联盟的制度建设历史可以看出,对于一个新生的国际高校联盟而言,一开始并不需要也不可能把很多具体的制度付诸笔端,但一个组织能够从无到有、从零到一地建立起来,一定是要基于在诸多根本问题上所达成的共识,这些共识将最终成为一个组织最基本也是最根本的制度。亚洲大学联盟在筹备期间,便充分认识到根本性制度文件建设的重要性;《章程》的起草和各成员大学对于《章程》的确认,是亚洲大学联盟能够建立起来的制度基础。在有了这个基础之后,联盟理事会、主席单位、执行主席单位、各成员大学以及秘书处仍然高度重视联盟运行制度的建设,《框架》和《制度》两个文件在各方热切盼望联盟发展早日步入正轨的背景下应运而生。这些制度文件建立的过程和历史,反映了亚洲大学联盟各相关方在不同时间节点上,对联盟发展路径所进行的深入细致的思考,也反映了各相关方致力于以制度建设的方式,系统性地解决联盟短期和长期发展中的问题。从上述这些制度文件的内容和所发挥的作用来看,这些文件为联盟运行提供了办事依据和制度保障,提高了联盟运行的效率,更好地团结了联盟成员,为联盟顺利开展工作和有效发挥自身作用奠定了基础。

二、 联盟成员大学的角色

　　亚洲大学联盟有 15 所创始成员大学,即清华大学、北京大学、香港科技大学、韩国国立首尔大学、日本东京大学、泰国朱拉隆功大学、缅甸仰光大学、马来西亚马来亚大学、新加坡国立大学、印度尼西亚大学、斯里兰卡科伦坡大学、印度理工学院孟买分校、阿联酋大学、沙特国王大学、哈萨克斯坦纳扎尔巴耶夫大学。

　　联盟中的每一个创始成员大学都是该国最好的或者最有代表性的大学之一,这是 15 所创始成员大学的共同之处。然而,这些创始成员大学彼此之间又是非常不同的。从建校历史来看,联盟中最古老的科伦坡大学、东京大学、仰光大学有近 150 年的历史,最年轻的纳扎尔巴耶夫大学是 21 世纪诞生的大学。从学科背景来看,有像新加坡国立大学、东京大学这样在文理工医各学科都实力较强的综合性大学,也有像香港科技大学、印度理工学院孟买分校这样的传统工科强校。从各个大学在高校联盟中的作用来看，有的成员大学是多个国际高校联盟的会员，并在其他联盟中承担过领导性的工作；有的成员大学加入的高校联盟数量较少；有的成员大学则在其他高校联盟中的活跃程度不高。此外，这 15 所成员大学在办学规模、学制周期、教学项目、科研方向、国际化程度等方面，都存在较大差异。这些差异既为亚洲大学联盟增加了多样性，也对联盟的初期运行和发展提出了挑战。联盟自筹备之日起，在组织结构、发展规划、具体活动的实施方案等诸多环节的设计上，都十分注意各个成员大学之间的差异，努力使各个成员大学都能从联盟的建立和发展中受益，同时力求每个成员大学都能结合自身的优势和特点，在联盟中发挥自己的作用。

1. 重大决策的制定者

联盟的最高决策机构是联盟理事会，负责决定联盟的各项重大事务。根据《章程》的规定，联盟理事会由每个成员大学的校长组成。理事会在绝大多数情况通过协商，做出一致的决定，也可在意见不统一的情况下，通过集体表决做出决定，每一位创始成员大学在表决中拥有同等的权重。[①]

联盟主席单位、执行主席单位、各成员大学以及联盟秘书处均十分尊重理事会的决策权。联盟自成立以来，所有涉及联盟组织结构和联盟发展的重要事务都经由理事会讨论决定之后才付诸执行。正如朱拉隆功大学副校长蓬通·马拉库（Pomthong Malakul）在 2018 年亚洲大学联盟理事会的致辞中所表示的："联盟让每一个成员大学都有机会发表自己的观点，从而确保了联盟的每一个决定在理事会正式通过和实施之前都经过了充分的讨论和全面的考虑。"[②]理事会制度保证了各个成员大学在对联盟重大问题的知情权和决策权上拥有平等的地位，确保各个成员大学都能在联盟重大事务的决策上发表自己的意见和建议。

2. 联盟工作的领导者

根据《章程》的规定，亚洲大学联盟设置主席单位与执行主席单位，主席单位每届任期三年，执行主席单位每届任期一年。[③]《制度》对主席单位和执行主席单位应扮演的领导角色以及具体的职责进行了说明。简单来说，主席单位和执行主席单位是联盟事务的两个主要领导单位。

联盟成立一年多以来，成员大学对于参选和担任联盟执行主席单位都表示了较大的热情，也付出了很多努力。通过担任联盟的领导者，联盟成员大学内部，从校领导到很多普通的工作人员，都对联盟更加熟悉，也更深层次地参与到了联盟的事务中来。2017—2018 年度执行主席单位朱拉隆功大学于 2017 年 11 月成功举办了亚洲大

① 亚洲大学联盟. 亚洲大学联盟章程, 2017.4.28.
② 蓬通·马拉库. 亚洲大学联盟 2018 年理事会致辞, 2018.4.9.
③ 亚洲大学联盟. 亚洲大学联盟章程, 2017.4.28.

学联盟执行委员年度会议和青年论坛。朱拉隆功大学国际处为此进行了长达数月的筹备工作。在会议最后一天,朱拉隆功大学邀请了全校多个院系的教授和行政部门的工作人员与联盟各成员大学的与会人员一同参加活动。通过承办这两项活动,各成员大学更好地认识了朱拉隆功大学,很多与会代表表示,这是自己第一次来到朱拉隆功大学,热情友好的工作人员和美丽的校园给他们留下了美好而深刻的印象。2018 年 6 月,朱拉隆功大学文学院院长 Kingkarn Thepkanjana 率团访问清华大学,她表示,正是通过朱拉隆功大学举办的亚洲大学联盟执行委员年度会议,自己与清华大学才建立了联系。

2018 年 4 月,朱拉隆功大学圆满完成了自己作为联盟首届执行主席单位的使命。作为联盟创立第一年的执行主席单位,朱拉隆功大学对联盟首年的平稳运行做出了重要贡献。继任执行主席单位印度尼西亚大学、2019—2020 年度执行主席单位科伦坡大学均表示,感谢联盟成员大学的信任,两校将不遗余力履行好自己作为执行主席单位的职责。

3. 联盟事务的建言者

每年 11 月,联盟的执行主席单位将举办亚洲大学联盟执行委员年度会议。该会议一般由各个成员大学负责国际事务的校领导或国际处处长率团参加。执行委员年度会议回顾理事会决议的执行进展,讨论联盟未来的工作计划,对下一届理事会的议题提出建议。

联盟的执行委员年度会议给各个成员大学一个充分交流联盟工作事务的机会;通过这个会议,各个大学的工作人员能够了解其他大学在执行联盟项目时的思路和做法,同时,也能够将自己在处理联盟事务时所遇到的问题提出来与大家交流。2017 年 11 月,联盟的首次执行委员年度会议在泰国朱拉隆功大学举办,与会代表就《框架》和《制度》两个文件进行了充分的讨论,在个别问题上不同学校之间的看法存在较大差异,其中差异较大的一些问题便成了 2018 年 4 月联盟理事会期间重点讨论的问题。可以说,联盟向各个成员大学都提供了为联盟发展建言的机会,鼓励各成员大学分享自己的工作经验和有利于联盟发展的一些想法。各成员大学在建言和分享的过程中,能够更加确信,联盟不是为某一所或某几所大学服务的,联盟的发展将充分考虑各个成员大学的具体实际,并最终使所有成员大学受益。让每个成员大学都能成为联盟事务的建言者,这样的机制一定程度上增强了联盟成员之间的互信,加深了彼此的了解,也为联盟未来开发成员之间的合作项目创造了条件。

4. 联盟活动的承办者和参与者

根据《框架》文件,联盟各成员大学有机会在联盟的发展框架下,向秘书处申请承办学生活动和学术会议。2017—2018 年度,有 3 所联盟成员大学承办了联盟学生活动,共吸引了来自联盟各成员大学的 92 位学生参加。2018—2019 年度,经由理事会审议通过的、由各个成员大学承办的学生活动、学术会议和教育管理类会议达到 11 个,将有 8 所成员大学成为联盟活动的承办者。尽管各个成员大学之间的差异较大,但很多学校都从《框架》规定中,找到了自己承办联盟活动的可行性方案。

同时,联盟由秘书处牵头推进了"访问学者项目"和"职员交换项目",使联盟的项目实现了对各成员大学学生、学者和职员等大学中三类主要人群的覆盖。2017—2018 年度,联盟模块中的"年度研究报告"还将组建由各成员大学的学者和职员共同组成的研究团队,就大学的创新这一主题展开联合研究。

亚洲大学联盟的各成员大学参与联盟事务的地位是平等的,在联盟中发挥自身作用的空间也是较大的。从决策层面来看,联盟成员大学有提意见的空间,有参与决策的权利,有成为联盟领导的机会。从活动发起方和承办方的角度来看,联盟成员大学可以提案申请举办联盟活动或者其他有利于联盟发展的合作项目。从联盟项目覆盖的人群来看,学生、学者和职员都有机会参与联盟的项目。联盟各成员大学感觉自己在联盟事务中能够发挥作用,不被边缘化,自己学校的人员能够通过联盟这个平台获得更多的发展机会,这对于一个正在建设初期的、极富多样性的联盟来说是很关键的一步。

三、 一个联盟项目的诞生过程

随着亚洲大学联盟两届峰会的召开,联盟得到了国内和国际社会的广泛关注。可以说,两届峰会是亚洲大学联盟的高光时刻。高光时刻过后,开始有越来越多的人关注,亚洲大学联盟除了召开峰会,还进行哪些实质性的工作,举办什么样的活动,为各个成员大学提供怎样的机会。

为了加强联盟学生之间的相互了解,拓展他们的学术视野,联盟设立"亚洲文化浸润项目""青年论坛""海外短期学习项目"和"文化体育交流项目"等学生活动,使青年学子可以成长为更富有创造力、具备青年领导力的优秀人才;为了增强联盟成员大学之间学者的流动,联盟设立"访问学者项目",探索联盟成员大学之间的学术合作机会,并通过共享资源、探索合作和加强交流不断提升联盟成员大学的学术水平;与访问学者项目类似,联盟还为成员大学的职员设立了"职员交换项目",加强联盟内部职员与海外同行的交流;与此同时,联盟还通过学术会议、图书馆馆际互借项目、研究生教育论坛等机制鼓励各成员大学之间的合作。

如前文所述,在亚洲大学联盟的三年发展框架下,各成员大学可以根据自身的特点,发起和承办联盟项目与活动。联盟秘书处根据过去一年多的项目策划经验,总结出 7 个实施步骤:

第一步:联盟秘书处向各成员大学发出邀请,邀请各大学在联盟三年发展框架的范围内,进行活动或项目的提案。秘书处会向各校告知,此次提案的活动或项目的举办时间段，一般为联盟的下一个运行年度。秘书处同时向各成员大学发放《活动提案信息表》。

第二步：联盟各成员大学根据《框架》文件的要求，确定自己将提案的活动，并填写好《活动提案信息表》，提交给秘书处。至此，联盟成员大学基本上已经确定活动的性质、参加活动的目标人群、大致的举办时间、活动可能包括的议程、大概预算等信息。

第三步：联盟各成员大学在联盟执行委员年度会议上向与会人员介绍自己的提案。与会人员会考察提案是否符合《框架》要求，提案中的活动细节是否有问题。对于不确定的地方，与会人员会向提案人进行询问。秘书处建议提案单位记录好与会代表就此提案提出的问题。

第四步：各成员单位根据第三步中收集到的问题和反馈，决定是否继续完善提案或者放弃提案。决定继续提案的提案单位根据会上意见修改提案，并将最终的《活动信息提案表》提交给秘书处。

第五步：秘书处在收集好所有当年度的提案以后，将向所有成员单位发送收集到的全部提案，并邀请各成员单位进行投票。

第六步：秘书处根据投标结果，选择各个项目组中票数最高的若干个项目，提交下一次理事会会议审议。

第七步：理事会审议秘书处提交的活动提案，并进行表决。表决通过的项目将正式成为联盟项目，并按《框架》规定享受联盟资助；未经理事会通过的项目将不能以联盟的名义举办，也不享受联盟资助。

四、 联盟项目实施过程及问题解决方案

项目提案获得理事会批准后，各项目管理将根据时间节点具体分为三个阶段：设计阶段、筹备阶段、执行及后续阶段。秘书处在项目各阶段根据其工作重点不同而采取不同的沟通和管理方式。

（一）项目设计阶段的管理及问题解决

从项目提案获得理事会批准至项目通知正式向所有成员大学发布，即为该项目设计阶段。此阶段秘书处的重点工作是协助主办高校将提案中简单的项目介绍细化为有吸引力的，且可行性高的具体方案。秘书处将根据提案中项目预计执行时间及项目复杂程度提前至少三个月与主办高校沟通项目设计方案，主要包括项目时间、项目面向群体及预计数量、报名方式、初步日程、项目合同及联盟预计资助费用。

作为本国乃至亚洲最顶尖的学校之一，联盟成员大学均有着丰富的项目运营经验。在联盟运营初期，联盟高校提出的活动方案大多基于该主办高校已有的项目之上，多数活动已有成熟的项目背景及运营制度，且有经验丰富的项目运营团队。此类

项目在设计阶段主要依靠邮件沟通，秘书处负责把控项目方案方向，根据其余高校学期安排提供项目时间的建议，协助完善项目日程，提供项目合同模板，提出联盟资助方案，查漏补缺。

少数项目因主办高校筹备团队缺乏经验，需要秘书处提供较多的支持。此时秘书处将远程指导项目筹备团队，因地制宜地设计合理的项目方案，必要时将与项目筹备团队当面会谈，详细说明项目设计细节。

对于举办大型国际会议缺乏经验的学校，秘书处将全程提供技术支持。首先将协助会议筹办教授确立会议目标，对此次会议进行精准定位，尽全力使联盟高校的与会者不仅可以拓展学术人脉，还可以获得业务方面的提升，思想方面的升华，让联盟资助的经费发挥实际作用，实现其应有价值。其次将协助会议筹备组建立合理的日程和接待方案，建议会议筹备组对与会者提交的论文及发言内容设立合理的筛选机制，与学者就其提交的论文进行讨论，对发言嘉宾的演讲内容、选题、立意等进行合理的修改和打磨，充分保证会议质量，并使每一位与会者的论文与演讲都能切合会议主题，具有实际理论价值。与此同时，根据与会人员人数等尽早确认会议场所，并尽全力保证与会者当地食宿交通等相关问题。

待秘书处与主办高校就项目设计问题达成一致，即可向联盟成员大学发布项目通知。

（二）项目筹备阶段管理及问题解决

自项目通知发布至项目正式开始即为该项目筹备阶段。此阶段秘书处的重点工作为督促主办高校落实项目各项准备工作，主要包括追踪项目报名情况、项目日程细化及修改、保证参与人员与主办高校的顺畅沟通及与主办高校签署合作协议。

目前，各项目的报名方式均为直接向主办高校提交报名申请，由主办高校确认最终参加人员名单。一般情况下，联盟内活动会限制每个联盟高校参与人员名额，以保证公平并最大可能的丰富项目参与人员的背景。在少数情况下，某高校学生或学者对于某活动报名特别积极踊跃，在该高校官方提出想要争取更多名额的前提下，秘书处将与主办高校沟通，由主办高校根据目前报名情况及接待能力确认是否增加该高校项目名额。

筹备阶段另一项主要工作即为细化项目日程，在提案和项目设计中，日程一般较为简单，且日程呈现的单位一般为"天"，此时需要细化每一天的日程，并且在落实每一项行程中根据实际情况随时调整。秘书处将定期与项目主办高校沟通当前准备情况，并提出合理建议。当项目准备课程过于单一时建议丰富课程种类，项目活动安排具有风险时建议增加保险措施等。

2017年11月，在泰国朱拉隆功大学举办的青年论坛是联盟成立后首次举办青年论坛，具有里程碑式的意义。此次项目由朱拉隆功大学学生会团队承办，这是一支非常有想法有行动力的团队。在 8 月秘书处与朱拉隆功大学关于 2017 年执行委员会年度会议及青年论坛筹备情况的座谈中已提出相当完善的项目日程。在项目筹备阶段，秘书处与项目筹备团队就如何丰富项目日程进行了充分沟通，在合理安排讲座的同时增加更多的实地考察，学员之间的文化交流，使得项目更加丰富多彩。

2018 年 7 月哈萨克斯坦纳扎尔巴耶夫大学举办的亚洲文化浸润项目是许多联盟成员大学的学员第一次前往哈萨克斯坦这个中亚国家，这就要求纳扎尔巴耶夫大学为参与学员提供更多签证方面的支持。秘书处在筹备阶段对于学员申请哈萨克斯坦签证是否时间过长会影响行程提出担心，亚洲文化浸润项目筹备组在调查所有成员大学所在国家和地区的签证政策后，与哈萨克斯坦外交部和哈萨克斯坦驻各国使馆沟通交流后，及时为需要官方签证邀请信的学员提供邀请信，并为缅甸等没有设立哈萨克斯坦使馆的国家的学员申请到落地签政策，保证每一位学员不因签证的问题而错过项目。

（三）项目执行及后续阶段管理及问题解决

自第一个项目参与者抵达主办高校到最后一个项目参与者离开，即为项目执行阶段。在这个阶段，秘书处的主要工作为追踪项目执行情况，包括确认学生实际参加情况，追踪日程落实情况，协助解决突发情况，跟踪媒体报道情况及汇总项目报告等。在可能的情况下，秘书处将派专人参加每一个联盟项目的开幕式，为参与学员介绍亚洲大学联盟情况，确认项目落实情况，向活动筹备团队表示支持和感谢。

亚洲文化浸润项目是亚洲大学联盟着力打造的重点项目，2018 年首次项目在哈萨克斯坦纳扎尔巴耶夫大学举办，其重要性不言而喻。秘书处在项目筹备期间即派人前往协助其准备工作，在项目开幕式上，秘书处在纳扎尔巴耶夫大学的邀请下致辞，并在后续的安排中向所有学员介绍亚洲大学联盟的基本情况和学生活动情况，让联盟成员大学的学子对亚洲大学联盟有了更深的认识。另外，秘书处还在项目执行的两周期间，与项目筹备组保持邮件和微信沟通，实时关注项目进展。在得知部分项目学员因食物不净而身体不适甚至住院时，与项目筹备组及其领导及时就其解决方案进行沟通，保证每一位学员都得到妥善安置，并追踪学员的康复情况。在项目顺利结束后，秘书处会及时收集该项目的媒体报道情况及其余宣传资料，对活动照片和视频进行及时存档，并在联盟其余宣传平台上发布活动新闻。

（四）项目面对的难题

自亚洲大学联盟成立以来，已成功举办五个学生活动，还有更多优秀的活动正在筹办之中。从策划到项目举办，每一个活动都遇到了各式各样的难题，秘书处在协助处理的过程中发现，目前联盟的活动主要面对以下问题：

首先是活动的举办时间难以协调。联盟成员大学有着迥异的学期安排，有的学校为每学年两个学期，有的学校为每学年三个学期，有的学校无法在学期中安排学生活动,有的学校难以在假期发布通知,导致几乎无法安排一个让所有学校都满意的学生活动时间,目前汇总的数据显示,全部成员大学学生都参与的学生活动仅有一个,且在近期将要举办的活动中也没有增加的趋势。针对这个问题,目前并没有有效的解决之道。秘书处将继续与各联盟成员大学探索合适的活动时间,争取使联盟成员大学学子有机会参加更多的联盟活动。

其次是学生活动项目趋同,吸引力减弱。正如前文所述,目前活动大多基于该主办高校已有的项目之上,这样虽然保证项目的顺利进行,但与此同时也造成联盟成员大学学子在多种平台看到类似的学生活动,或者已经参加过类似的学生活动,吸引力大大减弱。因此,联盟设立了亚洲文化浸润项目,让联盟高校学子有机会从社会、文化、历史、经济等多角度全方位深度体验一个亚洲国家。此外,秘书处也与各联盟成员大学沟通,力求建立更多的具有亚洲大学联盟特色的活动。

最后是难以追踪项目的后续影响。虽然秘书处对于每一个项目的执行情况都进行了追踪和存档,但是仍发现甚少可以对参与联盟活动的学员进行后续追踪,联盟活动是否对学员未来的学习生活产生了影响?是否为他们将来的深造提供了更多的机会?这些目前都不得而知。秘书处就此问题考虑建立 AUA 校友系统,尝试为每一位参与联盟活动的学员建立档案,并考虑在联盟内定期追踪学员深造情况,为联盟的发展提供数据支持。

五、 当联盟面临全新的事务

尽管联盟十分重视制度建设,也希望能够尽可能地通过制度规范来使联盟各项事务的运行趋于标准化,但在联盟尚且年轻的时候,经常会遇到一些制度文件尚未覆盖到的新事物、新情况。本节将以亚洲大学联盟发展中的一个事件为例,探讨当联盟遇到全新的事务之时,可以有哪些处理办法。

亚洲大学联盟成立之后,联盟秘书处以及联盟中的一些成员大学相继收到了联盟以外的一些组织机构的邀请,邀请联盟秘书处或者联盟成员大学以某种形式参加该机构组织的活动。这对于联盟而言,是一个全新的事务。从未有哪一个制度性文件对联盟如何参加外部活动给予规定,而得到这些邀请的秘书处与各成员大学也不能确定如何回应这些邀请。同时,随着邀请的增多,秘书处意识到,联盟被邀请去参加外部活动不是一个单一偶然的事件,以后此类情况将更多,须有一个统一的解决办法。

在这样的情况下,联盟秘书处首先向主席单位清华大学进行了汇报,最终根据主席单位的建议,联盟秘书处通知收到此类邀请的各成员大学在即将举办的联盟执行委员年度会议上进行情况说明,听取与会各方的建议。会上,各成员大学对联盟参与外部事务这一情况提出了许多看法和建议。秘书处根据各方的建议,起草了一份材料,就此事提请理事会讨论。在理事会会议上,与会各方根据秘书处提供的材料进行了充分的讨论,并最终确定了一套解决此类事件的方案。秘书处按照理事会确定的流程,与收到邀请的各相关方进行下一步的工作。

当联盟面临一个全新的情况时,秘书处往往是最早获得信息的。这件事情的圆满处理,说明秘书处作为联盟事务的具体执行部门,在未获得联盟各成员大学的反馈时,应对新生事物保持审慎的态度,避免超越自己的职权范围,贸然做出决定。秘书处作为对联盟各相关方都比较了解的部门,应尽快与联盟领导机构汇报情况,对于涉及多方利益的问题,应报请联盟中的最高决策机构进行讨论。当最高决策机构确定了解决方案之后,秘书处应该按照此方案执行。

六、 秘书处的定位

高校联盟的秘书处是一个特殊的部门。秘书处往往与各个成员大学都比较熟悉,对成员大学的情况了解比较全面。秘书处作为处理联盟日常事务,协调联盟各方的部门,对联盟的工作也是最为了解的。秘书处一方面执行最高决策机构的决定,一方面需要向最高决策机构和联盟的领导机构汇报联盟发展的情况,为下一步的工作提供建议。

因此,秘书处首先需要明确,秘书处是联盟内的决策执行部门,而不是决策部门。对于需要决策部门讨论却未经讨论的,涉及联盟各相关方利益和关切的事项,秘书处不可擅自做出决定,而应以知情者的身份尽快向联盟的领导机构和决策机构进行汇报。

第二,秘书处须保持中立。秘书处不是某一所大学或某几所大学的秘书处,而是联盟决策的主要执行部门。秘书处在处理日常事务时,在遵守联盟制度以及理事会决议的前提下,应全面考虑各方利益,以及各方的现实情况。对于在有些情况下,联盟成员大学的要求或行为与联盟制度相冲突的时候,秘书处不应因个别成员的要求而推翻既有规定与政策。

秘书处的理想状态是成为联盟各相关方值得信赖的决策执行部门,能够在既有制度的规范下,处理各种复杂情况,并随着联盟的发展,为联盟决策机构和领导机构提供有价值的建议。

亚洲大学联盟从无到有,各类制度和项目的开发都是一次全新的尝试,同时受到联盟内部成员大学和外部政策的影响,在摸索中不断前进。联盟秘书处将脚步稳、头脑活、目标明确、思路清晰的做好自身的工作,进一步完善内部机制,促使亚洲大学联盟更加积极平稳地发展。

（作者单位：清华大学国际合作与交流处）

服务清华全球战略
推进国际合作项目实践

李默迪　张文雪

摘　要：清华继续教育作为大学人才培养体系的重要组成部分，面向国家发展战略，在建设世界一流大学目标下，通过创新继续教育管理体制机制、开展现代远程教育、学历继续教育向非学历教育的转型，在知识传授、价值塑造、能力培养、社会影响、服务学校等方面对学校和社会做出了重要贡献。[①]期间的国际合作与交流在继续教育的发展主线中经过不断的锤炼，也逐渐探索出清华特色的继续教育国际化发展道路。文章通过清华大学继续教育国际化实践，总结了其中的成果和不足，并对以后的国际化工作提出了建议。

关键词：继续教育；发展战略；国际化

　　清华大学继续教育学院自 1985 年成立以来，以"教育创新，服务社会"为宗旨，以国家发展战略为重，配合学校建设世界一流大学的发展目标，不断调整创新，规范管理，整合优势资源，使继续教育成为大学人才培养体系的重要组成部分，成为学校服务社会的重要窗口，学院在国际交流和合作方面不断探索和创新，推动学院的国际化进程。

一、 发展思路

　　杨斌副校长曾用五个"坚持"总结了学院 30 年来的办学思路。第一，坚持继续教育与学校其他事业统筹发展；第二，坚持继续教育服务国家社会发展大局的使命、责

---

　　① 谢婕妤.植根清华　面向社会　服务国家——清华大学继续教育学院建院 30 周年论坛［EB/OL］，http：//news.tsinghua.edu.cn/publish/thunews/9664/2015/20150630152843388996229/20150630152843388996229_.html.

任意识;第三,坚持不断创新继续教育管理运行体制机制;第四,坚持实施以质量为核心的品牌发展战略;第五,坚持把技术手段创新应用作为继续教育发展的助推力。

1996年5月,王大中校长把"发展现代化教育手段"作为当时清华大学继续教育的一项重点工作。1998年,清华大学启动现代远程教育。2002年,清华大学继续教育实行管办分离,学院按照"企业化运作",以"高层次、高质量、高效益"为办学原则。2012年,学院配合学校的百年战略,提出"精品化、国际化、信息化、集团化"的发展战略,积极探索内涵式发展道路。

学院的发展思路与时俱进,不断调整。2014年,学院确定了五个"十来个"的发展战略,旨在通过更加系统性、针对性和前瞻性的培训,探索一条定位准确、重点突出、影响深远的精品化发展道路,其中一个"十来个"是根据国际项目学习需求开展国际合作项目,从服务国家、学校和学院战略三个层面培育具有国际化视野的业界精英、探索国际化和创新发展以及打造国际化精品项目。"十来个"国际化发展战略是配合学校建设世界一流大学的发展目标,在传承"高质量""高层次"的办学理念上,通过高端精品项目推动学院的国际化发展,是学院在探索国际化发展道路上的新举措。

二、 重点工作

（一）国际学术与动态

学院的国际学术活动有两个国际化平台和一个研究中心支撑,国际化平台是教科文组织提供的教席交流平台和美国人才发展(ATD)大会。学院的国际学术工作主要从主持教席工作、跟踪海外学术前沿以及积极组织学术活动三个层面开展。

1. 教席工作

1999年,在学校时任校领导的努力下,联合国教科文组织在清华大学设立了国内唯一的"继续工程教育教席",具体由继续教育学院承办。学院自2000年以来以教席名义组织召开了16届"21世纪继续教育论坛",累计参会人数约2000人,征集论文1500余篇。通过这个高端的国际化平台,清华大学的继续教育在行业内发挥了领头羊的作用,产生了深远的影响。2017年7月,联合国教科文组织在瑞士日内瓦大学举办首次教席大会,世界各国自然科学领域的95个教席参加了本次盛会。清华大学继续教育学院高策理院长作为教席负责人,应邀以亚太地区教席代表身份参加本次教席会议,并担任分会场主持。会上,高策理院长介绍了清华大学继续工程教育工作。

教科文组织继2017年7月教席大会后,也在通过教席网络深化他们对全球研究方面的领导力,2018年3月将继续讨论教席行动纲领,创建一个交流和知识共享平台,促进教席在联合国教科文组织既定的工作目标上的合作。

2. 跟踪学术前沿

2013 年以来,学院组织人员参加美国人才发展(ATD)大会,累计参会人员 15 人次。2014 年开始,组织人员赴台北参加 ATD 亚太区年会,累计参会人员 23 人次。美国人才发展(ATD)大会是一个全球性的研讨交流大会。ATD 有来自全球 120 多个国家和地区的会员。通过这个全球化的平台,学院接触到了世界培训领域先进的继续教育理念和技术,对于学院开展全球继续教育研究提供了丰富的资源。

此外,2013 年 10 月,学院还组织 10 人次赴台参加了台湾两岸中小企业合作发展论坛,论坛对学院开展中国大陆和台湾企业家交流起到了重要作用。2008 年 5 月及 2010 年 10 月,学院分别组织 2 批共 13 人次赴美国和新加坡参加世界继续工程教育大会,时任清华大学校务委员会副主任、国际合作与交流委员会副主任、继续教育学院院长胡东成教授在 2008 年当选为国际继续工程教育协会(IACEE)新一届理事,并被选举为该协会第一副主席。学院通过专业领域的国际化组织,在世界继续工程领域发挥了重要作用。

3. 组织学术活动

2007 年 9 月,韩国行政自治部部长朴明在访问清华期间,与时任清华大学校长顾秉林教授协商,以中韩两国共同关注的内容为论坛主题,每年举办一届,轮流在两国举办。论坛从"区域均衡发展""国家竞争力""金融危机的影响与应对""地方政府行政能力""风险管理""大数据"等不同视角交流了两国关注的问题,促进了两国的合作与交流。

此外,2005 年 4 月和 2010 年 5 月,学院分别举办了工程管理国际论坛及国际继续工程教育协会理事会会议,加强学院在继续工程领域的交流与合作。2004—2007 年,学院还举办了 6 次扶贫工作方面的国际会议,通过会议扩大扶贫工作的社会影响力。

学院通过各种学术交流活动,研讨社会热点问题,探索继续教育的前沿发展,交流继续教育领域的新思想、新技术,加强国际合作和交流,以国际化的学术活动推动继续教育的实践。

(二)国际化学位项目

学院的两个中外合作办学项目分别是与澳大利亚国立大学合作开展的"管理硕士学位教育项目"(以下简称"澳国立项目")以及与澳大利亚麦考瑞大学合作开展的"应用金融硕士项目"。目前,金融项目已经实现汉化教学,与澳国立项目相同,在英文授课方式下配备中文翻译。两个项目完全引进国外课程,为学院其他相关课程提供借鉴。

1. 清华大学-澳大利亚国立大学管理硕士学位教育项目

澳国立项目是教育部批准的中国第一个科技与创新方向的管理硕士项目,2013年,项目通过了澳大利亚高等教育质量与标准署(TEQSA)的各项评估。

2004年,澳国立项目开设第一期班,随着市场需求的增多,项目从每年招收一期班变为每年两期班,现已累计招收学生1000余名。该项目学员来自全国30多个省份、不同行业和领域的1110名中高层管理者。澳大利亚国立大学非常重视与我院的合作,项目开办以来,已经邀请我院人员近40人次赴澳大利亚参加澳国立项目学员的毕业典礼。

2. 清华大学-澳大利亚麦考瑞大学应用金融硕士学位项目

2005年,麦考瑞项目开设第一期班。该项目的质量保证体系(QAF)获得澳大利亚高等教育质量与标准署(TEQSA)肯定和认可。2015年,麦考瑞项目从英文教学改为双语授课,清华授课比例提升到50%课时。到2017年年底,共招生13期班,学员500余人,毕业生近400人。项目毕业学员基本上在北京、上海和深圳等城市的主要金融机构工作。

澳国立项目和麦考瑞项目开展十余年来,由于严格按照质量保证体系要求招生和教学,教学质量稳定,在国内形成了良好的口碑,产生了巨大的社会效益。两个项目都聘请清华大学教师授课,在一定程度上促进了学校教师与海外教师的学术交流与合作,达到了国家和学校开展中外合作办学的目的,即依托学校资源并促进学校教学和科研工作。

(三)创新性短期项目

创新性短期项目的开展是学院探索借鉴海外先进的课程体系的重要举措,有利于促进学院全球学程的发展。学院曾在短期涉外项目的全球学程上做过一些探讨,将学院课程和海外学习参访相结合。学院在全球学程上还需要进一步挖掘不同国家和地区的特色课程,将这些课程有机结合,提高学院课程的国际化水平。从2017年的项目和2018年的计划看,学院"走出去"的国际化项目已经开始在全球布局。

1. 2017年开展的项目

2017年,在"十来个"国际化发展战略下,学院在美国、以色列和中国台湾分别开展了新的短期培训项目,共有138名学员参加。合作方有全球创新学院(GIX)、特拉维夫大学和台湾新竹清华大学自强基金。

全球创新学院由华盛顿大学、清华大学、微软公司在2015年创建,2017年正式落成。合作三方实力雄厚,作为学校的一个国际化平台,也为学院开展美国的培训业务建立了一个新的海外教育基地。同时,与以色列特拉维夫大学合作开展的创新培训以及与中国台湾自强基金会合作开展的项目都将对学院建立长期的海外培训基地起到重要作用。

2. 2018 年的计划项目

学院在 2017 年开展创新性短期项目基础上,2018 年计划针对目前中国制造业的发展趋势,结合德国和日本的产业特点,让中国企业家在"走出去"中更多地了解国外产业的发展优势。学院在德国、日本和大洋洲都计划开展一些新的项目。

(四)"请进来"项目

2017 年,学院针对海外开展了 62 期班,共计 2804 名海外学员;其中,主要针对国外学员 14 期,中国港澳台地区 48 期,国外学员 486 人,中国港澳台学员 2318 人。学院积极响应国家战略,在弘扬中华传统文化,加强对海外国情文化传播与交流上发挥了积极的作用。

学院为香港特别行政区高级公务员举办的清华大学国家事务研习课程,在香港回归前夕,积极为香港回归做准备,应香港特别行政区政府要求,经国务院港澳事务办公室批准开办。项目自 1993 年开始,迄今为止已举办 108 期。学院还受中联办、国务院侨办、欧洲华人华侨妇女联合会等单位委托为海外华侨开展各类培训。

全球学程和全球胜任力是相互联系的。全球学程可以促进学员全球胜任力的培养,全球学程是培养全球胜任力的必要条件,也体现了学院在国际化进程中的核心竞争力。全球胜任力是国际化人才培养方向,体现学员在一个多元文化环境中有效学习、工作和与人相处的能力,是衡量学院国际化课程对社会人才能力培养的重要指标。

三、 发展优势及挑战

(一)发展优势

学院总结了学校的"三宝"——校园、校训和校友,学院的"六宝"——师资、制度、品牌、团队、学员、合作单位。

目前,学院每年授课教师 1900 余人,师资库 6000 余人。在内部管理上,学院已经形成了完善的人事管理、教师管理、学员管理和项目管理制度。学院员工近 400 人,学院在激励机制、文化建设上,创建了一个积极向上、富有凝聚力的团队。这些形成了学院核心的品牌优势,对学院开展高层次、高质量的国际化精品项目起到重要的保障作用。

学院经过多年的积累，合作单位涉及国家机关、省部级单位以及各个领域的国企，学员分布各行各业，为学院国际化项目的二次开发起到了重要的作用。目前，学院的短期国际化项目大多数是在以前国内培训项目中学员开发的。

杨斌副校长对学院的继续教育工作寄予厚望，用"士先器识而后文艺"对学院人员的精神境界和社会责任提出了一个新的更高要求。学院在传道授业解惑中，不断修炼内功，加强自身建设，不断形成品牌内涵，集聚实力，厚积薄发。

（二）挑战

在学校九大全球战略的宏伟蓝图上，如何构建继续教育的全球胜任力、全球学程、全球学生、全球师资、全球研究、全球管理、国际化校园、全球声誉，对学院的继续教育发展提出了一个新的更高要求。

1. 研究经费及校内外资源的有效利用不足

在教席工作上，由于每个教席的研究领域和方向不同，教席之间的交流需要通过共同的发展目标作为沟通桥梁。学院代表清华大学具体承担继续工程教育教席工作，如何整合校内工程教育资源，在教科文组织这个平台上展现清华大学在世界工程教育的领先地位，对世界继续工程教育做出贡献，对学院的工作是一个挑战。

我院参加的美国人才发展（ATD）大会，由于出访经费有限、出访人数有限，每次大会有很多分会场和会议主题，学院参会人员在大会现场有限的时间内难于与各方面参会人员充分沟通交流。学院也曾与 ATD 沟通，探讨由学院在中国组织开展 ATD 会议，将国际化平台移植到中国，促进学院的研究和教学实践。

学院组织学习与人才发展研究中心一直在研究和跟踪继续教育的发展前沿，专门收集整理国内外继续教育发展动态，对总结继续教育成果和指导学院继续教育实践发挥着积极的作用。由于学院研究中心人员有限，学院研究经费有限，学院也在探讨研究与业务相结合，让业务部门根据自身需求与研究中心共同组建各种研究课题的团队。学院业务的国际化发展也促进了研究的全球化。

2. 课程和教师的国际化水平有待提高

国际化课程的设计需要考虑国内外政策、不同文化、经费、时间、不同领域的特殊要求。目前，学院的国际化项目主要针对在金融、管理领域，在教育、司法、医疗卫生等领域的国际化课程正在积极探索中。

在师资的国际化上，从学院近三年海外授课教师来看，学院直接从海外邀请授课的教师主要集中在澳大利亚，主要是两个中外合作办学项目教师，中外合作办学项目邀请的教师还有少量来自加拿大、德国和中国香港特别行政区。国内短期培训班也邀请了来自美国以及中国香港与台湾的少量教师。由于海外教师授课的国际旅费较高,随着院内项目的调整,近三年,直接从海外来院授课的教师明显呈下降趋势。

3. 学院缺乏系统的国际化考核指标

出访情况是学院国际化的重要指标。学院出访主要包括学院层面组织的学术活动、参观考察和学院业务部门开展的涉外项目活动。从近三年学院出访情况可以看到,学院海外活动主要分布在美国、加拿大、澳大利亚、新西兰、法国、英国、瑞士、以色列、韩国、新加坡、马来西亚、印尼、中国香港、中国澳门和中国台湾等国家和地区。

全球学员也是一个国际化考核指标。2017 年,学院有国外学员 486 人,占海外学员的 17.3%。随着学校全球战略的开展,构建继续教育的双校园,提升国外学员的比例,逐步建立世界一流的继续教育,对学院是一个巨大的挑战。

四、 展望

（一）充分利用校内外资源

清华大学继续教育学院的师资部分来自学校,部分来自校外的企事业单位。学院经过多年的师资筛选,积淀了丰富的师资资源。校内师资,由于受到教师本学院课程时间和科研上安排的限制,大多数老师没有时间为继续教育授课。学院在国际化进程中,需要更多校内师资和校内资源的支持。

国外大学的继续教育学院主要是依托本大学的资源,如英国的牛津大学[①]、伦敦政治经济学院[②]以及加拿大的麦吉尔大学[③]等,他们的教师主要来自本大学的各个院系,课程也是学院老师的授课范围,真正体现了大学教育服务社会的目的。

清华大学在建设世界一流大学的目标下,不仅综合排名进入世界前 50,而且个别学科排名也跻身世界前列。继续教育学院在国际化进程中,如何利用这部分优质教育资源服务国家发展战略、服务社会发展,不仅需要继续教育学院在管理体制上创新,也需要从学校层面为继续教育输送师资提供一定的制度保障,形成院系联合,共建继续教育的新格局。

（二）大力拓宽国际化课程

学院的国际化培训课程分为针对国内学员和境外学员的课程。培训地点境内境外均有,招生方式分为公开招生和内训定制课程招生。国内授课的国际化课程有澳大利亚国立大学项目和麦考瑞大学项目,还有少量针对短期来院的培训课程和在境

---

① https：//www.conted.ox.ac.uk/about/weekly-classes.

② https：//www.lse.ac.uk/customprogrammes.

③ https：//www.mcgill.ca.

外的短期课程。目前,国际化课程主要是以面授形式为主。课程内容主要集中在管理、经济、金融、中国文化及英语培训方向。

课程的国际化需要配合国家的发展战略,譬如:国家"一带一路"倡议中,企业"走出去",需要技术、法律和国外当地文化方面的培训,更多地发开一些人文和工程类课程。

在国际项目的授课方式上,开发远程课件,实现继续教育的弹性学习,提高定期公开招生课程比例,在思想、技术上引领社会文明的发展。

(三)构建终身学习的国际化课程体系

一般认为继续教育是大学后的教育。从学历教育之后到年迈,每个人还需要经历提升修养的各个阶段。"终身学习,成就梦想"是继续教育学院倡导的学习理念。国际教育项目设计上也需要将终身学习理念融入课程设计中,香港地区的继续教育值得我们借鉴。

香港地区各高校将各类人员的继续教育纳入终身学习体系中,建立了多层次、全方位的继续教育体系。这些计划中,有针对年轻人的职前培训计划,针对不同层次人士的在职培训计划,还有针对长者的学习计划。[①]

目前,学院的国际化项目主要针对大学前或大学后预备留学人员、境外大学生、在职人员。对于职业生涯结束后高端人群,可以开发一些更有生活情趣的国际化课程。

(四)构建国际化项目平台

国际化项目平台的建立将有助于加快继续教育的国际化进程,促进学院在全方位、更深层次地开展国际合作。

首先,加强与国际组织的多边合作。学院通过教席工作,不仅在联合国和联合国教席中产生深远的影响,也在国内继续教育领域也要起到"领头羊"的作用。学院每年派人参加美国人才发展大会,与会议组织者 ATD 也建立了长期联系。同时,学院需要加强与国际继续工程组织的合作。通过多边合作,促进国际化项目的研发和开展。

其次,项目的国际化。国际化项目属于学院的高端精品项目,也是学院国际化项目的发展方向。项目在课程设计、上课人数、时间安排、师资和教学配备等方面需要满足国际化的教学要求。

通过构建国际化项目平台,促进国内项目向国际化项目转化,促进国内项目与国际项目接轨,全球化继续教育的目标才能实现。

---

① 李默迪,周远强. 香港地区继续教育调研及其启示[J]. 中国成人教育,2011(7):109-113.

（五）培养国际化人才队伍

国际化人才主要表现在人才构成的国际化、人才素质的国际化、人才开发的国际化、人才流动的国际化和人才环境建设的国际化。[①]学院人才队伍的国际化建设主要是人才素质的国际化和人才环境建设的国际化。

国际化人才应该有良好的跨文化沟通能力、具有全球化视野和思维模式、谙熟国际规则、具有国际项目运作能力、创新能力和终身学习能力。[②]

对于学院国际化人才的培养需要从长期的国际合作事务开始，首先从思想、外语水平、沟通能力方面具备基本的素质。学院需要为国际化人才的培养提供一个良好的学习提升环境，比如定期的涉外事务的培训，国际项目之间的交流等。通过院内的学习和一些境外的实地学习，提高学院国际化人才的创新能力和终身学习能力。

（六）构建继续教育国际化指标

国际化是高校在建设世界一流大学中各个学院发展的必然趋势。US News 以及上海交大世界一流大学研究中心等各个评估机构有很多综合考核世界一流大学的指标。清华大学继续教育学院作为国内继续教育发展的"领头羊"，在学校发展战略的整体框架下，也需要引领国内继续教育的国际化发展，结合国内外继续教育学院的发展情况，研究一套符合继续教育国际化发展规律的综合考核指标。

邱勇校长在 2014 年继续教育学院年终总结大会的讲话中，曾引用清华老学友王国维先生的一句诗"一声鹤唳，殷勤唤起，大地清华"，激励我们每个人要心存"大地清华"的情怀和远景，在服务学校全球战略，推动清华继续教育事业的发展中，学院每个人肩负学校和学院的使命前行。

（作者单位：清华大学继续教育学院）

①　孟秀勤，史绍杰，赵玮.首都国际化人才发展论坛论文集[C].北京：中国人民大学出版社,2006.82.
②　李默迪.高校中外合作办学中国际化人才的培养[J].继续教育,2008(12)：25-28.

论全球战略指导下的亚洲大学
联盟媒体宣传实践

闫玉希

摘　要：本文重点介绍自 2017 年 4 月 29 日亚洲大学联盟成立以来的媒体宣传工作，分别从视觉系统、平面宣传品、亚洲大学联盟官方网站、宣传视频以及外界报道五个方面详细分析了目前亚洲大学联盟媒体宣传实践现状，多角度对比其他国际高校联盟媒体宣传工作。并在文末根据《清华大学全球战略》对传播工作的要求，阐述了作者对未来亚洲大学联盟宣传工作的展望。

关键词：亚洲大学联盟；国际高校联盟；全球战略；媒体宣传

一、引言

亚洲大学联盟（Asian Universities Alliance，简称 AUA）是基于亚洲高等教育发展趋势，由清华大学倡议发起的大学联盟，于 2017 年 4 月 29 日在清华大学主楼举行成立大会，国务院副总理刘延东出席大会并发表题为《携手共创亚洲高等教育的美好未来》的主旨演讲。[①] 联盟创始成员大学包括清华大学、北京大学、香港科技大学、韩国国立首尔大学、日本东京大学、泰国朱拉隆功大学、缅甸仰光大学、马来西亚马来亚大学、新加坡国立大学、印度尼西亚大学、斯里兰卡科伦坡大学、印度理工学院孟买分校、阿联酋大学、沙特国王大学及哈萨克斯坦纳扎尔巴耶夫大学。联盟旨在通过加强成员高校间的合作，共同应对亚洲与世界面临的挑战，特别是在高等教育、经济、科技发展中遇到的共性问题。由于联盟成员高校来自亚洲 14 个国家及地区，媒体宣传工

---

① http://www.xinhuanet.com/politics/2017-04/29/c_1120895129.htm.

作尤为重要。根据《清华大学全球战略》，宣传工作应"加强对外传播平台建设，完善文字、图片、音频、视频资料库，推进传统媒体和新媒体结合的全方位对外传播"。① 本文将以《清华大学全球战略》为指导，对比其他国际高校联盟媒体宣传工作，介绍亚洲大学联盟成立以来传播工作，并阐述对未来工作的愿景与规划。

二、 媒体宣传实践现状

（一）视觉设计手册

亚洲大学联盟视觉设计手册由清华美院视觉传达设计系马泉教授带领团队设计。在设计的过程中结合联盟各成员大学的意见，以强调视觉完整性和稳定性为基础，兼顾突出亚洲大学联盟国际化形象，最终设计出目前亚洲大学联盟的标志。该标志简单易识别，以"Asian Universities Alliance"的简称"AUA"三个字母排列为多个方形，在方形中含有圆形，寓意亚洲大学联盟的多元融合；其中代表 Asian 的首字母 A 大写，借以强调联盟为亚洲区域的组织。② 通过 AUA 三个字母的有机组合，象征联盟的团结与合作。为充分考虑亚洲大学联盟整体形象建设，选择黑色和灰色搭配作为主色调。

（亚洲大学联盟标识）

亚洲大学联盟视觉设计手册内容分为两部分：基础系统及应用系统。在基础系统部分主要详细释义亚洲大学联盟标识；规范标准字、标示标准色以及核心图形；并给出标准印刷字体、标示与标准字组合规范。而应用部分则为亚洲大学联盟各种物料提出设计，其中包含网站基础规范（包含网站页头规范、网站页面及网站页尾规范）、演示幻灯片模版及其他应用物料设计。

在亚洲大学联盟视觉设计手册的基础上，根据联盟成员高校各自的校色，AUA 标志得以延展，在不同联盟成员高校举办的活动中使用。既体现联盟整体核心设计，又不失展现各校风采的机会。在过去的一年里，无论是 7 月在印度尼西亚大学举办的

---

① 《清华大学全球战略》，2016：23.
② 清华大学美术学院. Good Design｜带你认识"亚洲大学联盟"幕后的视觉系统设计团队. 清华大学美术学院，第 764 期（2017）.

首个海外学习项目,还是 11 月在泰国朱拉隆功大学举办的亚洲大学联盟执行委员会年度会议、青年论坛,抑或是同月在韩国首尔国立大学举办的文化体育交流项目中,AUA 视觉设计手册都发挥了重要的宣传作用,是联盟宣传工作中不可或缺的一部分。

(二) 平面宣传品

亚洲大学联盟自 2017 年 4 月成立至本文截稿时,制作完成的平面宣传品包括亚洲大学联盟成立中英文纪念画册,《亚洲大学联盟信息简报(中文版)》总第一期以及亚洲大学联盟 2018 年宣传折页中英文版。亚洲大学联盟成立中英文纪念画册收录了亚洲大学联盟筹备会议、亚洲大学联盟成立大会、亚洲大学联盟 2017 年理事会会议、亚洲大学联盟校长论坛以及亚洲大学联盟青年创新工坊的精选照片,并配以相应文字说明。英文版中还加入了部分国内外媒体发表的关于亚洲大学联盟的新闻截图及内容简介。

2017 年 1 月,《亚洲大学联盟信息简报(中文版)》总第一期在清华大学校园网公开发表,简报按照"综合信息""学生活动""战略与政策"三个板块,对亚洲大学联盟 2017 年的主要工作进行回顾总结:"综合信息"主要报道联盟成立大会、联盟理事会、联盟校长论坛以及联盟执行委员会年度会议内容;"学生活动"中分别介绍了青年创新工坊,联盟海外学习项目、联盟青年论坛以及联盟体育文化交流项目在各主办高校的举办情况;在"战略与政策"中发布了《亚洲大学联盟创始大学联合声明》和于 2018 年 7 月面世的《亚洲高等教育展望 2017》的内容简介。简报采取图文结合的形式,纸质版以 A4 尺寸画报形式付印。联盟秘书处将于每年 6 月及 12 月出版信息简报中文版及英文版,作为联盟工作总结及重要宣传资料付印同时在线发布。与《环太平洋大学联盟(APRU)[①]2016—2017 年度简报》[②]对比,亚洲大学联盟首次年报排版形式上趋于保守,内容上更注重文字内容表述。APRU 年度简报根据项目及活动类型分类,插入大量图表及矢量图,形式多彩活泼。当亚洲大学联盟项目内容逐渐丰富起来以后,该版式将十分值得借鉴。

2017 年 3 月,亚洲大学联盟 2018 年宣传折页中文版及英文版制作完成。两版折页统一为彩色三折图文并茂样式,采用与亚洲大学联盟官方网站一致的设计风格。关于内容选择在设计之初也曾广泛参考其他国际大学联盟宣传折页:例如亚洲科技前沿大学协会(ASPIRE League)[③]2017 年 1 月印制的宣传折页版式简单明快,扼要介

---

① Association of Pacific Rim Universities,https://www.apru.org/about/vision.
② https://www.apru.org/images/Annual%20Report%202017/APRU2017AnnualReport.pdf.
③ Asian Science and Technology Pioneering Institutes of Research and Education,简称 ASPIRE League. 于 2009 年 7 月由五所亚洲顶尖大学创始,成员包含香港科技大学、韩国科学研究院、南洋理工大学、东京工业大学以及清华大学,www.aspireleague.org/about/aspire-league-history.

绍了主要内容及协会各成员高校。但对比该协会成员高校数目,亚洲大学联盟成员高校数目较多,不宜在折页中一一介绍。最终本着环保原则,本版折页中只以地图形式展现联盟成员高校位置,读者可通过折页上提供的联盟网址对详细资料进行查询。本版宣传折页中包含亚洲大学联盟基本信息、联盟成员高校名单以及联盟 2017—2020 年发展框架;重点介绍联盟举办的学生活动:亚洲大学联盟青年论坛、亚洲大学联盟海外学习项目、亚洲大学联盟文化体育交流项目及亚洲文化浸润项目;在折页的最后,分别简要介绍了亚洲大学联盟访问学者项目以及亚洲大学联盟年度研究报告。

(三)亚洲大学联盟官方网站

亚洲大学联盟官方网站(www. asianuniversities. org)[①]于 2018 年 3 月 30 日正式上线。网站采用全英文非交互式设计,面向全球用户开放。网站包含首页(Homepage)、概览(About)、成员(Member)、大事件(Events)、学生活动(Student Activities)、合作(Collaboration)与联系(Contacts)七大板块。首页通过五幅动图超链接以及最近三篇新闻置顶的方式向访客展示联盟动态。访客可通过点击首页下方的联盟成员高校标识链接进入各校官方网站,了解更多相关资讯。"概览"板块主要介绍亚洲大学联盟的使命,联盟创始主席、联盟执行主席,各成员高校领导人,秘书处职能等。"成员"板块上通过世界地图标明联盟成员高校所在大概位置,通过点击成员高校名称进入各高校主页;在该板块下出现的地图不出现国界标注,寓意强调亚洲为一个整体,呼应亚洲大学联盟口号"汇聚亚洲智慧,共创美好未来",同时避免由于政治原因引起的一些问题;该板块同时包含各成员高校简要介绍以及联盟成员准则等。"大事件"板块分为亚洲大学联盟峰会、亚洲大学联盟执行委员会年度会议、亚洲大学联盟青年论坛三个分板块;由于这三项内容是联盟工作的年度重点且每年举办一次,因此按照编年体设计出现在本板块中。相比"大事件"板块"学生活动"板块的策划更为灵活。根据联盟发展框架,每年联盟成员高校将按照"亚洲文化浸润项目""亚洲大学联盟海外学习项目""亚洲大学联盟文化体育交流项目"的分类举办若干学生活动。因此在"学生活动"板块中采用只显示最近举办的学生活动的形式,访客可通过点击"更多"了解之前举办的学生活动。"合作"板块为联盟各成员高校提供宣传的平台,该板块分为"研究"与"教育项目"两个分板块。当联盟成员高校有相关信息需要通过亚洲大学联盟秘书处对外发布时,可以提交材料给秘书处,经审核通过后即上传到此板块供访客下载。"联系"板块公开联盟秘书处多种联系方式,方便访客轻松快捷联系到秘书处。网站提供全网搜索功能,访客可以根据关键词在全网范围内搜索其感兴趣的有关亚洲大学联盟的项目介绍或新闻报道。

随着全球范围内智能手机的迅速普及,网页手机版的浏览量不容小觑。目前亚

---

① 作者注:亚洲大学联盟官方网站拥有两个注册域名,分别为:www. asianuniversities. org 以及 www. a-u-a. org。

洲大学联盟已开发手机版网站,内容与电脑版基本相同。

(四)宣传视频

亚洲联盟大学一直以来十分重视自身形象建设与维护,作为重要的宣传手段,秘书处自 2017 年 4 月成立以来共出品宣传视频六部,分别为:

- 亚洲大学联盟形象宣传片中文版及英文版;
- 亚洲大学联盟 2017 年峰会全记录中文版及英文版;
- 亚洲大学联盟 2017 年峰会全记录精华中文版及英文版;
- 亚洲大学联盟校长访谈(英文名称 AUA Founding Members:Making History);
- 亚洲大学联盟校长访谈精华版;
- 亚洲大学联盟 2017 年学生活动全记录。

《亚洲大学联盟形象宣传片(英文版)》曾在 2017 年 4 月 29 日亚洲大学联盟成立大会上作为开场视频播出。该片以虚拟动画视角,生动形象的展示了亚洲大学联盟的伟大构想——"改变世界的,不是面积,不是体积,也不是数量,而是思想的碰撞,智慧的交融。在交流中,我们追求和谐共生;在融合中,我们促进包容理解。个体融入整体,整体和谐发展。从此,智慧激发智慧,思想启迪思想。亚洲 15 所大学一道携手,构建创新与智慧的共同体,开启高等教育国际合作的新篇章。"完美诠释了亚洲大学联盟的宗旨——"汇聚亚洲智慧,共创美好未来"。该片自制作完成以来,收到各方广泛好评,目前作为亚洲大学联盟形象宣传片被用于亚洲大学联盟官方网站首页。

《亚洲大学联盟 2017 年峰会全记录》中文版及英文版以小型纪录片的形式全方位回顾了亚洲大学联盟 2017 年峰会,集锦包含了亚洲大学联盟成立大会:精彩重现国务院副总理刘延东与亚洲大学联盟创始主席清华大学校长邱勇及亚洲大学联盟执行主席(2017—2018)泰国朱拉隆功大学校长班迪·厄阿鹏共同按下启动器,与联盟成员大学校长们一起,共同宣告亚洲大学联盟成立的镜头;亚洲大学联盟 2017 年理事会会议:来自 14 个国家和地区的联盟成员高校的校长或代表济济一堂,围绕多个主题各抒己见;亚洲大学联盟校长论坛:联盟成员高校校长或代表就多个问题进行激烈讨论。《亚洲大学联盟 2017 年峰会全记录》精华中文版及英文版是在《亚洲大学联盟 2017 年峰会全记录》中文版及英文版的基础上进行精编而成。《亚洲大学联盟 2017 年峰会全记录》四版宣传视频真实记录了亚洲大学联盟 2017 年峰会盛况,作为珍贵而重要的影像资料存档。

在宣传视频《亚洲大学联盟校长访谈》中,前来出席亚洲大学联盟成立大会的 15 位联盟高校校长或代表受邀接受采访。在访谈中分别对"你期待亚洲大学联盟实现什么目标?""亚洲大学联盟成员高校可以共同努力的一些举措是什么?""你为你的大学在亚洲大学联盟中设想了什么样的角色?"以及"你想对亚洲大学表达的愿望是什么?"四个问题做出回答,每个问题选取 6～9 位校长的精彩回答集锦制作。在亚洲大学联盟成立之际拍摄这段视频具有重要的历史意义,而这4个问题的设计也分别从不同角度记录了联盟各成员高校加入联盟的初心及愿景。该视频以亚洲大学联盟创始主席清华大学校长邱勇对亚洲大学联盟的期待开篇:"我们希望亚洲大学联盟通过加强与成员机构之间的合作,特别是在高等教育、经济、科学与技术发展等相关方面,来解决区域性和全球性的挑战。"并以邱校长对亚洲大学联盟的愿景收篇:"我相信我们现在为亚洲大学联盟所做的工作将会对高等教育的发展产生长久的影响,并将为我们的后代所铭记!"完美呈现亚洲大学联盟成员高校校长及代表的风采。

《亚洲大学联盟校长访谈精华版》取材自《亚洲大学联盟校长访谈》,又名《亚洲大学联盟创始成员:创造历史(AUA Founding Members:Making History)》。该片集结15位联盟高校受访校长或代表的精彩回答,出镜顺序除清华大学校长邱勇作为亚洲大学联盟创始主席排在第一位,泰国朱拉隆功大学校长班迪·厄阿鹏作为亚洲大学联盟执行主席(2017—2018)排在第二位,其他各位校长分别按照各自大学的英文首字母排序依次出场。两版访谈视频除韩国国立首尔大学校长成乐寅以韩语接受采访以外,另外14位受访校长或代表都以英语回答采访问题。但考虑到大多数受访校长或代表并不是英语母语者,比较容易产生语言不流畅,不通顺的情况,因此在拍摄现场采取正面及侧面两个机位同时拍摄,通过在后期剪辑过程中切换机位的方式达到最佳效果。作为亚洲大学联盟2017年重要的回顾视频资料,两版校长访谈都将于亚洲大学联盟2018年年会上播放。目前计划在亚洲大学联盟2018年年会举办期间拍摄《亚洲大学联盟校长访谈2018》,这一提议已经得到大多数联盟高校的支持,并希望年度《校长访谈》的拍摄可以作为亚洲大学联盟的传统一直保留下去。

《亚洲大学联盟2017年学生活动全记录》分别呈现了亚洲大学联盟在2017年度的三次学生活动:2017年7月由印度尼西亚大学举办的亚洲大学联盟海外学习项目;2017年11月由泰国朱拉隆功大学举办的亚洲大学联盟青年论坛;以及2017年11月由韩国国立首尔大学举办的亚洲大学联盟文化体育交流项目。该宣传视频由学生活动照片配合轻松自然的音乐编辑而成,完整再现了亚洲大学联盟2017年度的学生活动。

随着亚洲大学联盟的不断发展,今年将会启动更多学生、学者以及职员交换项目。宣传视频作为最直观迅捷的传播手段之一,将被继续应用于亚洲大学联盟的宣传工作中。通过以往宣传视频制作总结经验如下:

- 在宣传视频筹备阶段应撰写详细拍摄计划,并与拍摄团队充分沟通。提出对最终成片效果的要求,考察技术层面是否可以实现。明确拍摄主要内容及重点拍摄人物,特别是大型活动举办期间,由于与会人员众多,场地空间有限等因素,避免出现重点人物或事件漏拍的情况。在可能的情况下,应与拍摄团队人员实地勘察现场,完善拍摄计划,并制定拍摄备案。
- 在采访视频拍摄筹备阶段应充分与联盟成员高校沟通,阐述视频拍摄流程及内容,确保受访嘉宾在采访前有充分的准备时间。并在沟通过程中积极听取联盟各成员高校对视频策划的建议,及时对拍摄内容进行合理调整。

• 拍摄现场应注意随时与摄影师保持沟通,确保摄影师按照拍摄计划工作,并及时传达更新信息,避免摄影师由于信息不完整造成的漏拍、错拍。

• 由于亚洲大学联盟成员高校来自亚洲 14 个国家和地区,应充分尊重并理解对方文化,在拍摄前详细了解并告知拍摄团队。

• 后期剪辑合成过程中应为剪辑工作提供简单易懂的要求清单,清晰标注视频名称及剪辑起始时间。在审核视频字幕时,要特别注意以下四点:一、采访对象或出场嘉宾的名字,职务,单位的拼写。二、由于亚洲大学联盟成员高校师生大多数不是英语母语者,以英语出镜时往往出现语法错误或口误。在此情况下,一般在字幕中对其语法错误及口误进行修改,注意保持语意不变。三、核对字幕出现速度与被采访人语速保持一致,并复审字幕内容。四、当视频中涉及应用背景音乐或引用其他视频画面时,一定明确版权问题,避免当宣传视频对外发布后产生版权纠纷。

• 在宣传视频对外公开之前,应请相关联盟成员高校对内容进行确认,复核无误后方可在公开场合播放。

(五)外界报道

随着 2017 年 4 月 29 日亚洲大学联盟在北京宣布成立,各界媒体的报道纷至沓来。根据清华大学海外宣传办公室统计,截至 2017 年 5 月 7 日活动结束一周,共搜集到外媒及英文媒体报道 40 篇。媒体报道总体偏中性和正面:美国之音(VOA News)新闻网站发布了三篇文章:《China-led Group Aims to Boost Stature of Asian Universities》(《中国领导的组织旨在提升亚洲大学地位》)[①]、《Asian University Alliance Aims to Rival Western School》(《亚洲大学联盟旨在与西方大学竞争》)[②]、《China Heads New Alliance of Asian Universities》(《中国成为新的亚洲大学联盟头领》)[③]。文章将亚洲大学联盟与在 2014 年由中国倡议成立的亚投行进行对比,并引述清华大学邱勇校长的致辞:"亚洲大学应当通过国际合作与交流,来提升全球声誉及影响力。"作为全球发行量最大的英文报纸,《印度时报》在其评论文章《IIT, Bombay joins China-sponsored universities alliance》(《印度理工学院孟买分校参加中国主办的大学联盟》)中引述参会印度理工学院孟买分校副校长穆俊达的发言"加入亚洲大学联盟,将帮助印度理工大学孟买分校与亚洲各大学在学生流动、学者交流及联合研究方面取得进展。联合研究将有利于利用各大学的专长,共同赢得更多的科

---

① https://www.voanews.com/a/china-led-group-boost-stature-asian-universities/3834133.html.

② https://www.voanews.com/a/asian-university-alliance-aims-to-rival-western-schools/4009349.html.

③ https://learningenglish.voanews.com/a/china-heads-new-alliance-of-asian-universities/3838325.html.

研项目①。"哈萨克国际通讯社引述亚洲大学联盟青年创新工作坊哈萨克学生代表："为期 4 天的工作坊,我们一起学习、讨论、参观。能够和亚洲最优秀大学的学生一起沟通和交流,是这次最大的收获。"《今日印度》(*India Today*)在新闻《IIT part of a China-led collaboration of Asian universities to promote Asian values》(《印度理工大学作为由中国领导的亚洲大学合作的一部分提升亚洲价值》)②中引述刘延东副总理的讲话,指出联盟将成为国际合作交流的平台,为解决地区性和全球性问题贡献亚洲智慧,以及清华大学邱勇校长的发言,指出发展高等教育不应当只是一家之言,除了学习西方成功的教育模式之外,东方的教育理念和文化瑰宝也应当得到发扬和传承。

截至 2017 年 5 月初的不完全统计,共有 35 家来自 6 个国家和地区的媒体对亚洲大学联盟成立的新闻进行原创或转载报道,详情请参见表 1。

表　1

序号	时　间	媒 体 名 称	国别	新 闻 标 题
1	06-May-2017	Voice of America	美国	China Heads New Alliance of Asian Universities
2	05-May-2017	Voice of America	美国	Asian University Alliance Aims to Rival Western School
3	02-May-2017	中国科学报	中国	亚洲大学联盟成立:一场亚洲大学的"自我剖析"
4	02-May-2017	中青在线	中国	亚洲大学联盟宣布成立 清华大学当选创始主席单位
5	02-May-2017	人民网-教育频道	中国	亚洲大学联盟宣布成立 清华大学当选创始主席单位
6	02-May-2017 05:35PM	Big News Network. com	阿联酋	China-led Group Aims to Boost Stature of Asian Universities
7	02-May-2017 05:32PM	South-South News	美国	China-led Group Aims to Boost Stature of Asian Universities
8	02-May-2017 04:26PM	Voice of America	美国	China-led Group Aims to Boost Stature of Asian Universities
9	02-May-2017 02:15PM	Women of China	中国	Asian Universities Alliance Established in Beijing
10	02-May-2017 09:36AM	中国教育网络（Simp.）	中国	亚洲大学联盟首次理事会会议举行-中国教育
11	02-May-2017 09:35AM	千龙网-企业频道	中国	Asian Universities Alliance set up in Beijing

---

① https：//timesofindia. indiatimes. com/home/education/iit-bombay-joins-china-sponsored-universities-alliance/articleshow/58447572. cms.

② https：//www. indiatoday. in/india/story/iit-china-collaboration-of-asian-universities-promote-asian-values-974244-2017-04-29.

续表

序号	时　　间	媒体名称	国别	新闻标题
12	02-May-2017 09：13AM	中国教育和科研计算机网	中国	亚洲大学联盟首次理事会会议举行
13	02-May-2017 03：37AM	Campus Morning Mail	澳大利亚	Birmingham plan：students to pay more universities to get less
14	01-May-2017 03：04AM	第一热点	中国	校庆 精选｜亚洲大学联盟首次理事会会议举行
15	01-May-2017	清华研读间	中国	解读｜亚洲大学联盟成立背后的深意
16	30-Apr-2017	人民日报	中国	刘延东在亚洲大学联盟成立大会暨首届峰会上强调 携手共创亚洲高等教育的美好未来
17	30-Apr-2017	光明日报	中国	刘延东在亚洲大学联盟成立大会暨首届峰会上强调 携手共创亚洲高等教育的美好未来
18	30-Apr-2017	中国教育报	中国	刘延东在亚洲大学联盟成立大会暨首届峰会上强调 携手共创亚洲高等教育的美好未来
19	30-Apr-2017	新浪	中国	亚洲大学联盟校长论坛在清华大学举行
20	30-Apr-2017	千龙网	中国	亚洲大学联盟校长论坛在清华大学举行
21	30-Apr-2017	搜狐教育	中国	亚洲大学联盟校长论坛在清华大学举行
22	30-Apr-2017 11：35PM	The Times Of India	印度	IIT，Bombay joins China-sponsored universities alliance
23	30-Apr-2017 04：20PM	Guangming Online	中国	Asian Universities Alliance set up in Beijing
24	29-Apr-2017	新华社	中国	刘延东在亚洲大学联盟成立大会暨首届峰会上强调 携手共创亚洲高等教育的美好未来
25	29-Apr-2017	新华网	中国	刘延东出席亚洲大学联盟成立大会暨首届峰会
26	29-Apr-2017	CCTV 晚间新闻	中国	亚洲大学联盟成立大会暨首届峰会 刘延东出席并发表主旨演讲
27	29-Apr-2017	新浪	中国	亚洲大学联盟青年创新工作坊在清华大学开幕

续表

序号	时　间	媒 体 名 称	国别	新 闻 标 题
28	29-Apr-2017 09:57PM	IndiaToday. in	印度	Asian Universities Alliance set up in Beijing
29	29-Apr-2017 09:19PM	Business Standard	印度	Asian Universities Alliance set up in Beijing
30	29-Apr-2017 09:16PM	India. com	印度	Asian Universities Alliance set up in Beijing
31	29-Apr-2017 09:15PM	OutlookIndia. com	印度	Asian Universities Alliance set up in Beijing
32	29-Apr-2017 05:56PM	Sina English	中国	Asian Universities Alliance set up in Beijing
33	29-Apr-2017 05:50PM	NewsDog	中国	IIT part of a China-led collaboration of Asian universities to promote Asian values
34	29-Apr-2017 05:31PM	IndiaToday. in	印度	IIT part of a China-led collaboration of Asian universities to promote Asian values
35	29-Apr-2017 05:14PM	Asia Pacific Daily-EN	中国香港特别行政区	Asian Universities Alliance set up in Beijing
36	29-Apr-2017 05:14PM	China Development Gateway	中国	Asian Universities Alliance set up in Beijing
37	29-Apr-2017 04:51PM	China Plus	中国	Tsinghua University leads way to Asian Universities Alliance-China Plus
38	29-Apr-2017 01:57PM	Indian364	印度	IIT part of a China-led collaboration of Asian universities to promote Asian values
39	29-Apr-2017 11:04AM	China. org. cn	中国	Asian Universities Alliance set up in Beijing
40	28-Apr-2017 04:39AM	China Daily Hong Kong Edition	中国	Asian university alliance to promote higher education

　　由于亚洲大学联盟成员高校来自亚洲不同国家,联盟希望可以通过鼓励各成员高校根据自身在本国的影响力,吸引更多本国媒体对联盟活动进行报道。目前海外媒体关于亚洲大学联盟的报道多采用英语并以转发新闻形式出现。在接下来的宣传工作中,希望与联盟成员高校沟通,开发与成员高校相关的海外媒体资源,努力为成员高校所在国的当地媒体提供所需资料,鼓励其原创新闻,并不拘泥于英语一种语言,以加大海外宣传力度,提升亚洲大学联盟在世界上的知名度。另一方面,也应鼓励成员高校协助联盟秘书处收集本国媒体对亚洲大学联盟的相关报道,特别是以当地文字进行报道的新闻及视频等相关信息。

亚洲大学联盟成员高校方面如清华大学、泰国朱拉隆功大学、香港科技大学、新加坡国立大学、北京大学、日本东京大学、阿联酋大学、印度尼西亚大学等分别在各自官网上发表英语新闻,对联盟成立进行宣传报道。对此应积极向联盟成员大学反馈,做好舆情采集记录工作。在过去的一年中,联盟成员高校泰国朱拉隆功大学、印度尼西亚大学以及韩国首尔国立大学分别主办联盟活动,其中泰国朱拉隆功大学在其官方网站上分别发布了亚洲大学联盟执行委员会年度会议以及亚洲大学联盟青年论坛相关新闻及照片,《韩国大学报》也对国立首尔大学成功举办亚洲大学联盟首次文化体育交流项目以韩语进行报道。

三、 亚洲大学联盟媒体宣传工作展望

亚洲大学联盟自 2017 年 4 月成立以来,一直十分重视媒体宣传工作。为了更好地向世界宣传亚洲大学联盟,维护其公共形象,计划在亚洲大学联盟 2018 年年会闭幕后拓展如下三项媒体宣传工作:

(一)建立词条

亚洲大学联盟秘书处拟在百度百科(www. baike. baidu. com)及维基百科(www. wikipedia. org)创建官方账号,用于亚洲大学联盟中英文词条编辑。并随着亚洲大学联盟各项活动的推进,随时对中英文词条进行更新调整。由于亚洲大学联盟工作语言为英语,宣传工作中的一项重点就是统一中文翻译,特别是针对人名、地名、项目名称等,确保亚洲大学联盟出品的全部宣传品在内容上的规范性、精准性及一致性。建立官方账号的另一目的是可通过该账号发布亚洲大学联盟官方权威信息。由于目前在百度百科以及维基百科上出现的信息并非亚洲大学联盟秘书处编辑而成,信息往往不完整或含有错误,容易混淆视听。建立中英文词条后,也可以为联盟成员高校及国内外媒体在发布信息时提供参考。

基于目前百度百科及维基百科对于词条的管理模式,任何个人或团体注册号都有权对已有词条进行修改,因此应注意定期以官方账号登录编辑维护词条,避免外部篡改。

(二)亚洲大学联盟官方网站升级改版

在本文第二节第三小节中作者介绍了目前亚洲大学联盟官方网站的框架及内容。在联盟不断发展的过程中,作为非交互式网站的官方网站已经逐渐不能满足工作需要。例如今年开始秘书处运营的项目逐渐增多,对于处理项目遴选,候选者报名等实际问题,网站亟待开发相应交互功能,例如今年联盟的重点项目之一"亚洲大学联盟访问学者项目"。该项目旨在通过支持教学科研人员前往其他联盟成员大学进行短期学术访问,加强联盟内部教学科研人员之间的交流。该项目推出后,联盟秘书处不断收到转发自联盟各成员高校的本校教学科研人员的申请以及申请人本人发来的申请。由于对候选人进行遴选的最终决定权由接收单位掌握,联盟秘书处需要承担大量转发以及统计申请的工作。在此情况下需要开发网站后台数据库,使联盟网站升级为交互型网站。同时开放申请者本人在线提交申请的功能,并为联盟各高校设立后台账号,方便随时登录查询及导出申请信息。目前秘书处与各校的沟通只能采用群发邮件的方法,时效性较低,当联盟网站升级为交互型网站后可开发群组功能,方便各校及时有效沟通。这将极大节省工作时间,提高秘书处工作效率,也避免信息传递过程中出现的误解,降低沟通成本。

(三)创建社交网站官方账号

伴随科学技术的不断发展,越来越多的人特别是青年人使用社交账号并从中获得信息,传播影响力极大。亚洲大学联盟秘书处针对在国际知名社交网站设立官方账号的可行性进行深入分析及探讨,根据受众人群、网站功能、更新工作量综合评估。在国际知名社交网站创建官方账号的主要意义在于推广宣传亚洲大学联盟各项活动,与传统宣传手段相比主要优势体现在以下几方面:

- 宣传形式多样,不拘一格。
- 通过该社交网站注册用户转发新闻或活动,提高亚洲大学联盟知名度及影响力;特别是曾经参与过亚洲大学联盟项目的学者、工作人员及学生转发带有他们个人评论的文章,可带动其社交圈内其他人了解并关注亚洲大学联盟。
- 利用社交网站目前的功能有针对性的推广亚洲联盟大学各项活动。
- 基于社交网站强大的交互功能为所有对亚洲大学联盟项目有兴趣的人士提供交流互动平台,通过与其频繁互动对亚洲大学联盟各项活动进行宣传。
- 为曾经或即将参与亚洲大学联盟活动的成员创建组群;在组群中分享参与项目心得,交换联系方式,并可上传文件、照片及视频等各种资料供群组内部人员下载。
- 通过与联盟大学成员高校官方账号之间互动宣传亚洲大学联盟。

四、 总结

2018年4月,亚洲大学联盟迎来成立一周年的日子。越来越多的联盟项目开始启动,媒体宣传将配合各项具体工作逐渐细化深入,并探索实践更多可行性方案。根据《清华大学全球战略》中提出的对媒体工作的要求,努力"推进传统媒体和新媒体结合的全方位对外传播",既重视传统媒体宣传方式,也要根据实际情况勇于尝试运用新媒体工具。

正如清华大学校长邱勇在亚洲大学联盟 2017 年峰会校长论坛上指出的:"成立亚洲大学联盟为亚洲高等教育开创了新纪元,这一伟大的事件将被历史所铭记。"媒体宣传工作作为历史铭记的工具之一,需要在不断探索中完善,是一项长期而艰巨的工作。

(作者简介:闫玉希,北京人,毕业于德国马尔堡大学德语教育专业,现任清华大学国际合作与交流处亚洲大学联盟秘书处媒体主管)

环境学院引智工作实践与思考

刘 莉

摘 要：国际化是环境学院持续发展的重要战略抓手，引智又是国际合作与交流工作的一项重要内容，为学院的人才培养和学科建设发挥了不可替代的关键作用。本文梳理了环境学院近年来引智工作所取得的一些成效，并对进一步加强引智工作进行了思考。

关键字：引智；成效；思考

环境问题的复杂性和全球性决定了国际合作与交流在环境学科发展中发挥着至关重要且不可替代的作用，国际化历来就是环境学院持续发展的重要战略抓手。引智，即引进国外智力，是环境学院国际合作与交流工作的一项重要内容，在推动学院世界一流环境学科建设、提升国际化人才培养水平、加快高水平师资队伍建设、促进国际科研合作、提升学院国际声誉等方面发挥着举足轻重的作用。

依托环境学院组建的清华大学"环境污染控制与质量改善"学科创新引智基地（以下简称引智基地），于 2007 年度被国家"111 创新引智计划"立项批准成立。本引智基地建立以来，海外引智人才与国内研究骨干紧密配合、通力协作，立足我国环境保护事业的战略需求，同时瞄准重要的区域性和全球性环境问题开展研究工作，国际化的教学科研和学术文化氛围日渐形成。2011 年，本引智基地顺利通过教育部和外专局组织的评估验收，被纳入新一轮引智基地计划，继续获得滚动支持建设。环境学院充分挖掘和发挥引智基地作用，针对中国环境污染控制科学与技术创新的关键技术和策略问题，主动开展实质性的国际合作与交流，不断拓展和深化与国际先进研究机构以及高水平学术大师的合作；吸收并引进国际先进的教研手段与成果，不断提高我校环境学科的研究与教学水平；获得了一些具有国际影响的研究成果，培养了一批优秀骨干教师，加快了向世界一流环境学科迈进的步伐。

一、环境学院引智工作成效

2007 年至今,环境学院坚持"走出去、请进来"的工作思路,年均引进短期海外专家 30 余人次,派出青年骨干教师 60 余人次。海外专家与国内骨干教师良性互动,积极参与了环境学院承担的多项重大课题的研究讨论,不定期举办前沿学术报告/讲座,直接参与学生课程教学及讨论,联合指导研究生学位论文并联合发表学术论文。引智工作的开展有力推动了环境学院学科发展和师资队伍建设,促进了"国际化"教学和人才培养模式形成,强化了环境学院与国外知名学术机构建立的长期战略合作关系,有力推动了我校世界一流环境学科的建设。

(一)引智工作促进学科发展

在全球环境问题持续升温和中国生态文明建设的时代大背景下,环境学院牢牢抓住学科发展的重大机遇,充分发挥引智资源作用,促进学科建设稳健发展,形成了涵盖环境工程、环境科学、环境管理三大研究方向的较为完善的学科体系,在水体污染治理、大气污染防治、固体废弃物资源化、全球环境变化与健康等领域持续产出有国际影响的知识创新成果。我校环境学科的整体水平进一步提高,在人才培养、科学研究、社会服务、队伍建设、基地建设、国际合作等方面快速发展,综合实力不断增强,继续保持国内领先优势,在全国第四轮学科评估中,我校环境科学与工程一级学科被评为"A+"。与此同时,近年来我校在 QS 世界大学环境学科排名中稳居前 20 名,国际声誉日益攀升。

引智专家周集中教授和解跃峰教授先后入选国家"千人计划"引进回国工作,开辟了学院生态学、环境基因组学等新的研究方向。2010 年,包括海外学术大师 Vernon L. Snoeyink 教授在内的 10 位国际环境领域的权威学者组成评估专家组,对学院环境科学与工程学科进行了首次国际评估。评估专家组不仅充分肯定了环境学科在教学、科研和社会服务方面取得的成就,强调了发展环境学科对中国乃至全球环境保护事业以及清华大学创建世界一流大学的重要性,并为环境学科的进一步发展提出了具体建议。2014 年起,在引智专家的指导下,环境学院作为清华大学首批申请美国工程技术认证委员会(ABET)的认证的三个院系之一,开始筹备和组织认证相关工作。通过引智专家和院内骨干人员历时两年多共同努力,2016 年 8 月 23 日,ABET 官方宣布清华大学 4 个本科专业通过认证,其中两个便是环境学院的环境工程和给排水工程专业。引智专家在认证材料准备以及专家现场考察中,给予的有益指导为顺利通过论证提供了有力保障。通过认证向国际同行展示了环境学科高质量的本科教育水平,将对持续推进学科发展,提升学科国际声誉发挥积极作用。

（二）引智工作推动师资队伍建设

环境学院充分利用引智基地，坚持"走出去、请进来"的工作思路，着力建设一支高水平师资队伍。一方面海外人才以讲座、座谈、一对一交流等方式，向国内科研骨干、年轻教师传授创新思想、研究方法和科研道德，努力创造健康的学术文化氛围，并在全院范围内产生良好的辐射作用。同时，学院支持和鼓励青年骨干教师赴海外人才所在的世界知名大学或科研机构进行短期学术访问或合作研究，学习国际一流教研团队的先进经验和成果。国内骨干和年轻教师在海外人才的传、帮、带下快速成长，有力推动了环境学院国际化、专业化的师资队伍建设，促进了骨干人才的拔尖、冒尖，扩大其在国内外的学术影响力。在清华大学人事制度改革的进程中，海外专家还对学院进系列教师的国际评估以及面向全球延揽人才发挥了不可或缺的关键作用。近年来，学院新引进的"青年千人计划"等优秀青年教师大多在海外学术骨干所在机构工作或进修过，通过海外学习和积累后回国工作，不断充实和壮大了学院的师资力量。

目前，环境学院已形成了一支年龄结构、学缘结构和专业结构日趋合理的师资队伍，为高水平教学、科研和社会服务工作的顺利开展提供了坚实保障。队伍中现有 4 名中国工程院院士，4 名国家"千人计划"教授，7 名教育部长江学者奖励计划特聘教授和 2 名讲座教授，8 名国家杰出青年科学基金获得者，8 名国家环境保护专业技术领军人才，2 名国家"万人计划"科技创新领军人才，6 名国家优秀青年科学基金获得者，5 名国家"千人计划"青年学者，11 名教育部跨（新）世纪优秀人才计划获得者以及 1 个国家自然基金委创新研究群体和 3 个教育部创新团队。

（三）引智工作促进国际化人才培养

环境学院始终把人才培养作为第一要务，引智人才在学院国际化复合型拔尖创新人才的培养中发挥了举足轻重的作用。海外人才积极参与环境学院教学实践和课程改革讨论，并通过直接开设英文课程、参与课程讲授、举办系列学术报告、与学生座谈并指导研究生论文以及接收研究生赴海外专家所在大学或机构进行联合培养等形式促成了环境学院本科生培养和研究生培养有机结合、相互促进的高质量人才培养体系的构建，使得学院国际化人才培养模式日渐形成，综合优势不断增强。依托引智资源，环境学院与美国哈佛大学、耶鲁大学、华盛顿大学、密歇根大学、宾州州立大学、德国亚琛工业大学、丹麦科技大学、荷兰瓦赫宁根大学、日本东京大学、韩国首尔大学等众多国际知名大学建立了研究生联合培养实质性合作关系。

在引智项目的支持下，环境学院与耶鲁大学森林与环境学院通过多年交流与合作的积累，2015 年，清华-耶鲁环境双硕士学位项目的应运而生。该项目是耶鲁大学与美国之外的大学开展的唯一学位合作项目，将面向全球最具挑战的环境问题，紧密结合社会经济发展需求，充分整合两校环境学科优势和特长，以培养全球环保精英人才为目标，致力于打造成为面向未来的、国际化、创新性环保人才教育与研究的国际合作项目典范，积极应对和解决区域及全球重大环境问题和社会发展问题。同时，环境学院的本科特色招生项目——全球环境国际班（以下简称国际班），制订了专门的培养方案，匹配各类优势资源，旨在培养既具有扎实环境专业知识，又具有开阔的国际视野、良好的交流沟通能力的复合型国际化环境管理人才。海外培养是国际班培养方案中的重要一环，而引智项目无疑又为海外培养基地的落实发挥了举足轻重的作用。

与此同时，环境学院牢牢把握我国环境问题成为世界瞩目的焦点问题的契机，充分发挥引智资源作用，努力推动环境学科留学生培养的跨越式发展。在引智专家帮助下，学院重点建设了中法环境管理高级硕士项目、环境工程与管理全英文硕士项目，系统建设20余门面向留学生的全英文专业课程，并为留学生专门制定了分类培养方案，根据培养目标有针对性地设计课程进行培养，正在朝"多层次、多渠道、重特色"的留学生培养办学目标稳步迈进。环境学院的留学生招生规模和培养质量逐年稳步提升，涌现了以首位荣获清华大学研究生特等奖学金的留学生哈米德为代表的一批优秀留学生。学院现有各类在学留学生近120人，约占学生总数的10%，有效地促进了学院国际化人才培养氛围的形成。

（四）引智工作助力国际科研合作与交流

依托引智平台，环境学院始终立足于国家环境保护主战场，同时积极面向国际学术前沿，瞄准环境领域关键问题、共性问题、"瓶颈"问题，组织开展重大科学研究、技术开发和决策支持。海外专家积极参与环境学院承担的多项重大项目的研究讨论，为研究任务的开展提供了诸多建设性理论及实践指导。同时，海外专家与国内骨干团队通过共同申请科研项目、联合发表学术论文等，积极助力环境学院与国际一流大学、科研机构建立并巩固实质性科研合作关系，为学院国际合作项目稳步增长、国际合作科研经费持续注入以及高水平研究论文不断产出提供了坚实保障。

海外人才与国内骨干团队就共同关注的环境问题和领域开展了颇有成效的深入合作，并取得一系列重要研究成果。2009年，与美国宾夕法尼亚州立大学研究团队在微生物燃料电池研究方面提出并实现微生物燃料电池用于脱盐的理念，并在环境领域最具影响力的期刊 *Environmental Science & Technology* 上联合发表了论文 A new method for water desalination using microbial desalination cells，立即引起了学界的广泛关注，并当选为 ES&T 2009 最佳论文，这是我国大陆学者首次获此奖项。2014年，与北京大学、美国加利福尼亚大学、阿贡国家实验室、英国利兹大学等研究团队共同在 PNAS 发表论文 China's international trade and air pollution in the United States，主要探讨国际贸易对全球大气污染传输的影响。该论文获美国科学院院刊

2014 年度 Cozzarelli 奖(Cozzarelli Prize),这是迄今国内研究机构首次作为第一单位获得该奖项。2016 年,与哈佛大学在可再生能源研究领域取得重要进展,合作论文 Challenges Faced by China Compared with the US in Developing Wind Power 被作为封面文章,发表在《自然》子刊《自然-能源》(Nature Energy)上。双方曾于 2009 年在 Science 发表封面文章 Potential for Wind-Generated Electricity in China,在此研究基础上,获得对中国新能源全生命周期的环境与气候变化效益系列研究中的又一项重要成果。2017 年,与美国加利福尼亚大学、阿贡国家实验室、英国东英吉利大学等研究团队共同在 Nature 发表论文 Transboundary health impacts of transported global air pollution and international trade,主要探讨国际贸易中隐含的 PM2.5 污染健康影响,首次定量揭示了全球多边贸易引起的 PM2.5 跨界污染及其健康影响,揭示了空气污染在经济全球化背景下已成为一个全球问题。

(五)引智工作促进国际化学术氛围形成

引智专家来华工作的一项重要内容就是开设高水平的学术报告,帮助学生拓展学术思维、接触学术前沿。环境学院学术委员会依托引智资源,发起开办"清华环境论坛",邀请来访的环境领域国际著名专家学者选择环境科学与工程领域的热点问题或前沿研究课题,面向全院师生做专题学术报告,为广大师生提供与大师零距离互动交流的机会,有效促进了引智资源效益的最大化。目前该论坛已成为环境学院一大品牌学术活动,深受全院师生的喜爱与好评,为营造有利于促进学科建设和发展的国际化学术氛围发挥了重要作用。

引智专家还为环境学院学术期刊 Frontiers of Environmental Science & Engineering 的创办做出了重要贡献,对于促进国际学术交流合作起着积极推动作用。该期刊于 2007 年创刊发行,旨在凝聚国内顶级科研力量,建设一个中国品牌的国际化学术交流平台。2008 年期刊成功转为全部接收和发表原创性英文文章,并以此全面启动国际化进程。环境学院充分发挥海外专家作用,使其积极参与期刊的审稿及海外推广工作,为期刊的快速健康发展提供强大的智力保障。2009 年期刊被 SCI 收录,成为清华大学第一本被 SCI 收录的英文刊物,也是高等教育出版社 Frontiers 系列期刊中第一个进入 SCI 序列的期刊;2011 年期刊首获影响因子,2013 年入选《中国科技期刊国际影响力提升计划》,2014 年影响因子 1.357,2016 年影响因子提升至 1.799,连续实现跨区突破。

二、 进一步做好引智工作的思考

新百年的清华将朝着更创新、更国际、更人文的目标发展决定了国际化将成为清华大学日益重要的战略发展方向,必将进一步引领环境学院国际化进程的加速。鉴于引智工作在国际化战略中的突出地位以及对人才培养、科学研究、社会服务等中心工作的全面渗透，环境学院应从以下几个方面进一步做好引智工作，更好地服务于世界一流环境学科的建设和国家生态文明建设事业。

（一）明确引智目标、优化引智结构

引智工作要有正确的目标定位，应纳入环境学院发展战略的总体规划，面向我国环境保护和生态文明建设的重大需求。因此，学院应根据自身的学科规划、专业特色、擅长领域以及教学结构、科研条件、外部环境、交往基础等实际情况来选择引智项目，紧密围绕"双一流"建设以及国家环保事业，突出重点，优先考虑急需解决的问题。要有所为，有所不为，使有限的引智经费发挥最大的引智效益。

同时，还须注意处理好引智与自主创新之间的关系，妥善处理"外引"与"内培"之间的关系。引智的目的是学习他人之所长，为我所用，促进自身发展。没有自主创新能力的提高，引智效益将大打折扣，要牢牢把握引智应以提高自主创新能力为根本方向，以学习先进的教研理念、经验和成果等为目标。充分发挥海外专家的引领示范作用，将"请进来"和"走出去"有机结合，带动并促进国内学术骨干及青年人才的培养和成长，引培并举，不断优化自身人才队伍结构，增强师资力量。

（二）拓宽引智渠道、延揽高端人才

外国专家质量水平的高低直接决定着引智效益的大小。环境学院应不断加强和巩固与世界一流大学、科研机构、国际组织和知名企业的合作关系，并积极拓展新的合作伙伴，进一步深入挖掘引智资源，多渠道争取各种引智项目，鼓励一线教师发现并举荐海外优秀人才，多管齐下，在全球范围内寻访优秀人才。另一方面，要积极创新工作方式，采取灵活多元、便捷有效的手段，着力吸引更多有影响力、高水平的外籍专家、学者来校开展学术交流、合作研究、参与授课、共同指导学生。同时，还应多渠道广泛筹措并合理利用引智经费，统筹全局、专款专用，为海外专家来华工作创造更好的工作和生活的条件。特别值得一提的是应结合学科发展的需要，注重对长期、全职人才的引进，以"高端引领"为导向，争取实现学科的跨跃式发展，助推"双一流"建设。

（三）完善管理机制、提高管理水平

以人为本应是对海外专家进行管理所遵循的基本理念，科学管理则可以使引智专家人尽其才。"引智"工作中，"引"是基础和前提，如何用好人才并留住人才则是值得我们深思的又一重要课题。唯有不断提升引智的"软环境"，才能有效打通"引""留"二脉，进而不断发挥引智效能、提升引智效益。

在实际的引智项目管理过程中，外事管理人员应与主请教师团队通力合作，变

"管理"思想为"服务"思想,切实做好各项服务工作。外事人员应及时了解并传达外专局、教育部以及学校等上级部门的引智政策和资讯,鼓励外国专家参加学校及相关主管部门组织的学术及文化活动,并适时地让他们参与学院的一些外事相关活动,增强其归属感;主请教师团队应加强与外国专家日常沟通,充分尊重其文化背景和行为习惯,及时了解并帮助解决其在校工作、生活方面遇到的各种问题,使其能全身心投入教学科研工作。与此同时,应建立外国专家聘用绩效评估机制,积极为做出重要贡献的海外专家申请学校及外专局、教育部授予的相关学术职衔,激发外国专家的工作热情与积极性,达到双方互利共赢的目的。

总之,在高校"双一流"建设和清华新百年新的历史征程中,引智工作将继续在国际化人才培养、师资队伍建设和世界一流学科建设中发挥日益重要的作用。环境学院将进一步总结引智工作中的成功经验,及时解决工作中存在的问题,勇于创新工作思路,切实发掘引智资源,充分发挥引智效能,助力"双一流"建设目标的早日实现。

（作者单位：清华大学环境学院）

面向世界　开放办学

——2015—2018 年清华大学全球战略大事记

一、 2015 年 4 月 15 日—2015 年 12 月 31 日

1. 2015 年 4 月 15 日,北京、曼谷、伦敦及纽约:苏世民书院全球在线招生申请系统正式启动。面试环节先后于北京、曼谷、伦敦及纽约四个城市展开,遴选出首届 111 名学生,将于 2016 年 6 月正式入学。

2. 2015 年 4 月 17 日,北京清华园:邱勇校长在国际处调研时指出,学校当前进入新的发展阶段,国际合作与交流工作具有战略意义,要求国际处进一步加强认识,围绕学校综合改革方案和整体发展目标,制定战略、明确目标、聚焦战略意图。

3. 2015 年 5 月 27 日,北京清华园:施一公副校长主持召开清华大学国际合作与交流战略规划研讨启动会。启动会拉开了清华大学研讨制定全球战略发展规划的帷幕。10—11 月,《清华大学全球化战略》完成初稿,历经两轮广泛征求意见。12 月 31 日,校务会首次汇报。

4. 2015 年 6 月 18 日,美国西雅图:清华大学携手华盛顿大学和微软公司在美国西雅图共同创建全球创新学院,这是清华大学在海外设立的第一个国际合作教育科研平台,也是全球战略中的一个里程碑,标志着清华大学在国际化办学方面迈出了重要步伐。学院 2015 年起面向全球招生,2016 年 9 月首届学生入学。9 月 23 日,中国国家主席习近平访问全球创新学院,并赠送水杉。

5. 2015 年 6 月 18—23 日,美国匹兹堡及休斯敦:邱勇校长率领清华大学代表团出访美国。在匹兹堡大学,邱勇陪同刘延东副总理看望了在学的清华大学医学实验班同学,听取同学们的成长报告,并与匹兹堡大学副校长、医学院院长 Arthur Levine 教授座谈。此外,还陪同刘延东副总理参加了清华大学参与承办的中美创客大赛启

动仪式。邱勇还参加了在美国莱斯大学举行的第二届"中美大学校长论坛"。刘延东副总理在论坛上做了主旨演讲,寄语中美大学携手开创高等教育新局面,为中美关系注入新动力。

6. 2015 年 6 月 27—28 日,北京清华园:以"同舟共济:理解、协商、互助"为主题的第四届世界和平论坛在清华大学举行。中国国家副主席李源潮出席开幕式并以《共同构建人类命运共同体》为题致辞。清华大学校长邱勇主持论坛开幕式。印度尼西亚前总统苏希洛、巴基斯坦前总理阿齐兹、法国前总理德维尔潘、澳大利亚前总理陆克文等重要来宾以及近 60 个国家和国际组织的驻华大使及代表、近百名中外国际关系领域的智库负责人和专家学者及媒体记者等约 500 多名中外嘉宾出席论坛。清华大学校务委员会主任陈旭、副校长谢维和、校长助理施一公等出席论坛。世界和平论坛是清华每年定期举办的重要国际会议,此论坛是唯一一个由中国非官方机构组织举办的国际安全高级论坛,旨在为国际战略家和智库领导人提供探讨国际安全问题、寻找建设性解决方法的平台。

7. 2015 年 7 月,英国牛津:清华大学优秀新生暑期课程项目在英国牛津大学举行。该项目是 2011 年设立的本科大一新生海外学习系列项目。项目开始实施迄今为止已选派 149 位大一新生到牛津大学进行暑期课程学习。清华与牛津双方共同甄选构建项目课程,学生体验一流大学教学模式,双方充分调动资源保障与实施,为学生搭建体验不同文化的海外学习平台。开拓了学生的国际视野,提高了学生跨文化交流的沟通能力,增强了本科生全球胜任力的能力培养。

8. 2015 年 9 月,北京清华园:亚洲青年交流中心中外学生混合住宿第二期圆满进行。在第一期中外学生混合住宿的基础上,清华大学不断探索和改进中外学生混合住宿的遴选方式,完善基础文体设施建设,举办丰富多彩及深层次的中外文化交流活动,为中外学生提供更多共同生活与增进跨文化理解的机会,为中外学生融合提供更广阔便捷的交流平台。

9. 2015 年 10 月 20 日,深圳:清华-伯克利深圳学院在深圳市南山区正式揭牌并启动招生,这意味着中美在顶尖高等教育领域的合作上迈出了重要一步。广东省委副书记、深圳市委书记马兴瑞,深圳市市长许勤,清华大学常务副校长程建平、副校长杨斌,加州伯克利大学副校长 John Wilton 及工学院副院长、TBSI 共同院长 Connie Chang-Hasnain 共同揭牌。9 月,首批 30 多名博士生正式入学。

10. 2015 年 10 月 22 日,英国伦敦:正在英国访问的国家主席习近平出席了在伦敦举行的全英孔子学院和孔子课堂年会。习近平会见中英学校代表并为大会致辞。清华大学校务委员会主任陈旭参加相关活动并发言。10 月 21 日,清华大学、英国建筑研究院、恒大集团关于《中英可持续城镇化研究平台协议》签署仪式在伦敦举行。这也是中国国家主席习近平本次赴英进行国事访问的行程中,中英商会上签署的中英合作项目之一。

二、 2016 年 1 月 1 日—12 月 31 日

1. 2016 年 1 月 15 日—2 月 2 日,印度:"清华全球南方文化浸润系列"本科生海外学习首期项目在印度举办,来自 14 个院系的 20 名清华本科生参加了为期 19 天的学习活动。"清华全球南方文化浸润系列"是 2016 年新设立的本科生海外学习系列项目,旨在通过寒暑假的海外学习,加强本科生对全球南方国家国情与文化的了解,帮助学生在多元文化的碰撞交流中塑造更加兼容并包、完整全面的世界观。该项目由国际处、教务处、社科学院、教育基金会、人文与社科高等研究所、发展中国家研究博士项目等单位联合组织。

2. 2016 年 1 月 22 日,瑞士达沃斯:清华大学、国际商会和新加坡佳通集团在瑞士达沃斯举办联合举办了主题为"世界经济可持续发展之创新、兼容、有效之道"的高层圆桌论坛,与会者就未来世界可持续发展的新型解决方案进行了深入交流。当日,清华大学校长邱勇在瑞士达沃斯与比尔及梅琳达•盖茨基金会联席主席比尔•盖茨先生会谈,就双方在北京联合成立"全球健康药物研发中心(北京)"达成共识,并签署了合作备忘录。这也将是该类研发中心首次在中国落地。

3. 2016 年 3 月 9 日,日本东京:"2016 清华大学-东京大学联合研讨会"在日本东京大学举办。清华大学副校长薛其坤,东京大学常务副校长古谷研(Ken Furuya)教授共同出席开幕式并致辞。来自清华大学物理系、材料学院、工程物理系、生物医学工程系、化工系、水利系、公共安全研究院及建筑学院等院系共 42 位师生赴东京大学参加此次会议,并与 50 余位东京大学师生进行了 6 个领域的分组交流及材料物理领域的学生研讨会。

4. 2016 年 3 月 29 日,耶路撒冷:清华大学、中国教育部与以色列高等教育委员会合作主办"中以大学校长论坛",中国国务院副总理刘延东出席论坛并发表演讲,中以两国 40 余所高校参与。

5. 2016 年 6 月 6 日,北京清华园:中国工程院、联合国教科文组织和清华大学合作建设的国际工程教育中心在清华大学成立。中国工程院院长周济、联合国教科文组织总干事博科娃、清华大学校长邱勇和教育部原副部长吴启迪共同为中心揭牌。这是联合国教科文组织第 38 届成员国大会正式批准设立的唯一一个以工程教育为主题的二类机构。

6. 2016 年 6 月 28 日—8 月 24 日,北京、深圳、日内瓦、新加坡、印度海德拉巴:清华大学开办校级国际暑期学校,由"感知中国""中国金融""中国环境""城市创变客""桑坦德全球挑战项目""清华-日内瓦可持续发展与国际组织夏令营""清华-新加坡国立-印度商学院亚洲青年创新创业夏令营""清华-伦敦帝国理工博士生创新创业夏令营""中外大学生暑期扶贫支教"九个项目组成,汇集来自 30 多个国家和地区的 800 多

名中外学生参加,包括 600 多名国际学生。副校长施一公为国际暑期学校开幕做首场讲座。

7. 2016 年 7 月,北京清华园:继清华大学召开国际化战略规划启动会之后,经过一年全校范围内 10 场面向不同群体的专题研讨,学校和院系层面的充分酝酿和讨论,学校务虚会和暑期干部工作会上的多次研讨和修改,学校于 2016 年 7 月审议批准了具有里程碑意义的《清华大学全球战略》。

8. 2016 年 7—11 月,东南亚:清华大学校务委员会主任陈旭、校长邱勇、副校长兼教务长杨斌先后率团访问泰国、印度尼西亚、马来西亚、新加坡等国,加强与上述国家政府、高校、企业、非政府组织和社会人士交流。访问期间,我校与当地合作伙伴共同举办了系列活动,包括"一带一路与印尼-中国伙伴关系商业领袖论坛""清华大学-印尼高校论坛:创新与创业教育""清华与东南亚:创新和人才培养圆桌会议""首届清华大学-马来西亚华文独立中学校长论坛"等活动。与印尼政府签署合作协议,为印尼劳工部、国会、工会、私营部门的人员提供培训,为"一带一路"的实施培养创新创业人才、高端专业人才、公共管理人才、国际组织人才、华人华侨人才等各类人才。

9. 2016 年 8 月 10—17 日,西欧:校务委员会副主任史宗恺率团访问了英国伦敦政治经济学院、伦敦国王学院、爱尔兰国立(高威)大学和德国哥廷根大学,开展了丰富的国际合作交流、联合学术研讨会、学生艺术团文化交流等活动,包括首次在爱尔兰国立(高威)大学举办的"清华大学日"系列活动。清华大学学生艺术团在伦敦和高威举办两场交响音乐会和一场室外交流汇演。

10. 2016 年 9 月 5 日,北京清华园:清华大学国际/港澳台学生学者中心揭牌仪式在音乐厅举行。清华大学校务委员会主任陈旭、国家留学基金委秘书长刘京辉、清华大学副校长杨斌、施一公共同为"清华大学国际学生学者中心"和"清华大学港澳台学生学者中心"揭牌。中心的设立旨在为国际和港澳台学生学者提供国际化的行政管理与一体化服务,促进中外学生学者的交流融合,全面提升中外学生学者在校的工作、学习和生活质量。

11. 2016 年 9 月 9—10 日,北京清华园:清华大学倡议发起的亚洲大学联盟筹备会议在清华大学举行,来自亚洲代表性大学的 30 余名代表参加会议,会议通过了联盟章程草案。

12. 2016 年 9 月 10 日,北京清华园:苏世民书院举行开学典礼,迎来首届 110 名学生。中国国家主席习近平、美国总统奥巴马发来贺信,中国国务院副总理刘延东、教育部部长陈宝生、黑石集团总裁苏世民、澳大利亚前总理陆克文等中外嘉宾出席典礼。

13. 2016 年 9 月 23 日,美国西雅图:清华大学与华盛顿大学合作建立的全球创新学院在西雅图举办首栋教研大楼奠基仪式。清华大学校长邱勇、华盛顿大学校长安娜·玛丽·科斯、中国驻旧金山总领事罗林泉、华盛顿州州长杰伊·英斯利共同为奠基纪念牌揭幕,来自中美两国学界、政界、商界的约 200 位嘉宾参加本次奠基仪式。9 月 10 日,全球创新学院首届新生入学。全球创新学院是中国高校在美国设立的第一个实体校区和综合性教育科研平台。

14. 2016 年 11 月 4 日,深圳:清华大学与深圳市人民政府签署协议,共建清华大学深圳国际校区,致力于高端人才培养、国际教育科研合作与前沿创新。

15. 2016 年 12 月 6 日,上海:为了深化中英两国高校交流合作,清华大学发起成立"中英高等教育人文联盟",搭建两国高校在人文学术和人文教育领域开展对话与合作的平台,为中英建设全面战略伙伴关系提供有力的人才支撑。由清华大学、复旦大学、英联邦大学联盟(Universities UK)共同主办的"中英大学人文与智库对话"在上海举行,中英 12 所知名高校 100 多名代表参加论坛。

16. 2016 年 12 月 14 日,北京清华园:2017 年清华大学首届国际学生学者新年晚会在新清华学堂举办。校党委书记陈旭、副校长施一公与中外学生学者及家属、校外嘉宾共 1800 余人参加。

三、 2017 年 1 月 1 日—12 月 31 日

1. 2017 年 1 月 16—19 日,瑞士:习近平主席与瑞士联邦主席洛伊特哈德(Doris Leuthard)在位于瑞士首都伯尔尼的联邦大厦共同见证了清华大学和日内瓦大学签署关于全面开展可持续发展合作的备忘录。清华大学校长邱勇出席世界经济论坛 2017 年年会和"全球大学校长论坛",并参加了清华大学在瑞士达沃斯举办的多场论坛活动。邱勇会见了苏黎世大学校长和苏黎世联邦理工学院校长并签署了多项合作协议。

2. 2017 年 2 月 6—7 日,阿联酋、加纳:清华大学副校长王希勤一行访问阿联酋大学和加纳大学,就亚洲大学联盟和本科生全球南方文化浸润海外学习项目等内容分别与两校校长进行深入交流。在加纳期间,王希勤访问了中国驻加纳大使馆,并看望了正在参加全球南方文化浸润海外学习项目的来自清华大学 15 个院系的 20 位本科生。

3. 2017 年 2 月 6—13 日,肯尼亚、埃塞俄比亚:清华大学"丝路新探"赴东非社会实践支队一行 17 人在肯尼亚和埃塞俄比亚两国先后走访了蒙内铁路、亚吉铁路等由中国企业承建的重点工程,与中国路桥工程有限公司、中国中铁二局股份有限公司、中国土木工程集团有限公司、华为技术有限公司等中资企业进行座谈,与新华社非洲总分社和联合国内罗毕办事处交流,并受到中国驻埃塞大使腊翊凡和中国驻非盟使团团长旷伟霖的亲切会见。

4. 2017 年 2 月 22 日,北京:在中国国家主席习近平和意大利总统马塔雷拉(Sergio Mattarella)的共同见证下,清华大学校长邱勇与米兰理工大学校长费卢奇奥·内

斯塔(Ferruccio Resta)在人民大会堂签署协议,双方将在意大利米兰合作建设中意设计创新基地。这是清华大学在欧洲设立的首个教育科研基地。

5. 2017 年 3 月 29 日,泰国曼谷:清华大学副校长杨斌率团访问泰国朱拉隆功大学,参加该校百年校庆典礼暨"21 世纪大学的角色"论坛。随团访问的清华大学民乐队与朱拉隆功大学学生合唱团合作演出了泰国国王拉玛九世创作的《爱》等歌曲和朱拉隆功大学校歌《马哈朱拉隆功》,得到了泰国公主诗琳通及与会各界人士的一致好评。

6. 2017 年 4 月 29 日,北京清华园:由清华大学倡议发起的亚洲大学联盟成立大会暨首届峰会在清华园举行,国务院副总理刘延东出席并发表主旨演讲。亚洲大学联盟由来自亚洲国家和地区的 15 所初创成员大学共同建立,旨在通过加强成员高校间的合作,共同应对亚洲与世界面临的挑战,尤其是在高等教育、经济、科技发展中遇到的共性问题。

7. 2017 年 9 月 1—5 日,非洲肯尼亚:党委书记陈旭先后访问肯尼亚教育部、内罗毕大学、联合国环境规划署和非洲科学院,推动清华大学与肯尼亚高等教育机构和在非国际组织的全方位交流合作。访问期间,清华大学与内罗毕大学签署合作备忘录,将开展人才培养、师生交流、合作研究等全方位合作。此外,清华大学将在内罗毕大学合作共建全球胜任力发展办公室,作为清华大学师生在肯尼亚和非洲开展合作交流的沟通枢纽。9 月 30 日,清华大学与非洲科学院签署合作备忘录,将合作开展学生实践项目、教师与科研人员互访、开展机构间联合科研等。拓展与非洲高校和研究机构的交流与合作。

8. 2017 年 9 月 14 日,美国西雅图:全球创新学院首栋教研大楼落成启用及开学典礼仪式在美国西雅图举行。全球创新学院由清华大学、华盛顿大学和微软公司于2015 年合作创建,是中国高校在美国设立的第一个综合性教育科研平台,搭建起中美、东西之间的交流桥梁,推进技术创新领域的教育革新,为科技进步和发展提供人才支撑。

9. 2017 年 9 月 25—26 日,美国纽约:清华大学党委书记、校务委员会主任陈旭应邀前往美国纽约参加首轮中美社会和人文对话系列活动,出席中美大学校长和智库论坛、中美青年创客峰会暨中美青年创客中心启动仪式,就"中美关系回顾"发表演讲,并与两国参会各方进行交流会谈,推动清华大学与美国社会各界的广泛合作。

10. 2017 年 12 月 6 日,英国牛津:为配合中英高级别人文交流机制第五次会议的举办,清华大学在牛津大学举办"第二届中英高等教育人文对话"及"中英高等教育人文交流研讨会",邀请参会高校和学者就如何进一步加强中英人文交流进行深入探讨。

四、 2018 年 1 月 1 日—6 月 23 日

1. 2018 年 1 月,北京清华园:清华大学正式启动"国际化办学能力提升计划"(2020 Initiative),以提升学校的国际化办学能力为目标,院系及机关部处通过学校层面的统筹推进,解决工作理念、教育教学、服务管理、校园环境等方面存在的突出问题,超越教学、研究与服务的维度,对现有学校架构、运行模式和思维定势做出改变,使得全体在校学生获得更好的成长与发展环境,努力实现"在 2020 年达到世界一流大学水平"。

2. 2018 年 4 月 8—11 日,海南博鳌:亚洲大学联盟 2018 年年会在博鳌召开,来自所有 15 所联盟成员大学的代表团参加会议。清华大学校长、亚洲大学联盟创始主席邱勇出席年会,与各校代表一起就联盟的重要事项进行深入讨论。年会期间,联盟成员大学的 12 位校领导受邀参加博鳌亚洲论坛 2018 年年会开幕式,并作为发言嘉宾出席了"亚洲大学的崛起"教育圆桌会议。参会代表还参加了在清华三亚国际数学论坛举行的"海南—亚洲大学对话"圆桌会议。

3. 2018 年 4 月 14—16 日,法国:清华大学党委书记、校务委员会主任陈旭前往法国,分别访问法国科学院、巴黎综合理工大学、巴黎科研人文大学等高校及科研院所,签署校际合作协议,拓展清华大学与法国高等教育机构的交流合作。

4. 2018 年 4 月 17 日,意大利米兰:由清华大学和米兰理工大学合作创建的"中意设计创新基地"暨清华大学米兰艺术设计学院挂牌仪式在米兰举行。这是清华大学在欧洲设立的首个教育科研基地,标志着清华大学全球战略在欧洲迈出重要一步。清华大学党委书记、校务委员会主任陈旭出席仪式并致辞。中国驻米兰总领事馆总领事宋雪峰,米兰市市长朱塞佩·萨拉,米兰理工大学校长费卢奇奥·内斯塔、副校长朱利亚诺·诺齐,有"意大利后现代主义设计之父"之称的意大利当代著名设计师、建筑家及设计批评家亚历山德罗·门迪尼(Alessandro Mendini),清华大学校务委员会副主任韩景阳等出席仪式。中意两国各界代表300 余人共同见证了这一历史性时刻。中意设计创新基地以设计与创新领域为突破点,切实服务"一带一路"倡议,促进中意两国教育、科研和文化交流,助力意大利"工业 4.0"的发展进程和"中国制造"到"中国创造"的实现。坐落于中意设计创新基地内的清华大学米兰艺术设计学院,作为清华大学海外独立办学的首次尝试,践行清华新百年"更创新、更国际、更人文"的发展理念,是清华大学实现全球战略的重要一步。

5. 2018 年 4 月 27 日,北京清华园:清华大学学生全球胜任力发展指导中心揭牌成立。学生全球胜任力发展指导中心的成立是清华大学全球战略的重要组成部分。全球胜任力发展中心隶属校学生工作指导委员会,由国际教育办和学生部合作开展

工作,挂靠学生部。师资力量主要包括全球胜任力专业研究及辅导人员,相关领域一线骨干教师及海内外资深学者,教育管理与研究领域专家等。中心突出系统专业、融合资源、学生导向的工作特点,为全体学生提供一整套的全球胜任力培养-辅导体系,遵循基于学生学习成效的教育理念(OBE),围绕全球胜任力的六大素养及 12 项学习目标,立足于学生的切实需要开展全流程专业化培养辅导。